创新创业理论与实践教程

王连青　孙丽颖　主编

田　野　主审

科学出版社

北　京

内 容 简 介

本书是针对高校创新创业教育课程所编写的一本综合了创业理论学习与技能培养的教材。本书以通俗的语言、丰富的实例，系统地介绍了创新创业的基础知识、相关技能和政策环境，并设计了很多针对性强的训练，构建了基于创新创业理论基础、通过创新创业案例导入、最终实现活学活用的知识内容与技能实践的立体教学体系。

本书突出创新创业知识和技能的融合，注重从应用的角度阐明创新创业活动中遇到的各种实际问题，厘清创新创业教育发展的内在规律，概括出具有普遍意义的成功创新创业经验，通过多种形式的实践能力训练，总结出切实可行的成功创新创业的方法与步骤，体现出较强的知识性、技能性和实用性。

本书可作为大学本、专科创新创业教育的通用教材，也可作为企业继续教育的培训教材，还可以作为拓宽视野、增长知识的自学用书。

图书在版编目(CIP)数据

创新创业理论与实践教程 / 王连青，孙丽颖主编. —北京：科学出版社，2020.11

ISBN 978-7-03-066634-5

Ⅰ. ①创… Ⅱ. ①王… ②孙… Ⅲ. ①创业－高等学校－教材 Ⅳ. ①F241.4

中国版本图书馆 CIP 数据核字（2020）第 214202 号

责任编辑：纪 兴 韩 东 周春梅 / 责任校对：王万红

责任印制：吕春珉 / 封面设计：东方人华平面设计部

科学出版社 出版

北京东黄城根北街 16 号

邮政编码：100717

http://www.sciencep.com

北京九州迅驰传媒文化有限公司印刷

科学出版社发行 各地新华书店经销

*

2020 年 11 月第 一 版 开本：787×1092 1/16

2025 年 1 月第八次印刷 印张：18 3/4

字数：445 000

定价：58.00 元

（如有印装质量问题，我社负责调换）

销售部电话 010-62136230 编辑部电话 010-62135397-2040

PREFACE 前言

教育是国之大计、党之大计，教育、科技、人才是全面建设社会主义现代化国家的基础性、战略性支撑。全面建设社会主义现代化国家，必须坚持科技是第一生产力、人才是第一资源、创新是第一动力，深入实施科教兴国战略、人才强国战略、创新驱动发展战略。高等教育人才培养要树立质量意识、抓好质量建设、全面提高人才自主培养质量。

创新创业是当今社会发展的大势所趋，也是人们成就梦想的重要途径。本书编写的初衷是帮助创新创业者认清创新创业形势，端正创新创业态度，厘清创新创业思路，做好创新创业计划，学会创新创业本领，走上成功创业之路。为实现这一初衷，本书具备以下特色：

1）理论和实践的有机结合。全书以创业计划的制订和实施为主线安排教材内容，每章内容都包括知识与理论学习和能力训练与提升两部分，既包括精心选择安排的理论学习内容和相关阅读资料，又包含针对性强的实际应用训练，从而满足创业者学以致用的需要。

2）本书内容设计突出问题导向。本书每章节的内容以问题的形式提出，并安排相应的内容对问题进行解答，目的是通过问题引发学生的思考，并找到解决问题的一般思路和知识准备。

本书由哈尔滨学院创新创业课程教研室负责编写，全书共 12 章，由田野主审，王连青、孙丽颖主持编写，许永继、王球琳、王鑫任副主编。其中，第 1、2、6、8、11、12 章由王连青撰写，第 3、7 章由许永继撰写，第 4、5 章由王球琳撰写，第 9 章由孙丽颖、孔令秋撰写，第 10 章由王鑫撰写。

由于编写人员学术水平有限，书中难免存在不足之处，敬请广大同行和读者批评指正。

最后，感谢在本书编写过程中给予编者支持的同行和朋友，并对本书所引用文献的作者表示诚挚的谢意！

编　者

2020 年 3 月

CONTENTS
目 录

第 1 章 创　　新

学习目标

★知识与理论

1. 掌握创新的含义、创新的常见形式。
2. 理解创新机遇的主要来源。
3. 掌握和理解创新的主要方法。
4. 掌握和理解创新思维的主要形式。

★技能训练

1. 培养与提高创新意识。
2. 培养与提高创新思维能力。
3. 训练观察能力、系统分析能力和归纳总结能力。

－经典名言－

不创新，就灭亡。——亨利·福特

能正确地提出问题就是迈出了创新的第一步。——李政道

非经自己努力所得的创新，就不是真正的创新。——松下幸之助

创新就是创造性地破坏。——熊彼特

【导入案例】

“最富有的流浪汉”——诺贝尔

诺贝尔生于1833年，是瑞典化学家、发明家、实业家。因为诺贝尔一生没有妻室儿女，也没有固定住所，所以有欧洲“最富有的流浪汉”之称。世人都熟悉他是因为在他去世后按照其遗嘱用其财产设立了诺贝尔奖，并对当今世界产生了深远影响。其实诺贝尔的一生也是充满了传奇色彩的，堪称创新与创业的典范。

诺贝尔只是在8岁的时候接受过一年的正规小学教育。他的父亲是一位颇有才干的发明家，倾心于化学研究，尤其喜欢研究炸药。受父亲的影响，诺贝尔从小就表现出顽强勇敢的性格，经常和父亲一起去试验炸药，这也使他的兴趣很快转到炸药研究方面。

1842年，因父亲的工厂生意兴隆，全家迁到俄国圣彼得堡。

1850年，为研究化学，诺贝尔留学美国。

1856年，克里米亚战争俄国兵败，使父亲的工厂陷入困境。因水计量器的改良，而获得专利权。

1858年，为父亲的事业筹措资金而去伦敦。

1863年，发明硝化甘油炸药用的雷管。10月，得到硝化甘油炸药的专利，开始在斯德哥尔摩办厂。

1864年，硝化甘油工厂爆炸，弟弟耶米尔惨死。瑞典政府取缔并关闭工厂，改在德国建厂。10月，成立炸药公司。

1865年，在德国汉堡设立火药公司，在克鲁伯建厂。

1867年，获得英国的炸药专利，新的诺贝尔雷管发明成功。

1868年，从美国开始，在欧洲各地开设诺贝尔公司，炸药事业鼎盛。

1870年，克鲁伯火药工厂爆炸，造成重大损失。普法战争开始，炸药初显威力。

1871年，在英国创办炸药公司。法国也允许制造炸药，与保罗·鲍合作创业。

1878年，完成可塑炸药。5月，加入哥哥们的石油事业，成立诺贝尔兄弟石油公司。

1887年，取得喷射炮弹火药的专利。

1890年，受法国人迫害离开巴黎，搬到意大利圣利摩，在当地创立研究所。

1893年，成为瑞典乌普萨拉大学的荣誉教授，讲授哲学。

1895年，于11月27日立下遗嘱，诺贝尔奖因此诞生。

1896年，12月10日，在圣利摩的米欧尼德庄永眠。

诺贝尔一生的发明极多，获得的专利就有355种，并在欧美等五大洲20个国家开设了约100家公司和工厂，积累了巨额财富。

诺贝尔的一生，有诗人的气质和梦想，却在发明和实业家的路上磨灭。他积累了巨额的财富，却过着简朴的生活。他希望自己的发明能够用于和平时期的工业，但他看到的是炸药被用作战争武器以杀伤人类。他不爱成名，也认为自己不配成名，但是他死后，用其遗产设立的诺贝尔奖却给他带来了名气和荣誉，并使他名垂青史。

最后，让我们记住诺贝尔的名言：

生命，那是自然付给人类雕琢的宝石。

人类从新发现中得到的好处总要比坏处多。

我的理想是为人类过上更幸福的生活而发挥自己的作用。

资料来源：根据网络资料整理改编

感悟与体会

诺贝尔的创新活动有什么特点？

知识与理论学习

主题1 你了解创新吗？

1.1 什么是创新？

英文中 innovation（创新）起源于拉丁语，原意有三层含义：一是更新，就是对原有的东西进行替换；二是创造新的东西，就是创造出原来没有的东西；三是改变，就是对原有的东西进行扩展或改造。1912 年，约瑟夫·A. 熊彼特在《经济发展理论》一书中首次提出“创新理论”。熊彼特认为，所谓创新就是要“建立一种新的生产函数”，即“生产要素的重新组合”。企业家的职能就是实现创新，引进新组合。创新是经济增长和发展的动力，而经济发展就是这种不断创新的结果。熊彼特进一步明确指出创新的五种情况：采用一种新的产品；采用一种新的生产方法；开辟一个新的市场；获取或控制原材料或半制成品的一种新的供应来源；实现任何一种工业的新的组织。在当今时代，创新活动无处不在，表现出各种各样的形式，典型的创新形式有以下几种。

1. 产品创新

产品创新是指完善现有产品的某种特性，或生产出消费者未知的产品，以实现新的商业价值的创新活动。产品创新的具体形式有：通过对市场需求的识别开发新产品的需求驱动模式；利用某种技术变革开发新产品的技术驱动模式；通过对竞争对手的新产品进行模仿或改进而开发出有竞争力的新产品的竞争驱动模式。

“20 世纪最伟大的发明”——方便面

方便面是 20 世纪最伟大的发明之一，它的发明者是安藤百福。第二次世界大战后日本食品严重不足，人们为了吃碗拉面早早起来排队等待的现象屡见不鲜，安藤百福不由得对拉面产生了极大的兴趣。1958 年春天，安藤百福在住宅后院建起了一个 10 平方米的简陋研究室，找来了一台旧制面机，开始潜心研究方便面。安藤百福设想的方便面是一种只要加入热水立刻就能食用的速食面，食用起来非常简便。他定了五个目标：一是不仅味道好，而且吃不厌；二是可以成为家庭厨房常备品且具有很高的保存性；三是简便、不需要烹饪；四是价格便宜；五是必须安全、卫生。对于面类完全是一个外行，面条的原料配合非常微妙，很有学问，他把所有想到的东西全部试了一下，但效果都不好。后来他的夫人做油炸菜肴的方法启发了他，用水调和的面衣在油炸过程中会发散掉水分而形成无数洞眼，就像海绵一样，加入开水很快就会变软。将面条浸在汤汁中使之着味，然后油炸使之干燥，就能同时解决保存和烹调的问题。他兴奋异常，把这种制作方法叫作“瞬间热油干燥法”，并拿到了方便面制法的专利。当时后院的研究小屋旁还养着鸡，家里偶尔可以吃到鸡肉。有一天，岳母把用鸡骨头熬的鸡汤放在拉面里，儿子居然吃得很香。受此启发，安藤百福决定方便面也用鸡汤着味。于是，1958 年，世界上第一包方便面——鸡肉拉面诞生了。

资料来源：根据网络资料整理改编

2. 技术创新

技术创新是指一项新产品或新工艺概念由产生，经过研究、开发、工程化、商品化生产到市场销售整个过程的一系列活动的总和。技术创新有三种类型：跟随创新、集成创新和原始创新。跟随创新是在别人的基础上，做一些必要的扩展或者变动，从而发展出一些新的东西。集成创新是指把现有的技术组合起来，创造一种新的产品或者新的技术，或者是把一个领域里的成熟技术引进到另外一个领域里，从而能够创造新的变化。原始创新指的是从一种发明开始，通过发明做出了最初的样机，然后再通过不断的完善，最终成为一种新产品或者一种新技术。原始创新是最困难的，也是最有价值的。技术创新对社会生产力的发展有着巨大的推动作用。为了应对未来社会“信息社会+物理社会”的发展趋势，2015 年，国务院发布了《中国制造 2025》，对中国由制造大国向制造强国的转变做出了战略部署。《中国制造 2025》为技术创新指明了主流方向，即数字化制造、网络化制造和智能化制造。

3. 市场创新

市场创新是指开拓新市场或创造市场新组合的创新活动。开拓新市场有三层含义。

一是地域意义上的新市场，指企业产品以前不曾进入过的市场。它包括老产品进入新市场，如由国内向国外拓展，由城市向农村拓展，也包括新产品进入新市场。二是产品意义上的新市场。将市场上原有的产品，通过创新变为在价格、质量、性能等方面具有不同档次的、不同特色的产品，可以满足或创造不同消费层次、不同消费群体需求，如向农户推销廉价的、功能较少的彩电，向工薪阶层推销低价位汽车等。三是需求意义上的新市场，指现有的产品和服务都不能很好地满足潜在需求时，企业用新产品满足市场消费者已有的需求欲望。创造市场新组合是市场各要素之间的新组合，它既包括产品创新和市场领域的创新，也包括营销手段的创新，还包括营销观念的创新。

4. 组织创新

组织创新是指为了适应组织外部环境和内部条件的变化，对组织结构、体制和制度等进行创新性设计与调整，如集权组织转变为分权组织、高层组织结构转变为扁平组织结构、组建战略联盟等。组织创新过程是一个系统，不仅会受到组织内部个体创新特征、群体创新特征和组织特征的影响，还要受到整个社会经济环境的制约。同时，组织创新是一个渐进过程，它往往从技术与产品开发部门入手，逐步向生产、销售系统、人力资源、组织结构发展，进而进入战略与文化的创新。组织创新会直接影响组织绩效，包括市场绩效、竞争能力、盈利情况、员工的态度等。

5. 商业模式创新

商业模式创新是指企业为顾客创造价值的基本商业逻辑的改变，或者说是企业盈利方式的改变。商业模式创新的出发点是从根本上为客户创造增加的价值，其逻辑思考的起点是客户的需求。商业模式创新是一种集成创新，常常涉及商业模式多个要素同时的、较大的变化，往往伴随产品、工艺或者组织的创新，需要企业组织进行较大的战略调整。商业模式创新难以被竞争者模仿，常给企业带来战略性的竞争优势和较为持久的盈利能力。商业模式创新的具体形式有四种。①改变收入模式。改变收入模式就是改变一个企业的用户价值定义和相应的利润方程或收入模型。②改变企业模式。改变企业模式就是改变一个企业在产业链中的位置和充当的角色，也就是说，改变其价值定义中“造”和“买”的搭配，一部分由自身创造，其他由合作者提供。一般而言，企业的这种变化是通过垂直整合策略或出售及外包来实现。③改变产业模式。改变产业模式是最激进的一种商业模式创新，它要求一个企业重新定义本产业，进入或创造一个新产业。④改变技术模式。改变技术模式是通过引进激进型技术来主导自身的商业模式创新，如当年众多企业利用互联网进行商业模式创新。

“一元钱打造一条街”的盈利模式创新

他破产了，口袋里的一元钱及回家的一张车票是他那时全部的财产。“再见了！深圳……”一句告别的话还没说完，他就已泪流满面。

“我不能就这样走。”在跨入车门的那一瞬间，他退了回来，并撕碎了车票。在火车站，听着来往旅客天南地北的方言，他突发奇想，用一元钱在一家小店买了一支儿童彩笔和4个红塔山香烟的包装盒。在火车站出口，他举起一张牌子，上书“出租接站牌（1元）”。当晚他不仅吃到了一碗加州牛肉面，而且口袋里还剩下18元。5个月后，接站牌由4个包装盒发展成为40块锰钢做成的可调式“迎宾牌”，火车站附近有了他的一间工作室。

3月的深圳，春光明媚，各地的草莓纷纷上市。10元一斤的草莓，第一天卖不掉，第二天只能卖5元，第三天就没人要了。此时他来到近郊的一个农场，用出租“迎宾牌”挣来的1万元购买了3万个花盆。第二年春天，当别人把摘下的草莓运到城里时，他带着栽着草莓的花盆也进了城。不到半个月，3万盆草莓销售一空，他第一次体会了由1万元变成30万元的感觉。

1995年，深圳海关拍卖一批无主货物，有1万只全是左脚的耐克皮鞋无人竞标，他成了唯一的竞标人并以奇低的拍卖价买下了这批货。1996年，在蛇口海关已存放了1年的无主货——1万只全是右脚的耐克皮鞋急着处理。他得到消息，以残次旧货价格拉出海关。这次无关税贸易使他作为商业奇才登上香港一商业杂志的封面。现在他已成为欧美13家服饰公司的亚洲总代理，正在努力把深圳的一条街变成步行街，因为在这条街上有他的12个店铺。

资料来源：根据网络资料整理改编

6. 品牌创新

品牌创新有助于保证顾客和用户能够识别、记住你的产品，并在面对你和竞争对手的产品或替代品时选择你的产品。好的品牌创新能够提炼一种“承诺”，吸引买主并传递一种与众不同的身份感。

“外婆家”品牌创新

“外婆家”是从一家路边店成长为拥有众多连锁分店的杭州餐饮航母。“排队候餐”是外婆家的品牌标志。当越来越多的人愿意花上一两个小时在外婆家的等位区排队等候时，有不少人困惑不解：“这么久的等待值不值？”究竟什么原因让如此多的人心甘情愿地等上一两个小时只为吃顿饭？外婆家从一开始，就把经营目标定位为居家用餐，锁定了朋友聚会和家庭聚会这个消费人群作为外婆家的顾客。30%的产品+40%的环境+30%的服务，通过价格杠杆调节，实现最佳的性价比。

研究外婆家的菜单可以发现，它吸引食客的招数首推高性价比。别致的就餐环境、品种丰富的菜肴、良好的服务加上相对低廉的价格，让消费者觉得值。1元一个茶叶蛋、3元一份麻辣豆腐、6元一份琥珀桃浆、12元一份蓝莓山药、15元一份葱花肉、26元一份西湖醋鱼……这不是城乡接合部某个小饭馆的价格，而是位于北京金街王府井购物中心六层外婆家的几道菜品价格。而且，外婆家的华丽吊灯、藤编木椅、砖墙、鸟笼、装饰画，颇具小资情调。装修如此雅致、文艺的餐厅，价位却与普通餐厅相仿甚至更低，很自然就引发一个问题：外婆家究竟如何赢利？

如果说性价比是外婆家提供给顾客的价值感，那么支撑外婆家赢利的则是产出比，即对企业而言的“性价比”。外婆家在正餐时间每桌能相继接待4群不同的顾客，而大部分生意好的餐厅营业系数一般是2。凡到过外婆家就餐的人都会发现，尽管它的装修颇有格调，但远没有同档次装修餐厅那种宽敞、私密感。在外婆家，桌与桌之间挨得很近，往往只能容一人通过，这样就能充分利用空间摆放尽可能多的餐位。与陌生人过于接近的座位安排，当然不是为了让大家彼此沟通，而是在暗示顾客不要停留太久，以加快翻台率。细心的消费者还发现，和咖啡馆相比，外婆家的椅子不是很舒服，不便久坐聊天，所以吃完了就撤，无形中也提高了营业系数。

与别家餐馆不同，外婆家的就餐桌是定员的。引入定员服务法，可以充分利用空间经营，做到严格细分，并按客群数量分区经营。而叫号机的应用在带来时尚概念的同时，更大的意义是人为造成排队的效果和营造餐厅的广告效应。

资料来源：根据网络资料整理改编

1.2 我国为什么要实施国家创新驱动发展战略？

党的十八大提出实施创新驱动发展战略，强调科技创新是提高社会生产力和综合国力的战略支撑，必须摆在国家发展全局的核心位置。创新驱动就是创新成为引领发展的第一动力，科技创新与制度创新、管理创新、商业模式创新、业态创新和文化创新相结合，推动发展方式向依靠持续的知识积累、技术进步和劳动力素质提升转变，促进经济向形态更高级、分工更精细、结构更合理的阶段演进。《国家创新驱动发展战略纲要》提出了“三步走”的战略目标：第一步，到2020年进入创新型国家行列，基本建成中国特色国家创新体系，有力支撑全面建成小康社会目标的实现；第二步，到2030年跻身创新型国家前列，发展驱动力实现根本转换，经济社会发展水平和国际竞争力大幅提升，为建成经济强国和共同富裕社会奠定坚实基础；第三步，到2050年建成世界科技创新强国，成为世界主要科学中心和创新高地，为我国建成富强民主文明和谐的社会主义现代化国家、实现中华民族伟大复兴的中国梦提供强大支撑。这是中央在新的发展阶段确立的立足全局、面向全球、聚焦关键、带动整体的国家重大发展战略，其战略背景如下。

1. 创新驱动是国家命运所系

国家力量的核心支撑是科技创新能力。创新强则国运昌，创新弱则国运殆。我国近代落后挨打的重要原因是与历次科技革命失之交臂，导致科技弱、国力弱。实现中华民族伟大复兴的中国梦，必须真正用好科学技术这个最高意义上的革命力量和有力杠杆。

2. 创新驱动是世界大势所趋

全球新一轮科技革命、产业变革和军事变革加速演进，科学探索在从微观到宏观各个尺度上向纵深拓展，以智能、绿色、泛在为特征的群体性技术革命将引发国际产业分工的重大调整，颠覆性技术不断涌现，正在重塑世界竞争格局、改变国家力量对比，创新驱动成为许多国家谋求竞争优势的核心战略。我国既面临难得的赶超跨越的历史机遇，也面临差距拉大的严峻挑战。唯有勇立世界科技创新潮头，才能赢得发展主动权，为人类文明进步做出更大贡献。

3. 创新驱动是发展形势所迫

我国经济发展进入新常态，传统发展动力不断减弱，粗放型增长方式难以为继，必须依靠创新驱动打造发展新引擎，培育新的经济增长点，持续提升我国经济发展的质量和效益，开辟我国发展的新空间，实现经济保持中高速增长和产业迈向中高端水平“双目标”。

当前，我国创新驱动发展已具备发力加速的基础。经过多年努力，科技发展正在进入由量的增长向质的提升的跃升期，科研体系日益完备，人才队伍不断壮大，科学、技术、工程、产业的自主创新能力快速提升。经济转型升级、民生持续改善和国防现代化建设对创新提出了巨大需求。庞大的市场规模、完备的产业体系、多样化的消费需求与互联网时代创新效率的提升相结合，为创新提供了广阔空间。中国特色社会主义制度能够有效结合集中力量办大事和市场配置资源的优势，为实现创新驱动发展提供根本保障。

同时也要看到，我国许多产业仍处于全球价值链的中低端，一些关键核心技术受制于人，发达国家在科学前沿和高技术领域仍然占据明显领先优势，我国支撑产业升级、引领未来发展的科学技术储备亟待加强。适应创新驱动的体制机制亟待建立健全，企业创新动力不足，创新体系整体效能不高，经济发展尚未真正转到依靠创新的轨道上。科技人才队伍大而不强，领军人才和高技能人才缺乏，创新型企业家群体亟须发展壮大。激励创新的市场环境和社会氛围仍须进一步培育和优化。

在我国加快推进社会主义现代化、实现“两个一百年”奋斗目标和中华民族伟大复兴中国梦的关键阶段，必须始终坚持抓创新就是抓发展、谋创新就是谋未来，让创新成为国家意志和全社会的共同行动，走出一条从人才强、科技强到产业强、经济强、国家强的发展新路径，为我国未来十几年乃至更长时间创造一个新的增长周期。

拓展学习

阅读学习《国家创新驱动发展战略纲要》并写出读后感。

____

____

____

____

____

____

____

____

主题2　怎样进行创新?

2.1　你了解创新机遇有哪些来源吗?

创新机遇对于创新者具有重要的意义。一些偶然事件、意外现象常常在不能预料的时间、地点等条件下出现。谁能敏锐、及时地抓住机遇，谁就可能获得重要启示，进而产生宝贵思路。例如，抗疟良药奎宁、抗菌良药青霉素、金属黏合剂、高效除草剂、橡胶硫化法和摩擦焊接法等，都是在非常偶然的情况下由一些头脑敏锐、判断准确的人及时抓住机遇、把握机会、发明成功的。

彼得·德鲁克在其著作《创新与企业家精神》一书中，将创新机遇的来源分为七种，并按照可靠性和可预测性的递减顺序依次排列如下。

1. 出乎意料的事件

出乎意料的事件包括出乎意料的成功、出乎意料的失败和出乎意料的外部事件。出乎意料的成功意味着该组织趋向或转向一个新的或更大的市场。须找出成功的原因，并通过开发新产品或新服务来利用这一机遇。出乎意料的成功一开始往往被看作不合时宜或是问题，因此需要通过以下问题来审视每一次出乎意料的成功：①如果对它加以利用，对我们有什么意义？②它会带领我们走向何方？③我们要如何做才能将它转换成机会？④我们如何着手进行？

如果经过精心设计、细心规划和认真执行后，还是失败了，这种失败也能通过创新变为机遇。因为失败的原因可能是出乎意料或是令人吃惊的，因此很难用分析和数据方法查找。出乎意料的失败要求你走到外面进行调查，用眼看，用心听，你无须了解情况为什么会有这样的变化，只要知道到底发生了什么样的事情，就能够创新成功。

一个出乎意料的外部事件可能创造一个重大的机遇。成功地利用出乎意料的外部事件的前提是它必须和所在行业的知识与技巧相吻合。这是因为出乎意料的外部事件只是一个将既有的专业知识应用到新事物上的机会。

2. 不协调的事件

不协调的事件是指现实状况与设想或推测的状况不一致的事件。当事情与人们设想的不同时，当某些事情无法理解时，这通常表明存在着一种有待认识的变化。不一致之处对圈内人士来说是很明显的，但由于它们常与世人的观点不相称，故而也常被忽略。不协调的状况或事件主要有以下几种：①某个产业（领域）的经济现状之间的不协调；②某个产业（领域）的现实与假设之间存在的不协调；③对某个产业（领域）的认知与实际客户价值和期望之间的不协调；④程序的节奏或逻辑的内部不协调。对于创业型企业，不协调之处产生的机遇往往巨大，利用恰当的话能够简单、快捷地进行创新。

3. 基于程序流程的需要

程序流程需要通常是十分明显的，因为总是存在一些薄弱的环节会影响到整个程序的效率和效果。这些瓶颈或薄弱环节就成为创新机遇的来源。基于程序流程需要的成功创新必须具备五项基本要素：①存在一个不受外界影响的程序；②程序中存在一个薄弱或欠缺的环节；③有一个清晰、明确的目标；④解决方案的详细规范可以清晰地加以界定；⑤大众对此信念的接受度很高。某个程序流程需要是否适合创新，除了需要满足上述五个基本要素外，还要看它是否符合三个限制条件：我们理解所需要的是什么？我们有解决问题可利用的知识吗？这一解决方案是符合还是违背了预期用户的习惯和价值观？

4. 产业结构或市场结构中出乎意料的变化

产业结构或市场结构可能突然地、出乎意料地发生变化，这就要求其成员做出创新以适应新的环境。产业结构或市场结构的变化在对业内人士带来威胁的同时，也对业外人士创造了显而易见的巨大创新机遇，业外人士通过创新可以快速、低风险地进入这个产业或市场。怎样才能可靠地预见产业结构或市场结构的变化呢？以下四个指标能够可靠地、明显地显示出产业结构或市场结构何时变化：①某项产业快速增长，且增长的速度明显高于经济或人口的增长速度，特别是在一段时间内这种增长翻了一番时，预示着它的结构将会发生重大变化；②某个产业的产量增长到过去的两倍时，认知方式和服务市场的方式可能会发生变化；③一直被视为彼此之间独立的科技整合在一起；④一个产业的运营方式正在迅速发生改变，意味着该产业在基本结构上的变化时机已经成熟。

5. 人口统计数据

人口统计数据包括人口数量、人口规模和结构、就业情况、受教育情况，以及收入情况等。人口统计数据的变化往往会出人意料地突然发生，并对市场产生戏剧性的影响，但很少有人密切关注或在日常决策中考虑到人口的变化。由于人口变化易于出现却又常常为决策者忽视，因此，它们为创新者提供了许多机遇。人口变化的分析是从分析人口数据开始的，如特别关注人口的年龄分布、教育程度的分布等，但是统计数据只是起点，要想获得可靠、有效的创新机遇，必须进行实地考察，聆听各方意见。

6. 认知、意义及情绪上的变化

人们对自己的看法若发生转变，也能创造机遇。立足已稳的企业往往难以认识到人们看法上的转变，因此，基于观念转变的创新往往很少有竞争对手。出乎意料的成功或失败可能意味着观念上的变化，进行观念上的调查往往可找出已变化的观念并确定拥有者的数量。由于很难确定某个认知变化是一时的流行还是永久性的改变，以及它所带来的真正后果，因此，以认知为基础的创新必须从较小且非常具体的地方做起。

7. 新知识，包括科学和非科学的新知识

德鲁克将这一创新来源列于最后，是因为它难以管理、无法预见、花费较高，而且有生产准备时间长的特点。不过，目前多数组织在各种来源中首先强调新知识，因为它引人注目、创新者有望名利双收。以新知识为基础的创新经常会失败，因为一个领域的突破需要其他各领域同时突破，才能发挥新知识的作用。因为新知识要求在技术和社会各领域都与其协调一致，所以一个组织难以成功地引进以新知识为基础的创新。

2.2 你知道创新应遵循哪些原则吗？

彼得·德鲁克在其著作《创新与企业家精神》一书中，将创新的原则分为要做的事情、禁忌和条件。

1. 要做的事情

要做的事，即在创新过程中必须做的事情，包括：对创新机遇的来源进行彻底思考；走出去多看、多问、多听；确定创新是否简单明了、目标明确；确定创新能否从小规模开始，只需要少量资金、少量人手，针对有限的小市场；确定创新的最终目标是不是取得领导地位。

2. 禁忌

禁忌，即尽量避免做的事情，包括不要太聪明，创新必须由普通人来操作；不要过于多样化，要专注；不要分心，不要一次想做太多的事情；不要尝试为未来进行创新，要为现在进行创新。

3. 条件

一是创新工作不仅需要聪明才智、知识，更需要勤奋、毅力和承诺；二是创新者必须立足自己的长处才能成功；三是创新必须与市场紧密相连，以市场为中心和导向。

以下实例有助于大家进一步理解创新应遵循的原则。

1）托马斯·爱迪生是一位伟大的发明家，他一生总共获得 1 000 多项发明专利，是实行专利制度以来获得个人专利最多的人。他的名言“天才是百分之九十九的勤奋加百分之一的灵感”成为激励人们勤奋努力的座右铭。在发明电灯的过程中，他花费了 3 年的时间，进行了成千上万次试验，试验笔记簿多达 200 多本，共计 4 万余页。他每天工作十几个小时。每天清早三四点的时候，他才头枕两三本书，躺在实验用的桌子上面睡觉。有时他一天在凳子上睡三四次，每次只睡半小时。

2）李时珍在数十年行医以及阅读古典医籍的过程中，发现古代本草书中存在不少错误，决心重新编纂一部本草书籍。1551 年，李时珍以《证类本草》为蓝本，开始着手编纂《本草纲目》。在参考和借鉴大量书籍的同时，李时珍多次离家外出考察，先后到武当山、庐山、茅山、牛首山及湖广、安徽、河南、河北等地收集药物标本和处方，并拜渔人、樵夫、农民、车夫、药工、捕蛇者为师，记录上千万字札记，弄清许多疑难问题，历经 27 个寒暑，三易其稿。1578 年，李时珍终于完成了药物学巨著《本草纲目》，被后世尊为“药圣”。

3）民国时期，著名的国学大师黎锦熙在湖南办了一份报纸，当时他请了 3 个抄写员。第一位抄写员把自己的工作做得很好，但只是老老实实地抄写文稿，就算错别字也照抄不误，他的名字一直没人知道。第二位抄写员工作很认真，总是仔细检查每一份文稿，抄写时发现错字与病句，就改正过来，后来他写了一首歌，叫《义勇军进行曲》，他的名字是田汉。第三位抄写员在抄写时仔细地看每份文稿，但他只抄写与自己意见相符的文稿，而那些意见不同的文稿则被他扔掉，一句话也不抄。这个人后来在开国大典上亲手按下升国旗的按钮，他的名字是毛泽东。

4）19 世纪 70 年代初，俄国预料不久之后将会同土耳其发生战争。由于黑海北岸海水很浅，吃水 4 米以上的大型军舰根本无法进入第聂伯河口和刻赤海峡，俄国海军部认为应该建造吃水较浅、装载武器较多、作战威力较大的大型军舰来守卫黑海沿岸。于是圆形军舰应运而生。很快，首批图纸就从波波夫的手中诞生了，奇特的军舰模型一展出便引起了舆论界的争论，因为它全然不像军舰，倒像是插着香肠的大圆盘。有人说它开辟了军舰设计建造史上的新创举，有的人则不以为然。俄土战争期间，俄国总共建造了两艘圆形军舰，“诺夫哥罗德”号和“海军中将波波夫”号，主要担任敖德萨、塞瓦斯托波尔和刻赤等港口、水道的防卫工作。由于船底圆平，只要海浪高过 1 米便开始上下颠簸、左右摇晃，非常不稳，影响射击精度，有“狂醉之船”之称。同时，圆形军舰的航行性能不易操纵，不适合在海上使用。即使在河中行驶，逆水上行时倒还凑合，顺流而下就不易控制了。两舰在服役生涯中并没有参加过真正的交战，并且其实际使用效果促使俄国终止了圆形军舰后续的建造计划。波波夫的圆盘战舰遂成为世界海军史上同类军舰的绝唱。

资料来源：根据网络资料整理改编

2.3 你掌握创新方法了吗？

人们在创新的实践过程中探索出了许多的创新方法，这里给大家介绍几种应用较为普遍的方法。

1. 头脑风暴法

头脑风暴法是美国创造学家奥斯本提出的一种激发性思维的方法，又称智力激励法或自由思考法、畅谈会法。所谓头脑风暴（Brain-storming），最早是精神病理学上的用语，是针对精神病患者的精神错乱状态而言的，而现在则成为无限制的自由联想和讨论的代名词，其目的在于产生新观念或激发创新设想。头脑风暴法分为直接头脑风暴法和质疑头脑风暴法。前者是通过专家群体决策尽可能激发创造性，产生尽可能多设想的方法；后者则是对前者提出的设想、方案逐一质疑，分析其现实可行性的方法。采用头脑风暴法组织群体决策时，要集中有关专家召开专题会议，由专家们“自由”提出尽可能多的方案，而主持者以明确的方式向所有参与者阐明问题，说明会议的规则，尽力创造融洽、轻松的会议气氛，一般不发表意见，以免影响会议的自由气氛。

头脑风暴法的要求。①参加人员要求。参加人数不要过多，如果是为课题寻找多种解题思路，要求参与者善于想象，语言表达能力强。如果是为了将众多的设想归纳转换成实用型方案，要求与会者善于归纳、分析和判断。②会议时间要求。会议时间控制在 1 小时左右。③会议准备要求。一是会议要明确主题，并提前通报给与会人员，让与会者有一定准备；二是选好主持人，主持人要熟悉并掌握头脑风暴法的要点和操作要素，摸清主题现状和发展趋势；三是参与者要有一定的训练基础，懂得该会议提倡的原则和方法。

为使与会者畅所欲言，互相启发和激励，达到较高的效率，头脑风暴法必须严格遵守下列原则。

1）围绕会议主题，鼓励自由畅想，思路越广越好。

2）禁止批评和评论，也不要过于自谦。

3）鼓励巧妙地利用和改善他人的设想。

4）主张独立思考，不允许私下交谈，以免干扰别人的思维。

5）追求设想或建议的数量，越多越好。

6）庭外判决原则。对各种意见、方案的评判必须放到最后阶段，此前不能对别人的意见提出批评和评价。

7）与会人员一律平等，各种设想全部记录下来。

2. 综摄法

综摄法是由美国麻省理工学院教授威廉·戈登于 1944 年提出的一种利用外部事物启发思考、开发创造潜力的方法。综摄法是指以外部事物或已有的发明成果为媒介，并将它们分成若干元素，对其中的元素进行讨论研究，综合利用激发出来的灵感，来发明新事物或解决问题的方法，又称类比思考法、类比创新法、提喻法等。事实证明：我们的许多发明创造的灵感都来源于自然界的启发，甚至各种神话、传说、幻想等。比如，飞机的发明灵感来自鸟类，船舶的发明灵感来自鱼类，机器人的发明则是在模仿人类。

运用综摄法要遵循两大原则。①异质同化原则，即化陌生为熟悉。异质同化就是要求我们在碰到一个完全陌生的事物或问题时，要用所具有的全部经验、知识来分析、比较，并根据这些结果做出很容易处理或很老练的态势，然后再考虑用什么方法才能达到这一目的。②同质异化原则，即化熟悉为陌生。同质异化是指对某些早已熟悉的事物，根据人们的需要，从新的角度或运用新知识进行观察和研究，以摆脱陈旧、固定的看法的桎梏，产生新的创造构想。

为了加强发挥创造力的潜能，使人们有意识地活用异质同化、同质异化两大原则，戈登提出了四种极具实践性、具体性的模拟技巧。①人格性的模拟。先假设自己变成该事物，再考虑自己会有什么感觉，又如何行动，然后再寻找解决问题的方案。例如，模仿人的手臂动作来设计挖掘机。②直接性的模拟。直接性的模拟是指以被模拟的事物为范本，直接把研究对象范本联系起来进行思考，提出解决问题的方案。例如，在设计水上汽艇的控制系统时，人们可以将它同汽车相类比，汽车上的操纵结构和车灯、喇叭、制动结构等都可经过适当改革，运用到汽艇上去。③想象性的模拟。想象性的模拟是指充分利用人类的想象能力，通过童话、小说、幻想、谚语等来寻找灵感，以获取解决问题的方案。④象征性的模拟。象征性的模拟是指把问题想象成物质性的，即非人格化的，然后借此激荡脑力，开发创造潜力，以获取解决问题的方法。例如，设计纪念碑、纪念馆，需要赋予它们宏伟、庄严、典雅的象征格调。

综摄法的宗旨是以已有的事物为媒介，将它们分成若干元素，并利用某些元素激发新的设想来解决问题。因此，它的最大用处在于利用其他产品取长补短，设计新产品，以及制定营销策略等。

3. “5W2H” 法

“5W2H” 法又叫七问分析法，由第二次世界大战中美国陆军兵器修理部首创，其特点是简单、方便，易于理解，富有启发意义。提出疑问对于发现问题和解决问题是极其重要的。创新能力强的人，都具有善于提出问题的能力。提出一个好的问题，就意味着问题解决了一半。“5W2H” 法的七个问题如下。

1）做什么（what）？展开的问题有：条件是什么？哪一部分工作要做？目的是什么？重点是什么？与什么有关系？功能是什么？规范是什么？工作对象是什么？等等。

2）怎样做（how）？展开的问题有：怎样做省力？怎样做最快？怎样做效率最高？怎样改进？怎样得到？怎样避免失败？怎样求发展？怎样增加销路？怎样提高效率？怎样才能使产品更加美观大方？怎样使产品用起来方便？等等。

3）为什么（why）？展开的问题有：为什么采用这个技术参数？为什么不能有响声？为什么停用？为什么变成红色？为什么要做成这个形状？为什么采用机器代替人力？为什么产品的制造要经过这么多环节？为什么非做不可？等等。

4）何时（when）？展开的问题有：何时完成？何时安装？何时销售？何时是最佳营业时间？何时工作人员容易疲劳？何时产量最高？何时完成最为时宜？需要几天才算合理？等等。

5）何地（where）？展开的问题有：何地最适宜某物生长？何处生产最经济？从何处买？还有什么地方可以做销售点？安装在什么地方最合适？何地有资源？等等。

6）谁（who）？展开的问题有：谁来办最方便？谁会生产？谁可以办？谁是顾客？谁被忽略了？谁是决策人？谁会受益？等等。

7）多少（how much）？展开的问题有：功能指标达到多少？销售多少？成本多少？输出功率多少？效率多高？尺寸多少？重量多少？等等。

如果现行的做法或产品经过七个问题的审核已无懈可击，便可认为这一做法或产品可取。如果七个问题中有一个答复不能令人满意，则表示这方面有改进余地。如果哪方面的答复有独创的优点，则可以扩大产品这方面的效用。例如，新产品已经克服原产品的缺点，扩大了原产品独特优点的效用。

4. 形态分析法

形态分析法是系统地探寻生产某种产品的新的技术方案的方法。所谓形态指的是产品的零部件。形态分析法的特点是把研究对象或问题分为一些基本组成部分，然后对某一个基本组成部分单独进行处理，分别提供各种解决问题的办法或方案，最后形成解决整个问题的总方案。

形态分析法的主要步骤有：①把产品分解成若干零部件；②找出每种零部件的所有可行生产技术；③列出所有零部件的所有可行技术的可能组合；④对可能组合进行分析和评估，从中找出可行组合。可行组合既是新技术方案出现的机会，也是开发新技术方案的机会。

例如，用形态分析法进行新型轻便起重装置的设计。

需要解决的问题描述：需要一种轻便的可以将某重物顶起的设备。

装置系统重要组成部分描述：起重模式、顶举部件、动力来源。

各部分重要因素及形态矩阵，如表 1.1 所示。

表 1.1 起重装置重要因素

起重模式	顶举部件	动力来源
分离式	齿轮	电动机
传动式	液压泵	人力
气动式	空气等气体	蒸汽
抓举式	螺杆、螺母套筒	内燃机

可供选择的组合方式共有：4×4×4=64 种。

5. 奥斯本检核表法

亚历克斯·奥斯本在 1941 年出版的世界上第一部创新学专著《创造性想象》中，提出了奥斯本检核表法。奥斯本检核表法是针对某种特定要求制定的检核表，引导主体在创造过程中对照九个方面的问题进行思考，以便启迪思路、开拓思维想象的空间、促进人们产生新设想、新方案的方法，如表 1.2 所示。

表 1.2 奥斯本检核表法

序号	检核项目	描述与解释
1	能否他用	现有的事物有无其他的用途；保持不变能否扩大用途；稍加改变有无其他用途
2	能否借用	能否引入其他的创造性设想；能否模仿别的东西；能否从其他领域、产品、方案中引入新的元素、材料、造型、原理、工艺、思路
3	能否改变	现有事物能否做些改变，如颜色 声音、味道、式样、花色、音响、品种、意义和制造方法；改变后效果如何
4	能否扩大	现有事物可否扩大适用范围；能否增加使用功能；能否添加零部件；能否延长它的使用寿命，增加长度、厚度、强度、频率、速度、数量
5	能否缩小	现有事物能否体积变小、长度变短、重量变轻、厚度变薄，以及拆分或省略某些部分（简单化）；能否浓缩化、省力化、方便化等
6	能否替代	现有事物能否用其他材料、元件、结构、力、设备、方法、符号、声音等代替
7	能否调整	现有事物能否变换排列顺序、位置、时间、速度、计划、型号；内部元件可否交换
8	能否颠倒	现有的事物能否从里外、上下、左右、前后、横竖、主次、正负、因果等相反的角度颠倒过来用
9	能否组合	能否进行原理组合、材料组合、部件组合、形状组合、功能组合和目的组合

利用奥斯本检核表法，可以产生大量的原始思路和原始创意，它对人们的发散思维有很大的启发作用。当然，运用此方法时，还要注意几个问题：一是要和具体的知识经验相结合，因为该方法只是提示了思考的一般角度和思路，而思路的发展还要依赖人们的具体思考；二是结合改进对象（方案或产品）来进行思考；三是可以自行设计大量的问题来提问，而且提出的问题越新颖，得到的主意越有创意。

主题3 怎样把自己培养成创新型人才？

3.1 如何增强你的创新意识？

创新意识是指人们根据社会和个体生活发展的需要，产生创造前所未有的事物或观念的动机，并在创造活动中表现出的意向、愿望和设想。它是人类意识活动中的一种积极的、富有成果性的表现形式，是人们进行创造活动的出发点和内在动力，是创新思维和创新能力的前提。创新意识包括创造动机、创造兴趣、创造情感和创造意志。创造动机是创造活动的动力因素，它能推动和激励人们发动与维持创造性活动。创造兴趣能促进创造活动的成功，是促使人们积极探求新奇事物的一种心理倾向。创造情感是引起、推进乃至完成创造的心理因素。只有具有正确的创造情感，才能使创造成功。创造意志是在创造中克服困难、冲破阻碍的心理因素。创造意志具有目的性、顽强性和自制性。

创新意识与创造性思维不同，创新意识是引起创造性思维的前提和条件，而创造性思维是创新意识的必然结果，二者之间具有密不可分的联系。创新意识的培养和开发是培养创新人才的起点。如何才能增强自己的创新意识呢？下面的建议或许能够带来一些帮助。

1. 遇事多问为什么，刨根问底，寻求事物的根源，多观察，多思考，养成探究意识

伽利略1564年生于意大利的比萨城，就在著名的比萨斜塔旁边。他的父亲是个破产贵族。当伽利略来到人世时，他的家庭已经很穷了。17岁那一年，伽利略考进了比萨大学。在大学里，伽利略不仅努力学习，而且喜欢向老师提出问题。哪怕是人们司空见惯、习以为常的一些现象，他也要打破砂锅问到底，弄个一清二楚。有一次，他站在比萨的天主教堂里，眼睛盯着天花板，一动也不动。他在干什么呢？原来，他用右手按左手的脉搏，看着天花板上来回摇摆的灯。他发现，这灯的摆动虽然越来越弱，以致每一次摆动的距离越来越短，但每一次摇摆需要的时间却是一样的。于是，伽利略做了一个适当长度的摆锤，测量了脉搏的速度和均匀度，从而找到了摆的规律。钟就是根据他发现的这个规律制造出来的。

2. 不轻易相信别人和成功的经验，养成怀疑意识

法国化学家拉瓦锡发现“燃素学说”存在着许多的破绽。比如，既然金属在煅烧中逸出燃素，那为什么重量反倒增加呢？而蜡烛燃烧之后竟一无所剩，似乎全部消失了。为了弄清事实的真相，拉瓦锡开始了严格的实验。他首先仔细地称量了装有空气和固态物质的密闭容器，然后用放大透镜将阳光聚集在物质上，或者用火加热。当物质燃烧完后，再重新称量装有反应物的容器。他用各种不同的物质反复进行实验，结果发现密封容器的重量在燃烧前后都不变。这是什么原因呢？拉瓦锡的大脑开始了紧张的思索。后来他终于得出结论：在没有密封的燃烧过程中，空气中有一种新的物质元素参与了反应，使得物质燃烧前后重量不一。为此，他把这种气体命名为酸素，也就是我们今天所说的氧气。这样，金属生锈、重量增加的秘密被揭开了。最后，拉瓦锡推翻了流传多年的“燃

素学说”，被后世尊称为“现代化学之父”。

3. 不满足现有的成绩，没有最好，只有更好，养成精益求精的意识

有两个爱画画的孩子。第一个孩子的妈妈给儿子一叠纸、一捆笔，还有一面墙。她告诉他：你的每一张画都要贴在墙上，给所有来我们家的客人看。第二个孩子的妈妈给儿子一叠纸、一捆笔，还有一个纸篓。她告诉他，你的每一张画都要扔在这个纸篓里，无论你自己对它满意还是不满意。3 年以后，第一个孩子举办了画展：一墙的画，色彩鲜亮，构图完整，人人赞扬。第二个孩子没法展览，一纸篓的画，满了就倒掉，所有的人都只看到他手头尚未画完的那一张。30 年后，人们对第一个孩子展览的一墙一墙的画已经不感兴趣，第二个孩子的画却横空出世，震惊了画坛。人们把第一个孩子贴在墙上的画揭下来，扔进了纸篓，又将第二个孩子扔在纸篓里的画拾出来，贴在了墙上。

4. 不要贪图享乐、不思进取，要保持忧患意识

微软公司前总裁比尔·盖茨曾说过这样一句话：“所有员工都要有这样一个意识——微软公司还有三个月就要倒闭！”这似乎是杞人忧天、令人费解的。其实不然，盖茨这样说是要求员工都要有忧患意识，要不断进取。在日本，自古以来就形成了举国一致的“忧患意识”，无论是政治家，还是老百姓，都经常说：“日本没有土地，没有资源，有的只是阳光和空气”，“日本人一天不拼命地干，第二天就没有饭吃”。究其原因，主要是日本国民对本国国情了如指掌。正是这种意识，给日本的发展增添了强劲的动力，并创造了发展的奇迹。

5. 不走寻常路，敢为天下先，养成挑战意识

美国田纳西州曼菲斯市的克莱伦斯·桑德斯看到人们在当时很流行的自助餐馆前排着长长的队伍等候用餐。于是他灵机一动，想把自助的观念应用到杂货业。桑德斯是一家杂货店的低等雇员，当他向领导说明他的构想时，领导却告诉他，如果不需要人手包装送货，他就失业了，所以不要把时间浪费在愚蠢且不切实际的想法上。但桑德斯认为这是一种极佳的方式，于是他辞掉工作，开了皮吉利·威吉利商店实践他的构想，结果他赚得了巨大的利润，他也因此成为今天现代化超市的先驱。

3.2 怎样进行创新思维训练？

创新思维是指以新颖独创的方法解决问题的思维过程。通过这种思维能突破常规思维的界限，以超常规甚至反常规的方法、视角思考问题，提出与众不同的解决方案，从而产生新颖的、独到的、有意义的思维成果。创新思维的本质在于用新的角度、新的思考方法来解决现有的问题。创新思维的特征有：新颖性，即思维的目标、方法、过程等方面都比较新颖；多向性，即从纵、横、逆、侧等多方面来思考问题；多元性，即善于从事物的多侧向、多环节、多因素、多层次、多角度进行思考；开放性，即善于大量地、广泛地吸收外界各种信息，在与外界各种信息的交换和反馈中不断吸收新东西，以建立自己的思维模式，调整自己的思维方法，整合自己的思维成果。

创新思维是创新活动的前提，从事创新活动首先要改变自己的思维方式。怎样进行

创新思维的自我训练呢？

1. 突破束缚创新思维的障碍

这些障碍有以下三种。①思维定式障碍。思维定式是指人的思维活动所具有的逐渐定型化的一般路线、方式、程序和模式，如传统定式、书本定式、经验定式、名言定式、从众定式等。思维定式形成后会成为不自觉的、类似于本能的反应，会顽固地束缚创新性思维的产生和发展。②思维习惯障碍。在中国的文化环境中提倡创新会遇到一些难题，会受到家庭、教育、商业等领域传统思维的影响。③思维封闭障碍。思维封闭体现在只是局限于所在的层次、空间、角度、视野等考虑问题，难免会管中窥豹和盲人摸象。

2. 熟悉各种创新思维形式，并加强训练

创新思维有多种形式，这里主要介绍以下几种形式。

（1）逆向思维

逆向思维是对司空见惯的似乎已成定论的事物或观点反过来思考的一种思维方式。由于对立统一规律是普遍适用的，逆向思维在各种领域、各种活动中都有适用性。在创造发明方面，更需要逆向思维。逆向思维可以创造出许多奇迹。在表 1.3 中列举了逆向思维的具体形式，以便于大家理解和比较。

表 1.3 逆向思维形式、解释及示例

逆向思维具体形式	基本解释	示例
方位逆向	双方完全交换所处的位置	上与下、前与后、进与退、首与尾等
属性逆向	从事物属性的相反方向所进行的思考	好与坏、强与弱、删除与恢复等
因果逆向	利用事物之间的因果关系进行逆向思考	以毒攻毒，以其人之道还治其人之身等
原理逆向	从事物原理的相反方向进行的思考	制冷与制热、电动机与发电机、压缩机与鼓风机等
功能逆向	按事物或产品现有的功能进行相反的思考	保温瓶、空调、风力灭火器等
程序逆向	颠倒已有事物的构成顺序、排列位置而进行的思考	电话与留声机
缺点逆用	针对事物中已经发现的缺点，反过来考虑如何直接利用这些缺点，做到“变害为利”	利用大鹅看家护院
心理逆反	在思考的过程中摒弃自身局限，先探究对方的思想，然后反对方的思路而行事，让对方跟着你的思路走，做出你需要他做的选择	激将法

（2）横向思维

横向思维是一种打破逻辑局限、将思维往更宽广领域拓展的前进式思考模式。它的特点是不限制任何范畴，以偶然性概念来突破逻辑思维，从而可以创造出更多的新想法、新观点、新事物的一种创造性思维。横向思维的方式有以下三种。①横向移入，即把其他领域的好方法移到本领域来。②横向移出，即把本领域的成功方法移到其他领域去。

比如，法国细菌学家巴斯德发现酒变酸、肉汤变质都是细菌作怪，只要经过处理，消灭或隔离细菌，就可以防止酒、肉汤变质，而李斯特把巴斯德的理论用于医学界，轻而易举地发明了外科手术消毒法，拯救了千百万人的性命。③横向转换，即不直接解决问题，而将其转换成其他问题来解决。比如，曹冲利用同等重量的物体吃水相同的原理，将给大象称重的问题转换成了测同等重量的石头。

（3）灵感思维

灵感思维是指人们在久思某个问题不得其解时，由于受到某种外来信息的刺激或诱导，忽然想出了办法的思维过程，又称为顿悟。灵感思维成就了许多伟大的科学发现，比如阿基米德躺入澡盆洗澡时，看到澡盆中的水因加得太满而溢了出来，由此发现阿基米德定律，即浸在液体中的物体受到向上的浮力，其大小等于物体所排出液体的重量。又如，门捷列夫研究元素周期律始终不得要领，在睡梦中仍在继续摆着元素表，居然梦见了一张清晰的元素周期表，醒来后他迅速找到一张小纸片，把 63 个元素记下来，成为一张表，这个表就是化学元素周期表的雏形。灵感具有瞬时突发性与偶然巧合性的特征。比如，诗人、文学家的“神来之笔”，军事指挥家的“出奇制胜”，思想战略家的“豁然贯通”，科学家、发明家的“茅塞顿开”“歪打正着”等。

灵感来自信息的诱导、经验的积累、联想的升华、事业心的催化等多个方面。一般来讲，灵感的诞生需要具备以下条件：一是要在某一领域积累足够的知识；二是针对某一个问题进行了长时间思考和研究；三是在长时间思考后，将问题先放一放，放松思维以激发灵感的产生；四是由外部信息的刺激来引发联想；五是当灵感来临时，要及时记下来。

（4）求异思维

求异思维是指为解决某一问题而最大限度地放开思路，从多视点、多方向、多途径寻求解决方法的一种开放性思维，如一题多解、一事多写、一物多用等。求异思维有多种形式，如突破线性或平面思维定式，从多维进行观察和思考的立体思维；凭借丰富想象力产生全新思路的想象思维；将事物之间的某种共性联系起来的联想思维；从所研究领域以外的事物寻求启示、求得新的认识或创造的侧向思维；等等。

（5）互联网思维

互联网思维是在（移动）互联网+、大数据、云计算等科技不断发展的背景下，对市场、用户、产品、企业价值链乃至对整个商业生态进行重新审视的思考方式。互联网思维分为三个层级：①数字化——互联网是工具，提高效率，降低成本；②互联网化——利用互联网改变运营流程、电子商务、网络营销；③互联网思维——用互联网改造传统行业，商业模式和价值观创新。互联网思维的基本原则是平等，即人与人之间的地位是平等的。万物互联条件下人们的行为方式是“自由主动选择”。

创新思维的训练有很多方法，本章 2.3 节中介绍的创新方法可以作为创新思维训练的方法。在日常生活中，经常问一问自己一些问题也是简单有效的创新思维训练方法，这些问题有：

这种东西像什么？

假如……会怎样？

这种东西可以当（做、变）什么？

别人正在干的我能不能不干？

别人不干或没有想到干的我能不能干？

其他行业、专业、企业的做法、思路、产品特点、发明创造能否为我所用？

你感觉到什么？想到什么？

…………

3.3 怎样提高你的创新能力？

创新能力是一种综合能力，包括学习能力、发现问题的能力、流畅的思维能力、分析问题的能力、变通的能力、制订方案的能力、协作的能力等多个方面。这里着重强调以下四个方面的创新能力。

1. 不断提升学习能力

创新是建立在一定的知识积累基础之上的，知识则来源于人的不断学习。学习能力是所有能力的基础。学习能力包括注意力、记忆力、思维力、想象力、创造力、理解力、语言表达能力、操作能力、运算能力、听/视/知觉能力等多个方面。

提升学习能力，首先，要掌握正确的学习方法。人类教育发展的理论和实践证明，以“问题”为中心的学习方法历来是学习的良方，对于创新性的学习尤其如此。所谓以“问题”为中心的学习方法，就是在学习过程中，把学习知识的过程化解为提出问题、分析问题、解决问题的过程，把要学习的知识分解为具体问题去学习、领会和掌握。其次，要注意知识的整合。学会根据小问题之间的联系，组织成大的问题，用系统的方法层层构建，完成对知识点的整合，最终搭建起围绕创新的知识大厦。最后，要有毅力。学习既艰苦，又有乐趣。说它艰苦，就是要学习者持之以恒地坚持，这样才能取得学业的进步。说它有乐趣，就是靠拼搏得到的果实会给你收获的甘甜。学无止境，要树立活到老、学到老的决心。

2. 不断提高观察能力

提高观察能力，有以下几点建议。首先，要养成良好的观察习惯，观察与思考相结合，有计划地进行观察，做好观察记录，最后整理、分析、概括观察结果，得出结论。其次，要掌握观察的要领。一要全面观察，即全面地看问题。要观察与问题相关的各个要素、各个环节、各个阶段、各个领域；要看历史，看现实；要看主观，看客观。二要深入观察。问题的本质往往被纷繁复杂的现象所掩盖，需要在观察时能够透过现象看本质，深入观察。三要动态观察。要用发展变化的观点观察问题，注意对一些动态因素的变化进行动态观察，并能预见未来趋势。最后，要注意抓住发现问题的切入点。找到寻找问题的切入点，有利于快速准确地发现问题。常见的切入点有：通过与计划或标准比较发现问题；通过工作困扰的频次发现问题；通过对他人造成的影响发现问题；通过与其他人进行比较发现问题；突发事件及其所折射出的问题；群众普遍反映的问题；竞争中落后所表现出的问题；等等。

3. 不断提高分析能力

分析能力是人在思维中把客观对象的整体分解为若干部分进行研究、认识的技能和本领。拥有良好的分析能力，可以把一个看似复杂的问题进行理性思维的梳理，将其变得简单化、规律化，从而轻松、顺畅地解答出来。分析能力受先天因素的影响，但在很大程度上取决于后天的训练。掌握以下方法有助于提高分析能力。

1）分解法。分解法是将分析对象的整体分解为各个部分，再对各部分逐个分析，从而将问题分析透彻的方法。

2）归纳法。归纳法是一种由特殊到一般的推理方法，即通过分析具体的现象、个别的事例，归纳出规律性的东西来。

3）演绎法。演绎法是一种由一般到特殊的推理方法。

4）类推法。类推法是一种由特殊到特殊的推理方法。

5）因果分析法。因果分析法是根据事物内在因素之间的关联进行分析的方法。在分析中可以依据一定的原因分析可能出现的结果，也可以根据现实中出现的结果，寻找造成这种结果的原因。

6）比较分析法。比较法分为横向比较与纵向比较两种。横向比较是与相关同类事物的比较，而纵向比较则是同一事物与其历史水平的比较。

4. 培养团队协作能力

没有完美的个人，只有无敌的团队。创新需要合作，一个团队的力量远远大于一个人的力量。拥有或者融入一个优秀的团队，是一个人走上成功之路的开始。团队的本质在于团队成员之间的协作，因此一个人的协作能力决定了其能否融入一个优秀的团队。提高团队协作能力可以从以下方面入手。

1）学会信任。信任是合作的基石，没有信任，就没有合作。高效团队的一个重要特征就是团队成员之间相互信任。团队成员相信彼此的品格、个性、特点和工作能力，可以在团队内部创造高度互信的互动能量，使团队成员相信团队的目标并为之付出自己的责任与激情。如果你不相信人，别人也就不会信任你；相反，你以坦诚友好的方式待人，对方也往往会以同样的方式待你。信任是缔造团队向前的动力，同时也是团队成员对自身能力的高度自信。

2）学会沟通。沟通能力在团队工作中是非常重要的。现代社会是一个开放的社会，当你有了好想法、好建议时，要尽快让别人了解、让上级采纳，为团队做贡献。不论你有多么新奇的观点和重要的想法，如果不能让更多的人去理解和分享，那就几乎等于没有。提升沟通能力首先要有良好的沟通意识，要敢于沟通、勤于沟通、善于沟通，让所有人都了解你、欣赏你、喜欢你。其次，必须掌握沟通的语言艺术。

最重要的八个字：我承认我犯过错误。

最重要的七个字：你做了一件好事。

最重要的六个字：你的看法如何？

最重要的五个字：咱们一起干。

最重要的四个字：不妨试试。

最重要的三个字：谢谢您。

最重要的两个字：我们……

最重要的一个字：您

3）学会包容。包容是一门学问，学会包容，就学会了生活。包容是一种美德，它可以使你的人格得到升华，让你的心灵得到净化。包容是赢得朋友的保证。学会包容，就要避免固执己见，要善于听取他人的意见；就要允许别人犯错误，并努力帮助他纠正错误，而不是一味斥责；同时也要经常反思自己的缺点，并在意识到自己的缺点之后坦诚地讲出来，让大家共同帮助你改正。

4）学会谦虚。谦虚就是不夸大自己的能力或价值，没有虚夸或自负。宋濂说："功有所不全，力有所不任，才有所不足。"任何人都不喜欢骄傲自大的人，这种人在团队合作中也不会被大家认可。可能你在某个方面比其他人强，但你更应该将自己的注意力放在他人的强项上，只有这样，才能看到自己的肤浅和无知。谦虚是一种美德，是进取和成功的必要前提。

能力训练与提升

训练 1　校园扫描

你已经有了较长时间的大学生活经历，对"你的大学"很熟悉，在学习了本章关于创新的理论知识之后，请重新扫描一遍"你的大学"，看能否发现问题。如果有问题，把它记录下来：（发现的问题越多越好）

1. ______________________________
2. ______________________________
3. ______________________________
4. ______________________________
5. ______________________________
6. ______________________________
7. ______________________________
8. ______________________________

训练 2　组织头脑风暴会

以创新创业小组为单位召开头脑风暴会议，会议主题如下。

1．把小组成员在训练 1 中所发现的问题进行综合汇总，注意相同或相似问题的合并与归纳，形成小组发现的问题列表。

2．小组讨论决定针对哪一个问题设立创新项目，并探讨解决该问题的方案。

训练 3　专业创新训练

1．你了解所学专业的发展趋势吗？

2．你了解所学专业的创新项目的主要领域吗？

针对以上问题收集相关创新项目和科研成果的资料，并进行分析，得到你需要的信息。

第 2 章 创　业

学习目标

★知识与理论

1. 掌握创业的含义，创业的基本类型。
2. 理解创业的基本过程。
3. 掌握企业的含义及分类。
4. 理解创业资源的类型。
5. 理解创业的经典理论。

★技能训练

1. 模拟组建一家企业。
2. 培养与提高与企业家进行沟通的能力。
3. 训练观察能力、系统分析能力和归纳总结能力。

—经典名言—

给自己留了后路相当于是劝自己不要全力以赴。——王石

成功的秘诀就是大家要一起努力。——沃尔玛创始人山姆·沃尔顿

创业宜趁早，拓业不怕老。——郭鹤年

【导入案例】

用“中国富豪”创业的胡润

胡润，一个被很多国人熟悉的英国人。他1970年出生于英国卢森堡，1990年在中国人民大学学习了一年的汉语和日语，毕业后从事会计行业。凭借中文优势，1997年胡润从伦敦来到上海的安达信工作。胡润最初的想法只是希望在华奋斗几年后回到英国做个中产阶级，但在上海生活了几年，他也没搞出什么名堂。中国的上海自清朝以来便以中国的“钱袋子”“名利场”享誉世界，如今作为中国经济、科技、工业、金融、贸易、会展和航运中心，更是创业者实现梦想的乐园。创富的神话每天在他眼前上演，胡润感觉到那才是自己想要的生活。可是让胡润迷茫的是可以干什么，做哪个行业。在一次偶然和父亲的交流中，父亲问他：“你有没有搞明白，在中国，在上海你是谁？”从此胡润意识到只有出名，让自己成为一个“谁”，他才会有机会。于是，他想到发挥自己的会计师才能为中国富人做一个排行榜的主意。（早在1995年2月，《福布斯》曾经搞出过一个中国富豪榜，但由于操作困难中断了。）

1999年，胡润开始利用业余时间和假期，查阅报纸、杂志及上市公司的公告报表，凭着兴趣和职业特长，胡润终于排出了中国历史上第一份和国际接轨的50人财富排行榜。但是怎样才能让人们知道这份榜单呢？胡润明白，必须找到有影响力的传播途径。他先后给英国《金融时报》《经济学人》《商业周刊》《福布斯》等专业财经媒体发去了传真，希望这些媒体可以刊登他的这份榜单。最终，以创造“金钱名利场”为己任的《福布斯》表示了兴趣，并将之放上了《福布斯》全球版的封面。就这样，胡润开始出名了。

中国人本不习惯在财富上“显山露水”，所以胡润这种张扬的“富豪排行榜”神奇地吸引着中国人的关注，撩拨着中国人的神经，刚一出现就因新奇而成为舆论的宠儿。几乎所有的中国顶级富豪都生怕胡润遗漏了自己，可是当自己真的出现在排行榜上时，却又避之不及。榜上有名的企业家受到关注，然而“树大招风”，一些企业家的经济问题也更加受到重视。胡润在中国成为一个让人又爱又恨的人。但是不管怎样，胡润这个外国人牢牢抓住了中国富豪排行榜这棵“摇钱树”，摇出了一条从糊口到富裕的生财之路。

2001年，胡润辞去了安达信的工作，在名片上改印上“《福布斯》杂志中国首席调研员”，并得到《福布斯》的支持。他将富豪榜的上榜人数扩充到了百人。也正是从那时起，在中国人的眼里，胡润成为《福布斯》在中国唯一的代言人。

2002年，胡润被媒体联合评选为“2002年度新锐人物”。这一年他也收到了《福布斯》与他终结合作的消息。《福布斯》高调宣布：《福布斯》将在中国设立办事处，并公布了进军中国市场的庞大商业计划。在与《福布斯》分开后，尽管失落，但胡润已经成熟起来，“我开始准备自己做，寻找适合的合作伙伴。我没什么好担心的，因为百富榜一直就是我自己一手创造出来的”。

2003 年 3 月 31 日，在北京大学光华管理学院，胡润与张维迎共同组织了“中国财富品质论坛”。凭借已经建立的名气，“胡润财富系列”新书销售火爆。随后胡润宣布，他将与国际著名传媒集团“欧洲货币机构投资者集团”合作，共同推出《中国大陆百富榜》，并为此出版一期中英文双语特刊——《中国货币》。7 月 22 日，在上海威斯汀大饭店，胡润又成为《中国货币》企业家峰会的组织者。参加这个峰会的都是中国企业界的重量级人物。几乎震惊中国传媒的是，胡润竟然用一纸传真请来了时任英国首相托尼·布莱尔。胡润没有如众人预料的那样跌倒，反而跳得更高了，几乎所有人都认定胡润与英国政界、中国商贾交情甚深。

胡润最大的优点就是勇敢、耐心和勤快。对依靠大量客观数据支撑、每年定期公布的极富争议的百富排行榜，胡润从来都是不厌其烦地向媒体一遍遍解释榜单疑问，“百富榜不可能百分之百准确……我们只能确保有 60%～70%的准确性”。“我的排行榜不会事先征得他们的同意。”这是胡润的工作原则。他告诉记者，不管富豪们是否愿意，怎么“要挟”，甚至以律师信相告，他总是“坚持”为富豪们贴上自己的标签——胡润百富榜上榜人。

现在，胡润每天的工作就是和亿万富翁们打交道。胡润说：“胡润百富榜，我希望它能成为一个中国百年企业的招牌。”

资料来源：根据网络资料整理改编

感悟与体会

写下你自己对胡润创业的评价。

____

____

____

____

____

____

____

____

____

____

____

____

知识与理论学习

主题1 你了解创业吗？

1.1 什么是创业？

创业是一个跨学科、多层面的复杂社会现象，迄今为止对创业的定义还没有形成共识。以下为大家列举一些有代表性的定义。

科尔：创业是发起、维持和发展以利润为导向的企业的有目的性的行为。

史蒂文森：创业是个人在不拘泥于当前资源条件的限制下追寻机会的过程。

杰弗里·蒂蒙斯：创业是一种思考、推理结合运气的行为方式，它为运气带来的机会所驱动，需要在方法上全盘考虑并拥有和谐的领导能力。

弗瑞德·威尔逊：创业是将创意转化为企业的艺术。

奈特：创业是承受不确定性和风险而获取利润。

综合上述定义，我们可以这样来理解创业。

1）创业的目的是获取足够的盈利。这里的创业特指创办企业，是以利润为导向的行为。寻求利润，是创业者走上创业之路的内在动力；利润的多少，是创业者选择创业项目的重要依据。

2）创业活动离不开机会。识别机会是创业者启动创业活动的前提。

3）突破当前资源条件的限制，是创业思维的重要特点。创业之路，不是看你拥有多少创业资源，而是看你能够整合和利用多少资源，使创业资源发挥出最大的价值。

4）创意是创业项目的灵魂。一个富有创意的创业项目，更容易获取投资人的青睐，更容易赢得竞争优势，更容易得到顾客的认可。

5）创业必然要承担风险。风险与收益是并存的，高回报往往预示着高风险，因此需要以谨慎的态度去对待创业中的风险。

本书对创业的定义是：创业者利用机会，整合相关资源，向市场提供产品或服务，最终实现价值增值的过程。

创业是关乎国计民生的重大事情，是民族振兴的必由之路。2015年，李克强总理主持召开国务院常务会议，确定大力推进大众创业、万众创新，增强企业活力，拓展发展新天地。“双创”活动、落实“互联网+”行动计划随即在全国各地蓬勃开展，并取得了令人瞩目的成就。据统计，2018年全国日均新设企业超过1.8万户，市场主体总量超过1亿户。创业活动正在改变社会生产生活方式、塑造中国发展新优势。

思考与训练

结合上述创业的定义，写下你对创业的定义：

小组讨论

每个创业小组分别讨论创业对于创业者个人和对社会的重要意义，并将讨论结果写下来。

创业对个人的意义：

创业对社会的意义：

1.2 创业是怎样一个过程?

创业过程也就是创业者的创业行为过程，可以从广义和狭义上去理解。广义的创业过程通常包括创业构思的形成与准备、创立新企业，以及新创企业的成长管理过程。狭义的创业过程往往只是指新企业的创建。在这里我们侧重于从狭义的角度来分析创业过程，它主要包括以下环节。

1. 创业者创业意愿与创业动机的形成

一个人是否会走上创业之路，首先取决于他是否有强烈的创业意愿和创业动机。创业意愿和创业动机在形成与强化的过程中，会受到多方面因素的影响，如个体特质的心理特征是否有成就欲望、风险承担倾向、模糊性承受能力、处理问题的风格，创业外在环境的机会，支持或帮助服务等。

2. 分析环境与识别创业机会

创业机会对创业行为具有强烈的推动作用。创业过程就是围绕着机会进行识别、开发、利用的过程。很多人都把创业机会的识别作为创业过程的起点。创业机会往往来源于生活或工作中存在的问题或困难，市场环境出现的变化，新知识、新技术的出现等。

3. 创业项目的形成、评估与选择

创业机会意味着客观存在着尚未得到满足的市场需求。如何满足市场需求呢？这就需要创业者有能力提出创业项目，并且能够评估创业项目的优劣，做出正确的项目选择，以提高创业的成功率。一般来讲，创业者优先选择那些有创意的项目，符合自己兴趣、爱好的项目，自己熟悉的领域的项目，科技含量高的项目。

4. 创业资源的整合与评估

创业资源是创业项目能否最终付诸实施的保障条件，包括人力资源、资金、生产资料、技术和信息等。要想创业成功，必须确保能够在所处的商业环境中得到所需要的各种资源，并且资源获取成本是能够承受的。只有这样，创业项目才具有可行性。

5. 形成创业计划书

创业计划书是对创业项目进行全面说明的计划性文件。通常，创业计划书中应包括如下内容：创业项目概况、市场分析、SWOT 分析、市场营销策略、资金规划、风险评估、人员结构、财务预估报表等。创业计划书可以用于指导创业筹备与项目运营，也可以用于向相关人士说明创业计划，争取合作伙伴加入以及获取资金支持，还可以用于申请特定的创业贷款。

6. 创建并运行新企业

新企业的创建是衡量创业者创业的直接标志。创办新企业具体包括企业法律形式的选择、企业注册登记、经营地址的选择等活动。新企业运行需要做好以下工作：合理组

织员工，购买存货、原材料或服务，控制生产过程，控制成本，制定价格，做好业务记录，为顾客提供商品或服务等。

1.3 创业有哪些类型？

理论界习惯于对创业活动进行分类，以试图对创业活动进行概括和总结，寻找创业方面的规律。常见的分类方式有：①根据创业对市场和个人的影响程度，将创业分为复制型创业、模仿型创业、安定型创业和冒险型创业四种类型；②根据创业者的构成特点，将创业分为独立创业、家族创业、合伙创业和团队创业；③根据创业的起点或条件的不同，将创业分为零起点创业、收购型创业、依附型创业和在家创业等。

1. 零起点创业

零起点创业是一种完全从零开始、白手起家的创业形态。创业者由于缺乏资金、缺乏技术、缺乏经验、缺乏人脉关系，只能从很小的规模做起，通过一点一滴的积累和摸索，依靠吃苦耐劳的精神和良好的人品与信誉，逐步发展壮大。零起点创业是最困难的创业形式，但是一旦突破创业初期阶段的瓶颈，就可以获得井喷式的发展，演绎一个创业神话。

徐桂芬的创业经历

1993 年，41 岁的徐桂芬下岗了。为了养家，徐桂芬选择了下海创业，她做过肉皮加工的买卖，做过腊肠，卖过拆骨肉，调过饺子馅，但这些生意都解决不了一家人的温饱问题。徐桂芬意识到创业光能吃苦还不够，还需要动脑子，她开始思考有什么商机更有发展前景。经过一番市场调查，徐桂芬把目光盯上了南昌人酷爱的鲜香辣卤味上。1993 年 2 月，徐桂芬用 1.2 万元的全部家当在绳金塔附近创办了南昌“煌上煌烤禽社”，烤禽社面积不过二三十平方米，员工也只有两三个人。由于产品没有特色，烤禽社一开张就陷入了困境，在找到了一个拥有秘方的师傅后生意才红火起来。然而好景不长，师傅因故离开，烤禽社再次陷入困境。必须有自己的卤菜配方才能不受制于人，带着这种强烈的愿望，徐桂芬开始了卤菜配方的寻找、探索和研究，1994 年，徐桂芬调制出了具有独特风味的煌上煌酱鸭。通过“免费品尝”这一营销策略，煌上煌酱鸭迅速获得消费者的认可，开始热销起来。从 1995 年起，为扩大规模，煌上煌开始连锁经营，陆续在南昌市开设了几家煌上煌烤禽分社。1998 年，“煌上煌”连锁店发展到 130 多家，销售收入达到 1 350 万元，南昌市场占有率超过 80%，品种也发展到烧烤、卤制、煎炒、凉拌四大系列 60 多个。2012 年 9 月，煌上煌作为酱卤第一股登陆中小板，市值突破 25 亿元。在生意蒸蒸日上的同时，徐桂芬也获得了众多的个人荣誉，成为全国劳动模范、全国三八红旗手、全国五一劳动奖章获得者。

2. 收购型创业

收购型创业是指通过承包、租赁和并购现有企业开展创业活动的创业形式。虽然收购型创业的创业者可以利用现有企业的生产技术条件、人力资源和客户关系基础，有利于节省创业投资，大大缩短创业者进入目标市场的时间，但是现有企业可能存在的商誉不佳、设备陈旧、产品老化、负债率高、技术落后等问题会给创业者接手企业以后的经营带来一定的负面影响。

张志祥的钢铁帝国

出生于1967年的张志祥，1994年辞去公职创办了忠祥实业公司，主要从事钢铁贸易，公司业务发展迅速。1999年，张志祥迎来了由贸易进入实业领域的机会。当时河北唐山市有关部门找到张志祥，希望他接手濒临破产的市属企业遵化钢铁厂，于是他第一次参与到国企改制当中。1999年，他先是租赁经营唐山遵化市钢铁厂，然后于2000年3月买断该厂，更名为唐山建龙实业有限公司。此后，张志祥认识了同为浙江人的复星集团董事长郭广昌。郭广昌向建龙投资3.5亿元，并获得了唐山建龙30%的股权，为建龙未来的迅速发展奠定了基础。有了第一次参与国企改制的经验，张志祥紧跟国家对钢铁行业进行整合的思路，又陆续在宽城、吉林、承德、唐山购并多家钢冶类亏损企业，转变机制，加大投资，使其迅速成为当地的龙头企业。到2008年底，建龙已经拥有已探明各类资源储量16.61亿吨，分布于河北、吉林、辽宁、黑龙江、内蒙古、山东、湖北、新疆、青海、云南等省份和自治区，并拥有控股子公司17家，总资产达319.81亿元。张志祥建起了名副其实的民营企业钢铁帝国。

资料来源：根据网络资料整理改编

3. 依附型创业

依附型创业是指创业者通过和现有企业建立起某种形式的合作关系来进行创业的创业形式。依附型创业有多种形式：在流通领域做某企业产品的代理商、经销商；在生产环节为某企业生产零部件或者贴牌生产；在企业内部创业；加盟连锁企业创业；网上开店等。

张近东与苏宁电器

1990年12月，27岁的张近东以10万元自有资金，在南京宁海路租下一个200平方米的门面房，取名为苏宁交家电，专营空调。当时的空调还没有进入人们的消费视野，是一个冷门行业。不信邪的张近东在业界首次建立起营销商“配送、安装、维修”一体化服务体系，并组建了300人的专业安装队伍，及时上门为顾客免费安装空调，这为苏宁掘得第一桶金起到了关键作用。1991年，惯于创新的张近东又使出了他别出心裁的第二招“逆向运作”，率先向生产商渗透商业资本，首创了经销商在淡季向生产商打款扶植生产、确保旺季获得价格优惠的稳定货源的厂商合作全新模式。苏宁凭借“经销商渗入生产领域”的奇招，打造了与厂家共融共生的经典营销模式，优化了自己的渠道运作模式。1992年，南京的空调市场开始启动，苏宁由于已经取得了产品和服务上的绝对优势，当年就成为春兰空调全国销售第一大户。这一年“苏宁”的名字在南京空调市场一炮打响。3年内，苏宁凭借单一产品、单一品牌就做到了年销售3亿元的规模。进入21世纪，苏宁开始由单一的空调业务转向综合电器业务，张近东为业界表演了一出

“裂变戏法”：2001 年平均 40 天开一个店；2002 年平均 20 天开一个店；2003 年平均每周开一个店；2004 年平均 5 天开一个店，连锁企业遍及全国 30 个省（自治区、直辖市）。2004 年 7 月，苏宁成功上市。

资料来源：根据网络资料整理改编

4. 在家创业

在家创业（small office and home office，SOHO）起源于美国 20 世纪 80 年代后期，专指能够按照自己的兴趣和爱好自由选择工作、不受时间和地点制约、不受发展空间限制、自由、弹性而新型的生活和工作方式。特别适合 SOHO 的是一些基于信息的制造、加工、传播类的工作，如编辑记者、自由撰稿人、自由翻译人、软件开发人员、网站设计人员、美术工作者、音乐工作者、财务工作者、广告策划人员、咨询人员等，因为他们的大部分工作或者主要的工作完全可以在家中独立完成或通过在网上与他人的协同工作来完成。

SOHO 是具有很高的挑战性的，因此它对创业者也提出了更高的素质要求。这些要求包括：必须是一个能主动工作的人，在没有外界压力的情况下也能及时地完成手头的事情；必须是一个能够独立完成工作的人，能在没有同事协助的前提下开展工作；必须是一个做事计划性很强的人，懂得维持工作与生活方面的平衡，不会因为在家工作而导致生活秩序大乱；必须是一个善于解决问题的人；能够控制工作的进展程度；拥有管理事务的能力；具备出众的专业能力。

1.4 创业是一条什么样的路？

凡是走上创业之路的人，回首自己的创业经历，都会有属于自己的体会和感悟。有的人一路走来顺风顺水，充满了鲜花、掌声和荣誉；有的人则经历了风风雨雨、坎坎坷坷，在困境中挣扎和成长。大家熟悉的“赢在中国”节目，是中央电视台的一档全国性商战真人秀节目，也是一档大型励志创业电视活动。该节目聚集了全国各行业成功的创业人士和许多走在创业路上的创业者，他们的一些精妙之语渗透着对创业之路的深刻感悟。这里选摘一些，供大家参考体会。

1）很多年轻人是晚上想想千条路，早上起来走原路，而中国人的创业，不是因为你有出色的 IDEA（理想、梦想、想法），而是你是不是愿意为此付出一切代价，全力以赴地去做它，一直证明它是对的。

2）前方充满着未知，但我必须得走。

3）世上没有垃圾，只有放错了地方的财宝。

4）创业的想法是伟大的，但是要做的事情是渺小的。

5）思想敢为天下先；行动不走寻常路！

6）人在成功的时候是学不到东西的，在失败的时候学到的是最深刻、最有价值的！

7）碰上一个强大的对手，我觉得你应该做的是，不去挑战他，而是去弥补他。做他做不到的，去服务好他，先求生存再求战，这是所有商场的基本规律。你还没站稳脚跟就跟人挑战，你一定会输。永远是先求生存，再求战。

8）创业最怕的就是看不见、看不起、看不懂、跟不上：看不见对手在哪里，看不起对手，看不懂对手为什么变得那么强，然后跟不上了。即使对手很弱小，也要把他看得很强大。

9）做正确的事和正确地做事。

10）小胜靠智，大胜靠德。

11）大型企业看文化，中型企业看行业，小型企业看老板。

12）不是别人都比你狡猾你才上当，而是因为你太贪。

13）努力的人不一定会成功，但没有努力的人一定会失败。

14）人生就是一个历程，我们既要追求结果的成功，更要注重过程的精彩。

15）世界上没有优秀的理念，只有脚踏实地的结果。

16）别人可以拷贝我的模式，却不能拷贝我的苦难，不能拷贝我不断前进的激情，这个东西你一定要记住，这是你的核心竞争力。

17）一定要走出自己的逻辑去了解别人，不要怕暴露自己的弱点，一个企业可以靠策划赢得优势，但一定不是靠策划而成功。

18）做生意最重要的是你要明白客户需要什么，实实在在地创造价值，坚持下去。

19）创业要找最合适的人，不一定要找最成功的人。

20）创业最大的失败就是放弃。

21）所有创业者要永远告诉自己一句话：从创业的第一天起，你每天要面对的是困难和失败，而不是成功。

22）20世纪80年代挣钱靠勇气，90年代靠关系，现在必须靠知识能力。

23）创业路上需要激情、执着和谦虚，激情和执着是油门，谦虚是刹车，一个都不能缺少。

资料来源：根据网络资料整理改编

小组讨论

根据上述经典语录，从创业面临的困难和成功的条件两个方面展开讨论，并将讨论的结果记录下来。

创业可能遇到的困难：

____

____

____

创业成功的条件：

____

____

____

主题 2　你了解企业吗？

在前文，我们将创业特指为创办企业，所以你有必要了解一些关于企业的基本知识，以帮助你更进一步去理解创业。

2.1　什么是企业？

企业是从事生产、流通与服务等经济活动的营利性组织。企业的基本职能就是从事生产、流通和服务等经济活动，向社会提供产品与服务，以满足社会需要。企业是在社会化大生产条件下存在的，是商品生产与商品交换发展的自然产物。

企业的产生，源于农民副业性质的家庭手工业，其特点是以一家一户为单位，用私有生产资料分散经营。比如，自产自销的手工业，直接为消费者服务的流通手工业等。封建社会末期，随着生产力的提高和商品经济的发展，小商品生产者两极分化加剧。一些富裕的手工业作坊主或商人雇用了较多的手工业者，组织他们在自己的作坊里共同劳动，形成了具有资本主义性质的简单协作。16 世纪至 17 世纪，一些西方国家的封建社会制度向资本主义制度转变，资本主义原始积累加快，大规模地剥夺农民的土地，使家庭手工业急剧瓦解，开始向资本主义工场手工业转变。工场手工业是资本雇佣劳动者的生产形式。在工场手工业初期以分散的手工工场为主要形式，生产者仍分散在各自家庭中劳动，但是他们在包买商的组织下形成一个生产集体，有一定的劳动分工，包买商为保障其货源，为生产者提供原材料并销售商品，付给生产者报酬。分散的手工工场进一步发展，就形成了集中的手工工场。此时，工人一无所有，集中在资本家的厂房内，使用资本家提供的劳动工具，在资本家的指挥下工作。工场手工业是企业的雏形。18 世纪，西方各国相继开展了工业革命，大机器的普遍采用为工厂制的建立奠定了基础。工厂制是指资产的运营或经营活动主要以工厂为基本单位的企业组织形式。1771 年，英国人理查德·阿克莱特创立了第一家棉纱工厂。19 世纪三四十年代，工厂制度在英、德等国家普遍建立。工厂制的主要特点是：实行大规模的集中劳动；采用大机器提高生产效率；实行雇用工人制度；劳动分工深化，生产走向社会化。工厂制的出现，标志着企业的真正诞生。19 世纪末 20 世纪初，随着自由资本主义向垄断资本主义过渡，工厂自身发生了复杂而又深刻的变化：不断采用新技术，使生产迅速发展；生产规模不断扩大，竞争加剧，产生了大规模的垄断企业；经营权与所有权分离，形成职业化的管理阶层；普遍建立了科学的管理制度，形成了一系列管理理论，从而使企业走向成熟，成为现代企业。公司制企业是现代企业的主体形态，而股份公司是现代企业的典型形态。

关于企业性质的问题，西方学者具有不同的观点，相互之间也存在一些争论。一部分人主要是从科斯所强调的交易成本的角度来分析企业的性质。一些人则认为，企业作为生产的一种组织形式，在一定程度上是对市场的一种替代。设想两种极端的情况：在一种极端的情况下，每一种生产都由一个单独的个人来完成，如一个人制造一辆汽车，这样这个人就要和很多的中间产品的供应商进行交易，而且还要和自己的产品的需求者进行交易，即所有的交易都通过市场在很多的个人之间进行；在另一种极端的情况下，所有的生产都在一个庞大的企业内部进行，如完整的汽车在这个企业内部被生产出来，不需要通过市场进行任何的中间产品的交易。可见，同一笔交易，既可以通过市场的组织形式来进行，也可以通过企业的组织形式来进行。企业之所以存在，或者说，企业和市场之所以同时并存，是因为有的交易在企业内部进行成本更小，而有的交易在市场进行成本更小。

我们可以从以下几个方面进一步加深对企业的认识和理解。

1）企业的基本运营链是：经营目标—生产经营—经营绩效。

2）企业是在一定的环境下存在的，包括一般环境与任务环境。

3）企业有明确的经营目标，即通过企业的各种经营管理活动，最后要取得预期的绩效。这是由其特定职能决定的。

4）企业系统可划分为两大子系统：生产经营子系统与管理子系统。生产经营子系统是企业最基本的系统，是企业发挥基本职能的主体系统，主要由市场调研与经营定位、营销、生产、技术、财务及其他子系统构成。管理子系统作用于生产经营子系统，是促进生产经营效率化、效益化的功能系统；其作用主要通过计划、组织、领导和控制四大职能实现。

5）企业作为生命有机体，也有诞生期、成长期、成熟期和衰亡期等生存发展阶段。企业处于不同的生命周期，表现出不同的属性与特征，相应地要有不同的管理策略。

小组讨论

如何看待企业在社会经济发展中的作用？

企业在社会经济发展中的作用：

____

____

____

____

____

____

____

____

____

____

____

____

2.2 企业有哪些类型?

根据企业的财产组织形式，可以把企业分为个人业主制企业、合伙制企业、合作制企业和公司制企业。这里主要介绍个人业主制企业、合伙制企业和公司制企业。

1. 个人业主制企业

个人业主制企业是由单个资本所有者出资，完全归个人所有和控制的企业。这种企业在法律上称为自然人企业。一般来说，个人业主制企业具有以下特点：生产规模比较小，生产经营结构单一，企业内部管理结构比较简单；企业的所有者同时又是生产经营者和管理者，需要亲自指挥生产，组织销售，并对工人和生产过程实行监督。个人业主制企业的优点是：设立、转让、关闭容易，出资人拥有绝对决策权，管理灵活。但是个人业主制企业也存在明显的缺陷：一是企业的信用和资金来源有限，因而发展速度和规模有限；二是承担无限的清偿责任，如果企业经营失败，企业所有者主要用全部财产包括家庭财产来清偿债务，因此经营这种企业面临较大风险；三是企业的寿命有限。这种自然人企业随着企业主退出经营或死亡或家族无人继承而终止，缺乏连续性和永久存在的基础。因此，随着生产社会化的发展，这种企业虽然大量存在，但在国民经济发展中的地位却逐渐降低。

2. 合伙制企业

合伙制企业是由多个作为自然人的资本所有者共同投资、共同所有、共同经营、共同承担风险和分享利润的企业。合伙制企业具有以下特点：首先，合伙人要承担无限的连带法律责任；其次，合伙制企业是典型的人合组织。合伙制企业中个人的所有权（股份）是无法自由转让和出售的。如果遇到任何一个合伙人死亡或退出，合伙企业就可能自动解散或者必须重新组合，因此合伙企业缺乏存在的连续性和长久的生命力。

合伙制企业与个人业主制企业相比，多个自然人共同出资可以增加筹资数量，也可以获得更多的银行贷款，从而能够从事规模较大的生产经营活动；合伙人权责明确、利害相关，因而都有搞好企业经营管理的积极性；企业对债务承担无限责任，资产数量相对较多，使债权人的利益有较可靠的保障，提高了企业信用程度。但是，合伙制企业仍有其局限性：其资产规模仍然有限；多个合伙人共同参与经营管理，容易降低决策效率、贻误时机；容易在生产经营过程中产生矛盾，从而给企业的发展带来困难。

3. 公司制企业

公司制企业是指由两个以上投资人（自然人或法人）依法出资组建、有独立法人财产、自主经营、自负盈亏的法人企业。与个人业主制企业和合伙制企业相比较，公司制企业有以下突出特点：首先，公司制企业是法人，在法律上是独立的民事主体，在经济上拥有独立的财产。股东虽然拥有与其投资数额成比例的权益，但不能直接支配自己投资入股的那部分财产，也不能抽回自己的投资。公司的财产作为一个整体，同股东的个人财产相分离，由公司法人享有占有、使用、收益和处分的权利。个人业主制企业和合伙制企业都属于自然人企业，不是法人，没有独立的民事主体地位，也没有独立于出资者之外的财产，出资者用自己的财产对企业债务负责，也可以按合伙经营协议的规定撤出自己的投资。其次，公司制企业（典型的是股份有限公司和有限责任公司）实行有限责任制度。公司以其全部财产为限对公司债务承担有限责任，股东则以其出资额为限对公司债务承担有限责任。有限责任制度的确立降低和分散了投资企业的风险，也使企业可以更广泛地筹集到社会上闲散的资本，从而在较短的时间内创办较大规模的企业。再次，公司制企业具有独立寿命，可以永久存在。公司制企业一旦确立并获得独立的法人地位，公司法人的财产就与股东的自然人财产相分离，不论企业的出资人如何变动，股份如何转让，都不会影响公司的经营和存在，公司的生命具备了永久延续的可能性。

公司制企业在不同的国家、不同的发展时期具有不同的形式，如无限责任公司、有限责任公司、两合公司、股份两合公司、股份有限公司等，其中最主要的是有限责任公司和股份有限公司。

另外，企业根据企业组合方式可分为单一企业、多元企业、经济联合体、企业集团和连锁企业；根据所有制形式可分为全民所有制企业、集体企业、私营企业、混合所有制企业和外商投资企业（包括中外合资经营企业、中外合作经营企业和外商独资企业）；根据企业的行业性质可分为工业生产企业、商品经营企业和服务企业；根据企业生产经营领域可分为工业企业、商业企业、生产型企业、流通型企业、服务型企业和金融型企业；根据企业规模可分为大型企业、中型企业和小型企业。

你了解中国企业的国际竞争力吗？

世界500强企业排行榜是由美国《财富》杂志推出的，最初是分行业进行排名，1995年开始不分行业排名。世界500强的评选标准依次包括五项内容：企业的销售收入、企业统计数据必须具有较高的透明度、独立的公司治理、统一按美元进行排序、必须在规定的时间内申报相关资料。1995年，中国有3家企业入榜，分别是中国银行、中化集团和中粮集团，以后逐年快速增长。2018年的世界500强企业排行榜中，中国公司达到了120家，已经非常接近美国（126家），远超第三位的日本（52家）。中国是世界500强企业排行榜上增长速度最快的国家。

进入2018年世界500强企业排行榜（按营业收入排名）前50位的中国企业有12家，依次是国家电网公司（2）、中国石油化工集团公司（3）、中国石油天然气集团公司（4）、中国建筑工程总公司（23）、鸿海精密工业股份有限公司（24）、中国工商银行（26）、中国平安保险（集团）股份有限公司（29）、中国建设银行（31）、上海汽车集团股份有限公司（36）、中国农业银行（40）、中国人寿保险（集团）公司（42）和中国银行（46）。

在2018年世界500强企业净资产收益率榜上，中国公司中排位靠前的是腾讯、碧桂园、华为、美的和台积电。在中国公司中，利润率最高的两家是台积电和腾讯控股有限公司，利润率均超过30%。

在汽车制造业领域，中国有7家上榜公司，美国仅有通用汽车和福特两家。

英国品牌评估机构“品牌金融”（Brand Finance）发布“2019中国最有价值的500

大品牌”排行榜。中国工商银行和中国建设银行蝉联前两名，华为跃居第三位。进入前十大品牌的还有平安、中国移动、中国农业银行、国家电网、中国银行、微信和腾讯QQ。品牌价值最高的十大行业依次是科技、银行、保险、房地产、通信、工程建筑、石油燃气、烈酒、公用事业和物流。

资料来源：根据网络资料整理改编

思考与训练

你是如何看待中国企业在世界500强排行榜上的表现的？写下你的想法：

拓展学习

进入“中国名企排行网”，了解更多的我国行业和企业的信息，为你将来就业或创业的选择做准备。

主题3 创业需要哪些资源？

3.1 什么是创业资源？

创业资源是指能够满足新创企业设立、运行和成长需要的各种资源与支撑条件的总和。在创业活动中，各种各样的资源之间相互联系、相互制约，形成一个结构复杂的资源系统。创业者获取创业资源的过程是一个伴随着企业成长和发展而不断进行的动态过程。按照资源的属性，可以把创业资源分为人力资源、财务资源、社会资源、物质资源、技术资源和组织资源六大类。

1. 人力资源

从现实的应用形态来看，人力资源包括体质、智力、知识和技能四个方面。创业过程的实现一方面需要一定数量的劳动者来保障企业的基本运行，另一方面，也是更为重要的是需要特殊的人才资源来赢得竞争优势。拥有什么样的人力资源队伍，往往决定了你能做成什么样的事，你的创业之路能走多远。

2. 财务资源

财务资源包括资金、资产，以及容易变现的有价证券等。在创业过程中，财务资源的作用只是基础性的与支持性的，而不是决定性的。缺乏资金往往是创业者创业之初普遍面临的窘境，因此，怎样赢得外部支持、借财生财，是创业者必须掌握的技能。

3. 社会资源

社会资源是指有利于创业过程实现的人际关系网络，也可以简单地称为创业者的社交圈。社会资源是一种特殊的创业资源，它既可以对创业者识别创业机会和选择创业项目产生重大影响，也能够为创业者获取其他创业资源提供便利和支持。基思·法拉奇在其著作《别独自用餐》说："成功=遇到的人+合作的成果。""每个人都要有自己的圈子。生活的规律就是碰上对的人，以一个对的理由，由他带你进入一个对的圈子；真正的社交是努力让给予多过索取；关系以及随之而来的支持都有利于个人的发展；独自一人根本走不了多远。"

4. 物质资源

物质资源是人类社会生存和发展的基础，是企业开展生产经营活动的物质条件与保证。物质资源包含的种类很多，为便于管理，一般分为固定资产、原材料和低值易耗品三大类。固定资产是指企业为生产产品、提供劳务、出租或者经营管理而持有的、使用时间超过 12 个月的、价值达到一定标准的非货币性资产，包括房屋、建筑物、机器、机械、运输工具以及其他与生产经营活动有关的设备、器具、工具等。固定资产是企业的劳动手段，也是企业赖以生产经营的主要资产。原材料是指企业在生产过程中经加工改变其形态或性质并构成产品主要实体的各种原料及主要材料、辅助材料、燃料、修理备用件、包装材料、外购半成品等。低值易耗品是指劳动资料中单位价值在 10 元以上、2 000 元以下，或者使用年限在一年以内，不能作为固定资产的劳动资料，如办公用品、劳动保护用品、各种小工具等。

5. 技术资源

世界知识产权组织在 1977 年版的《供发展中国家使用的许可证贸易手册》中，给技术下了定义：技术是制造一种产品的系统知识，所采用的一种工艺或提供的一项服务，不论这种知识是否反映在一项发明、一项外形设计、一项实用新型或者一种植物新品种，或者反映在技术情报或技能中，或者反映在专家为设计、安装、开办或维修一个工厂或为管理一个工商业企业或其活动而提供的服务或协助等方面。从法律角度讲，技术可以分为专利技术和专有技术。专利技术指已获得专利权的发明创造技术成果。专利技术具有公开性、期限性和地域性的特点。我国的专利类型有三种：发明专利、实用新型专利和外观设计专利。发明是指对产品、方法或者其改进所提出的新的技术方案。实用新型是指对产品的形状、构造或者其结合所提出的适于实用的新的技术方案。外观设计是指对产品的形状、图案或者其结合以及色彩与形状、图案所作出的富有美感并适于工业上应用的新设计。专有技术，又称秘密技术或技术诀窍，是指从事生产、管理和财务等活动领域的一切符合法律规定条件的秘密知识、经验和技能，其中包括工艺流程、公式、配方、技术规范、管理和销售的技巧与经验等。专有技术不属于知识产权，不受法律保护。

6. 组织资源

组织资源通常是指组织内部的正式管理系统，包括组织结构、作业流程、工作规范和质量系统等。组织资源为企业资源系统的运行提供组织保证，对降低企业运营成本、提高组织运营效率、增强组织的凝聚力都具有重要意义。

3.2 如何获取创业资源?

1. 持续不断地进行人力资源的获取与开发

企业在其生产经营过程中必须不断进行人员的补充和替换才能够满足企业发展的需要。人力资源是具有能动性的资源，这一特点决定了企业引进的人力资源在企业发展过程中的表现是千差万别的，有的人能做出突出的贡献，有的人默默无闻，有的人可能成为企业发展的隐患。因此，为避免用人失误，创业者在创业初期就应广开招贤纳士渠道，尽量吸引更多的人才供企业选择。优秀的人才能否为企业所用，需要具备三个基本条件：一是创业者具有和人才对话的能力与平台；二是企业有人才施展才华的天地；三是企业有支持人才展开工作的文化氛围和群众基础。人力资源工作是一个系统工程，包括选人、用人和留人，是创业者需要不断深入研究的学问。

2. 立足市场需求谨慎选择技术资源

如何选择技术资源呢？创业初期，创业者往往容易陷入迷恋具有科技创新的创业项目的误区，盲目认为拥有了先进技术就拥有了市场，拥有了一切。1997 年，乔布斯重返苹果公司，他在苹果电脑全球研发者大会的演讲中指出：“我一贯认为，我们必须首先从客户体验出发，继而再回头考虑技术上的可行性。不能一味钻研技术然后再考虑可以把它用到什么产品上，以及用什么办法把它卖掉。我犯过的这种错误可能比在场的任何人都要多，伤痕历历在目。”乔布斯的这段讲话体现了一名成功的企业家从片面追求技术创新回归到技术的市场价值的理性选择。对于企业而言，很多发明、创造仅仅是市场化的起点，它的商业价值如何，最终还是要看这些技术能否真正满足客户的需要，为客户创造或增加价值。

3. 合理有效控制项目的启动资金

启动资金是创业初期创业者筹建企业和满足企业基本运营需要的资金需求量。由于创业初期创业者的筹资能力普遍较低，因此创业者要设计低成本的企业建设和运营方案，尽可能降低筹集资金的数量。首先，根据企业的生产运营需要或建设目标，明确必需的资金使用项目，尽量减少非生产经营需要的资金使用项目和奢侈性的资金用途。其次，创业者要创造性地节省资金，运用以租代购、以旧代新、以分期付款代替全资付款，以及利用合作伙伴资金等方式，减少费用支出，以节约资金的使用，进一步降低启动资金的数额。最后，要精细设计资金筹集和利用方案。创业者要向目标投资人展现自己具有良好的资金管理能力，绝不会滥用投资者的资金，坚定投资者的信心，灵活利用自我融资、天使投资、众筹等融资渠道，多渠道进行融资。

4. 用心经营人脉资源

人脉资源是最具不确定性的资源，可能蕴含着各种机遇和其他创业资源，当然也可能存在着风险。那么该如何积累自己的人脉资源呢？第一，要不断提高自身的修养，养成诚信正直的品格，革除一些不良习惯和癖好。第二，在人际交往过程中要坚持互利互惠原则，做到利人利己，不要投机取巧和趋炎附势。第三，要坚持扩大人脉圈子，要积极地走出去，抓住每一个扩大人脉的机会，不要怕麻烦，不要怕失败，更不要失败后从此一蹶不振。第四，要注意维护和巩固自己的人脉圈子。经常通过短信、微信、电话、社交活动等方式保持联系，别人有事要积极支持和帮助，无事保持联系。要体现你的存在，让对方记住你，尤其是记住你的优点。

总之，无论是获取哪种创业资源，都意味着创业者要赢得对方的认可。所以创业者要正确地认识自我，对自己的优势与劣势有清醒的认识，善于发挥自己的长处去获取所需要的资源。

3.3 如何进行创业资源的整合？

1. 逐步完善，动态整合创业资源

“合抱之木，生于毫末。”无数的实践证明，在创业初期，创业者整合的一切资源都

是以提供市场需要的产品或服务为中心，产品是单一的、不完善的，场地是租来的，设备设施是陈旧不配套的，人员是不专业的，资金是短缺的。这样的初始条件，恰恰符合了创业者的特性：只要认定一件事情，无论多么艰苦和困难都要去做。创业初期条件艰苦，带来的好处是能够降低企业进入市场的风险，获得较高的投资回报率，也使创业者更容易找到企业的核心竞争力在哪里。相反，创业初期资源条件很完善，反而可能会加大进入市场的风险，减弱市场竞争力，大幅降低投资回报率，使企业难以成长起来。创业的过程，是创业者的资源条件与市场变化之间不断动态调整的过程。创业者只要坚定目标方向，正确处理好企业积累和消费的关系，根据市场变化的需要合理配置资源，必然能够把企业发展起来。

2. 量体裁衣，优化配置创业资源

创业企业的资源配置是否合理，最终体现在是否有利于增强企业的核心竞争力，是否有利于提高企业的资源利用效率，是否有利于增加企业的经济效益。在进行资源优化配置过程中，首先，要突出人力资源配置的核心地位。解决了人的问题，企业才有可能发展。在进行人力资源整合时，一方面要形成合理的股权分配方案，处理好人才激励问题；另一方面要注意寻找或培养关键人才，得良才者得天下。其次，要不断增强核心资源。真正有价值的资源是别人没有的，而不是你有别人也有的东西。在这里，资源整合就是一种交换，交换、共享资源的目的就是创造与合作者的共同利益，产生 1+1>2 的效果。

3. 合作共赢，协同价值链资源

创业者在资源整合过程中应具有资源共享、利益共赢的理念，广泛与行业内的上下游企业、相关行业的经营者，甚至是竞争对手展开合作，充分发挥各自的资源优势，互利互补，从而有利于提高企业的资源配置效率和效益。所以资源整合就在于设计一个共赢的机制，既帮助对方扩大利益，更重在降低对方的风险。当然风险降低本身就有利于增加收益。因此，你会看到有格局、有胸怀的人更愿意分享，而更愿意分享的人，才能真正建立一种与合作者稳定的关系，把资源整合的能量发挥到最大。

4. 借力政策，利用创业平台资源

2015 年以来，为支持大学生创业，以创业带动就业，国家相继出台了一系列相关政策，涉及创新体制机制、优化财税政策、搞活金融市场、扩大创业投资、发展创业服务、建设创新创业新平台、激发创造活力等诸多方面。对打算创业的大学生来说，了解这些政策，能够帮助大学生走好创业的第一步。在这些政策的影响下，各类创客空间、创业孵化器、大学生创业园区等创业平台纷纷建立。这些创业平台整合了多个相辅相成的服务链，包括为创业者提供工作场所、优惠政策对接、工商税务服务、财务或会计代理服务、免费法律咨询等，切实帮助创业者解决创业过程中遇到的各类问题，是不可多得的优质资源。

主题4 你了解创业的相关理论吗?

4.1 创业的经典理论有哪些?

1. 蒂蒙斯创业过程模型

杰弗里·蒂蒙斯被称为“创业教育之父”。蒂蒙斯的创业过程模型是一种商业模型。该理论认为创业过程要具有商业机会、创始人或工作团队、资源三个要素，是这三个要素匹配和平衡的结果。商业机会是创业过程的核心驱动力，即创业过程始于商业机会，而不是金钱、战略、网络、团队或商业计划。开始创业时，商业机会比资金、团队的才干和能力及适应的资源更重要。创始人或工作团队是创业过程的主导者，必须在推进业务的过程中，在模糊和不确定的动态的创业环境中具有创造性地捕捉商机、整合资源和构建战略、解决问题的能力，要勤奋工作、富于牺牲精神。资源是创业成功的必要保证。

在创业过程中，资源与商机间经历着一个适应—差距—适应的动态过程。创业过程是一个连续不断的、寻求平衡的行为组合。在三个要素中绝对的平衡是不存在的，但企业要保持发展，必须追求一种动态的平衡。用追求平衡的观念展望企业未来时，创业者必须思量的问题是：目前的团队是否能领导公司未来的成长、资源状况；下一阶段的成功面临什么陷阱。这些问题在不同的阶段以不同的形式出现，牵涉到企业的可持续发展。

2. 萨尔曼创业模型

萨尔曼认为，在创业过程中，为了更好地开发商业机会和创建新企业，创业者必须把握人、机会、外部环境和其自身的交易行为四个关键要素。人是指为创业提供服务或者资源的人，包括经理、雇员、律师、会计师、资金提供者、零件供应商以及与新创企业直接或间接相关的其他人。机会是指任何需要投入资源的活动，不但包括亟待企业开发的技术、市场，而且包括创业过程中所有需要创业者投入资源的事物。外部环境是指无法通过管理来直接控制的因素，如资本市场利率水平、相关的政策法规、宏观经济形势和行业内的进入威胁等。创业者的交易行为是指创业者与资源供应者之间的直接或间接关系。该模型的核心思想是要素之间的适应性，即人、机会、交易行为与外部环境能否协调整合、相互促进。环境处于模型中心，影响着其他三个创业要素，同时其他三个创业因素也会反过来影响环境。考虑交易行为因素也是该模型的一个重要特点，它明确指出了社会网络对创业的重要性。

3. 威克姆创业模型

威克姆创业模型认为，创业活动包括创业者、机会、组织和资源四个要素，这四个要素互相联系。威克姆认为创业者是创业活动的中心，其在创业中的职能体现在与其他三个要素的关系上，即识别和确认创业机会、管理创业资源、领导创业组织，同时通过创业者来有效处理机会、资源和组织之间的关系，实现要素间的动态协调和匹配。该模型还揭示了资源、机会、组织三要素之间的相互关系。资本、人力、技术等资源要集中用于机会利用上，并且要考虑资源的成本和风险；资源的集合形成组织，包括组织的资本结构、组织结构、程序和制度，以及组织文化。组织的资产、结构、程序和文化等形成一个有机的整体，来适应所开发的机会，为此组织需要根据机会的变化而不断进行调整。

此外，该模型还揭示了创业的过程是一个不断学习的过程，而创业型组织是一个学习型组织。创业组织不仅要对机会和挑战及时做出反应，还要根据情势变化及时总结、积累和调整，通过“做中学”，不断改进组织的规则、结构、文化和资源等，在不断的成功与失败中学习和锤炼，从而实现组织的完善、发展和创业要素间的动态平衡。

4. 盖特纳创业模型

盖特纳创业模型认为创业就是新组织的创建过程，也就是将各个相互独立的行为要素组成合理的序列并产生理想的结果。在该模型中，新企业创业主要有四个维度。①创立新企业的个人，即创业者。盖特纳认为创业者个人需要具有诸如获取成就感的渴望、善于冒险，以及有丰富的经历等特质。②所创建的新企业的类型，即组织。该维度包括内部的机构和组织战略的选择等多项变量。③新企业所面临的环境。主要指对创业活动产生影响的外部因素，包括技术因素、供应商因素、政府因素、大学因素、交通因素和人口因素等。④新企业创立的过程。主要包括发现商业机会、集聚资源、开始产品的生产、创业者建立组织，以及对政府和社会做出回应等步骤。盖特纳创业模型认为任何新企业的创立都是这四个要素相互作用的结果，只有充分研究这四个变量，并深入探究每个变量的维度与其他各个变量的维度的相互作用关系，才能够充分诠释新企业创建的全面性和复杂性。该模型主要回答了新企业如何创建这一问题，为新创企业提供了可供参考的一个动态发展模型。

4.2 成功企业家是怎样认知创业的?

1. 小米创始人雷军

小米创始人雷军说过一句话：创业，就是要做一头站在风口上的猪，风口站对了，猪也可以飞起来。雷军还对“飞猪理论”做了进一步阐述：风口上的猪都是练过功的。飞猪的最关键问题是当我们很羡慕成功者时，千万别忘了他们只是猪而已，在空中飞的猪。如果你有这样的态度，有良好的积累，应该花足够的时间研究风向，研究风口，这样成功的概率就大很多。“任何人成功，在任何的领域都需要一万个小时的苦练，都需要苦练一万个小时。如果没有基本功谈飞猪那真的是机会主义者，没有任何一个成功者不经过一万小时的苦练能够成功的。所以，大家千万不要忽略今天在空中飞的那些猪，他们都不只练了一万个小时，可能练了十万个小时以上，这就是被大家忽略的前提。”

2. 美国思科公司总裁约翰·钱伯斯

当今市场竞争不是大鱼吃小鱼，而是快鱼吃慢鱼，这就是快鱼法则。这个法则是美国思科公司总裁约翰·钱伯斯总结出来的。他在谈到新经济的规律时说，现代竞争已“不是大鱼吃小鱼，而是快的吃慢的”。这个法则在商战中也同样适用。在当今市场经济的激烈竞争中，几乎所有的经营型服务型企业都在用尽全身解数抢占市场、扩大销量。

3. 阿里巴巴集团创始人马云

马云说过，作为一个创业者，首先要给自己一个梦想。人没有梦想，没有一点浪漫主义精神，是不会成功的。创业，其实很简单，一个强烈的欲望：我想做什么事情，我想改变什么事情。想清楚之后，就要永远坚持这一点。

创业要找最合适的人，不一定要找最成功的人。马云曾说："如果我马云可以创业成功，那么 80%的年轻人也能够创业成功。"创业者最大的快乐就在于在创业过程中去学习、去提升。所有的创业者都应该多花点时间，去学习别人是怎么失败的，因为成功的原因有千千万万，失败的原因就一两个点。

今天很残酷，明天更残酷，后天很美好，但绝大多数人死在明天晚上。只有真正的英雄才能见到后天的太阳。对所有创业者来说，永远告诉自己一句话：从创业的第一天起，你每天要面对的是困难和失败，而不是成功。赚钱仅仅是结果，不是目的。只有原创的、独创的，才能持续不断发展。模仿者永远只能是二流高手。

4. 汉庭执行董事长兼首席执行官季琦

绝大多数创业者具备以下三个共同的特征：充满激情；极富个人魅力；具有远大理想和抱负。然而往往成就你的力量，也是你最容易受到攻击的地方。一个成功的创业者，经常会面临以下三对矛盾。第一，激情和坚持。没有激情很难有勇气改变现状，启动创业旅程，但是在创业公司遭遇挫折的时候，在激情碰到冰冷地面的时候，我们是否能够具备足够的弹性和坚韧呢？第二，个人魅力和团队合作。在创业过程中，创业者很容易变成英雄式的人物。但自己变得光芒四射，反而"灯下黑"了，看不清身边伙伴的价值，难以和优秀的人合作，也就很难打造出一支优秀的团队。第三，得和失。创业者投入（失去）最多的是机会。对于大学生创业者来说，未来多的是机会和时间，应该在创业的时候更加义无反顾；而对于在企业上班的白领，尤其是高级白领来说，创业的顾虑要多得多。薪水、职位越高，下海创业的概率越小，而成功者也就更加凤毛麟角。

5. 万通控股董事长冯仑

一个企业是从小长到大的，别着急，而且创业大概有一年半到两年是瓶颈期，特别难，然后突破瓶颈组织成长，组织膨胀、业务膨胀，然后陷入经济危机，这时迅速调整，调整过来就好了，调整不过来就死掉。所以，头两年要克服瓶颈，之后要控制组织，有了这样一套东西以后，我们就心平气和了。

创业之初，我们就要遵守各项法律政策。在取利过程中，如果你是依法挣钱，依法纳税，这个取利的过程就是取义，只有取义才能取大利。比如说要符合社会发展方向、股东要分红、员工要工资、企业要纳税，这就是义，而且往往只有你先接受义之后才能挣大钱。

6. 联想集团创始人柳传志

走上创业路前一定要尽量想清楚三层意思。第一，项目能不能赚钱？行业前景有多大？技术做得很领先，但未必都能赚钱。第二，一些门槛能否迈得过去？联想最早选择先做汉卡，插在别人的电脑上卖，而没有直接做电脑，是因为当时还没有独立做电脑的实力。第三，有没有搞清楚竞争对手的情况？有时项目虽好，但竞争对手太强大，自己的项目又太烧钱，创业者可能还没等到胜出就败了。

7. 360公司董事长周鸿祎

尽管"创新"已经是个被用得很滥的词，但是我觉得，现在要在互联网领域创业的话，一定要创新，而且要做颠覆式创新，而不是改良式创新。中国的创业环境比硅谷恶劣多了，要做一家小公司，就要考虑怎么跟大公司竞争。我的建议是，你一定要找大公司不注意的领域，要仔细体会行业里成功的东西，思考怎么从产品、技术、商业模式上做跟它反着来的东西，一开始做的产品哪怕比较粗糙，但一定要在核心价值上为用户提供非常方便得到的服务，而且要跟巨头们的产品形成非常大的反差。

另外，创业时选取的点一定要足够"小"，足够专注。所有成功的公司都是从很小的点做起来，千万不要从行业的高度和产业的高度来创业。作为创业者，你永远要回答这几个问题：你做了什么产品，解决了什么问题，面对什么样的用户，给用户创造了什么价值。

小组讨论

综合上述成功的企业家对创业的认识，谈谈对自己的启示有哪些，并把大家达成共识的启示概括地写下来：

____

____

____

____

____

____

____

____

____

____

4.3 中国历史上有名的创业者

1. 商圣范蠡（前536—前448）

范蠡，春秋时期楚国宛地三户（今河南淅川县滔河乡）人，被后人尊称为“商圣”。范蠡出身贫贱，但是博学多才，因不满当时楚国政治黑暗而投奔越国，辅佐越国勾践，但在功成名就之后急流勇退，寄情于山水之间，最后定居于宋国陶丘（一说为今山东省菏泽市定陶西北），自号陶朱公。

范蠡的经商思想主要体现在以下几个方面。一是注意选择经商环境。范蠡定居的陶丘，是宋国的最佳经商之地。二是计然之术。根据时节、气候、民情、风俗等，人弃我取、人取我予，顺其自然、待机而动。三是贵出贱取。贵出如粪土，即当商品价格涨到最高点时，要果断出手，贵上极则反贱。贱取如珠玉，即当商品价格跌落到最低点时，要像珠玉一样买进，贱下极则反贵。四是薄利多销。范蠡主张逐十一之利，薄利多销，不求暴利。五是积著之理。要合理地储存商品，加速资金周转，保证货物质量。

范蠡堪称历史上弃政从商的鼻祖和开创个人致富记录的典范。他仗义疏财，赚了钱就从事各种公益事业。他的行为使他获得“富而行其德”的美名，成为几千年来我国商人的楷模。

2. 儒商鼻祖——端木子贡（前520—前456）

端木赐，字子贡，春秋末期卫国人，今属河南省鹤壁市浚县，是孔门七十二贤之一。子贡虽出儒门，却擅长经商之术。多年的经商活动使他积累了大量的财富，这为孔子与其门徒的周游列国活动提供了有力的经济保障。孔子曾称其为“瑚琏”之器（古代宗庙中盛生黍的祭器，常用来比喻有立朝执政才能的人）。他利口巧辞，善于雄辩，且有干济才，办事通达，曾任鲁、卫两国之相，为孔子弟子中的首富。

司马迁在《史记·货殖列传》中对子贡这位商业巨子予以表彰，肯定他在经济发展上所起的作用和仁义、诚信上的修为。因为子贡复姓端木，所以被称为“端木遗风”。“端木遗风”的中心意思被后世总结为“君子爱财，取之有道”的财富理念。

3. 商业巨族——乔致庸（1818—1907）

中央电视台播出的《乔家大院》主人公乔致庸是乔家经商第三代人，字仲登，号晓池，山西祁县人，乔家第四位当家人，著名晋商。乔家从第一代乔贵发起家，到第三代经乔致庸大手笔经营成为商业巨族，故乔致庸可谓乔家殷实家财的奠基人，所以人称他为“亮财主”。他经商既有雄才大略，又多谋善断，是位商场高手。乔家在包头开办的复盛公商号，在他的策划下发展为庞大的复字号商业网络，基本上垄断包头商业市场，故包头有“先有复盛公，后有包头城”之说。光绪十年（1884年），他适应时代发展要求，创立了汇通天下的大德通、大德恒票号。在他的经营下，乔氏商业遍及全国各大商埠及水陆码头，业务繁荣，财多势旺，成为商场巨贾。

乔致庸的经商理念是一信、二义、三利，即以信誉徕客，以义待人，信义为先，利取正途。乔致庸尤善于用人，这是他经商成功的一个重要原因，如礼遇聘请阎维藩。

乔致庸治家很严，其家规有：一不准吸毒，二不准纳妾，三不准虐仆，四不准赌博，五不准冶游，六不准酗酒。这些家规既杜绝了祸起萧墙，又成为家庭持盈保泰的保证。

4. 五金大王——叶澄衷（1840—1899）

叶澄衷原名叶成忠，浙江省宁波府镇海县庄市人，是著名的宁波商团的先驱和领袖。他做生意很有天赋，头脑清醒，乐观时变，为人处事既诚且信，宽厚待人。在叶澄衷传奇性的创业历程中，诚信宽厚的性格帮助他在穷途时得到难得的机缘，在萧条中仍旧昂首前行。

叶澄衷少时因家贫辍学，做过油坊学徒、杂货店店员。后来他驾舢板往来黄浦江面，供应外轮所需物品，粗通英语，结识一些外国人，在商贩中获利独厚。1862 年，在虹口开设老顺记商号，经销五金零件。因经营有方，不数年，总号移于百老汇，并在长江中下游各商埠遍设分号，遂成巨富。继而投资金融业，在上海、杭州、镇海、芜湖、湖州等地开设票号、钱庄，鼎盛时竟达 108 家。又相继开办上海燮昌火柴厂、纶华缫丝厂。1897 年，盛宣怀筹办成立中国通商银行，被指派担任总董，势力渗入近代银行业。

叶澄衷一生秉承艰辛创业的理念，他从不坐车乘马，只穿老布衫，视洋车和洋装为无物。他坚持诚信和诚实的品德。叶氏的诚信，不仅受到同人同行的称赞，而且也博得外商的好评与信赖。他的开放意识强，对外做生意，不失国格，不亢不卑。

能力训练与提升

训练 1　模拟组建企业

实训目标：

1．培养学生初步建立企业组织的能力。

2．培养学生分析、归纳问题的能力。

3．培养学生讨论与演讲的能力。

实训内容与方法：

1．学生以自愿为原则，组成 5～7 人的小组，组建模拟企业。

2．小组成员共同商定企业的名称。

3. 在小组成员中产生总经理。（要求每个人都要写一份竞聘总经理的演讲稿或发言提纲，并发表竞聘演讲，最后由小组全体成员投票选举产生总经理。）

4．在总经理领导下，进行模拟企业的人员分工。

5．总经理对本企业组建情况发表演讲。

考核与评价：

1．每名学生提交一份总经理竞聘讲演稿或提纲。

2．对各公司组建情况进行评估打分。

训练2 创业人士访谈训练

采访一名你熟悉的创业人士，把他（或她）的创业经历整理出来，并做简要评价。

<table>
<tr><td>创业者姓名</td><td></td><td>性别</td><td></td></tr>
<tr><td>初次创业时间/现在年龄</td><td></td><td>学历</td><td></td></tr>
<tr><td>企业名称</td><td colspan="3"></td></tr>
<tr><td>企业主营业务</td><td colspan="3"></td></tr>
<tr><td>企业人员与业务规模</td><td colspan="3"></td></tr>
<tr><td>创业者为什么会
选择创业</td><td colspan="3"></td></tr>
<tr><td>创业者对创业的感受</td><td colspan="3"></td></tr>
<tr><td>创业者认为自己的企业
成功的关键因素有哪些</td><td colspan="3"></td></tr>
<tr><td>创业者的价值观
或经营理念</td><td colspan="3"></td></tr>
<tr><td>创业者对企业今后的发展
有什么打算</td><td colspan="3"></td></tr>
<tr><td rowspan="3">联系方式</td><td>电话</td><td colspan="2"></td></tr>
<tr><td>微信</td><td colspan="2"></td></tr>
<tr><td>邮箱</td><td colspan="2"></td></tr>
</table>

第3章 创 业 者

学习目标

★知识与理论

1. 掌握创业者的含义、创业者的类型。
2. 了解创业意识和创业精神的内涵。
3. 了解创业素质和创业能力的内涵。
4. 了解创业伦理和社会责任。
5. 评价自己是否适合创业。

★技能训练

1. 训练自我认知能力。
2. 针对自己制订一份准创业者培养计划。

－经典名言－

人生的奋斗目标决定你将成为怎样的人。 ——欧文

我做的事情不管是成功或是失败，最后都由我自己来负责。 ——鲁伯特·梅铎

想要自己开发、发展一条路，就不应该具有跟别人一样的想法和行为。

——盛田昭夫

如果你没有对某一件事情充满激情，就不应该创业，绝不要为了创业而创业。

——乔布斯

【导入案例】

马云的创业精神

马云奉行激情人生，崇尚激情创业、激情创新、激情冒险。他善于用激情感染团队。在外人看来，阿里巴巴的员工就像一个疯狂的陀螺，是马云点燃了阿里巴巴团队的激情，也造就了阿里巴巴持续成功的激情神话。

阿里巴巴初创时，马云知道加班会是常态，于是要求大家住在离公司步行5分钟就能到的地方，所以大家租的都是附近最便宜的民房。马云早就有话在先："我许诺的是没有工资，没有房子，只有地铺，只有一天12个小时的苦活。"公司的作息时间是早9点到晚9点，每天12个小时，这是正常作息时间。每天都会有一个人早来一些，早走一些。加班时，每天要工作16个小时甚至更多，而加班又很经常。每遇新版发布，加班是不可避免的。

初创时期，写程序的工程师们很辛苦，做客服的编辑们也很辛苦。阿里巴巴一开始就坚持与客户一对一地在线沟通，用人沟通而不是用机器。后来任阿里巴巴副总裁的彭蕾说："那时的客服都是即时的。大家做客服做到了痴迷的程度，工作到半夜一两点，客户的信没有处理完就不回去。有时客户半夜两点收到邮件，很吃惊，问我们：'是不是时间有问题？'我们说：'没有啊，我们都在线啊。'客户非常感动。"

初创时期工作艰苦，生活也艰苦。每人每月500元工资，其实还是自己给自己发工资，因为发工资的钱是大家凑的，其艰苦程度可想而知。阿里巴巴副总裁、"十八罗汉"之一的金建杭说："条件艰苦一点没什么不好，会让机会主义者走开。"若要用一个词来描述阿里巴巴创业者的工作状态，那就是"疯狂"。那时，没人计较投入产出，没人计较个人时间，甚至没人感到苦，反而觉得那段日子很开心、很幸福。那会儿的阿里巴巴不像个公司，更像个家庭；马云不像老板，更像老师；大家不像员工，更像学生，更像兄弟姐妹。

艰难时刻，马云的话总是激动人心："就是往前冲，一直往前冲。我说团队精神非常非常重要。往前冲的时候，失败了还有这个团队，还有一拨人互相支撑着，你有什么可恐惧的？今天，要你一个人出去闯，你是有点慌。我觉得黑暗中大家一起摸索一起喊叫着往前冲，就什么都不慌了。十几个人手里拿着大刀，啊！啊！啊！向前冲，有什么好慌的？对不对？"听了这样的话，创始者们的精神怎能不为之一振？

接下来马云开始兜售真正的"期货"，兜售金黄的未来："在未来三五年内，阿里巴巴一旦成为上市公司，我们每一个人所付出的所有代价都会得到回报，那时候我们得到的不仅是这套房子（最早创立阿里巴巴是在杭州城西湖畔花园的一个两层小屋里面），而是30套这样的房子。"当时对于这些只能掏出一两万的人来说，30套房子的价值就是个天文数字，湖畔花园是个遥不可及的梦。

精神的力量是巨大的。马云用来激励团队的不仅是财富，还有事业：做一个中国人办的全世界最好的公司！

马云说："我们一定能成功。就算阿里巴巴失败了，只要这帮人在，想做什么一定能成功！”“我们可以输掉一个产品，一个项目，但不会输掉一个团队！”马云认为：“判断网络公司好坏的依据有三个：第一是团队；第二是技术；第三是观念。一个公司是不是优秀，不要看它里面有多少名牌大学毕业生，而要看这帮人干活是不是发疯一样，看他们每天下班是不是笑眯眯地回家。”在整整半年的时间里，湖畔花园那套普通的住宅变得神秘莫测。那里彻夜灯火通明，那里总是有人进进出出，那里总是人声鼎沸。

“心有多大，舞台就有多大。”激情总与梦想相伴。马云把激情写进了阿里巴巴的价值观。他说，年轻人都有激情，但年轻人的激情来得快去得更快，持续不断的激情才是真正值钱的激情。

资料来源：根据网络资料整理改编

感悟与体会

写下你自己对马云的创业精神的理解。

____

____

____

____

____

____

____

____

知识与理论学习

主题 1　你了解创业者吗？

1.1　什么是创业者？

创业者（entrepreneur）一词由法国经济学家坎蒂隆（Cantillon）于 1755 年首次引入经济学。1800 年，法国经济学家萨伊首次给出了创业者的定义，他将创业者描述为将经济资源从生产率较低的区域转移到生产率较高区域的人，并认为创业者是经济活动过程中的代理人。著名经济学家熊彼特则认为创业者应为创新者。这样，创业者概念中又加了一条，即具有发现和引入新的更好的能赚钱的产品、服务和过程的能力。

在欧美学术界和企业界，创业者被定义为组织、管理一个生意或企业并承担其风险的人。创业者有两个基本含义：一是指企业家，即在现有企业中负责经营和决策的领导人；二是指创始人，通常理解为即将创办新企业或者是刚刚创办新企业的领导人。香港创业学院院长张世平则认为：创业者是一种主导劳动方式的领导人，是一种能够无中生有的人，是一种需要具有使命、荣誉、责任能力的人，是一种组织、运用服务、技术、器物作业的人，是一种具有思考、推理、判断的人，是一种能使人追随并在追随的过程中获得利益的人，是一种具有完全权利能力和行为能力的人。

在本书的第 2 章我们将创业特指为创办企业，是以利润为导向的行为。遵循这一思路，本书将创业者定义为有创业动机并进行创办企业实践的人，包括创业活动的推动者和活跃在企业创立与新创企业成长阶段的企业经营者。

创业者是一个相对独特的社会群体。在不同阶段，对创业者的界定也不尽相同。创业者不同于创客，创客是勇于创新、努力将自己的创意变为现实的人，可称之为准创业者。创业者仅指有创业动机并进行创业实践的人，他们创办的新企业处于初创期；企业家指的是成功创办企业并且使其发展起来的人，他们的企业大多已由发展期迈向成熟期。而成功创业者的企业已经度过危险的初创期，企业相对稳定，破产的风险减小，处于发展期。

因此，我们不想单纯地从创办企业的角色来定义创业者，希望你也去思考你心目中的创业者是什么样的。通过本章的介绍，请你定义你所理解的创业者是什么样的。

郭敬明和他的“小时代”

郭敬明，他的小说伴随着“80 后”成长，如今影响着“90 后”，并开始被“00 后”所喜爱。我们在这里不评判他的文学水平和导演水平，单以一个创业者的身份来看，他是极其成功的。

郭敬明大学时期便开始创业，几次登上中国作家富豪榜榜首，他在商业上的成功甚至让他的作家身份黯然失色。如果你只是觉得这个瘦弱的男人只会玩弄一些华而不实的文字，那么你就太小看他了。郭敬明绝对有着惊人的商业嗅觉。郭敬明在大学时便成立“岛”工作室，出版一系列针对自己小说受众的杂志与期刊，而后成立上海柯艾文化传播有限公司，逐渐建立起自己的商业版图。而且，以今天各个期刊纷纷转型产业链服务来看，郭敬明早在 2005 年就察觉了这一点，并从那时起就为刊物读者提供“立体服务”，如推出音乐小说《迷藏》，推出小说主题的写真集，拍摄《梦里花落知多少》偶像剧，在青春读物的基础上打造了一条属于自己受众的文化消费产业链，开始深耕产业布局。如今，郭敬明已经用自己的小说《小时代》拍出了系列电影，第一部便直奔 5 亿元的票房。

知乎上有人这么描述郭敬明。“其实中国的年轻人并没有什么本质的变化，对于大学和社会的幻想，对于爱情和成功的畅想，对于华服美食的渴望，是每一代中学生的必由之路。真正重要的其实仍是郭敬明本人。他或许是中国这二十年来唯一一个认真去满足上述需求的作者。”真正伟大的创业者是怎样的？满足大众的需求。

资料来源：根据网络资料整理改编

1.2 创业者的类型有哪些？

因为出发点不一样，所以创业者的类型也不一样。创业者类型从大的方面可以按照如下方式进行划分。

1. 生存型创业者

生存型创业者大多为下岗工人、失去土地或因为种种原因不愿困守乡村的农民，以及刚刚毕业找不到工作的大学生。这是中国数量最大的一拨创业人群。清华大学的调查报告显示，这一类型的创业者占中国创业者总数的90%。其中许多人是逼上梁山，为了谋生混口饭吃。这类创业者的创业范围一般局限于商业贸易，即使从事实业，也基本是小打小闹的加工业。当然也有因为机遇成长为大中型企业的，但数量极少，因为现在国内市场已经不像数十年前那样经济短缺、机制不完善、机遇遍地了。现如今，市场经济更偏爱那些善于发现商机的人，他们更能在激烈的市场经济环境中求得生存。

2. 主动型创业者

主动型创业者是指依靠自身能力寻找创业机会的人。主动型创业者分为两种：一种是盲动型，另一种是冷静型。前者做事冲动，自信，大多是赌博性质的创业，成功则成就大事业，但失败的概率也极高，并且失败后的自我反省往往不够。后者的创业特性是谋而后定，不打无准备之仗，要么是掌握一定的资源，要么是掌握一定的技术，而且一旦行动，创业成功率会比较高。

3. 创新型创业者

创新型创业者对创业者个人、团队素质要求都非常高，首先创业者要对一个行业或业务领域非常熟悉，同时发展的路径规划也很清楚。将创意、创新、创业三者结合的过程也是一个资源整合和梳理的过程，是推动行业发展的力量源泉。这类人员的创业路非常艰辛。

4. 迭代型创业者

迭代型创业者是互联网时代的产物，以解决用户痛点为出发点，通过上线的功能为客户提供服务，而且每一次的创新突破，都来源于用户的一线放开。这类创业者需要极大的团队、资金、资源背景实力，起步很容易，越往后越举步维艰。

5. 变现型创业者

变现型创业者可能过去在党、政、军、行政、事业单位掌握一定权力，或者在国企、民营企业当经理人期间聚拢了大量资源，在机会适当的时候，跳足下海，开公司、办企业，将过去的权力和市场关系变现，将无形资源变现为有形的货币。这一类创业者当前又有抬头的趋势，而且相当部分受到地方政府的鼓励。

6. 奇怪型创业者

据调查，有一种奇怪类型的创业者。除了赚钱，他们没有什么明确的目标，就是喜欢创业，喜欢做老板的感觉。他们不计较自己能做什么，会做什么。可能今天在做着这样一件事，明天又在做着那样一件事，他们做的事情之间可以完全不相干。其中有一些人甚至对赚钱都没有明显的兴趣，也从来不考虑自己创业的成败得失。奇怪的是，这一类创业者中赚钱的并不少，创业失败的概率也并不比那些兢兢业业、勤勤恳恳的创业者高。而且，这一类创业者大多过得很快乐。《科学投资》曾经想努力探求其中的道理，后来发现是白费劲。看来这种现象，除了用“积极、放松的心态”对外界变化更敏感，更容易发现商机来解释外，只好用一句俗话概括了，就是“林子大了，什么鸟都有”。

除了以上分类外，还可以按照创业者本身具有的素质进行分类，可分为以下三种。

一是实战型创业者。实战型创业者大多是生意人，他们自己本身就是市场高手，对市场很敏感，特别能抓住商机，而且执行力非常强。所以这类创业者前期没有问题，因为他们能迅速生存下来。他们的问题在于有了钱之后的定位。

二是技术型创业者。技术型创业者大都有技术，大多具备很强的钻研精神。如果他们能选对行业，并且该行业有杀手级的应用和病毒式的推广模式，不需要他们通过整合资源来营销的话，他们很可能成功，因为他们很执着。

三是学究型创业者。学究型创业者是本着理念的激情做事情，与运作的现实差距较大。他们一般喜欢固守自己的观点，往往理论很多，但实践起来不行。

创业还可以根据不同标准，分成创建新企业与企业内创业，独立创业与合伙创业，传统技能型、高新技术型和知识服务型创业，依附型、尾随型、独创型和对抗型创业，以及基于产品、营销模式和组织管理体系创新的创业等。

1. 陈欧[聚美优品首席执行官（chief executive officer，CEO）]

陈欧是一名标准的大学生创业者。他不仅是一个资深游戏爱好者，还在新加坡南洋理工大学计算机专业读大四时，就决定在游戏领域创业，并凭着有限的资源做出了游戏平台 GG-game。

陈欧 26 岁获得美国斯坦福大学工商管理硕士（Master of Business Administration，MBA）学位，27 岁创立化妆品电商网站——聚美优品。2014 年 5 月 16 日，聚美优品正式在美国纽约证券交易所挂牌上市，市值超过 35 亿美元。

2. 周源（知乎 CEO）

周源，硕士毕业于东南大学计算机科学专业，在创建知乎之前，曾经有一次不算成功的创业经历。“我刚刚第一次创业失败。我是在 2008 年到 2010 年两年左右的时间里第一次创业。这次创业花了 130 多万元，最后只挣了 17 万元。”

2010 年 8 月，周源创办知乎，担任 CEO。知乎是一个知识性的问答社区，这是一个定义性的说法。与其他社区的显著区别在于，知乎用户之间的社交关系都是建立在一问一答的讨论之间。截至 2014 年，知乎社区注册用户超过 1 000 万，同比增长 10 倍。

周源说他的下个目标是服务一亿用户。在他的描述中，未来知乎会演变成一种互联网的基础设施。

3. 戴志康（康盛创想 CEO）

戴志康是一位大学生创业者。他于 2000 年考上哈尔滨工程大学，2001 年开始创业。2004 年，创建康盛创想科技有限公司，专业从事社区技术及软件研究与产品开发。2010 年 8 月 23 日，腾讯公司最终正式确认收购康盛创想，收购金额超过 6 000 万美元。

资料来源：根据网络资料整理改编

1.3 评价自己是否适合成为创业者?

成功的创业者之所以成功，不是因为他们走运，而是因为他们工作努力，并具有经营企业的素质和能力。思考以下问题并判断你成功的可能性有多大。

这些问题分别是：你为什么要创业？你是否有足够的决心？你是否能够承受挫折？你愿意承担巨大的风险吗？你是否具有综合的创业素质？你创业面对的最坏的结果会是什么？你是否能承受？你创业的核心优势是什么？遇到困难或问题时，你是否能不怕艰辛、坚强面对？你是否愿意放下现在安稳的生活，重新投入一个全新且充满变数的环境之中？你是否愿意每天辛勤工作，甚至一天工作长达 10 小时以上，牺牲与家人相聚的时间？你是否不怕失败，甚至将每一个危机视为转机？你是否喜欢接触新鲜事物，并且具备追根究底的精神？你是否是个实践家，做事绝不拖拖拉拉、延误进度？你是否愿意将企业所获得的利润与合伙人、员工分享？你是否意志坚定，同时也能从善如流、广纳他人建议？你是否愿意尽到自己的社会责任，尽可能地回馈社会？

当这些问题你可以一一回答，并且答案倾向正面后，你才算是真正想清楚了，确实是想要创业了。

当然，创业除了心理上的准备，还有许多硬性的条件。如果这些条件你无法符合，即使你对上文的那些问题的回答都很正面，也同样很难跻身创业者的队伍。让我们思考以下几点。

1）承诺。要想成功，就得对你的企业有所承诺。你愿意加班加点地工作吗？也就是说，你必须把你的企业看得非常重要，要全身心地投入。

2）动机。如果你是真心想创办企业，成功的可能性就大得多。如果你仅仅想有些事情可做，你创业成功的可能性就不大。

3）诚实。如果你做事不重信誉，名声不太好，这对你创办企业是不利的，会对你的生意产生负面影响。

4）健康。你必须健康。没有健康的身体，你将无法兑现自己对企业的承诺。要知道，为企业操劳会影响你的健康，所以你要衡量一下你的身体条件是否适应办企业的需要。

5）风险。世上没有绝对保险的生意，失败的风险随时可能发生。你必须具有冒险精神，甘愿承担风险，但又不能盲目地冒险。先看看你可以冒什么样的风险。

6）决策。在办企业的过程中，你必须做出许多决定。当要做出对企业有重大影响的决定而又难以抉择时，你必须果断。例如，你不得不辞退勤劳而忠诚的员工，只要有必要，就得这么做，不要等发不出工资了，还碍于情面保留雇员。

7）家庭状况。办企业将占用你很多时间，因此，得到家庭的支持尤其重要。你要征求家庭成员的意见，如果他们同意你的创业想法，支持你的创业计划，你就有坚强的后盾。

8）技术能力。这是你生产产品或提供服务所需要的实用技能。技能的类型将取决于你计划创办企业的类型。

9）企业管理技能。它是指经营你的企业所需要的技能。管理技能、市场营销技能固然很重要，但掌握其他经营企业的技能也非常必要，如成本核算和做账等技能。

10）相关行业知识。对生意特点的认识和了解是最重要的，懂行就更容易成功。

总之，在创业前，首先要做的就是审视自己，这不是示弱找借口，而是了解自己的过程。如果答案是积极的，自己真的适合创业，那么接下来需要做的就是坚定地走下去。

主题2 你了解创业意识与创业精神吗？

2.1 什么是创业意识？

1. 创业意识的内涵

创业意识是指人们从事创业活动的强大内驱动力，是创业活动中起动力作用的个性因素。一般来说，创业意识包含如下内容。

（1）商机意识

真正的创业者，会在他创业之前、创业中和创业后，始终面临着识别商机、发现市场的考验。他必须有足够的市场敏锐度，可以宏观地审视经济环境，洞察未来市场形势的走向，以便做出正确的决策来保证企业的持续发展。

（2）转化意识

仅有商机意识是不够的，还要在机会来临时抓住它，也就是把握机会，把商机转化成实实在在的收入和公司的持续运作，最终实现自己的创业梦想。转化意识就是把商机、机会等转化为生产力；把自己的才能及在学校学到的知识转化为智力资本、人际关系资本和营销资本。

（3）战略意识

创业初期给自己制订一个合理的创业计划，解决如何进入市场和如何卖出产品等基本问题。创业中期需要制定整合市场、产品、人力方面的创业策略，转换创业初期战略。需要指出的是，创业战略不只有一种，也没有绝对的好坏之分，关键要适合自己的创业之路。在这条路上应时刻保持着战略的高度，不以朝夕得失论成败。

（4）风险意识

创业者要认真分析自己在创业过程中可能会遇到哪些风险，一旦这些风险出现，要如何应对和化解。大学生是否具备风险意识和规避风险的能力，将直接影响到创业的成败。

（5）勤奋/敬业意识

李嘉诚说："事业成功虽然有运气在其中，主要还是靠勤劳，勤劳苦干可以提高自己的能力，就有很多机会降临在你面前。"大学生创业，一定要务实，要勤奋，不能光停留在理论研究上。可以从小投资开始，逐步积累经验，不能只想着一口吃个胖子。没有资金，没有人脉都不要紧，关键是要有好的思路和想法，有勇气去迈出第一步，这样才会成功。

（6）自主意识

任何一个创业者都具有独立自主的人格，坚信能够主宰自己的命运和企业的发展道路，能够正确地选择自己和企业的发展道路，为自己的行为负责。要做到这一点，创业者首先应该做到不依附他人生活，只有做到在生活上独立，才能进一步谈创业。在创业过程中，要不断地学习和实践，要从模仿到创新逐渐形成自己独特的思维模式和经营特色，使自己的产品或服务具有独创性，从而增加创业成功的可能性。在创业过程中，自主意识主要体现在两个方面：一是在自主抉择方面，即在选择创业项目和创业目标时有自己独到的见解和主张；二是在自主行为方面，即在行动上不依附于他人的支配和影响，能按自己的主张决策，并将决策贯彻到底。

（7）知识更新意识

很多创业者在创业后面对的第一个也是最严重的问题就是知识恐慌。原有的创业培训给创业者的知识或技能已经不足以支撑其创业。这时创业者最需要的就是知识更新。这里的知识更新既指学习了解新的知识，也指将知识转化为现实的工具。

在创业过程中定会遇到大量的新情况和新问题，但解决方法是在创业培训中没有提及的，这时就需要创业者根据自己的学习能力，学习新的知识来解决问题。另外，面对世界上日新月异的变化，作为企业的决策者也应该随着时代的变化不断更新自己的知识。创业者只有做到不与时代脱节，才能保证其企业生产的商品或服务是当今社会需要的。同时，创业者还要明确，在创业过程中，仅仅有知识是不够的，还应该培养自己用所学的知识去解决实际问题的能力，即将知识转化为创业中实际需要的工具。

（8）合作意识

合作意识是指创业者能设身处地地为他人着想，善于理解对方和体谅对方，善于与他人合作共事的品质。具体实践中包括与政府及政府有关部门的合作意识、与企业内部人员的合作意识、与其他企业间的合作意识，以及与高新科技界的合作意识等。

（9）信誉意识

信誉，就是一个企业的口碑。口碑做好了，就会顺风顺水，就会有无形力量推动企业发展。在竞争日益激烈的社会，不单单是品种、品质、价格的竞争，最大的无形动力是信誉。信誉搞好了，很快就能立足；信誉搞差了，就是搬起石头砸自己的脚。

2. 如何培养大学生的创业意识

1）敢于追求理想，专注热爱，发现并把握机遇。

2）善于学习新知识，不畏艰难，积极进取提高学识。

3）依据社会公理，脚踏实地，科学确立创业理念。

4）勇于突破常规，关注细节，不断创新创造出成果。

5）摒弃安逸思想，调节情绪，保持平和心态去拼搏。

6）居安思危，与时俱进，发展健康兴趣与爱好。

7）积极投身社会实践，善于观察，勤于思考。

2.2 什么是创业精神？

1. 创业精神的内涵

创业精神是指在创业者的主观世界中，那些具有开创性的思想、观念、个性、意志、作风和品质等。创业精神包括三个内容。第一个内容是对机会的追求。创业精神是追求环境的趋势和变化而且往往是尚未被人们注意的趋势和变化。第二个内容是创新。创业精神包含了变革、革新、转换和引入新方法，即新产品、新服务或者是做生意的新方式。第三个内容是增长。创业者追求增长，他们不满足于停留在小规模或现有的规模上，希望他的企业能够尽可能地增长，员工能够拼命工作。于是，他们不断寻找新趋势和机会，不断创新，不断推出新产品和新的经营方式。

创业精神具有以下几个方面特征。

（1）高度的综合性

创业精神是由多种精神特质综合作用而成的。诸如创新精神、拼搏精神、进取精神和合作精神等都是形成创业精神的特质精神。

（2）三维整体性

无论是创业精神的产生、形成和内化，还是创业精神的外显、展现和外化，都是由哲学层次的创业思想和创业观念、心理学层次的创业个性和创业意志、行为学层次的创业作风和创业品质三个层面所构成的整体。缺少其中任何一个层面，都无法构成创业精神。

（3）超越历史的先进性

创业精神的最终体现就是开创前无古人的事业。创业精神本身必然具有超越历史的先进性，想前人之不敢想、做前人之不敢做。

（4）鲜明的时代特征

不同时代的人们面对着不同的物质生活和精神生活条件，因此创业精神的物质基础和精神营养各不相同，创业精神的具体内涵也不同。创业精神对创业实践有重要意义，它是创业理想产生的原动力，是创业成功的重要保证。

2. 创业精神的五大要素

（1）激情

没有人能比维珍集团创始人理查德·布兰森更理解“激情”一词的含义。布兰森的激情，从他对创建公司的强烈欲望中可窥一斑。维珍集团于 1970 年创业，是英国最大的私人企业，旗下拥有超过 200 家公司，业务范围涵盖音乐、出版、移动电话、婚纱甚至避孕套。布兰森曾打过一个比方，生意就好像公共汽车，总会有下一班车过来。

（2）积极性

亚马逊创始人杰夫·贝索斯非常清楚积极思考的能量。他以“每个挑战都是一次机会”为座右铭。事实上，贝索斯把一家很小的互联网创业公司，发展成全球最大的网上书店。

亚马逊于 1995 年 7 月正式启动，两个月内就轻松实现每周 2 万美元的销售额。20 世纪 90 年代末，互联网公司纷纷倒闭，亚马逊股价也从 100 美元降至 6 美元。雪上加霜的是，一些评论家预测，美国最大的实体书店巴诺启动在线业务，这将彻底击垮亚马逊。紧要关头贝索斯挺身而出，向外界表达了乐观和信心，针对批评言论，他还一一列举公司的积极因素，以及已经完成的和准备实施的措施。贝索斯带领亚马逊不断壮大，出售从图书到衣服、玩具等各种商品。今天，亚马逊年度营收已超过百亿美元，这很大程度上要得益于贝索斯的积极思考。

（3）适应性

具备适应能力是企业家应具备的最重要的特质之一。每个成功的企业主，都乐于改进、提升或按照客户意愿定制服务，以持续满足客户所需。谷歌（Google）创办人谢尔盖·布林和拉里·佩奇更进一步，他们不仅对变化及时反应，还引领发展方向。凭借众多新创意，谷歌不断引领互联网发展，将人们的所见所为提升到一个前所未有的新境界。你可以想象谷歌地球（Google Earth）技术带来的变化。拥有这种先锋精神，也无怪乎谷歌能跻身最强大的网络公司行列。

（4）领导力

好的领导人一定具有很强的个人魅力和感召力，有道德感，有在组织里树立诚信原则的意愿；他也可能是个热心人，具有团队协作精神。在已近迟暮之年的玫琳凯·艾施女士身上我们可以发现所有这些元素。她创建了玫琳凯品牌，帮助超过 50 万名女性开创了自己的事业。很早以前，身为单亲母亲的艾施在一个家用产品公司做销售。虽然 25 年间她的销售业绩一直名列前茅，但是由于性别歧视，艾施无法在晋升和加薪时获得和男同事一样的待遇。最终艾施受够了这种待遇，于 1963 年用 5 000 美元创办了玫琳凯公司。艾施以具有强大驱动力和富于灵感的领导风格而闻名，她创办公司的态度是“你能做到！”。她甚至会把凯迪拉克轿车奖给顶尖的销售者。由于其强大的领导力技巧，艾施被认为是近 35 年来最具影响力的 25 位商业领袖之一，而玫琳凯也被评为美国最适合工作的企业之一。

（5）雄心壮志

20 岁时，戴比·菲尔兹几乎一无所有。作为一个年轻的家庭主妇，她毫无商业经验，但她拥有绝佳的巧克力甜饼配方，并梦想全世界的人都能分享到。1977 年，菲尔兹开设了自己的第一家店（Mrs. Fields）。尽管很多人认为菲尔兹仅靠卖甜饼无法将业务维持下去，但她的果断决定和雄心壮志使得小小甜饼店变成了一家大公司——600 多个销售点遍布美国和其他 10 个国家。

3. 创业者应具备的创业精神

（1）坚定的、科学的创业信念

首先，要有创业成功的自信。人相信有什么结果，就可能有什么作为。一个人如果连自己都不相信能创业成功，他是不可能去争取和追求的。其次，要有创业的责任感。应勇于担当创业重任，上为国家做贡献，下为自己谋出路。再次，要有逆境中创业、永不言败的创业精神。虽然身处逆境，却能拼力抗争，不断追求，这样才能造就壮丽的创业人生。

科学的创业观念应该从以下几个方面思考：一是实事求是，二是系统思考，三是辩证分析，四是与时俱进。实事求是就是要认清客观的创业形势，顺势而为。系统思考就是对自己的知识能力、自身素质、职业取向和职业适应性等进行全面思考和定位，找准个人和社会之间的楔入点。辩证分析就是面对比较严峻的创业形势，不要悲观失望，相信挑战与机遇并存，压力与动力并存。我国经济发展的态势为不同阶层的社会成员提供了潜在和巨大的发展空间，政府实行的持续稳定的改革措施使人们逐步接受并开始适应改革带来的变化。与时俱进就是创业观念要随着市场经济的深入而变化，不断创新、不断求索、不断追求。

（2）积极的创业心态

积极的创业心态能发现潜能、激发潜能、拓展潜能和实现潜能，进而帮助创业者获得事业上的成就和巨大的财富。积极的创业心态应包括：一是拥有巨大的创业热情；二是要清除内心障碍；三是要努力克服困难、创造条件，变不可能为可能。

（3）顽强的创业意志

创业意志指个体能百折不挠地把创业行动坚持到底以达到目的的心理品质。创业意志包括：一是创业目的明确；二是决断果敢；三是具有恒心和毅力。

（4）鲜明的创业个性

大凡创业成功者，一般都有鲜明独特的个性品质。一是敢冒风险。创业的价值就在于创造出自己独特的东西，要敢于冒风险，敢于走他人没有走过的路。敢冒风险是理智基础上的大胆决断，是自信前提下的果敢超越，是新目标面前的不断追求。二是痴迷，即对目标如痴如醉，全身心融进创业行动之中。三是独立自主，即独立自主地解决困难和问题，不受各种外来因素的干扰。

下面我们介绍一个案例，然后分小组讨论：

风靡全国的桌游《三国杀》，其创始人黄恺正是一位标准的大学生创业者。黄恺2004年考上中国传媒大学动画学院游戏设计专业，他在大学时期就开始“不务正业”，模仿国外桌游设计出了具有中国特色且符合国人娱乐风格的桌游《三国杀》。2006年10月，大二的黄恺开始在淘宝网上出售《三国杀》卡牌，没想到很受欢迎，而毕业后的黄恺并没有任何找工作的打算，而是借了5万元注册了一家公司，开始做起《三国杀》的生意。2009年6月底，《三国杀》成为中国被移植至网游平台的一款桌上游戏。2010年，《三国杀》正版桌游售出200多万套。粗略估计，《三国杀》迄今至少给黄恺带来了几千万元的收益，并且随着《三国杀》品牌的发展，收益还将会继续增加。

你认为当前大学生应具备哪些创业精神？在实践活动中如何提升自己？

主题 3　你了解创业素质与创业能力吗？

3.1　创业者应具备什么样的素质？

创业者是个人独立开创一项事业，通过这项事业来创造经济效益的人。很多人都有创业的想法，有“自己当老板”的梦想，但是并不是所有人都能走上创业之路。要想创业成功，创业者需要具备一定的素质。

1. 心理素质

所谓心理素质是指创业者的心理条件，包括自我意识、性格、气质、情感等心理构成要素。作为创业者，他的自我意识特征应为自信和自主；他的性格应刚强、坚持、果敢和开朗；他的情感应更富有理性色彩。成功的创业者大多是不以物喜，不以己悲的，面对成功和胜利不沾沾自喜，得意忘形；在碰到困难、挫折和失败时不灰心丧气，消极悲观。

2. 身体素质

所谓身体素质是指身体健康、体力充沛、精力旺盛和思维敏捷。现代小企业的创业与经营是艰苦而复杂的，创业者工作繁忙、时间长、压力大，如果身体不好，必然力不从心，难以承受创业重任。

3. 知识素质

创业者的知识素质对创业起着举足轻重的作用。在知识大爆炸、竞争日益激烈的今天，单凭热情、勇气、经验或只有单一专业知识，要想成功创业是很困难的。创业者要进行创造性思维，要做出正确决策，必须掌握广博知识，具有一专多能的知识结构。具体来说，创业者应该具有以下几个方面的知识素质：做到用足、用活政策，依法行事，用法律维护自己的合法权益；了解科学的经营管理知识和方法，提高管理水平；掌握与本行业本企业相关的科学技术知识，依靠科技进步增强竞争能力；具备市场经济方面的知识，如财务会计、市场营销、国际贸易、国际金融等；具备一些有关世界历史、世界地理、社会生活、文学、艺术等方面的知识。

4. 能力素质

创业者至少应具有如下能力：创新能力、分析决策能力、预见能力、应变能力、用人能力、组织协调能力、社交能力和激励能力。本章后续将着重分析创业能力。

当然，这并不是要求创业者必须完全具备这些素质之后才能创业，但创业者本人要有不断提高自身素质的自觉性和实际行动。提高素质的途径有两个：一靠学习，二靠改造。要想成为一个成功的创业者，就要做一个终身学习者和改造自我者。哈佛大学拉克教授讲过这样一段话：创业对大多数人而言是一件极具诱惑的事情，同时也是一件极具挑战的事情。不是人人都能成功，但也并非想象中那么困难。

3.2 创业者应具备哪些能力？

1. 经营管理能力

创业条件中资金不是至关重要的，最重要的是创业者个人的经营管理能力。经营管理能力是一种较高层次的综合能力，是运筹性能力。它涉及人员的选择、使用、组合和优化，也涉及资金聚集、核算、分配、使用和流动。作为创业者，只有学会效益管理、知人善用和最大化地充分合理地整合资源，才能形成市场竞争优势。

2. 领导决策能力

领导决策能力是一个人综合能力的表现。一个创业者首先要成为一个领导决策者，要如同战场上的指挥员，具有感召力和决策力及统揽全局和明察秋毫的能力。在混乱不堪的情况下，能比别人更快、更准确地判断问题的所在，并以自己的认识来处理问题。

3. 创新能力

创业实际就是一个充满创新的事业，所以创业者必须具备创新能力，无思维定式，不墨守成规，能根据客观情况的变化，及时提出新目标、新方案，不断开拓新局面。在竞争激烈的市场中，缺乏创新的企业很难站稳脚跟。

4. 社交能力

目前，“朋友经济”在招商中的作用日益显现。人脉圈日益成为创业信息、资金、经验的“蓄水池”，有时甚至在商业活动中能起到四两拨千斤的神奇功效。扩大社交圈，通过朋友掌握更多信息、寻求更大发展，日益成为成功创业的捷径。

5. 团队协作能力

优势互补的团队是自主创业的基础。有了优势互补的创业团队，既能有效进行技术创新与经济管理，又能保证创业团队形成最大的合力，从而在市场竞争中取胜，达到企业所追求的目标，推动企业向前发展，取得创业成功。

6. 学习的能力

创业者要想把工作做好，就必须有好学的精神，善于学习。学习经营管理知识，科学技术知识，社会学、心理学、经济学等一系列相关学科。知识经济时代，科学技术突飞猛进，企业环境复杂多变，所以还要善于从自己及别人的成功和失败中吸取经验与教训。这样，才能跟得上时代的步伐，以系统的思路、全新的理念去经营好企业。

7. 自我反省的能力

人类能够不断进步，主要获益于人的思考能力，而在思考能力中最重要的一个就是自我反省能力。

8. 管理能力

管理的职能是计划、组织、领导、控制和创新。创业管理也不例外，它不仅包含着对人、财、物的管理，还包含着对信息和知识的管理。创业企业要生存和发展，必然涉及资源配置、预测分析、经济核算、知识转化、成本控制、营销策略等一系列问题。同时，在市场经济条件下，企业不仅要靠产品、技术追求效益，更要靠科学管理提高效益。只有掌握现代管理的理论和方法，才能使企业实现持续经营并顺利地发展下去。

9. 敬业精神

一个人只有具备强烈的事业心，才有创业的巨大动力，才能有紧迫感和责任感，才能有战胜困难的决心和勇气，才有对理想的执着和矢志不渝。创业不是一蹴而就的事，专心和恒心都来源于敬业，而敬业来源于一个人的职业品德。上帝总是先给我们锄头，然后才是果实。

10. 竞争意识

市场经济，竞争无处不在。俗话说，商场如战场。大学生在创业之初就要有竞争意识，而且这种意识的培养应贯穿整个学习过程，如学业成绩、学生组织、社会角色、集体活动、文娱竞赛等无不有竞争的影子。

11. 法律意识

市场经济本质上就是法治经济。随着市场经济的逐步成熟与完善，相关法律、法规已经渗透到经济领域的生产、交换、分配、消费的各个环节和层面。市场的培育和发展都离不开法律，只有以法律为武器，规范自己和企业的行为，保护自己和企业的合法权益，才能使创业企业长治久安。创业者自创业开始就离不开法律，懂法并善于用法是创业者的必备素质。

12. 承受挫折能力

在大学生创业过程中，挫折总是避免不了的，甚至是接踵而至的，如果没有很强的承受挫折能力，非常容易半途而废。所以我们在对学生进行创业教育时，不可缺少的要对学生进行磨难教育、挫折教育，培养学生面对困境、遇到挫折时的承受能力及应对能力。

可以这样说，缺少了上面任何一条，要想获得创业成功都是十分困难的。

3.3 如何提高创业能力？

作为大学生，要培养自己的创业能力，应该从以下几个方面做起。

1. 掌握好专业知识，提高开拓创新能力

专业知识就是对某一领域内发展规律的概括和总结。掌握的专业知识越多越深，创业活动就越能有效地开展，所以我们首先要掌握好自己的专业知识。要培养自己的自主学习能力，关键是培养自己对学习的兴趣爱好，学好用好，做到自主学习、善于学习、乐于学习，把外在的学习变为内在生命的需求，把外在的科学文化知识内化为自我生命成长的养料，使自己永远保持一种向上奋发进取的精神，一种快乐学习的成功心态。积极参加创业实践活动也很重要。大学生要想创业，最重要的是大胆行动起来，利用大学几年的时间和有利条件，做好未来创业的知识准备和能力储备。一方面，积极利用大学图书馆、阅览室、创业讲座、创业指导教师等有利资源学习和掌握有关创业知识理论；另一方面，积极参加校内外创业实践活动，提升自己的创业能力。开拓创新能力是成功创业者最重要的能力之一。开拓创新是创业的灵魂和赢得竞争优势的关键。一个优秀的创业者必须勇于开拓、敢于创新。

2. 提高组织管理能力

在市场经济条件下，市场充满了竞争和风险，创业者要使自己的创业实践活动获得成功，必须重视经营管理。经营管理能力是创业者在管理上的体现。管理活动贯穿于组织运行过程的每一个环节，不仅是组织正常运行的前提，也是组织生存与发展的基本条件。拥有良好的组织管理能力，能够让合伙人和员工心甘情愿地跟随自己为理想而奋斗。只有创业者拥有较强的感召力和影响力才可以激励团队和自己一起前进。面对激烈的市场竞争，需要有非凡的决策能力。

3. 提高人际协调能力

当今时代是社交的时代。要想创业成功，大学生还需要培养自己的人际协调能力。包括创业在内的任何活动都离不开人与人之间的交往。因此，大学生在校期间有意识地培养社交能力有助于获得他人和社会的支持，对大学生创业者创业成功具有重要的作用。下列建议有助于大学生提高社交能力。

1）创建和推广个人品牌。好的个人品牌呈现三个特点：值得信任，提供充分可靠的信息，能带来更多的朋友和机会。

2）做个有趣的人。要让人觉得跟你交谈有价值，甚至愿意花时间谈论你。

3）分享你所热爱的东西。友谊取决于相处时的质量，而不是时间长短。将自己热爱的东西列个清单，用热情去引导活动，用爱好与朋友互动。

4）不要和每个人都泛泛相处，要和值得交往的人深度接触。

5）做好建立联络之后的后续跟进工作。多花些精力在建立联系之后的后续跟进上，可以超过95%的人。最好的办法是建立一个联系系统，记录姓名、联系方式、再次联系计划。

4. 培养团队合作能力

提高合作能力，趋利避害形成合力。大学生创业项目要获得成功，离不开一个好的创业团队。创业成功需要具备多方面的综合知识和经验，如管理知识、营销知识、财务知识、法律知识，甚至产品技术知识。而大部分青年大学生没有这方面的实践，经验更是匮乏，很难做到全才。因此，懂技术的有必要找一个懂管理的做搭档，而懂管理的也有必要找懂技术的做搭档。培养团队合作能力，首先，要把个人利益与他人绑在一起。在团队中，任何一位成员的利益都是和他人捆绑在一起的，帮助别人就是强大自己，帮助别人就是帮助自己，别人得到的并非是我所失去的。有一个人想知道天堂和地狱的人各是怎么生活的，上帝满足了他的愿望。在地狱，他看到人们一个个饿得皮包骨，拿着一米长的筷子拼命往自己嘴里送食物，但是不管怎么努力都吃不到。在天堂，他看到人们过得富足而快乐，饭桌上的菜肴和地狱并没有两样，而且他们也拿着一米长的筷子，所不同的是他们所夹的菜，不是喂自己，而是喂对方。天堂和地狱往往在于一念之差，心态和行为方式不同，就会导致不同的结果。成功的人总是能付出的人，只有先付出，才能有收获，帮助别人就是帮助自己。如果过分地突出自己而不肯与他人合作，那就很可能失去自己心中所希望和祈盼的一切，这就好像我们要建筑一座富丽堂皇的大厦，光有设计精巧的图纸，只靠自己的一己之力是不能让它成为美好现实的。其次，把个人利益与团队绑在一起。为此，你要履行自己的职责，把个人的成功建立在团队基础之上。

主题 4 你了解创业伦理与社会责任吗？

4.1 什么是创业伦理？

创业伦理研究的是创业活动中人与人的伦理关系及其规律，研究创业者应该遵守的价值观念、行为准则和规范。中华民族的历史文化中，有着丰富的经商伦理道德思想，如儒家思想倡导的“己所不欲，勿施于人”，道家思想倡导的“慎终如始，则无败事”，佛家思想倡导的万事万物皆在“舍得”之中成就自身，舍就是得，得就是舍。创业者走上创业之路，在追逐盈利的同时，必须重视伦理道德因素，将先进、正确的商业伦理融入初创企业文化建设之中。

1. 将爱国主义情怀融入创业伦理之中

爱国主义是人们在长期的社会生活实践过程中形成的对于自己祖国的深厚感情。中华民族自古以来就有爱国主义的传统，古往今来，无数仁人志士胸怀爱国主义情怀，积极投身到振兴中华、励志报国的热潮中来。爱国主义力量是激励中华儿女奋发向上、有所作为的强大精神支柱。爱国主义的价值取向，可以转化为创新创业的巨大能量。在创业过程中，要将国家利益、民族利益、社会公共利益放在首位，正确处理个人利益与社会利益的关系，站在以国家富强、民族振兴、人民幸福为己任的理性高度和价值层面上进行创业。

2. 将艰苦奋斗精神融入创业伦理之中

人类所有的理想都必须通过脚踏实地的艰苦奋斗才能转化为现实。艰苦奋斗是中华民族最宝贵的精神财富，是名副其实的传家宝。中华民族能够屹立于世界民族之林，我们的国家能够一步步从积贫积弱走向繁荣富强，靠的就是自强不息的奋斗精神。随着物质生活条件的改善，部分大学生认为“艰苦奋斗是老一辈的事，当代青年不需要艰苦奋斗”，但是经过实践证明，这种观点是错误的、有害的。新时代会赋予艰苦奋斗新的内涵和特征，艰苦奋斗精神是永远不会过时的。大学生在“双创”活动中一定会面临种种的困难和挑战，这就需要大学生锲而不舍、驰而不息地艰苦奋斗，真正把敢于吃苦、勇于奋斗的精神落实到“双创”活动中。艰苦奋斗是“双创”精神的重要内涵，将艰苦奋斗精神融入大学生创新创业教育，有助于鼓舞和推动大学生创新创业者不断克服困难、挑战自我，为他们勇攀“双创”高峰提供强大的精神动力。越来越多的大学生创新创业者在艰苦奋斗精神的支撑下，实现一个又一个“双创”目标，不断开创“双创”事业新局面。

3. 将诚实守信品质融入创业伦理之中

诚实守信是一个人道德修养和综合素质的体现。恪守并践行诚实守信理念已经成为大学生创新创业者取得成功的关键性因素。每一个创业成功者必定是一个诚实守信之人。在经济利益面前，大部分“双创”大学生能够坚定理想信念，坚守行为底线，以较强的社会责任感和使命感投入“双创”活动中。但在市场经济逐利性的刺激下，部分“双创”大学生受到功利主义、拜金主义和极端个人主义等错误人生观的影响，在金钱面前、利益面前迷失了自我，在社会实践和创新创业过程中出现急功近利、见利忘义等诚信缺失行为。将诚实守信品质融入创新创业教育，有助于大学生正确看待金钱、财富和利益，树立正确的世界观、人生观、价值观，扣好人生的第一粒扣子。在创新创业教育中融入诚实守信内容，积极推动社会主义核心价值观进课堂、进教材、进头脑，不断完善创新创业诚信机制，在全社会营造诚实守信的良好氛围。同时，大学生要将诚实守信转化为思想自觉和行为自觉，形成良好的创新创业诚信品质。

教育的真谛与症结

教育究竟要培养什么样的人才？传统教育中的道德在21世纪是否还有价值？参加2012年4月3日上午博鳌“教育的真谛与症结”主题论坛的嘉宾们纷纷表示，当前教育存在的很大的弊端正是伦理和道德的缺失，不仅学生要有好的道德标准，学术机构也要有道德标准。

中国国际教育交流协会会长、教育部原副部长章新胜说，教育的真谛首先是培养一个有社会责任感、有爱心、有理想、有志向的人，愿意回报他的家乡、父母、老师、学校。为什么华尔街的金融风暴刮到全球？部分是因为诚信缺失，影响到世界的发展。

“不光是中国过去的私塾和书院强调道德与伦理，传统的玻利维亚大学、法国的巴黎大学、美国哈佛大学等，在过去都非常重视伦理课程。”章新胜说，“现在越来越多人读商科，因为赚钱快，这是非常大的弊端。”“我们都知道亚当·斯密看不见的手，忽视了亚当·斯密不仅是经济学教授，而且是道德伦理学教授。他讲看不见的手首先存在两个条件，一个是这个国家和社会制度完善，另一个是有完善的道德标准。满足这两个条件，看不见的手才能发挥作用。”

加拿大圣玛丽大学校长科林·多兹（Colin Dodds）则表示，不仅学生要有一个好的道德标准，学校的研究人员、学术机构也要有道德标准。学校不能只是开一个道德课程来解决问题，因为有些东西是通过上课传授不了的。“我们需要把一种高的道德标准文化融入学校生活的每一个方面，嵌入日常行为方式中，比方说志愿者项目等。”

澳大利亚精英教育学院院长祝敏申说，十年树木，百年树人，学校不可能管学生100年，但是对于这个人最终对社会尽什么责任，成为什么样的人才，应该给他最基本的概念。西方大学是从培养宗教神职人员开始的，然后才有学科教育，而中国讲究德、智、体、美全面发展。

小组讨论

如何将伦理道德贯穿于大学生的学习与生活中？

4.2 你了解创业的社会责任吗？

1. 什么是社会责任

创业不止远方的野心和死守，还有眼前的责任和面包。

党的十九大报告做出了“中国特色社会主义进入新时代”的重大判断。站在新时代的起跑线上，作为新时代社会主义事业的建设者和接班人，大学生肩负着建设新时代中国特色社会主义、实现中华民族伟大复兴中国梦的历史使命。《国家中长期教育改革和发展规划纲要（2010—2020年）》提出要“着力提高学生服务国家服务人民的社会责任感、勇于探索的创新精神和善于解决问题的实践能力”，可见，提升大学生的社会责任感已成为当前高校亟待解决的重大课题和时代任务。

社会责任是指一个组织对社会应负的责任。一个组织应以一种有利于社会的方式进行经营和管理。社会责任通常是指组织承担的高于组织自己目标的社会义务，而且超越了法律与经济对组织所要求的义务。社会责任是组织管理道德的要求，完全是组织出于义务的自愿行为。

社会责任是社会法和经济法中规定的个体对社会整体承担的责任，是由角色义务责任和法律责任构成的二元结构体系。社会责任包括企业环境保护、社会道德和公共利益等方面，由经济责任、持续发展责任、法律责任和道德责任等构成。如果一个企业不仅承担了法律上和经济上的义务，还承担了“追求对社会有利的长期目标”的义务，我们就说该企业是有社会责任的。

社会责任又可分为“积极责任”和“消极责任”。积极责任也叫作预期的社会责任，它要求个体采取积极行动，促成有利于社会结果的产生或防止坏的结果的产生。消极责任或者说过去责任、法律责任，则只是在个体的行为对社会产生有害后果时，要求予以补救。

2. 如何提高大学生创业者的社会责任感

新时代大学生能否树立社会责任感，切实履行身为公民的社会责任，关系到个人理想信念的实践，更与国家前途和民族命运息息相关。当前大学生社会责任感的主流趋势是积极正面的，但由于国际环境、社会发展、家庭教育等多方面综合因素的影响，目前部分大学生社会责任感淡化倾向显著，主要表现在以下几个方面。

1）在价值取向方面，重个人利益，轻社会利益。由于当代社会受到国际社会多元价值观的冲击，部分大学生将个人主义、利己主义作为自身价值追求的基本原则，忽视了本该重视的社会责任担当，无法正确处理个人与集体、个人与社会的关系，从长远来看会对个人、社会产生诸多负面影响。

2）在思想观念方面，重实用主义，轻理想愿景。社会转型带来市场经济体制的改变，对当代大学生的思想观念产生巨大影响。其中主流影响是积极正面的，但市场经济的负面作用也使得部分大学生沉浸在物质化、实用化的个人追求中，忽视了本该承载理想信念的社会责任感。

3）在目标追求方面，重功利主义，轻社会责任。大学阶段目标的确立是制定人生目标的重要基础和铺垫。而部分大学生的目标缺少远大的社会抱负，仅停留在追求创造个人财富，没有上升到以社会责任为己任来开创事业的高度，从而滋长享乐主义和功利主义。

因此，提升大学生的社会责任感，培育大学生的社会责任感刻不容缓。那么该如何提升大学生的社会责任感呢？

在新时代背景下，中国特色社会主义也具有新时代的鲜明特征，其中根植于创新的驱动发展战略逐渐成为当前社会经济前行的新动力。与此同时，以创新为引擎的发展模式必然对社会责任感的要求愈加强烈，同时也会极大地影响社会责任感的培养理念和模式。只有将社会责任感扎根时代、融入时代，以创新创业教育作为社会责任感培育的拓展途径，才能更好地服务于国家人才发展战略。

1）创新创业教育是培养社会责任感的有效载体。创新创业教育将立德树人作为教育的基本指导思想，在社会责任培育过程中表达了一种顺应时代精神、适应时代发展、呼应时代要求的创新理念，引导大学生逐渐形成勤劳勇敢、勇于创新、甘于奉献、积极向上的价值观，也正是这种价值观的引领使得大学生逐渐形成敢于担当、反哺社会的社会责任感。将社会责任感培养融入创新创业教育，使之承载社会责任感的培养目标，既能够最大限度地发挥育人功能，又能培养学生开拓创新、勇于进取的精神理念。

2）通过创新创业教育提升社会责任感培养的实效性。首先，在创新创业教育过程中有大量实践和体验性活动，能够培养大学生的创新意识和能力，从而提高社会责任感培养的针对性和实效性。其次，创新创业教育与国家重大关切相契合。创新创业教育以国家“以创促就”发展需要为前提，为扩大就业、解决民生问题提供了不竭动力。最后，在实施“创新型国家”的建设过程中，创新创业教育可顺应时代发展和建设需要，为社会培养创新型人才提供人才驱动。

3）创新创业教育完善了社会责任感的培养过程。创新创业教育能有效传承和完善社会责任感的培养过程，主要体现在目标、方法和内容三个具体方面。首先，在目标层面上，创新创业教育和社会责任感都以实现个人自由和全面发展为己任，与时俱进服务于社会和国家需要。在方法层面，二者都强调通过宣传激励、榜样示范等方法强化教育效果，而创新创业教育则在此基础上拓展了实践体验，重视理论与实践的联系和互动。在内容层面，创新创业教育更注重大学生的现实需求和利益，将社会责任感的培养内容拓展到学业生涯规划和职业生涯规划方面，着力培养学生良好的综合素质。

结合以下资料进行小组讨论。

拥有“互联网+”思维，扎根创业者云集的众创空间，三四人的小团队进行头脑风暴，开发一款高科技产品，进行数次路演，与投资人见面谈融资，三个月之后上市。这似乎已经成为造就一个成功创业者的标准公式。

然而，并不是。

2015 年 5 月 29 日，中国青年网记者再次走进位于北京市石景山区的蒲公英国际青年创业驿站，专访蒲公英创业驿站的创建者、2015 年全国劳动模范刘刚。在这里，成功的创业者自有另一番定义：不惧失败，越挫越创业；心怀社会，越创越负责。

刘刚告诉记者，创业最怕的是大家在没有伦理的情况下“混战”，如果为了自身的发展使用“暗器”，那么这个民族的创业创新的“武功”不会变得更强。正因为如此，对于创业而言，“企业家精神和社会责任是下一个风口，同时也是这个行业回归本途的风口”，而蒲公英驿站的价值就是汇聚企业家精神，碰撞社会。

“社会的发展创造了大量商人，但他们还不是英雄，因为他们获取社会资源的同时，并没有真正解决社会问题，这就如同一个枪手已经具备了健康的体魄和拿枪的技能，但缺乏企业家为社会解决问题的精神和社会责任。”刘刚表示，培养负责任、有尊严的创业者、企业家已经到了很迫切的时候，只有这样才能减少造假和非可持续生产等现象，真正激发全民族创新创业的活力，否则“不见得每个人都能赚到钱，也不见得会对社会有更多益处”。

在蒲公英创业驿站，记者看到，有不少二次甚至三次创业的创业者，他们在失败边缘挣扎，百炼成钢；也有正在大学读书的学生，凭一腔断不了的热情，不求回报地为社会做出自己的贡献。

有六年金融理财经验的白垣宝果断放弃稳定的工作，来到蒲公英创业驿站，开发为投资者、银行投资理财师等多方提供业务便利的网络终端产品。在这次创业过程中，白垣宝失败过，至今背负债务，也因为创业，夜不归宿睡桌板，但他身上仍有“还要创下去”的坚持。

“智恒青公社项目”最初是中国青年政治学院三个社会保障专业大三学生主动找到蒲公英创业驿站后提出的公益项目。他们为工作经验丰富的离退休老人和初创企业搭起沟通的桥梁，让离退休老人的社会价值最大化，也帮助创业青年更快成长。如今，团队初创人员因为各种原因选择离开，但继承者不忘初心，继续向前。

读完上述资料，你如何理解创业者应坚守的社会责任？

能力训练与提升

训练1 性格测试

请注意：所有问题没有好坏或对错之分，因此请一定要选择你“最自然的”反应，而不是你认为“最好的”或“最适合的”。

1．关于人生观，我的内心其实是：

A．希望能有各种各样的人生体验，所以想法极其多样化。

B．在合理的基础上，谨慎确定目标，一旦确定会坚定不移地去做。

C．更加在乎取得一切有可能的成就。

D．毫不喜欢风险，喜欢享受稳定或现状。

2．如果爬山旅游，在大多数情况下，下山回来的路线我最可能：

A．好玩有趣，所以宁愿新路线回巢。

B．安全稳妥，所以宁愿原路线返回。

C．挑战困难，所以宁愿新路线回巢。

D．方便省心，所以宁愿原路线返回。

3．说话时，我更看重：

A．感觉效果，有时可能会略显得夸张。

B．描述精确，有时可能略过冗长。

C．达成结果，有时可能过于直接让别人不高兴。

D．人际感受，有时可能会不愿讲真话。

4．在大多数时候，我的内心更想要：

A．刺激。经常冒出新点子，想做就做，喜欢与众不同。

B．安全。头脑冷静，不易冲动。

C．挑战。生命中竞赛随处可见，有强烈的“赢”的欲望。

D．稳定。满足自己所拥有的，很少羡慕别人。

5．我认为自己在情感上的基本特点是：

A．情绪多变，经常波动。

B．外表自我抑制强，但内心感情起伏大，一旦挫伤难以平复。

C．感情不拖泥带水，只是一旦不稳定，容易发怒。

D．天性情绪四平八稳。

6．我认为自己除了工作外，在控制欲方面，我：

A．没有控制欲，只有感染带动他人的欲望，但自控能力不算强。

B．用规则来保持我对自己的控制和对他人的要求。

C．内心是有控制欲和希望别人服从我的。

D．没兴趣影响别人，也不愿别人来控制我。

7．当与情人交往时，我最希望对方：

A．经常赞美我，让我享受开心、被关怀且又有一定自由。

B．可随时感知我内心所想，对我的需求极其敏感。

C．得到对方的认可，我是正确的并且我对其是有价值的。

D．尊重并且相处静谧的。

8．在人际交往时，我：

A．本质上还是认为与人交往比长时间独处是有乐趣的。

B．非常审慎缓慢地进入，常会被人认为容易有距离感。

C．希望在人际关系中占据主导地位。

D．顺其自然，不温不火，相对被动。

9．我做事情，经常：

A．缺少长性，不喜欢长期做相同无变化的事情。

B．缺少果断，期待最好的结果但总能先看到事情的不利面。

C．缺少耐性，有时行事过于草率。

D．缺少紧迫感，行动迟缓，难下决心。

10．通常我完成任务的方式是：

A．常赶在最后期限前完成，是临时抱佛脚的高手。

B．自己有严格规定的程序，精确地做，不要麻烦别人。

C．先做，快速做。

D．使用传统的方法按部就班，需要时从他人处得到帮忙。

11．如果有人深深惹恼我，我：

A．内心感到受伤，认为没有原谅的可能，可最终很多时候还是会原谅对方。

B．深深感到愤怒，牢记伤害，同时未来完全避开那个家伙。

C．会火冒三丈，并且内心期望有机会狠狠地回应。

D．避免摊牌，因为还不到那个地步或者自己再去找新朋友。

12．在人际关系中，我最在意的是：

A．得到他人的赞美和欢迎。

B．得到他人的理解和欣赏。

C．得到他人的感激和尊敬。

D．得到他人的尊重和接纳。

13．在工作上，我表现出来更多的是：

A．充满热忱，有很多想法且很有灵性。

B．心思细腻，完美精确，而且为人可靠。

C．坚强而直截了当，而且有推动力。

D．有耐心，适应性强而且善于协调。

14．我过往的老师最有可能对我的评价是：

A．情绪起伏大，善于表达和抒发情感。

B．严格保护自己的私密，有时会显得孤独或是不合群。

C．动作敏捷又独立，并且喜欢自己做事情。

D．看起来安稳轻松，反应度偏低，比较温和。

15．朋友对我的评价最有可能的是：

A．喜欢对朋友述说，也有感染别人的力量。

B．能够提出很多周全的问题，而且需要许多精细的解说。

C．愿意直言想法，有时会直率而犀利地谈论不喜欢的人、事、物。

D．与他人在一起时通常是倾听者。

16．在帮助他人的问题上，我内心的想法是：

A．别人来找我，不太会拒绝，会尽力帮他。

B．值得帮助的人应该帮助。

C．很少承诺要帮，但我若承诺必兑现。

D．虽无英雄打虎胆，常有自告奋勇心。

17．面对他人对自己的赞美，我内心：

A．没有也无所谓，不会特别欣喜。

B．我不需无关痛痒的赞美，宁可对方欣赏我的能力。

C．思考对方的真实性或立即回避众人的关注。

D．赞美多多益善，总是令人愉悦的。

18．面对生活，我更像：

A．随和派——外面的世界与我无关，我觉得自己这样还不错。

B．行动派——我不进步，别人就会进步，所以我必须不停地前进。

C．分析派——在问题未发生之前，就该想好所有的可能。

D．无忧派——每天的生活开心快乐最重要。

19．对于规则，我内心的态度是：

A．不愿违反规则，但可能因为松散而无法达到规则的要求。

B．打破规则，希望由自己来制定规则而不是遵守规则。

C．严格遵守规则，并且竭尽全力做到规则内的最好。

D．不喜欢被规则束缚，不按规则出牌会觉得新鲜有趣。

20．我认为自己在行为上的基本特点是：

A．慢条斯理，办事按部就班，能与周围的人协调一致。

B．目标明确，集中精力为实现目标而努力，善于抓住核心要点。

C．慎重小心，为做好预防及善后，会不惜一切而尽心操劳。

D．丰富跃动，不喜欢制度和约束，倾向于快速反应。

21．当我做错事时，我倾向于：

A．害怕但表面不露声色。

B．不承认而且辩驳，但内心其实已经明白。

C．愧疚和痛苦，容易停留在自我压抑中。

D．难为情，希望逃避别人的批评。

22. 当结束一段刻骨铭心的感情时，我会：
   A. 很难受，可日子总要过，时间会冲淡一切的。
   B. 虽然觉得受伤，但一旦下定决心，就会努力把过去的影子甩掉。
   C. 深陷在悲伤的情绪中，在相当长的时期里难以自拔，也不愿再接受新的人。
   D. 痛不欲生，需要找朋友倾诉或者找到渠道发泄，寻求化解之道。
23. 面对他人的倾诉，我回顾自己大多时候本能上倾向于：
   A. 能够认同并理解对方当时的感受。
   B. 快速做出一些定论或判断。
   C. 给予一些分析或推理，帮助对方理顺思路。
   D. 可能会随着他的情绪起伏而起伏，也会发表一些评论或意见。
24. 我在以下哪个群体中交流较感满足？
   A. 舒服轻松的氛围中，心平气和地最终达成一致结论。
   B. 彼此展开充分激烈的辩论并有收获。
   C. 有意义地详细讨论事情的好坏和影响。
   D. 很开心并且随意无拘束地闲谈。
25. 在内心的真实想法里，我觉得工作：
   A. 不必有太大压力，可以让我做我熟悉的工作就很不错。
   B. 应该以最快的速度完成，且争取去完成更多的任务。
   C. 要么不做，要做就做到最好。
   D. 如果能将好玩融合其中那就太棒了，不过如果是不喜欢的工作就太没劲了。
26. 如果我是领导，我内心更希望在部属心目中，我是：
   A. 可以亲近的且善于为他们着想的。
   B. 有很强的能力和富有领导力的。
   C. 公平、公正且足以信赖的。
   D. 被他们喜欢并且富有感召力的。
27. 我对认同的需求是：
   A. 无论别人是否认同，生活都是要继续的。
   B. 精英群体的认同最重要。
   C. 只要我在乎的那些人认同我就足够了。
   D. 所见之人无论贵贱都对我认同那有多好。
28. 当我还是个孩子时，我：
   A. 不太会积极尝试新事物，通常比较喜欢原有的和熟悉的。
   B. 是孩子王，大家经常听我的决定。
   C. 害羞见生人，有意识地回避。
   D. 调皮可爱，乐观而又热心。
29. 如果我是父母，我也许是：
   A. 容易说服或者宽容的。
   B. 比较严厉、性急并说一不二的。

C．坚持自己的想法和比较挑剔的。

D．积极地和子女一起玩，被小朋友们热烈欢迎的。

30．以下有四组格言，哪组整体上最符合我的感觉？

A．最深刻的真理是最简单和最平凡的。要在人世间取得成功必须大智若愚。好脾气是一个人在社交中所能穿着的最佳服饰。知足是人生在世最大的幸福。

B．走自己的路，让人家去说吧。虽然世界充满了苦难，但是苦难总是能战胜的。有所成就是人生唯一真正的乐趣。对我而言解决一个问题和享受一个假期一样好。

C．一个不注意小事情的人，永远不会成就大事业。理性是灵魂中最高贵的因素。切忌浮夸铺张。与其说得过分，不如说得不全。谨慎比大胆要有力量得多。

D．幸福在于对生命的喜悦和激情。任何时候都要最真实地对待自己，这比什么都重要。使生活变成幻想，再把幻想化为现实。幸福不在于拥有金钱，而在于获得成就时的喜悦和产生创造力的激情。

分析方法：

（1）计算 1～15 题各选项的总和：

A 的总数（　　）　　B 的总数（　　）

C 的总数（　　）　　D 的总数（　　）

（2）计算 16～30 题各选项的总和：

A 的总数（　　）　　B 的总数（　　）

C 的总数（　　）　　D 的总数（　　）

（3）把两部分的数目相加：

红色性格：前 15 题 A+后 15 题 D 的总数（　　）

蓝色性格：前 15 题 B+后 15 题 C 的总数（　　）

黄色性格：前 15 题 C+后 15 题 B 的总数（　　）

绿色性格：前 15 题 D+后 15 题 A 的总数（　　）

（4）最终得出你的性格色彩结果，如红 15 蓝 3 黄 8 绿 4。

总分中数目最大的颜色，是你的核心性格。其他字母代表该颜色在你性格中的比例。

如果某种颜色大于 15，说明你是典型的此类性格。

如果有两种或三种数目非常接近，说明你是较复杂的组合性格。

确定自己的性格颜色后，请到网上查阅相关信息，概括出你的性格特征。

资料来源：根据网络资料整理

训练 2　气质测评

下面 60 道题，可确定你的气质类型。回答这些问题，必须实事求是，并尽快完成，不要在一个题目上停太长时间。具体评分标准如下：

A：符合得 2 分；　　B：比较符合得 1 分；　　C：不能确定得 0 分；

D：不太符合得-1 分；　　E：完全不符得-2 分。

1．做事力求稳妥，不做无把握之事。
2．遇到让我生气的事就怒不可遏，把心里话全说出来才痛快。
3．宁肯一个人干事，不愿很多人在一起干。
4．到一个新环境很快就能适应。
5．厌恶那些强烈的刺激，如尖叫、危险镜头等。
6．和人争吵时，总是先发制人，喜欢挑衅。
7．喜欢安静的环境。
8．善于和人交往。
9．羡慕那种克制自己感情的人。
10．生活有规律，很少违反作息制度。
11．在多数情况下情绪是乐观的。
12．碰到陌生人觉得很拘束。
13．遇到令人气愤的事，能很好地自我克制。
14．做事总是有旺盛的精力。
15．遇到问题常常举棋不定，优柔寡断。
16．在人群中从不觉得过分拘束。
17．情绪高昂时，觉得干什么都有趣，情绪低落时，又觉得什么都没意思。
18．当注意力集中于某一事物时，别的事很难使我分心。
19．理解问题总比别人快。
20．碰到危险情景，常有一种极度恐怖感。
21．对学习、工作和事业怀有很高的热情。
22．能够长时间做枯燥单调的工作。
23．对符合兴趣的事情，干起来劲头十足，否则就不想干。
24．一点小事就能引起情绪波动。
25．讨厌做那些需要耐心细致的工作。
26．与人交往不卑不亢。
27．喜欢参加热烈的活动。
28．爱看感情细腻、描写人物内心活动的文学作品。
29．工作或学习时间长了，会感到厌倦。
30．不喜欢长时间谈一个问题，而愿意实际动手干。
31．宁愿侃侃而谈，不愿窃窃私语。
32．别人说我总是闷闷不乐。
33．理解问题比别人慢些。
34．疲倦时只要经短暂休息就能精神抖擞起来，重新投入工作。
35．心里有话宁愿自己想，不愿说出来。
36．认准一个目标就希望尽快实现，不达目的誓不罢休。
37．与别人同样学习或工作一段时间后，常比别人更疲倦。
38．做事有些莽撞，常常不考虑后果。

39．老师讲授新知识时，总希望他讲慢些，多重复几遍。
40．能够很快地忘记那些不愉快的事情。
41．做作业或完成一件工作总比别人花的时间多。
42．喜欢运动量大的体育活动，或各种文艺活动。
43．不能很快地把注意力从一件事转到另一件事上去。
44．接受一个任务后，就希望迅速解决它。
45．认为墨守成规比冒风险强些。
46．能够同时注意几件事。
47．当我烦闷时，别人很难使我高兴起来。
48．爱看情节起伏跌宕、激动人心的小说。
49．工作始终认真严谨。
50．和周围人们的关系总是相处不好。
51．喜欢复习学过的知识，重复做已掌握的工作。
52．喜欢做变化大、花样多的工作。
53．小时会背的诗歌，我似乎比别人记得清楚。
54．别人出语伤人，可我并不觉得怎么样。
55．在体育活动中，常因反应慢而落后。
56．反应敏捷，头脑机灵。
57．喜欢有条理而不太麻烦的工作。
58．兴奋的事常使我失眠。
59．老师讲新概念我常常听不懂，但是弄清后就很难忘记。
60．假如工作枯燥无味，马上就会情绪低落。

计分方法：把每题得分按如下提示相加得出总分。（数字为各题题号）
胆汁质得分：2、6、9、14、17、21、27、31、36、38、42、48、50、54、58。
多血质得分：4、8、11、16、19、23、25、29、34、40、44、46、52、56、60。
黏液质得分：1、7、10、13、18、22、26、30、33、39、43、45、49、55、57。
抑郁质得分：3、5、12、15、20、24、28、32、35、37、41、47、51、53、59。
如果某栏得分超过20分，其他三栏得分较低，则为典型气质。
如果某栏得分在10分以上、20分以下，其他三栏得分较低，则为一般气质。
如果两栏得分显著超过另外两栏得分，而且分数比较接近，则为混合气质。
确定自己的气质类型后，请到网上查阅相关资料，概括出自己的气质特征。

资料来源：根据网络资料整理

训练3　大学生创业特质测评

本测试没有对错，要求你实事求是地回答，在符合你的情况或接近的答案上做标记。

1．A．不用别人告诉我做什么，我会独立完成一件事情。
B．如果有人告诉我做什么，我会顺利完成一件事情。
C．尽管事情很简单，但除非是我必须做的，否则我不会去做。

2．A．我喜欢与人交往，愿意与任何人进行沟通。
B．我有很多的朋友，我不需要再与其他人沟通了。
C．我认为与其他人交往非常麻烦。

3．A．当开始做事时，我会与别人一起合作。
B．我会让其他人去做，如果喜欢，我会与别人合作。
C．我会让其他人去做，我不愿意和其他人一起做事情。

4．A．我愿意负责事情。
B．如果必须是我做，我会负责的，但是我更愿意让其他人负责。
C．周围总有人愿意显示他们的聪明，就让他们去负责吧。

5．A．我喜欢在事情开始前做一个计划。我经常将事情安排得井然有序。
B．我会做好大多数的事情，如果太困难，我就会放弃。
C．如果有人安排和处理整个事情了，那么我就随遇而安了。

6．A．只要是我需要做的事情，我不介意为此而努力工作。
B．我会努力工作一段时间。
C．我不会为了有成就，就去努力工作的。

7．A．我能很快地做出决定，并且大多数是对的。
B．如果我有足够多的时间，我就能够做出决定。如果在很短的时间内做出决定，我会经常性地改变主意。
C．我不喜欢做决定，因为我经常做出错误的决定。

8．A．人们相信我说的，我从来不说谎话。
B．我大多数的时间里讲真话，但有些时候做不到。
C．我经常说谎话。

9．A．如果我决定做什么事情，就不会让任何事情阻止我。
B．如果没有其他的事情干扰，我通常会完成我的事情。
C．我经常会改变方向或放弃。

10．A．我的健康状况非常好，几乎不生病。
B．我有足够的精力去做我想做的事情。
C．在我的朋友看来，我的身体非常不好。

测评结果说明：

（1）多数选择是A，如7～10个，说明你是个优秀的创业者。

（2）少数选择是A，多数选择是B，如小于7个A或者7～10个B，说明你独自创办企业时，可能会遭遇到很多困难。建议寻找一个或两个能够弥补劣势的合作者。

（3）大多数选择是C，如7～10个，说明目前你不适合创办和经营企业，如果你希望创办企业，那么需要努力提高个人的创业素质。另外，你也可以先在一个企业里工作或从事其他你更感兴趣的工作。总之不要气馁！

参考资料：共青团中央，中华全国青年联合会，国际劳工组织，2015. 大学生KAB创业基础（教师用书）（修订版）[M]. 2版. 北京：高等教育出版社.

第 4 章 创业环境与创业机会

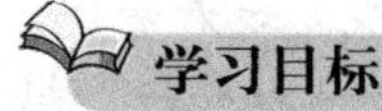

学习目标

★知识与理论

1. 了解创业环境的类型。
2. 掌握创业环境分析的基本方法。
3. 了解创业机会的来源。
4. 掌握识别创业机会的方法。

★技能训练

1. 创业环境分析训练。
2. 创业机会识别训练。
3. 创业机会评价训练。

-经典名言-

人们若是一心一意地做某一件事，总是会碰到偶然的机会的。——巴尔扎克

有缺点的工作，正是商机所在。——小仓昌男

只要你充实准备，机遇从来不会负你。——张近东

只有把抱怨环境的心情，化为上进的力量，才是成功的保证。——罗曼·罗兰

【导入案例】

1.“饿了么”的由来

2009年，上海交通大学研一学生张旭豪，来到了上海市觉群创业基金的评审会上，给创业导师李肖鸣等三位评委递交了他的创业计划书。李老师接过张旭豪的创业计划书一看就笑了：“饿了么？怎么叫这个名字？”张旭豪说，他和同学几个人一起打游戏到半夜时，突然感觉肚子饿了，于是就问大家：“你们饿了吗?”大家你看看我，我看看你，都说：“是啊！确实肚子饿了。”于是大家翻出口袋里那些餐馆的名片，开始打电话，想看看哪家餐馆还在营业。奇怪的是一个电话也打不通。这时张旭豪头脑里开始萌生了一个创业想法：我们能不能做个送外卖的工具？这个想法一说出口，大家顿时不感觉饿了，一起讨论到了凌晨五点。经过一段时间的市场调研，他们发现“送餐软件”还是个空白市场。于是他们很快写出了创业计划书，并且得到了上海市学生事务中心主管的“上海市觉群创业基金”的资助，如愿以偿地开办了自己的公司。

2.“娃娃鱼儿童面”的由来

瞿继勇，贵州黔梦有限责任公司的创始人。他曾经七次创业七次失败，被称为“败家子儿”。2008年，瞿继勇走上了第八次创业之路，以每尾900元的价格买了50尾娃娃鱼，开始养殖娃娃鱼。2011年，娃娃鱼的价格飞涨，每斤价格达到1 800元，瞿继勇赚到了100多万元。看到瞿继勇赚钱了，全县1 000多户人来拜访瞿继勇，学习养娃娃鱼的经验，希望养殖娃娃鱼致富。然而好景不长，2012年3月，娃娃鱼市场价格降到每斤120元还卖不出去，娃娃鱼的冬天来了。瞿继勇再次陷入困境。2013年的某一天，他看到妻子给孩子买的方便面，突发奇想：“能不能用娃娃鱼做面呢？”于是他开始了用娃娃鱼做面的实验，样品很快就做出来了，但送给亲戚朋友品尝之后得到的反馈是“不好吃”。正当瞿继勇感觉坚持不下去要放弃的时候，当地县科技局邀请他到西安参加农博会。在农博会上他邀请一些参会人员品尝，居然获得了好评，并且谈好了一家代理商。为什么会有这么大的反差呢？原来是贵州人吃面的时候在面里放了辣椒导致的。于是瞿继勇把产品目标市场定位调整为“婴幼儿童”，但最初的市场销路并不好，因为消费者并不相信他的面是用娃娃鱼做的。为了使消费者相信，瞿继勇开始采用网络直播生产过程，并在产品包装上设置二维码，让消费者通过扫描二维码，就能够在网络上观看产品的生产过程。“娃娃鱼儿童面”开始走上健康的成长之路。

3. 李锦记“蚝油”的由来

李锦记始创于1888年，是李锦裳建立的一家小小的家庭作坊“李锦记蚝油庄”，主要出售一种新款调味料——蚝油。经过百年的沉淀和积累，如今的李锦记已经成为家喻户晓的酱料品牌，畅销产品达60余种，分销网络遍布世界五大洲100多个国家和地区，真正实现了“有华人的地方就有李锦记产品”。那么，李锦记的“蚝油”是怎么来的呢？李锦裳，生于1868年，祖籍广东新会七堡镇涌沥村，幼年丧父，与母亲蔡氏相依为命，务农为生。因为见义勇为得罪了当地恶霸土豪，受到他们迫害，于是背井离乡，辗转来到珠海南水定居。南水是珠江口一个小岛屿，盛产生蚝。蚝即牡蛎，是一种海生软体动物，肉质鲜美，营养丰富，遍布于我国南方沿海。李锦裳为补生计，开设了一间小茶寮，在小茶寮煮生蚝出售。一天，李锦裳与往日一样生火煮生蚝，但因忙碌着别的事而忘记照看。很长时间后传来浓烈的味道，他赶忙跑回来，心里想：坏了，恐怕煮糊了。谁知揭开锅盖一看，呈现在他眼前的竟是厚厚一层沉于锅底、色泽棕褐的浓稠汁，香郁扑鼻，引人食欲。于是他随意取了一点放在嘴里品尝，顿觉美味无比。无意之间，一种新的调味品——蚝油——就这样诞生了，真是“无心插柳柳成荫”。李锦裳抓住了这个幸运的机会，灵机一动，专门熬制这一新款调味品出售，并于 1888 年正式成立李锦记蚝油庄。

资料来源：根据网络资料整理改编

感悟与体会

通过阅读上述资料，你是如何认识创业机会的？

____

____

____

____

____

____

____

____

知识与理论学习

主题 1　如何分析与评价创业环境？

1.1　什么是创业环境？

创业环境是指围绕创业者的创业和发展的变化，并足以影响或制约创业行为的一切内外部条件的总称。任何创新创业企业的经营活动都是在市场中进行的，而市场又受国家的政治、经济、技术、社会文化的限定与影响。所以，企业从事生产经营活动，必须从环境的研究与分析开始。企业环境是指与企业生产经营有关的所有因素的总和。

创业环境可以分为外部环境和内部环境两大类。企业外部环境是影响企业生存和发展的各种外部因素与条件的总和。外部环境可进一步划分为宏观环境和微观环境。宏观环境也称为一般环境，是所有企业共同面临的整个社会的一些环境因素。微观环境又称为任务环境，是指某个或某类企业在完成特定职能任务过程中所面临的特殊环境因素，如资源供应、顾客、合作者、竞争者、社区和政府行业政策等。企业内部环境又称企业内部条件，是企业内部物质和文化因素的总和。

企业与环境之间存在密切的联系。一方面，环境是企业赖以生存的基础。企业经营的一切要素都要从外部环境中获取，如人力、材料、能源、资金、技术、信息等。没有这些要素，企业就无法进行生产经营活动。同时，企业的产品也必须通过外部市场进行营销。没有市场，企业的产品就无法得到社会承认，企业也就无法生存和发展。另一方面，企业是一种具有活力的社会组织，它并不是只能被动地为环境所支配，而是在适应环境的同时也对环境产生影响，推动社会进步和经济繁荣。

企业与环境之间的基本关系，是在局部与整体的基本架构之下的相互依存和互动的动态平衡关系。环境既会给企业带来机遇，也会造成威胁。问题在于企业如何去认识环境、把握机遇、避开威胁。因此，企业必须研究环境，主动适应环境，在环境中求得生存和发展。

1.2 怎样分析创业的宏观环境？

宏观环境分析又称为一般环境分析、大环境分析，是指对各类组织都共同面临的整个社会环境的分析，包括政治环境、经济环境、技术环境、社会文化环境、法律环境和自然环境等内容。常用的宏观环境分析方法有 PEST 分析法、PESTEL 分析法和 STEEPLE 分析法。

1. PEST 分析法

PEST 分析法是战略咨询顾问用来帮助企业检阅宏观环境的一种方法。在对宏观环境因素做分析时，由于不同行业和企业的自身特点与经营需要不同，分析的具体内容会有差异，但一般都应对政治（political）、经济（economic）、社会（social）和技术（technological）因素这四大类影响企业的主要外部环境因素进行分析，简称为 PEST 分析法。

（1）政治环境分析

政治环境因素是指对组织经营活动具有实际与潜在影响的政治力量和有关的政策、法律及法规等因素，包括国内的政治环境和国际的政治环境。国内的政治环境包括政治制度、政党和政党制度、政治性团体、党和国家的方针政策、政治气氛。国际的政治环境主要包括国际政治局势、国际关系和目标国的国内政治环境等。

（2）经济环境分析

企业的经济环境主要由社会经济结构、经济发展水平、经济体制、宏观经济政策、当前经济状况和其他一般经济条件构成。社会经济结构是指国民经济中不同的经济成分、不同的产业部门及社会在生产各方面组成国民经济整体时相互适应性、量的比例及排列关联的状况，包括产业结构、分配结构、交换结构、消费结构和技术结构。其中，最重要的是产业结构。经济发展水平是指一个国家发展的规模、速度和所要达到的水平。

反映一个国家的发展水平的常用指标有国内生产总值、国民收入、人均国民收入和经济增长速度。经济体制是指国家经济组织的形式，它规定了国家与企业、企业与企业、企业与各经济部门之间的关系，并通过一定的管理手段与方法来调控或影响社会流动的范围、内容和方式等。宏观经济政策是指实现国家经济发展目标的战略与策略，包括综合性的全国发展战略和产业政策、国民收入分配政策、价格政策、物资流通政策等。当前经济状况会影响一个企业的财务业绩，主要包括经济增长率、税收水平、通货膨胀率、贸易差额和汇率、失业率、利率、信贷投放及政府补助等。其他一般经济条件对一个企业的成功也很重要。例如，工资、供应商及竞争对手的价格变化及其政府政策，会影响产品生产成本和服务的提供成本及它们被出售的市场情况。这些经济因素可能会导致行业内产生竞争，或将公司从市场中淘汰出去，也可能会延长产品寿命，鼓励企业用自动化取代人工，促进外商投资或引入本土投资，使强劲的市场变弱或使安全的市场变得有风险。

（3）社会文化环境分析

社会文化环境是指组织所在社会中成员的民族特征、文化传统、价值观念、宗教信仰、教育水平及风俗习惯等因素，包括一个国家或地区的居民教育程度与文化水平、宗教信仰、风俗习惯、审美观点和价值观。一般来说，社会文化环境分析主要分析人口因素、居民消费心理、价值观、文化传统和宗教文化等方面。

1）人口因素。人口因素对企业的影响是多方面的。例如，人口总数直接影响社会生产总规模；人口的地理分布影响企业的厂址选择；人口的性别比例和年龄结构在一定程度上决定了社会需求结构，进而影响社会供给结构和企业生产；人口的教育文化水平直接影响企业的人力资源状况；家庭户数及其结构的变化与耐用消费品的需求和变化趋势密切相关，因而也就影响耐用消费品的生产规模等。对人口因素的分析可以使用以下一些变量：离婚率、出生和死亡率、人口的平均寿命、人口的年龄和地区分布、人口在民族和性别上的比例变化、人口和地区在教育水平与生活方式上的差异等。

2）居民消费心理。消费者心理是指消费者在购买和消费商品过程中的心理活动。一般活动过程是：消费者先接触商品、注意产品，然后了解其他相关产品的质量、价格等因素，进而将之进行比较，产生兴趣和偏爱，而后出现购买欲望，等条件成熟时会做出购买决定。经过使用商品，消费者得到实际感受，并由此做出今后是否再次购买的决定。

3）价值观。价值观是指一个人对周围的客观事物（包括人、事、物）的意义、重要性的总评价和总看法。这种对诸事物的看法和评价在心目中的主次、轻重的排列次序，就是价值观体系。价值观和价值观体系是决定人的行为的心理基础。价值观是人们对社会存在的反映，是社会成员用来评价行为、事物，以及从各种可能的目标中选择自己合意目标的准则。价值观通过人们的行为取向及对事物的评价、态度反映出来，是世界观的核心，是驱使人们行为的内部动力。它支配和调节一切社会行为，涉及社会生活的各个领域。价值观一方面表现为价值取向、价值追求，凝结为一定的价值目标；另一方面表现为价值尺度和准则，成为人们判断行为、事物有无价值及价值大小、是光荣还是可耻的评价标准。不同的社会环境和文化背景使人们形成了截然不同的价值观，因此价值观总是对时代精神的反映。

4）文化传统和宗教文化。文化是一个群体（可以是国家，也可以是民族、企业、家庭）在一定时期内形成的思想、理念、行为、风俗、习惯、代表人物，以及由这个群体整体意识所辐射出来的一切活动。任何一种文化都包含了一种生活生存的理论、方式和理念。中国传统文化的基本精神，从实质上看，就是中华民族的民族精神。社会文化环境分析需要考虑的因素包括当地人文节日习俗及重视程度、当地消费习惯及心理、公众道德观念、对环境污染的态度、对售后服务的态度、地区性趣味和偏好评价、生活方式、对工作的态度、种族平等状况、宗教信仰状况等。

（4）技术环境分析

技术环境的分析要素大体上包括四个基本要素：社会科技水平、社会科技力量、国家科技体制，以及国家科技政策和科技立法。社会科技水平是构成科技环境的首要因素，它包括科技研究的领域、科技研究成果门类分布和先进程度，以及科技成果的推广和应用等方面。社会科技力量是指一个国家或地区的科技研究与开发的实力。国家科技体制是指一个国家社会科技系统的结构、运行方式及其与国民经济其他部门的关系状态的总称，主要包括科技事业与科技人员的社会地位、科技机构的设置原则与运行方式、科技管理制度、科技推广渠道等。国家科技政策和科技立法是指国家凭借行政权力与立法权力对科技事业履行管理、指导职能的途径。

进行技术环境分析主要研究以下问题：企业在生产经营中使用了哪些技术？这些技术对企业的重要程度如何？外购的原材料和零部件包含哪些技术？上述的外部技术中哪些是至关重要的，为什么？企业是否可以持续利用这些外部技术？这些技术最近的发展动向如何？哪些企业掌握最新的技术动态？这些技术在未来会发生哪些变化？企业对以往的关键技术曾进行过哪些投资？企业的技术水平和竞争对手相比如何？企业及其竞争对手在产品的开发和设计、工艺革新和生产等方面进行了哪些投资？外界对各公司的技术水平的主观排序是怎样的？企业的产品成本和增值结构是什么？企业的现有技术有哪些能应用？利用程度如何？企业实现目前的经营目标需要拥有哪些技术资源？公司的技术对企业竞争地位的影响如何？是否影响企业的经营战略？国家对科技开发的投资和支持重点是什么？等等。

2. PESTEL 分析法

PESTEL 分析模型不仅能够分析外部环境，而且能够识别一切对组织有冲击作用的力量。它是调查组织外部影响因素的方法，其每一个字母代表一个因素：政治（political）因素、经济（economic）因素、社会（social）因素、技术（technological）因素、环境（environmental）因素和法律（legal）因素。在 PEST 分析法中，我们已经分析了政治因素、经济因素、社会因素和技术因素，这里主要对环境因素和法律因素进行说明。

环境因素包括企业概况（数量、规模、结构、分布）、该行业与相关行业发展趋势（起步、摸索、落后）、对相关行业影响、对其他行业影响、对非产业环境影响（自然环境、道德标准）、媒体关注程度、持续发展空间（气候、能源、资源、循环）、全球相关行业发展（模式、趋势、影响）等。

法律环境的分析要素有以下四点。①法律规范，特别是和企业经营密切相关的经济法律、法规，如《中华人民共和国公司法》《中华人民共和国中外合资经营企业法》《中华人民共和国合同法》《中华人民共和国专利法》《中华人民共和国商标法》《中华人民共和国税法》《中华人民共和国企业破产法》等。②国家司法执法机关。在我国主要有法院、检察院、公安机关，以及各种行政执法机关。与企业关系较为密切的行政执法机关有工商行政管理机关、税务机关、物价机关、计量管理机关、技术质量管理机关、专利机关、环境保护管理机关和政府审计机关。此外，还有一些临时性的行政执法机关，如各级政府的财政、税收、物价检查组织等。③企业的法律意识。企业的法律意识是法律观、法律感和法律思想的总称，是企业对法律制度的认识和评价。企业的法律意识，最终都会物化为一定性质的法律行为，并造成一定的行为后果，从而构成每个企业不得不面对的法律环境。④国际法所规定的国际法律环境和目标国的国内法律环境。

3. STEEPLE分析法

STEEPLE 是以下英文单词的缩写：social/demographic（社会/人口）、technological（科技）、economic（经济）、environmental/natural（环境/自然）、political（政治）、legal（法律）、ethical（道德）。相对于 PESTEL 模型而言，增加了道德因素。

企业道德责任是指企业在生产经营活动中自觉履行伦理准则和道德规范。企业道德责任是较高层次的社会责任，分为内、外两个方面：从企业内部来讲，主要包括善待员工，关注职工生命安全和身体健康，改善工作环境，保障职工合法权益，注重职工事业成长，让职工分享企业发展的成果；从企业外部来讲，包括遵守商业道德、平等交易、诚实守信，以及尊重自然、保护环境、珍惜与节约资源能源等。

1.3 怎样分析创业的微观环境？

1. 任务环境分析的主要内容

企业的微观环境或任务环境对企业经营有直接的影响。任务环境分析的主要内容包括以下四个方面。

1）供应商。供应商是指为企业提供生产所需的特定的原材料、辅助材料、设备、能源、劳务、资金等资源的供货单位。这些资源的变化直接影响到企业产品的产量、质量和利润，从而影响企业营销计划和营销目标的完成。分析供应商，要重点分析供应的及时性和稳定性、供应的货物价格变化、供货的质量保证等。

2）顾客。顾客是指使用进入消费领域的最终产品或劳务的消费者和生产者，也是企业营销活动的最终目标市场。顾客是市场的主体，任何企业的产品和服务，只有得到了顾客的认可，才能赢得这个市场。现代营销强调把满足顾客需要作为企业营销管理的核心。①消费者市场，指为满足个人或家庭消费需求而购买产品或服务的个人和家庭。②生产者市场，指为生产其他产品或服务以赚取利润而购买产品或服务的组织。③中间商市场，指购买产品或服务以转售并从中赢利的组织。④政府市场，指购买产品或服务，以提供公共服务或把这些产品及服务转让给其他需要的人的政府机构。⑤国际市场，指国外购买产品或服务的个人及组织，包括外国消费者、生产商、中间商及政府。

3）竞争者。企业竞争对手的状况将直接影响企业营销活动。例如，竞争对手的营销策略及营销活动的变化就会直接影响企业营销，最为明显的是竞争对手的产品价格、广告宣传、促销手段的变化，以及产品的开发、销售服务的加强都将直接对企业造成威胁。为此，企业在制定营销策略前必须先弄清竞争对手，特别是同行业竞争对手的生产经营状况，做到知己知彼，有效地开展营销活动。一般来说，企业在营销活动中需要对竞争对手进行了解、分析的情况有：竞争企业的数量有多少；竞争企业的规模和能力的大小；竞争企业对竞争产品的依赖程度；竞争企业所采取的营销策略及其对其他企业策略的反应程度；竞争企业能够获取优势的特殊材料来源及供应渠道。

4）社会公众。社会公众是企业营销活动中与企业营销活动发生关系的各种群体的总称。公众对企业的态度会对其营销活动产生巨大的影响，它既可以有助于企业树立良好的形象，也可能妨碍企业的形象。所以企业必须处理好与主要公众的关系，争取公众的支持和偏爱，为自己营造和谐、宽松的社会环境。通常企业面对的社会公众包括：①金融公众，主要包括银行、投资公司、证券公司和股东等，它们对企业的融资能力有重要的影响。②媒介公众，主要包括报纸、杂志、电台、电视台等传播媒介，它们掌握传媒工具，有着广泛的社会联系，能直接影响社会舆论对企业的认识和评价。③政府公众，主要指与企业营销活动有关的各级政府机构部门，它们所制定的方针、政策对企业营销活动或是进行限制，或是提供机遇。④社团公众，主要指与企业营销活动有关的非政府机构，如消费者组织、环境保护组织，以及其他群众团体。企业营销活动涉及社会各方面的利益，来自这些社团公众的意见、建议往往对企业营销决策有着十分重要的影响作用。⑤社区公众，主要指企业所在地附近的居民和社区团体。社区是企业的邻里，企业保持与社区的良好关系，为社区的发展做一定的贡献，会受到社区居民的好评，而他们的口碑能帮助企业在社会上树立形象。

2. 任务环境分析的基本方法

任务环境分析的基本方法是迈克尔·波特教授在《竞争战略》一书中提出的五力分析法。这五种竞争力量分别如下。

1）产业内现有竞争者的竞争。产业内竞争者是相互依存的，某个企业的竞争行为会对其竞争对手产生显著影响。产业内现有竞争者之间竞争的激烈程度主要与产业特征，以及竞争者自身的情况和他们在竞争中采取的竞争行动有关。分析的主要内容包括基本情况研究、主要竞争对手研究，以及竞争对手发展动向研究。在综合波特给出的影响要素和学者提出的主要指标的基础上，可归纳为六大要素，即产业竞争结构、产业增长、产业生产能力、竞争企业差异化、转换成本、战略利益及退出壁垒。行业现有竞争状况主要分析在同一个竞争市场上的主要竞争者的竞争优、劣势情况，特别是有竞争关系的领导型企业的比较优势的分析。

2）供应商的议价能力。供应商主要以抬高价格或降低所提供产品或服务质量的方式，对产业中的企业施压，这可能会导致该产业的产品价格无法跟上成本的增加，因而产业利润受到损害。为各企业提供产品和服务的供应商的数量、特点和态度是供应商分析的重要评价要素。数量的多少决定了供应商的垄断性及其在商务谈判中所处的地位。供应商的议价能力主要取决于供应商在与产业博弈中自身的相对优势，若供应商的实力强或者所提供的是客户产品的主要原材料，其话语权将大大增强。但是对于自己的主要客户，供应商往往会做出一定让步。供应商议价能力的基本要素包括六个方面：供应商产业的集中化程度、供应商产品差异化或存在转换成本、产业对供应商的重要性程度、供应商产品对客户业务的重要性程度及前向一体化。

3）购买者的议价能力。购买者对行业营利性的影响表现在，购买者能够强行压低价格，或要求更高的质量或更多的服务，使产业内竞争加剧，产业利润下降。进行购买者议价能力分析，一方面要分析用户对产品的总需求，它决定行业的市场潜力，从而影响行业内企业的发展边界；另一方面要分析用户讨价还价的能力，它会诱发企业的竞争，从而影响企业的获利能力。购买者议价能力的高低主要与购买者自身实力有关，包含五个要素：购买产品的数量及集中程度、所购买产品非差异化或转换成本低、购买者对产品的依赖程度、产品对购买者的重要性程度及产品后向一体化。

4）新进入者的威胁。行业新进入者的到来通常会带来大量的资源和额外的生产能力，并且要求获得相应的市场份额。除了完全竞争的市场以外，行业的新进入者可能使整个市场竞争加剧，产品价格下降或是现有企业成本提高。新企业进入某行业的可能性大小，取决于该行业进入壁垒的高低和现有企业做出的反应。进入壁垒的高低主要包括六方面要素，即规模经济、产品差异化、资本需求、客户转换成本、获得分销渠道及成本优势。另外，还有政府对产业的相关政策，如限制或封锁对某产业的进入，即政府管制，必然会对新进入者造成影响。

5）替代品的威胁。替代品是指那些与客户产品具有相同功能或类似功能的产品。几乎所有产业都会与生产替代产品的产业竞争。一般来说，替代品价格决定了产业中企业定价的上限，因而影响产业可谋取利润的高低。进行替代品威胁分析，一是确定哪些产品可以替代本企业提供的产品；二是判断哪些类型的产品可能会对自己造成威胁。波特在论述这一点时，没有给出具体的分析要素，只给出他认为威胁性较大的两类替代品：一类是性价比高从而会排挤产业内原有产品的产品；另一类是由营利性高的产业所生产的一类相似产品。后者主要是在相似度大的情况下产业营利性强，产品的成本能够压低，从而对现有产品产生威胁。有学者在构建“五力”模型指标体系时，指出应当考虑替代品数量、相似程度和相关技术的存在这三个指标。因此综合上述两种指标，这里给出以下五种分析要素：替代品数量、替代品相似程度、其他相关技术的存在、替代品性价比，以及替代品生产产业盈利情况。

以上五种竞争力量影响产品的价格、成本与投资需求，同时也决定了产业的长期盈利能力，进而影响产业吸引力。企业要想提高自身盈利能力或是取得持续的竞争优势，需要考虑两方面因素：一是企业所处产业的结构；二是企业在产业中所处的竞争地位。只有充分了解所处产业的结构特征，才能更好地进行定位，选择合适的竞争战略。

1.4 创业环境综合分析法

企业的经营活动实际上是内外环境的动态平衡过程。SWOT 分析也称 SWOT 分析法、道斯矩阵或态势分析法，最早是由美国旧金山大学韦里克教授于 20 世纪 80 年代初提出的，经常被用于企业战略制定、竞争对手分析等。所谓 SWOT 分析法，是指一种综合考虑企业内部条件和外部环境的各种因素，进行系统评价，从而选择最佳经营战略的方法。S 是指企业内部的优势（strengths），W 是指企业内部的劣势（weaknesses），O 是指企业外部环境的机会（opportunities），T 是指企业外部环境的威胁（threats）。

SWOT 分析法主要是通过分析企业的外部环境来明确企业所面临的机会和挑战，并且通过分析企业的内部资源来明确企业的优势和劣势，最终为企业的发展战略选择提供依据。具体有四种组合方式。

1. 内部优势与外部机会相匹配

内部优势与外部机会相匹配是最理想的匹配，存在的企业风险较小。此时可通过两种方式强化组织内部的优势：一是通过找出最佳的资源组合来获得竞争优势；二是通过提供资源来强化、扩展已有的竞争优势。在企业的外部环境能够提供较多发展机会的情况下，企业可以利用自身的竞争优势来实施 SO 战略，即通过充分发挥自身优势将外部环境的机会转化为自身发展的动力。

2. 外部机会与内部劣势相匹配

在外部机会与内部劣势相匹配时，可通过两种方式来权衡对机会的取舍：一是加强投资，将劣势转化为优势开拓机会；二是放弃机会给对手。所以，当企业外部环境能够提供较多的发展机会，而企业自身缺乏竞争优势时，企业可以采取 WO 战略，即通过克服自身的劣势来尽力抓住外部环境的机会。

3. 内部优势与外部威胁相匹配

在内部优势与外部威胁相匹配时，可有以下两种选择：一是通过重新构建组织资源来获得竞争优势，将威胁转为机会；二是采取防守战略，抓住其他战略选项中有前景的机会。在企业外部环境中存在较大的威胁的情况下，企业采取 ST 策略，一般可以利用自身的竞争优势来规避市场风险。

4. 内部劣势与外部威胁相匹配

内部劣势与外部威胁相匹配是最糟糕的匹配，存在的企业风险最大。此时也存在以下两种选择：一是主动进取，争取领先；二是主动放弃。在企业在外部环境中存在较大威胁的情况下，企业虽然存在劣势，但一般可以采用 WT 策略，主要措施是规避市场风险。

小组讨论

找一个感兴趣的领域，用 SWOT 分析法分析其创业环境，并记录下来：

____

____

____

____

____

____

____

____

主题 2 怎样识别与评价创业机会？

2.1 什么是创业机会？

1. 创业机会的内涵

机会是指人们在社会活动中遇到的能促进事业发展的客观机遇和契机。创业机会是机会的一种，是指在创业过程中遇到的诸种有利于创业项目进行和产生效果的机会。把握创业机会，选择合适的创业项目，这是大学生创业成功的关键。识别一个创业机会以及对机会的把握能力是创办和经营企业成功的基础。

创业机会有几种不同的定义方式。

1）可以为购买者或使用者创造或增加价值的产品或服务，它具有吸引力、持久性和适时性的特点。

2）可以引入新产品、新服务、新原材料和新组织方式，并能以高于成本价出售的情况。

3）是一种新的“目的–手段”关系，能为经济活动引入新产品、新服务、新原材料、新市场或新组织方式。

4）主要是指具有较强吸引力的、较为持久的、有利于创业的商业机会。创业者据此可以为客户提供有价值的产品或服务，并获得收益。

瓶子与裙子

20 世纪 20 年代，美国有个年轻的制瓶工人一直想设计一款外表美观、方便手握且看上去装的饮料比实际多一些的饮料瓶，这也是许多朋友同他说过的一种理想的瓶子。

一次，他的女朋友穿了一件特别的套裙。裙子在膝盖以上位置设计得比较窄，这样使得她的腰部非常有吸引力。他觉得这裙子的线条真是太美了，便认真地欣赏起来。突然，他想道：“这不就是我要找的‘饮料瓶子’吗？”回到家里，他便迅速地画出了瓶子的图纸。1923 年，可口可乐公司找到他，开价 800 万美元，从他手中买下了这个设计的专利。而他本人也因为这一款时尚、外形独特而“迷人”的设计成为有名的设计师。这位年轻人找准了市场需要，也就抓住了市场的机会。机会已经存在，只须准备满足这种机会的资源了。年轻人的创意加上自己的技能，很快就完成了满足市场需要的产品设计，使市场需求问题得到圆满解决。

资料来源：根据网络资料整理改编

2. 创业机会的特征

1）不可预知性。机会常常是人们事先无法预见、想不到、突然的或偶然发生的现象。

2）短暂性。机会是个时间概念，它可带动事业发展的新机遇和新形势，但也许你一犹豫，机会就丧失了。所以最先发现、最先下手的人往往最先得益。

3）隐蔽性。机会往往隐藏在社会现象背后，越是大机遇，隐蔽得就越深越远，不易被人发现。人们只能凭自己的能力与经验去寻找、发现它的存在。

4）社会性。机会是社会所共有的，它无处不在、无时不有，具有鲜明的制度、民族和时代特征，广泛渗透于政治、经济、军事、文化、卫生和体育等各种领域，这就要求创业者嗅觉灵敏。

3. 创业机会与商业机会的区别

创业是发现市场需求、寻找创业机会、通过投资创业和经营企业满足社会市场需求的活动。创业需要机会，而机会无时不在，无处不在，关键在于寻找和发现。在茫茫的信息经济大潮中，行情瞬息万变，商机也是稍纵即逝。要想找到合适的创业机会，就需要创业者具备一定的素质，并掌握发现市场机会的方法。

商业机会是创业行为的起点。一个人只有在发现商业机会后，才可能进一步考虑能否配置到必要的资源以及如何利用这个商业机会实现最终盈利，进而着手开始创业。对于创业者而言，真正的商业机会比资金、团队的智慧、才能或可获得的资源更为重要。“创业教育之父”蒂蒙斯教授就认为，创业过程始于商业机会，而不是资金、战略、网络、团队或商业计划。但一个好的创意未必就是一个好的商业机会。

奥地利经济学派认为，创业机会与商业机会的根本区别在于利润或价值创造潜力的差异。创业机会是一种独特的商业机会，具有创造超额经济利润的潜力，而一般的商业机会只可能改善现有的利润水平。把握一般的商业机会当然可以创业，但把握创业机会往往风险大，相应的创业回报也更高。简言之，创业机会是具有商业价值的创意，是一类特殊的商业机会。

机会窗是在既定商业概念下追求机会的最佳时机，如图 4.1 所示。对于曲线 A 和曲线 B，进入一个新机会的最佳时机就是图中阴影区域，曲线 A 机会窗开启时间要长于曲线 B（T_{a1} 到 T_{a2} 的距离小于 T_{b1} 到 T_{b2} 的距离），但二者的销售收入差别不大（阴影面积大致相等）。对于曲线 B 来讲，若进入市场过早（如在 T_{b1} 之前进入），销售收入机会不理想，就会导致企业过早地放弃机会，但若进入市场太晚（如在 T_{b2} 之后进入），就会面临价格竞争的压力和机会窗关闭的威胁。

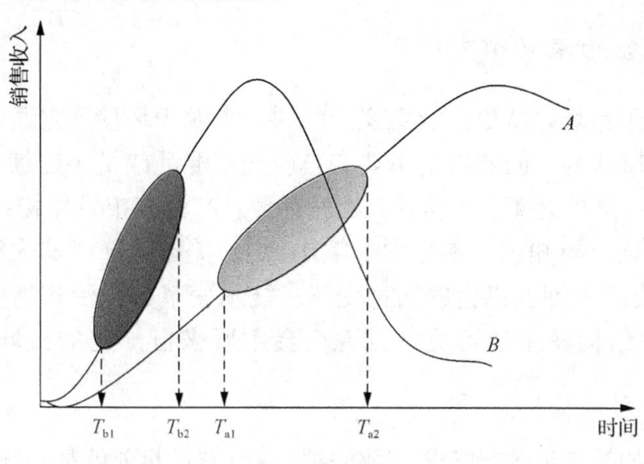

图 4.1　机会窗

4. 创业机会类型

有的创业者认为自己有很好的想法和点子，对创业充满信心。有想法、有点子固然重要，但是并不是每个大胆的想法和新异的点子都能转化为创业机会。许多创业者因为仅仅凭想法去创业而失败了。按照未来资源和能力的状况的确定与否，可以将创业机会分为四种状态，如图 4.2 所示。

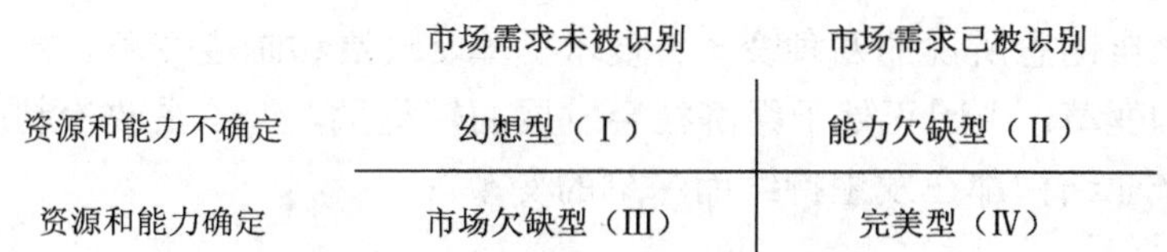

	市场需求未被识别	市场需求已被识别
资源和能力不确定	幻想型（Ⅰ）	能力欠缺型（Ⅱ）
资源和能力确定	市场欠缺型（Ⅲ）	完美型（Ⅳ）

图 4.2　创业机会的四种状态

（1）幻想型（Ⅰ）

市场需求未被识别，且资源和能力不确定。这里的机会开发只能是梦想家、艺术家、设计师和发明家的创造性。他们感兴趣的是将知识的发展推向一个新方向和使技术突破现有限制。

（2）能力欠缺型（Ⅱ）

市场需求已被识别，但资源和能力不确定。应寻找解决问题的方法。此时，在机会开发时要设计出一个具体的产品或服务，并投入市场中，以满足已经被识别的市场需求。创业者清楚地知道市场需要什么，但苦于没有资源和能力，无法生产或提供这种市场所需的产品或服务，也就是人们通常所说的：明知有商机，但既无技术又无钱。

（3）市场欠缺型（Ⅲ）

市场需求未被识别，但资源和能力已确定。这里的机会开发强调技术应用，而不是产品的设计或服务的提供等方面，更多强调的是寻找应用的领域而不是产品或服务的开发。

（4）完美型（Ⅳ）

市场需求已被识别清楚，而且自身拥有的资源和具备的能力已基本确定。这里的机会开发更多地强调将市场需求与现有资源进行创新性融合，并形成企业。

2.2 创业机会的来源有哪些？

创业机会来源于市场，从更广泛意义上来讲，来源于环境。它通常是变化所带来的市场空白点。蒂蒙斯认为，创业机会主要来自改变、混乱或是不连续的状况。德鲁克提出机会的七种来源：意外之事；不协调；程序需要；产业和市场结构；人口变化；认知、意义和情绪上的变化；新知识（参见本书第 1 章）。美国凯斯西储大学创业学教授谢恩（Scott Shane）提出产生创业机会的四种变革：技术变革、政治和制度变革、社会和人口结构变革与产业结构变革。可见，创业机会主要来自一定的市场需求和变化。

1. 需求问题

创业的根本目的是满足顾客需求，顾客需求在没有满足前就是问题。寻找创业机会的一个重要途径是善于发现与体会自己与他人在需求方面的问题或生活中的难处。新的需求的出现以及需求方式的改变往往产生新的问题，创业者可能从中找到富有价值的创业机会。

2. 环境变化

创业机会大都产生于不断变化的市场环境，环境变化了，市场需求、市场结构必然发生变化，就会给各行各业带来商机。环境变化是创业机会的重要来源。彼得·德鲁克将创业者定义为那些能“寻找变化并积极反应、把它当作机会充分利用起来的人”。环境变化主要来自谢恩所说的四种变革：技术变革、政治和制度变革、社会和人口结构变革与产业结构变革。中国正处于经济社会发展的转型期，无论是政治制度、社会和人口结构，还是产业结构都在发生持续而深刻的变革。

3. 创造发明

在人类社会发展史上，每次重大的发明创造都会引起产业结构的重大变革，产生无数的创业机会。200 多年前，蒸汽机推动了第一次工业革命，催生了众多产业部门；100 多年前，在第二次工业革命中诞生了发电机、内燃机、电话机等一批革命性创新产品，引发了全球性创业高潮；20 世纪 50 年代之后，半导体、计算机、集成电路、互联网等发明创造将人类带入了崭新的信息时代，开创了许许多多新的产业部门。

4. 竞争

如果你能弥补竞争对手的缺陷和不足，这也将带来新的创业机会。看看你周围的公司，你能比他们更快、更可靠、更便宜地提供产品或服务吗？你能做得更好吗？若能，你也许就找到了机会。

5. 新知识、新技术的产生

新知识、新技术的出现改变了企业间的竞争手段和模式，也使得拥有新知识、新技术的人成功地发现和利用机会的能力大大提高，从而使得创业机会激增。比如，近年来，移动互联网、3D 打印、云计算、纳米技术等新的技术必将带来无限的创业机会。

“牛仔裤”诞生的启示

美国“牛仔大王”李维斯的故事多年来为人们津津乐道。

19 世纪 50 年代，李维斯像许多年轻人一样，带着发财梦前往美国西部淘金。快到淘金地点的时候，一条大河挡住了所有淘金者的去路，很多人怨声载道，有的打道回府，有的绕道而行，李维斯这时突然想到了一个主意——摆渡，于是他用自己仅有的钱租了一条船，摆渡淘金者。由于淘金心切，淘金者都愿出高价乘船过河，他也赚到了“第一桶金”。此后，他把船退掉，也前往西部淘金。来到西部，李维斯通过自己的努力找到了一个金矿。有一天，来了几个大汉，对他说：“小个子，你明天不用来了，这个地盘属于我们了。”李维斯据理力争，但最后被痛打一顿，因为那时的美国西部没有法律，解决问题靠的是武力和拳头。无奈之下，他只好灰溜溜地离开。他好不容易找到另一处合适的地方，又被人打了一顿后轰走。

李维斯突然又想到了一个挣钱的办法。那时西部缺水，而采矿者出汗多，饮用水紧缺，于是李维斯做了一辆水车来卖水。卖水的生意非常好，一段时间下来他就赚了不少钱。但好景不长，很多人都仿效李维斯来卖水，很快生意就被瓜分了。

李维斯就想，再这样继续下去也不是长久之计，于是他开始冥思苦想，结果又想到了一个赚钱的好办法。西部淘金的人成天跪地采矿，裤子的膝盖部分容易磨破，而矿区有许多丢弃的帆布帐篷，他就把这些旧帐篷收集起来洗干净，做成裤子销售，“牛仔裤”就这样诞生了。这种裤子样式大方、布料厚实、结实耐磨，大受欢迎，于是李维斯索性创立了一家专门生产帆布工装裤的公司，最终成为举世闻名的“牛仔大王”，创造了世界牛仔服著名品牌“Levi’s”。李维斯将问题变商机，最终开创了自己的事业，实现了财富梦想。

2.3 怎样识别创业机会？

创业机会识别过程是一个从感性到理性的认识过程，也是一个不断调整的动态过程。因此，运用什么样的评价指标体系评价创业机会存在一定的模糊性。但如果没有较为科学的评价指标体系，那么创业机会识别将无法给予一个科学判断。因此，创业机会筛选评价指标体系的建立是十分必要的。林赛（Lindsay）和克雷格（Craig）将创业机会识别过程分为机会搜寻、机会评价和机会识别三个阶段。在初始的创意形成后，创业者还需要搜集更多的信息去论证创意的可行性，从而从中挑选出切实可行的、能够创造较高价值的、在现有技术条件下可开发的创业机会。创业机会识别是创业者与外部环境反复互动的过程。

1. 创业机会识别过程

（1）机会的搜寻

这一阶段创业者对整个经济系统中可能的创意展开搜索，方法包括：①根据创意，明确研究的目的或目标；②从已有数据或第二手资料中收集信息。如果创业者意识到某一创意可能是潜在的商业机会，具有潜在的发展价值，就将进入机会识别阶段。

（2）机会的识别

识别创业机会是思考和探索互动反复，并将创意进行转变的过程。这里的机会识别是指从创意中选择合适的机会。这一过程包括两个步骤：第一步是通过对整体的市场环境和一般的行业分析来判断该机会是否在广泛意义上属于有利的商业机会；第二步是考察对于特定的创业者和投资者来说，这一机会是否有价值，也就是个性化的机会识别阶段。

（3）机会的评价

评价是仔细审查创意并分析其是否可行的阶段，主要考查各项财务指标的预测分析、技术方案评价、市场潜力评价、创业团队和资源的酝酿等。通过机会的评价，创业者决定是否正式组建企业和吸引投资。

闷头一年做出完美产品，用户却不需要

很多人都有QQ、微信、Googletalk，某创业者就想：大家用这么多东西多累，若推出一个基于已有的网络社交平台，将QQ、微信等都加到同一网络里，让人们只需登录一个软件就可以加载所有的关系网络，把全部好友打通，在一个网络平台上聊天，然后再配上3D人物和用户的3D的QQ秀等，一定很受欢迎。人们确实有很多即时通信软件，部分用户也确实有需求，而且创业公司也认定用户有这种需求，于是创业者就组织公司人员开发软件——这属于很难的技术开发。

开发大半年之后，公司把用户找来，“测一下这个程序，它能将你的MSN、QQ、微信都连起来。”结果用户说：“我为什么要连起来呢？我的QQ是跟朋友交流的，微信故意屏蔽掉了老板，MSN是跟我的工作伙伴交流的，我还有两个QQ，一个谈工作，一个谈感情，我为什么要把它们合并在一起？”这个软件推向市场之后毫无反应，用户根本不买账。软件开发了近一年，创业者辛辛苦苦做了很多高科技的事，做得高大上、酷炫，结果没人用，原因是什么？

资料来源：根据网络材料整理改编

2. 创业机会识别技巧

创业机会识别是创业者与外部环境反复互动的过程。

（1）国家经济发展和转型会带来商机

创业者一定要眼界开阔，关注并研究国家宏观经济政策、经济转型和行业发展态势，这是大势。国家鼓励发展什么，限制发展什么，行业未来发展趋势如何，都与创业机会密切相关。比如，根据我国“十四五”国民经济和社会发展规划纲要，科技创新和自主创新、高端制造和产业升级、消费升级、美丽中国建设、金融发展与资本改革将在未来5年内大有可为，因此，这些领域内蕴含了大量的创业机会，有待创业者发掘。

（2）市场环境变化孕育商机

变化蕴藏商机。许多创业机会产生于不断变化的市场环境，环境变化将带来产业结构的调整、消费结构的升级、思想观念的转变、政府政策的变革、市场利率的波动等。任何变化都能引发，甚至创造出新的创业机会，需要创业者凭着自己敏锐的嗅觉去发现和识别。

（3）创新性整合资源可以创造无限商机

创新性地整合资源，不仅可以创造出新的价值，还可以创造出无尽的商业机会。柯兹纳（Kirzner）就认为，机会是一种通过对资源的创造性整合，满足市场及客户需求的渠道。

（4）科技发展催生商机

世界产业发展历史告诉我们，几乎每一个新兴产业的形成和发展，都是技术创新的结果。技术创新、产业转型、产品升级换代，都会带来前所未有的创业机会。

（5）市场“空缺”隐含商机

市场的“缺口”或“边角”往往蕴含了大量被人们忽略而未被满足的市场需求。充分开发利用这些机会空间，另辟蹊径、人无我有、人有我新，就一定能够在竞争中出奇制胜。

（6）在解决问题过程中发掘商机

问题往往隐含了被精巧掩饰的商业机会。许多创业者是从发现问题开始，在解决问题的过程中，找到满足消费者需求、能为消费者创造价值的方案，从而捕捉到极具市场前景的商机的。几年前海尔总裁张瑞敏出差到四川，听说海尔洗衣机在四川销售受阻，原因是农民常用洗衣机洗地瓜，排水口一堵农民就不愿意用了。于是，海尔集团就根据当地农民的需要开发出一种排水管口粗大，既可以洗衣又可以洗地瓜的洗衣机。这种洗衣机生产出来后，大受欢迎，畅销西南地区农村市场。

（7）分析竞争对手缺陷寻觅商机

分析研究竞争对手，从中寻找其产品或服务的弱点，若能有效弥补其缺陷和不足，在激烈的竞争中胜出，就很可能从中找到宝贵的创业机会。

3. 影响创业机会识别的因素

（1）先前经验

创业者的先前经验是识别机会的认知基础。先前经验的积累受创业者既往的工作经历、创业经历，以及所接受过的教育培训等方面的影响。沙恩（Shane）指出，个体先前工作经验中所积累的顾客问题知识、市场服务方式知识、市场知识造就了创业者的“知识走廊”，导致创业者在面对同样的机会信息时解读出的往往是与其先前知识密切关联的机会。不少研究表明，经验丰富的创业者掌握的有关市场、产品、资源等有价值信息强化了其发现创业机会的能力。

（2）认知因素

认知因素如创业意识、创业警觉性、创新思维等本身就是创业能力的重要组成部分，是个体识别创业机会的重要前提。沙恩认为，创业机会的发现取决于两个必要条件：第一，个体获取承载创业机会的信息；第二，个体合理解读这些信息并识别其中蕴含的价值。“合理解读信息”并识别出其中蕴含的价值，这必然取决于创业者的认知因素。创业认知因素结构通常是由商机、资源、组织、管理、风险和创业警觉性等一系列相关因素的结构化知识所组成。

（3）社会关系网络

社会关系网络不仅提供了孕育创意的土壤，其深度和广度也影响机会识别。创业者的社会关系网络是其在长期生活当中积累的“人脉”，会提供许多重要信息和资源。创业者往往在社会交往过程中获得承载机会的信息并发现创业机会。

（4）创造性

认知过程需要产生创意、激发创造力。面对市场需求和环境变化，创业者需要以独具匠心的思维方式寻求具有新颖性和实用性的解决方案，以从中识别和把握创业机会。

2.4 如何评价创业机会？

创业机会评价是创业机会识别和选择的一个十分重要的环节。可以说，选对了创业项目，就意味着创业成功了一半。因此，对于创业机会的评价，必须慎重并采取科学的方法。一般而论，创业机会评价可以从产品、技术、市场与效益等几大方面进行评估。值得指出的是，创业者一般不会列举太多评价指标，而且因为创业之初机会比较模糊，很多指标无法准确地估算，所以创业者更多的是凭借自己的先前经验、商业敏感抓住几个重要指标分析，表现更多的是主观判断而不是科学分析。

适于特定个体创业的机会并不是很多，存在所谓“机会选择漏斗”，即在众多机会中，经过一层层筛选，最终可能只有很少的机会适于创业。尽管创业机会评价有风险，但创业者若能掌握机会评价的一些技巧和策略，许多悲剧或许可以避免，创业成功率也因此可以大幅提升。

1. 蒂蒙斯的创业机会评价方法

成功识别创业机会，对创业机会进行科学、理性、系统的评价是创业活动成功的起点和基础。创业导师如何评价创业者的项目选择方向的正确性、可行性和价值，是创业指导过程中经常遇到的专业问题。蒂蒙斯创业机会评价体系给我们提供了一套系统的评价框架和可量化的指标体系。这个工具可以帮助创业导师和创业者科学、深入地评价创业项目的可行性及其价值性。

蒂蒙斯提出了包含 8 项一级指标、53 项二级指标的评价指标体系，几乎涵盖了其他一些理论所涉及的全面内容，包括行业与市场、经济价值、收获条件、竞争优势、管理团队、致命缺陷、创业家的个人标准、理想与现实的战略性差异等方面，被认为是目前最为全面的创业机会评价指标体系，如表 4.1 所示。

表 4.1 蒂蒙斯机会评价表

一级指标	二级指标
行业与市场	1．市场容易识别，可以带来持续收入
	2．顾客可以接受产品或服务，愿意为此付费
	3．产品的附加价值高
	4．产品对市场的影响力高
	5．将要开发的产品生命长久
	6．项目所在的行业是新兴行业，竞争不完善
	7．市场规模大，销售潜力达到 1000 万～10 亿元
	8．市场成长率在 30%～50%甚至更高
	9．现有厂商的生产能力几乎完全饱和
	10．在五年内能占据市场的领导地位，达到 20%以上
	11．拥有低成本的供货商，具有成本优势

续表

一级指标	二级指标
经济价值	1．达到盈亏平衡点所需要的时间在 1.5～2 年 2．盈亏平衡点不会逐渐提高 3．投资回报率在 25%以上 4．项目对资金的要求不是很大，能够获得融资 5．销售额的年增长率高于 15% 6．有良好的现金流量，能占到销售额的 20%～30% 7．能获得持久的毛利，毛利率要达到 40%以上 8．能获得持久的税后利润，税后利润率要超过 10% 9．资产集中程度低 10．运营资金不多，需求量是逐渐增加的 11．研究开发工作对资金的要求不高
收获条件	1．项目带来附加价值，具有较高的战略意义 2．存在现有的或可预料的退出方式 3．资本市场环境有利，可以实现资本的流动
竞争优势	1．固定成本和可变成本低 2．对成本、价格和销售的控制较高 3．已经获得或可以获得对专利所有权的保护 4．竞争对手尚未觉醒，竞争较弱 5．拥有专利或具有某种独占性 6．拥有发展良好的网络关系，容易获得合同 7．拥有杰出的关键人员和管理团队
管理团队	1．创业者团队是一个优秀管理者的组合 2．行业和技术经验达到了本行业内的最高水平 3．管理团队的正直廉洁程度能达到最高水平 4．管理团队知道自己缺乏哪方面的知识
致命缺陷	不存在任何致命缺陷问题
创业家的个人标准	1．个人目标与创业活动相符合 2．创业家可以做到在有限的风险下实现成功 3．创业家能接受薪水减少等损失 4．创业家渴望进行创业这种生活方式，而不只是为了赚大钱 5．创业家可以承受适当的风险 6．创业家在压力下状态依然良好
理想与现实的战略性差异	1．理想与现实情况相吻合 2．管理团队已经是最好的 3．在客户服务管理方面有很好的服务理念 4．所创办的事业顺应时代潮流 5．所采取的技术具有突破性，不存在许多替代品或竞争对手 6．具备灵活的适应能力，能快速地进行取舍 7．始终在寻找新的机会 8．定价与市场领先者几乎持平 9．能够获得销售渠道，或已经拥有现成的网络 10．能够允许失败

评价体系说明：

1）主要适用于具有行业经验的投资人或资深创业者对创业企业的整体评价。

2）该指标体系必须运用创业机会评价的定性与定量方法才能得出创业机会的可行性及不同创业机会间的优劣排序。

3）该指标体系涉及的项目比较多，在实际运用过程中可作为参考选项库，结合使用对象、创业机会所属行业特征及机会自身属性等进行重新分类、梳理简化，提高使用效能。

4）该指标体系及其项目内容比较专业，创业导师在运用时一方面要多了解创业行业、企业管理和资源团队等方面的经验信息，另一方面要掌握这 50 多项指标内容的具体含义及评估技术。

2. *充分借助外脑*

创业机会评价切忌创业者个人独断专行，应尽可能多听取专家的意见。这类专家应当：①有创办企业的经历；②至少具有 5 年以上企业决策层管理经验。国外研究表明，至少具有 5 年以上企业决策层管理经验，才能识别出各种商业机会，并具备创造性的预见能力和捕捉商机的能力。

所有的创业行为都来自绝佳的创业机会，不仅创业团队与投资者均对创业前景有极高的期待，创业家更是对创业机会在未来所能带来的丰厚利润满怀信心。事实上，新创企业获得成功的概率不到 1%。不过，对于一些先天条件不好、市场进入时机不对，或者具有致命瑕疵的创业构想，创业者如果能先以较客观的方式进行评估，那么许多悲剧式的结局就不至于一再发生，创业成功的概率也可以大幅度增加。创业机会发展趋势如表 4.2 所示。

表 4.2 创业机会发展趋势

机会的特点	有利于谁	理由	例子
非常依赖于信誉	现存企业	人们更愿意从他们了解和信任的企业那里购买产品	珠宝商店
具有很强的学习曲线效应	现存企业	现存企业能够沿着学习曲线移动，更善于生产和销售产品	汽车制造商
需要大量资本	现存企业	现存企业可以使用已有现金流来生产新产品或服务	喷气式飞机制造商
要求规模经济	现存企业	当规模经济存在时，随着生产数量的增加，生产产品或服务的平均成本下降	钢厂
在市场营销和分销方面需要互补性资产	现存企业	满足顾客需求的能力经常要求获得零售分销渠道	跑鞋生产商
依赖于对产品的逐步改进	现存企业	同复制其产品或服务的新企业相比，现存企业能够更容易和更便宜地对产品进行逐步改进	DVD 播放器制造商
利用能力破坏型创新	新企业	现存企业的经验、资产和流程受到威胁	以生物技术为基础的计算机生产商
不满足现存企业的主流顾客的需求	新企业	现存企业关注于服务它们的主流顾客，而不愿意引入不能满足那些顾客需求的产品或服务	计算机软驱制造商
建立在独立创新的基础上	新企业	新企业能够开发独立创新而不必复制现存企业的整个系统	药品生产商
存在于人力资本当中	新企业	拥有知识的人能够生产出满足顾客需求的产品或服务	厨师

能力训练与提升

训练 1　创业环境分析训练

1．阅读研究本年度的政府工作报告（中央和你所在的省市），将你感兴趣领域的相关内容记录下来，并收集相关资料，分析该领域的发展趋势。

2．针对上述你感兴趣的领域进行市场调查，了解该领域的实际情况，如企业状况、产品或服务情况、价格变化、技术创新、资源供应等方面。

3．选择该领域某一家企业（最好是上市公司）的某个经营方案，进行 SWOT 分析，要有自己的思考与观点。

4．综合上述单项分析内容，写一份分析报告。

训练 2　创业机会识别训练

1．选择一个你熟悉的社区、商圈、行业或者网络社区，对其进行观察与分析，找出它们目前存在哪些问题。提出的问题理由要充分，问题越多越好。

2．对你发现的问题逐个进行认真研究，判断这些问题是否存在着商业机会。

3．筛选你感兴趣的问题，提出解决这一问题的具体方案，提出的方案要具有创新性和可行性。

训练 3　创业机会评价训练

利用训练 2 的成果，运用你所学习的创业机会评价方法对其进行评价，并将评价结果写出来。

第5章 创业项目构思与选择

学习目标

★知识与理论

1. 了解创业项目的相关知识。
2. 掌握商业模式设计方法。
3. 掌握创业项目评估的方法。
4. 了解怎样进行创业项目的选择。

★技能训练

1. 创意开发训练。
2. 商业模式设计训练。
3. 创业项目评估与选择训练。

–经典名言–

点子不可太花哨，越具有乡土气息，越有可能成功。——松本和那

今后的世界，并不是以武力统治，而是以创意支配。——松下幸之助

成功的秘诀就是大家要一起努力。——沃尔玛创始人山姆·沃尔顿

商业的秘密就是知道别人不知道的事情。——希腊船王亚里士多德·奥纳西斯

【导入案例】

1. 沃尔玛商业模式的创新

20世纪50—60年代，以西尔斯（Sears）和凯马特（Kmart）为代表的大多数美国零售商将目标瞄准大中城市的中高收入阶层，而忽略小城镇中的中低收入阶层。沃尔玛则洞察到中低收入阶层未能满足的巨大需求，选择了中低收入者为其目标客户群。尽管中低收入消费者没有能力消费高档商品，但对于价格低廉、消费需求弹性小的生活必需品，他们的购买力不容忽略。沃尔玛获得巨大成功的最主要的原因正是沃尔玛选择了收入较低而被其他零售商忽略的中低收入消费者为其目标消费群体。在目标客户的创新基础上，沃尔玛针对目标消费群体拟定了一系列价值创造和价值获取的创新方式。例如，降低采购成本，建立先进的物流配送系统，严格控制费用支出是沃尔玛做到成本最低、价格最便宜的关键因素，实现了价格比其他商号更便宜的承诺。“天天平价”的商业模式成就了沃尔玛的辉煌。商业模式创新的逻辑思路中第二步是：你向客户提供何种价值。这是一个关乎客户价值主张的问题。价值主张附着于企业的产品、服务或解决方案等载体上，其逻辑出发点是客户的独特需求。现实中许多未被满足的独特需求往往潜藏在部分客户的内心深处，而对价值发现要素重新深入分析，发现并设法满足这些独特需求，往往就能寻找到商业模式创新的灵感。

2. “三个爸爸”的诞生

我国许多地方深受空气污染困扰，雾霾频发。随着雾霾天气的持续，“$PM_{2.5}$”成为各大商家的促销热词。口罩、空气净化器大卖，室内健身火爆，清肺防霾医药走俏，躲霾游走红。数据统计显示，京东一家电商平台一天的口罩销售量曾达到300万只。由于普通大众对空气质量的重视程度越来越高，规模各异的中国企业纷纷推出防雾霾新产品。消费者已经不满足于口罩和空气净化器，他们开始把目光投向防雾霾的可穿戴设备。这给中国的创业公司带来了新商机。2015年2月28日，一则由前央视记者柴静自费拍摄一年、聚焦空气污染的深度调查视频《穹顶之下》引发全民刷屏，也引起了全天下父母对雾霾天气下孩子健康的担忧。与柴静同步，三位爸爸也在2014年初开始为孩子的健康“谋划”着一些事情，但他们选择的是打造儿童专用净化器，让更多的孩子享受到干净的空气，而这款净化器的名字就叫作“三个爸爸”。三个爸爸搭乘移动互联网顺风车，精准定位用户，建立社群，用重度垂直的思维和用户进行深入沟通，并提炼出用户的关键痛点，作用于产品设计，从而打造出孩子专用的净化器。同时，三个爸爸利用互联网的方式做营销，用极其少的营销成本，迅速建立口碑和品牌，并创造了中国第一个千万级众筹的纪录。

3. 滴滴出行的商业模式

2012年夏天，一款名叫滴滴出行的软件在北京中关村诞生。同年9月9日，滴滴出行正式在北京上线。依托互联网平台，滴滴出行完全运用互联网典型的运营模式和推广方法，迅速占领网络打车市场，并且成为全国最大的网络打车平台，彻底改变了传统的打车出行模式，创造了全新的“互联网+出租车”商业模式。滴滴出行是典型的“互联网+传统产业”的新型商业模式，体现了在“互联网+”环境下新技术、新模式、新业态、新产业的完美融合。这种商业模式高效率地解决了传统打车业务中信息不对称、资源空置率居高不下、打车难等一系列问题。滴滴出行自2012年上线以来，依托移动互联网平台迅速成长。随着2014年1月与微信展开合作，滴滴出行市场份额激增，成为打车行业的大赢家，推进了互联网打车行业的快速发展。滴滴出行快速发展成国内一流的打车平台，在2014年1月10日之后不到3个月的时间里以日均数百万的订单量远超淘宝、美团、京东等，成为国内日均订单交易量最大的移动端平台。

2015年1月，滴滴出行与快的打车联合，在保持各自优势和特点的前提下，形成联合CEO制度继续运营。2015年9月，滴滴出行完成了30亿美元的融资。2016年5月13日，滴滴出行获苹果公司10亿美元投资；6月13日，滴滴出行获中国人寿6亿美元战略投资；6月16日，滴滴出行获45亿美元股权融资，成为网络打车市场无可撼动的巨头。

资料来源：根据网络资料整理改编

感悟与体会

你从上述案例资料中得到哪些启示？

____

____

____

____

____

____

____

____

知识与理论学习

主题1 你了解创业项目吗？

1.1 什么是创业项目？

1. 创业项目的内涵与特征

创业项目指创业者为了达到商业目的具体实施和操作的工作。创业项目分类很广，按照行业来分可以分为餐饮、服务、零售等门类；按照性质来分可以分为互联网创业项目和实体创业项目。从更大的范围来说，加盟一个品牌，开一间小店，实际上也算是一个创业项目。一般来说，创业项目具有以下特征。

1）在前景市场中，前 5 年的市场需求稳步且快速增长。

2）创业者能够获得利用特定创业机会所需的关键资源。

3）创业者可以中途校正自己的创业路径。

4）创业者可以创造新的利润空间，牟取额外利润。

5）风险明朗，至少有部分创业者能承受该机会的风险。

2. 挖掘创业项目的思路

创业思路是企业创造价值的核心逻辑。这一逻辑性主要表现在层层递进的三个方面：价值发现、价值匹配、价值获取。

1）价值发现：明确价值创造的来源。这是对机会识别的延伸。

2）价值匹配：明确合作伙伴，实现价值创造。

3）价值获取：制定竞争策略，占有创新价值。

总体来看，价值发现、价值匹配和价值获取是有效创业思路的三个逻辑性原则，在其开发过程中，每一项思考过程都不能忽略。新企业只有认真遵循了这一原则，才能真正开发出同时为顾客、企业和合作伙伴都创造经济价值的模式。创业思路使创业想法变得实际可行。美国著名创业孵化器与加速器 YC 创始人保罗·格雷厄姆认为创业的思路并不是单纯地去想如何找到创业的想法，而是需要寻找问题，尤其是自身存在的问题。

3M 公司的创意之路

美国明尼苏达矿业及制造公司，因英文名称头三个单词以 M 开头，所以被简称为 3M 公司。3M 公司以其为员工提供创新的环境而著称，视革新为其成长的方式，视新产品为生命。公司的目标是：每年销售量的 30%从前 4 年研制的产品中取得。每年，3M 公司都要开发 200 多种新产品。3M 公司那传奇般的注重创新的精神已使它连续多年成为美国最受人羡慕的企业之一。3M 公司知道，建立有利于创新的文化氛围是非常重要的，因此，在工作中 3M 的管理人员尊重个人的尊严和价值，鼓励员工各施所长，为员工提供一个公平的、有挑战性的、没有偏见的、大家分工协作式的工作环境；尊重个人权利，经常与员工进行坦率的交流；负责手下员工的表现与发展；鼓励员工发挥主观能动性，为其提供创新方面的指导与自由。冒险与创新是公司发展的必然要求，要在诚实与相互尊重的气氛中给予鼓励和支持，同时提供公平的个人发展机会，对表现优秀的员工给予公平、合理的奖励。3M 公司提倡员工勇于革新。只要是发明新产品，不会受到上级任何干预。同时，允许有失败，鼓励员工坚持到底。公司宗旨中明确提出：决不可扼杀任何有关新产品的设想，在公司上下努力养成以自主、革新、个人主动性和创造性为核心的价值观。“世界上最具有创新力的公司”是 3M 公司的正式宣言。3M 公司对创新的基本解释既醒目又简单。创新就是：新思想+能够带来改进或利润的行动。在他们看来，创新不仅仅是一种新的思想，而且是一种得到实施并产生实际效果的思想。创新不是刻意得来的，3M公司证明了一件事，那就是当公司越是刻意要创新时反而越是不如其他公司。便利贴便是在一连串意外中诞生的，并不是依循精密的计划而来。每次意外的发生都是因为某个人可以完全独立从事非公司指定的工作，但同时也履行了对公司的正式义务。正是3M公司独有的创新文化、一系列的创新机制和创新管理，使得它在过去15年中在著名的《财富》杂志每年出版的美国企业排行榜上有10年名列前10名。面对知识经济的挑战，3M公司的知识创新实践为其他企业提供了不可多得的范例。

资料来源：根据网络资料整理改编

1.2 什么是创意？

1. 创意及其来源

创业需要机会，还需要创意。没有合适的创意，再好的创业机会也会和成功失之交臂，不可能给创业者带来任何商业利益。所以，创业者需要构思和挖掘适当的创意。只有这样，才可能把握创业机会。

创意（create new meanings）是创造意识或创新意识的简称。创业创意则是具有创业指向，同时具有创新性或原创性的想法或概念。创意的核心是创造性思维，其突出的标志是具有新颖性、独特性。创造性思维往往带有随机性和突发性，因此又常被称为“灵感”。灵感的出现是以长期的辛勤劳动与科学思考为前提，没有知识和实践经验的积累，根本不可能有任何灵感的产生。创意的新颖性、独特性要求创意者深入思考、努力实践、全面涉猎多学科知识，提高知识素养和思维能力，日积月累，厚积薄发。创意是否具有商业价值存在不确定性。好的创意应当具备新颖性、实用性和价值性，即能够付诸实施，并能给消费者带来真正的价值，但创意是否具备价值需要通过市场检验。

创意是创造性思维的产物，是现实世界中并不存在而仅存在于头脑思维中的东西。“创意思维”就是大脑构造创意的过程。人们在创意构思中所进行的思维活动就是创意思维，它是与常规性思维相对的一种非逻辑思维方式。创意思维是人们在已有知识的基础上，从某种事实中寻找新关系、找出新答案的思维活动，常以“一闪念”的形式出现，并往往使人们的创造活动进入一个质的转折点。创意思维存在着顿悟、直觉和灵感。赫伯特·西蒙对三者分别给出了定义，其中，顿悟是指通过理解和洞察了解情境的能力或行为，直觉是不经有意识的推理而了解事物的能力或行为，灵感则是创意思维过程中认识飞跃的心理现象，是一种最佳的、暂时的创造状态。顿悟和直觉都是灵感思维的表现，不过直觉是一种快速、敏感的顿悟，而顿悟则往往需要经历一段时间的失败和徘徊。

2. 产生创意的方法

新创意的产生和创业机会的识别是一个复杂、微妙的过程。创造力是产生好创意的基础。人们通常认为创意来源于偶尔的灵感，但事实上，创意也可以被创造出来。创业者可以通过人为的努力来提高创造力。当然，在这一过程中必须借助科学有效的方法。一般而言，产生新创意的方法主要有以下几种。

（1）怀疑否定法

怀疑是对现存事物的质疑，是敢于和善于发现问题，提出问题。怀疑是创新的源泉，是社会前进的不竭动力。从一定意义上讲，没有怀疑就没有人类的文明进步，没有怀疑就没有科学技术日新月异的发展。对于事物的已有认识，我们必须通过怀疑来促使自己不懈思考以否定认识中的错误方面，打破已有认识的牢笼，让真理自由飞翔。如果人们盲目地接受教条和“常识”，不敢挑战权威和迷信，那么科学是不可能发展的。现代科学的诞生正是发扬怀疑精神的结果，既要怀疑人人信奉的教条和迷信，也要挑战古代科学的权威。怀疑是一定知识积累的反映，即怀疑也有其产生的历程，它源于对社会惯常出现事物的困惑。有了怀疑，就不怕找不到新的思路和创意。盼盼集团现在是全国最大的防盗门生产企业，在转产防盗门之前，它生产钢板保险柜，销路也不错。可是集团领导意识到保险柜市场很快会饱和，继续生产将很难有出路。出路在哪里？正当领导苦苦思索时，附近一居民家被盗，原因是盗贼轻易就撬开了房门。在许多居民对失主深表同情、大骂小偷之际，盼盼集团领导心中却豁然一亮——转产防盗门。

（2）联想思维法

联想是由某一事物想到另一事物而产生认识的心理过程，即由所感知或所思的事物、概念或现象的刺激而想到与之有关的其他事物、概念或现象的思维过程，是人们在头脑中把一事物与另一事物联系起来，将关于一事物的思想或表象转移到另一事物上去，并由此形成创造构想或方案，是人头脑中记忆和想象联系的纽带。由人们对事物的记忆而引发出思维的联想，记忆的许多片段通过联想形式进行衔接，转换为新的想法。联想思维主要有以下几种类型。

1）接近联想。它是指时间上或空间上的接近引起的不同事物之间的联想。比如，当你遇到大学老师时，就可能联想到他过去讲课的情景。

2）相似联想。它是指由外形、性质、意义上的相似引起的联想。比如，由照片联想到本人等。

3）对比联想。它是指由事物间完全对立或存在某种差异而引起的联想，其突出的特征就是叛逆性、挑战性和批判性。

4）因果联想。它是指由于两个事物存在因果关系而引起的联想。这种联想往往是双向的，既可以由起因想到结果，也可以由结果想到起因。爱因斯坦说过：“想象力比知识更重要，因为知识是有限的，而想象力概括着世界上的一切，推动着进步，并且是知识进化的源泉。”美国工程师斯潘塞在做雷达起振实验时，发现口袋里的巧克力融化了，这是雷达电波造成的，由此，他联想到用雷达电波来加热食品，进而发明了微波炉。

（3）小组聚焦法

小组聚焦法自 1950 年创立以来就被人们广泛使用。具体而言，小组聚焦法是由主持人带领一群人聚在一起进行公开深入的讨论，用不局限于主持人提问的方式来征得与会者的反应，主持人则以直接或间接的方式来集中该小组的讨论主题。小组每个成员都会接受其他小组成员的评论，以刺激其创造性地产生新产品的创意。例如，有一家美国公司对女用拖鞋市场感兴趣，就召集了 12 位来自波士顿地区具有各种社会经济背景的女士组成一个小组，并通过小组聚焦法获得了关于女士拖鞋的新产品创意。她们提出的新产品概念是“像旧鞋一样温暖又感觉舒适的拖鞋”。这个产品概念被开发为新产品，并取得了市场销售的成功，而且其广告词也是根据小组成员的讨论确定的。除了产生新的产品创意以外，小组聚焦法也可以用于对产品构思和概念进行筛选。通过一定的程序，可以得到更加定量化的分析结果，因此，小组聚焦法是产生新产品创意的一种有效的方法。

（4）头脑风暴法

详见本书第1章。

3. 创意能力的培养

创造力提供了新知识、新产品和其他进步，从而提高人类的生活质量。虽然多数人认为创造力本质上是遗传而来的，但可通过以下几个方面，采取集合方法来激发创造力。

第一，要创造机会，尽可能地让观点相互碰撞。团队成员每天都要凑到一起。每个人会说一下自己找到的素材，包括自己的观点，这样大家就会了解彼此都有什么素材和观点。通过类似的碰撞和交流，团队成员之间就能同步信息，也能了解团队的多样性。

第二，要充分利用人们不同的思考方式。每个人都是不一样的，但是在团队中尤其是需要创意工作的时候，我们要认识到，不同的观点是一笔财富，而不是灾难。团队领导者应该充分激发和利用大家的不同观点。

第三，鼓励为了学习而产生冲突。领导者要能够让大家围绕一些具体的问题发生碰撞。通过碰撞，甚至一些比较激烈的冲突，来激发更好的想法，让最终的结果能够超越各自原有的观点。

第四，通过环境的设计让大家更好地碰撞。比如，皮克斯的大楼设计了很多长廊。这些长廊不是特别长，能让大家有一些时间在路上遇到其他团队的成员，这样大家就有了一些交流的空间。因此，物理环境的设计，也是很多创新团队为了激发创意非常关注的一个因素。

主题2 怎样进行商业模式设计？

2.1 什么是商业模式？

1. 商业模式的概念

商业模式（Business Model）又称业务模式或商务模式，这一概念最早出现在20世纪中叶，但当时并没有引起较大关注。直到20世纪90年代，随着互联网技术的发展和普及，特别是大量以高科技和互联网为依托的新兴企业形态（如微软、雅虎、搜狐等）的出现，有关商业模式的探讨开始流行，商业模式这一概念也逐渐被人们接受。

商业模式在学术界的定义是，为实现客户价值最大化，把能使企业运行的内外各要素整合起来，形成一个完整的、高效率的、具有独特核心竞争力的运行系统，并通过最优实现形式满足客户需求、实现客户价值，同时使系统达成持续盈利目标的整体解决方案。

通俗点理解，商业模式就是描述企业如何通过运作来实现其生存与发展的“故事”。它涉及企业做什么、怎么做、怎么盈利的问题，是商业规律在经营中的具体应用。

Uber 帝国的商业模式

Uber 是一家按需交通服务企业，它在全世界范围内掀起了一场革命，彻底改变了出租车行业。该公司独特的商业模式，让每一个用户只需要操作手机就能够找到一辆出租车，而车辆会在最短的时间内到达用户的所在地点，并且将用户送至他们想去的地方。早前的时候，人们要想打车，就必须站在街上，而且还要做到“眼快、手快、腿快”。这种打车方式造成了不方便，而且这种问题困扰着每一个有打车需求的人。究其根本，是出租车数量过少，而且出租车公司定价过高。

除此之外，还有另一个问题更加让人难以忍受：在一些高峰时间段，如上下班时段，在马路上找到空车基本就是一件不可能的事情。Uber 看到了这个“打车难”的问题，并且希望用技术手段来解决这个问题，于是他们开发了一个移动端应用，让人们可以在手机上就完成整个打车操作。这个应用迅速在用户之间得到了普及，继而在出租车行业中掀起了一场革命。Uber 于 2010 年正式上线，由于很好地解决了人们所面临的问题，也在极短的时间内完成了传播。Uber 在使用中的四个步骤如下。

第一步（叫车）：人们在智能手机上安装 Uber 应用，可以实现即刻叫车操作，也可以提交其他时间的用车需求。

第二步（配对）：当用车请求创建成功之后，用户的个人信息和用车信息会以通知的形式发送给离用户最近的司机。司机有权接受或者拒绝订单。如果司机拒绝接单，那么这个通知则会发送给处于同一区域的另一位司机，直到有人接单为止。

第三步（乘车）：当有司机接单之后，用户可以查看司机信息，以及司机的行驶路径，除此之外还可以查看司机预计抵达时间。用户上车之后，应用中的计价器就会自动开始工作。在用户端的应用中，用户还可以查看车辆全程的行驶路径。而在乘车的过程中，司机的职责是对乘车人保持友好的态度，并且为乘车人提供舒适的乘车体验。

第四步（支付与评分）：在将乘车人送达目的地之后，乘车人除了需要支付车费之外，还可以对司机的服务进行评分。这个评分系统是 Uber 商业模式中非常重要的一环，因为它可以让用户在打车之前对司机的服务有所了解，并且在乘车人和司机之间建立信任。

Uber 不仅仅是在出租车行业内掀起了一场革命，而且还建立起了一种全新的商业模式，这个模式可以让企业接触到本地的消费者。很多后来的初创企业都在复制 Uber 的商业模式，而且它们中的很多企业还对这种商业模式进行了发展。凭借这种商业模式，无数创业者已经在许多垂直领域中建立起了成功的初创企业。

资料来源：根据网络材料整理改编

以下是一些学者对商业模式的定义。

1）蒂默尔斯（Timmers）（1998）：商业模式是产品、服务和信息流的一个体系架构，包括各种不同的参与者以及他们的角色，各种参与者的潜在利益，以及企业收入的来源。

2）阿米特和佐特（Amit & Zott）（2001）：商业模式描述了交易的内容、结构和规制，用以通过开发商业机会创造价值。

3）琼・马格丽塔（Joan Magretta）（2002）：商业模式是用以说明企业如何运营一

组故事的概念，它必须回答管理者关心的一些基本问题：谁是顾客，顾客价值何在，如何在这个领域中获得收入，以及如何以合适的成本为顾客提供价值。

4）S. C. 弗尔佩尔（S. C. Voelpel）等（2004）：商业模式表现为一定的业务领域中的顾客核心价值主张和价值网络配置，包括企业的战略能力和价值网络其他成员（战略联盟及合作者）能力，以及对这些能力的领导和管理，以持续不断地改造自己来满足包括股东在内的各种利益相关者的多重目的。

5）塞登和刘易斯（Seddon & Lewis）（2004）：商业模式是对一组活动在组织单位中的配置，这些单位通过企业内部和外部的活动在特定的产品市场上创造价值。

6）奥斯特瓦德（Osterwalder）等（2005）：商业模式是一个概念性工具，它借助一组要素及要素之间的联系说明一个企业的商业逻辑。它描述了企业向一个或多个顾客群提供的价值，为产生持续的营利性收入所建立的架构，以及移交价值所运用的合作网络与关系资本。

2. 商业模式的关键要素

商业模式创新被认为是当前企业经营的重要趋势。产品创新、过程创新、组织创新等原来的创新领域，都是针对企业某个部分的创新；在当前网络化、信息化、全球化、知识化经济条件下，单靠某个部分的创新已经不能实现生存与发展，而对企业的商业模式进行创新成为适应经济环境、获取竞争优势的主要方式，对于新创企业更是如此。具体来说，商业模式创新是指针对商业模式关键构成要素及其组合实施的一系列渐进性或突破性变革的活动。这些变革活动既包括对行业内已有商业模式的革新，也包括对企业现有商业模式的改进。商业模式涉及三个基本问题：价值创造、价值获取和价值传递。可以将商业模式分为九个关键要素，见表 5.1。

表 5.1 商业模式的关键要素

关键要素	主要回答以下问题
顾客细分：用来描述想要接触和服务的不同人群或组织	我们正在为谁创造价值？ 谁是我们最重要的顾客？
价值主张：用来描绘为特定顾客细分创造价值的系列产品和服务	我们该向顾客传递什么样的价值？ 我们正在帮助我们的顾客解决哪一类难题？ 我们正在满足哪些顾客需求？ 我们正在提供给顾客细分群体哪些系列的产品和服务？
渠道通路：用来描绘如何沟通、接触顾客细分而传递价值主张	通过哪些渠道可以接触我们的顾客细分群体？ 我们如何接触他们？我们的渠道如何整合？ 哪些渠道最有效？ 哪些渠道成本效益最好？ 如何把我们的渠道与顾客的例行程序进行整合？
顾客关系：用来描绘与特定顾客细分群体建立的关系类型	我们每个顾客细分群体希望与我们建立和保持何种关系？ 哪些关系我们已经建立了？ 这些关系成本如何？ 如何把它们与商业模式的其余部分进行整合？

续表

关键要素	主要回答以下问题
收入来源：用来描绘从每个顾客群体中获取的现金收入（需要从创收中扣除成本）	什么样的价值能让顾客愿意付费？ 他们现在付费买什么？ 他们是如何支付费用的？ 他们更愿意如何支付费用？ 每个收入来源占总收入的比例是多少？
核心资源：用来描绘让商业模式有效运转所必需的最重要的因素	我们的价值主张需要什么样的核心资源？ 我们的渠道通路需要什么样的核心资源？ 我们的顾客关系需要什么样的核心资源？ 我们的收入来源需要什么样的核心资源？
关键业务：用来描绘为了确保其商业模式可行，必须做的最重要的事情	我们的价值主张需要哪些关键业务？ 我们的渠道通道需要哪些关键业务？ 我们的顾客关系需要哪些关键业务？ 我们的收入来源需要哪些关键业务？
重要伙伴：让商业模式有效运作所需的供应商与合作伙伴的网络	谁是我们的重要伙伴？ 谁是我们的重要供应商？ 我们正在从伙伴那里获取哪些核心资源？ 合作伙伴都执行哪些关键业务？
成本结构：商业模式运转所引发的所有成本	什么是我们商业模式中最重要的固有成本？ 哪些核心资源花费最多？ 哪些关键业务花费最多？

Glooko 的商业模式要素分析

下面分析美国著名的移动医疗公司 Glooko 的商业模式。为了解决血糖仪和智能电话数据传送缺乏可操作性及标准化的问题，Glooko 最终建立了统一的糖尿病管理解决方案。它可以从超过 25 款不同品牌的血糖仪上，将血糖数据直接同步到 30 多个不同型号的苹果或安卓手机上。然后，糖尿病患者可以在 App 上互动，也可以及时在 App 或网上浏览到图表和统计数据，还可以通过邮件、打印或传真等方式将报告转发给家庭医生。最后，充分利用 Glooko 的移动和云端解决方案为机构提供大数据收集与分析，可以让机构进行糖尿病人群风险分层管理等。Glooko 的商业模式具体如图 5.1 所示。

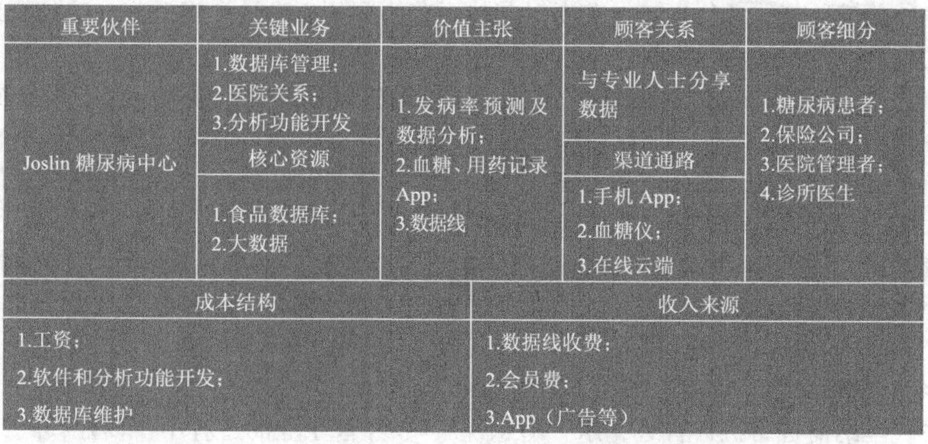

<table>
<tr><td>重要伙伴</td><td>关键业务</td><td>价值主张</td><td>顾客关系</td><td>顾客细分</td></tr>
<tr><td rowspan="4">Joslin 糖尿病中心</td><td>1.数据库管理；
2.医院关系；
3.分析功能开发</td><td rowspan="4">1.发病率预测及数据分析；
2.血糖、用药记录 App；
3.数据线</td><td>与专业人士分享数据</td><td rowspan="4">1.糖尿病患者；
2.保险公司；
3.医院管理者；
4.诊所医生</td></tr>
<tr><td>核心资源</td><td>渠道通路</td></tr>
<tr><td rowspan="2">1.食品数据库；
2.大数据</td><td rowspan="2">1.手机 App；
2.血糖仪；
3.在线云端</td></tr>
<tr></tr>
<tr><td colspan="2">成本结构</td><td colspan="3">收入来源</td></tr>
<tr><td colspan="2">1.工资；
2.软件和分析功能开发；
3.数据库维护</td><td colspan="3">1.数据线收费；
2.会员费；
3.App（广告等）</td></tr>
</table>

图 5.1 Glooko 的商业模式

2.2 如何构建商业模式？

1. 商业模式构建的原则

（1）持续盈利原则

企业能否持续盈利是我们判断其商业模式是否成功的唯一外在标准。因此，在设计商业模式时，能盈利和如何盈利也就自然成为重要的原则。当然，这里指的是在阳光下的持续盈利。持续盈利是指既要能盈利，又要能有发展后劲，具有可持续性，而不是一时的偶然盈利。持续盈利是对一个企业是否具有可持续发展能力的最有效的考量标准，盈利模式越隐蔽，越有出人意料的好效果。

（2）客户价值最大化原则

一个商业模式能否持续盈利，是与该模式能否使客户价值最大化有必然关系的。一个不能满足客户价值的商业模式，即使盈利也一定是暂时的、偶然的，是不具有持续性的。反之，一个能使客户价值最大化的商业模式，即使暂时不盈利，终究也会走向盈利。所以我们把对客户价值的实现再实现、满足再满足，当作企业应该始终追求的主观目标。

（3）资源整合原则

整合就是要优化资源配置，就是要有进有退、有取有舍，就是要获得整体的最优。第一，优化企业内部价值链，获得专业化集中优势。企业集中于产业链的一个或几个环节，不断优化内部价值链，获得专业化优势和核心竞争力，同时以多种方式与产业链中其他环节的专业性企业进行高度协同和紧密合作。第二，深化与产业价值链上下游企业的协同关系。通过投资、协同、合作等战略手段，深化与产业价值链上下游企业的关系，在开发、生产和营销等环节上进行密切协作，使自身的产品和服务进一步融入客户企业的价值链运行当中，提高产业链的整体竞争能力。第三，强化产业价值链的薄弱环节，释放整体效能。具体的做法包括，由强势的高效率企业对低效率企业进行控制，或建立战略合作伙伴关系，或由产业链主导环节的领袖企业对产业链进行系统整合。比如，蒙牛对上游奶站的收购，上市公司湘火炬对上游国外经销商的收购，等等。第四，把握关键环节，重新组织产业价值链。企业必须识别和发展所在产业价值链的核心价值环节，即高利润区，并将企业资源集中于此环节，培育核心能力，构建集中的竞争优势，然后借助这种关键环节的竞争优势，获得对其他环节协同的主动性和资源整合的杠杆效益，使企业成为产业链的主导，获得其他环节的利润或价值的转移，构建起基于产业链协同的竞争优势。第五，构建管理型产业价值链，不断提高系统协同效率。作为行业领袖的领先企业，不能仅仅满足于已取得的行业内的竞争优势和领先地位，还需要通过对以上几种产业链竞争模式的动态运用，去应对产业价值链上价值重心的不断转移和变化，使自己始终处在高价值的关键环节中，保持竞争优势，同时还要密切关注所在行业的发展和演进，主动承担起管理整个产业链的责任，这样才能使产业链结构合理、协同效率高，引领整个行业去应对其他相关行业的竞争冲击或发展要求，以保持整个行业的竞争力，谋求产业链的利益最大化。

（4）创新原则

时代华纳前首席执行官迈克尔·邓恩说：“在经营企业的过程中，商业模式比高技术更重要，因为前者是企业能够立足的先决条件。”一个成功的商业模式不一定是在技术上的突破，而可能是对某一个环节的改造，或是对原有模式的重组、创新，甚至是对整个游戏规则的颠覆。商业模式的创新形式贯穿于企业经营的整个过程之中，贯穿于企业资源开发、研发模式、制造方式、营销体系、市场流通等各个环节，也就是说，在企业经营的每一个环节上的创新都可能变成一种成功的商业模式。

（5）融资有效性原则

融资模式的打造对企业有着特殊的意义，尤其是对中小企业来说更是如此。我们知道，企业生存需要资金，企业发展需要资金，企业快速成长更需要资金。谁能解决资金问题，谁就赢得了企业发展的先机，也就掌握了市场的主动权。从一些已成功的企业发展过程来看，无论其表面上对外阐述的成功理由是什么，都不能回避和掩盖资金对其成功的重要作用。许多失败的企业就是因为没有建立有效的融资模式而失败了。比如巨人集团，仅仅因为近千万元的资金缺口而轰然倒下；曾经与国美不相上下的国通电器，拥有过 30 多亿元的销售额，也仅仅因为几百万元的资金缺口而销声匿迹。所以说，商业模式的设计很重要的一环就是要考虑融资模式。甚至可以说，能够融到资并能用对地方的商业模式就已经是成功一半的商业模式了。

（6）组织管理高效率原则

高效率，是每个企业管理者都梦寐以求的境界，也是企业管理模式追求的最高目标。用经济学的眼光衡量，决定一个国家富裕或贫穷的砝码是效率；决定企业是否有赢利能力的也是效率。按现代管理学理论来看，一个企业要想高效率地运行，首先要解决的是企业的愿景、使命和核心价值观，这是企业生存、成长的动力，也是员工干好的理由。其次，要有一套科学实用的运营和管理系统，解决系统协同、计划、组织和约束问题。最后，还要有科学的奖励激励方案，解决如何让员工分享企业的成长果实的问题，也就是向心力的问题。

（7）风险控制原则

设计再好的商业模式，如果抵御风险的能力很差，也会像在沙丘上建立的大厦一样，经不起任何风浪。这个风险既指系统外的风险，如政策、法律和行业风险，也指系统内的风险，如产品的变化、人员的变更、资金的不继等。

（8）合理避税原则

合理避税，而不是逃税。合理避税是在现行的制度、法律框架内，合理地利用有关政策，设计一套有利于利用政策的体系。合理避税做得好也能大大增加企业的赢利能力，千万不可小看。

不单新建的企业需要一个好的商业模式，一个运行中的企业也必须对自己的商业模式有清醒的认识。从某种意义上说，只有了解了自己的商业模式，才知道公司为什么会作为一个独立的企业而存在。清楚地知道自己企业的商业模式，并能在管理层和员工中达成共识，对企业经营产生的巨大效益是不可估量的。

2. 商业模式构建的方法

价值是商业模式设计的核心。价值不应该仅局限于顾客价值，还必须满足合作伙伴的价值诉求。有效、成功的商业模式必须整合、协调这些价值诉求，使其服务于企业的收入和盈利。商业模式应该以企业及其相关利益者的价值创造和价值获取为目标。一般来说，商业模式的设计方法可以归纳为全盘复制、借鉴提升和整合超越等三种方法。

（1）全盘复制

全盘复制商业模式的方法比较简单，即对优秀企业的商业模式进行直接复制，将较为优秀的商业模式全盘拿来为我所用，当然有时也需要为适应企业情况略加修正。全盘复制的方法主要适用于同行业内的企业，特别是同属一个细分市场或拥有相同产品的企业。当然全盘复制也包括直接竞争对手之间商业模式的互相复制。

在电子商务领域，亚马逊公司是电子商务企业中最早做 B2C 商业模式的。这种模式拥有独立的销售平台，具有成本低、容量大、长尾效益等优点，主要依靠销售商品及服务盈利，解决了传统零售业面临的经营成本偏高、店面过度膨胀、零售利润下滑、经营品种受限等问题。由于亚马逊公司的主营业务主要在美国，并未涉及中国市场，因此就给中国企业提供了复制并运用到中国市场的机会。当当网是国内最早复制模仿亚马逊商业模式的企业，在当当网之后卓越网则基本复制了亚马逊和当当网的商业模式。当亚马逊想进入中国市场时，发现中国 B2C 市场已经被当当网和卓越网垄断，以至于亚马逊为进入中国市场只能直接并购卓越网。在中国网络游戏市场，各主要竞争对手之间的商业模式也是互相复制。比如，盛大将网络游戏的商业模式改为免费游玩，各主要竞争对手则完全复制。全盘复制优秀企业的商业模式有两点需要注意：一是需要快速捕捉到商业模式的信息，谁先复制就可能具备先发优势；二是不要生搬硬套，需要针对市场或企业情况进行适应性调整。

（2）借鉴提升

1）引用创新点。通过学习和研究优秀商业模式，对商业模式中的核心内容或创新概念给予适当提炼和节选，再通过对这些创新点的学习，比照本企业的相关内容，寻找本企业商业模式与这些创新点的不足。如果这些创新点比本企业现阶段商业模式中的相关内容更符合企业发展需要，企业就应结合实际需要在本企业应用这些创新概念并使其发挥价值。引用创新点学习优秀商业模式的方法适用范围最为广泛，不同行业、不同竞争定位的企业都适用。在实际引用中主要采用优秀商业模式较为创新的一个点，而这个点一般会集中在盈利模式。当然产品模式、业务模式、运营模式的创新点也可以引用。

2）延伸扩展。一个好的商业模式诞生后，很快会被主要竞争对手复制，但是另一种复制模式则有可能另辟蹊径，并且有可能抢占相关市场的先发优势。具体做法是，通过对最新商业模式的了解，寻找使用这种商业模式的企业所在行业及细分市场，通过穷尽分析和专业分析找到同一行业内尚未开发的其他细分市场，将该种商业模式的主体框架率先运用在这一行业的不同细分市场，使商业模式的应用范围不断扩展到其他细分市场，同时在实际运用中针对细分市场进行优化和调整。这种学习方法的优点是借助商业模式的研究，寻找到尚未开发的其他有效细分市场，并有机会构建先发竞争优势，且使用范围更为广泛，并适用于行业内的所有企业。如果行业外的企业想多元化发展，寻找新的业务发展机会，也可以直接复制或学习这种商业模式，从而顺利进入该行业。

3）逆向思维。通过对行业领导者商业模式或行业内主流商业模式的研究学习，模仿者有意识地实施反向学习，即市场领导者商业模式或行业内主流商业模式如何做，模仿者则反向设计商业模式，直接切割对市场领导者或行业内主流商业模式不满意的市场份额，并为它们打造相匹配的商业模式。逆向思维的学习方法主要适用于行业内的挑战者，包括处于行业内前五位的企业，或某细分市场的领导者。采取逆向思维的方式学习商业模式时有三个关键点：一是找到行业领导者或行业主流商业模式的核心点，并以此制定逆向商业模式；二是企业在选择逆向制定商业模式时不能简单追求反向，需确保能够为消费者提供更高的价值，并能够塑造新的商业模式；三是防范行业领导者的报复行动，评估领导者可能的反制举措，并制定相应的措施。例如，互联网行业领导者微软公司的商业模式比较传统，主要是销售软件、产品和许可证，通过提供产品和技术赚钱。微软的主要竞争对手依据逆向思维的办法制定了相反的商业模式，并借此打击微软的垄断定位。比如，谷歌等有实力的企业已经开始尝试在软件业实施开源软件，即消费者不再掏钱购买软件，可以免费使用软件，并且这种商业模式在商业软件领域已经取得进展。与此相似的是中国的 360，360 杀毒软件也采用了开源模式向消费者免费提供杀毒软件，将商业模式转向为客户提供增值的个性化服务。

（3）整合超越

1）整合创新。基于企业已经建立的优势或平台，依托消费者对本企业的忠诚度或用户黏度，通过吸收和完善其他商业模式进行整合创新，使自己在本领域拥有产业链优势、混合业务优势和相关竞争壁垒。整合创新模式主要适用于行业领导者或细分市场领导者，其余企业尚不具备整合所需的各项能力和要素。例如，在传统行业，普通游乐园是通过建立游乐设施、出售门票等方式构建商业模式，而迪士尼则在此基础上，利用世界各地的迪士尼乐园建立的卡通形象的品牌力量，整合影视、图书、玩具、礼品、服装、商业地产等多种产品，通过品牌形象的多层次深入开发和利用，不但保持了迪士尼的领先定位，也实现了迪士尼品牌在多领域的溢价和永续发展。采取整合创新的方式学习商业模式时，需要特别关注企业的现有平台是否具备一定优势，能否承担整合平台的重任，否则整合创新将失去基础，所以整合创新更多地被行业领导者或细分市场领导者所采用。

2）颠覆超越。借助行业内技术更新换代的时机，围绕技术变革可能出现的新机会，对现有产品的商业模式进行颠覆性创新，使企业凭借新商业模式实现跨越式超越。实施颠覆超越的企业显然需要具备超强的技术研发实力，所以颠覆超越模式主要适用于行业内巨头级企业或在新技术背景下拥有核心技术的企业。普通企业即使明确知晓相关可能性，由于技术上的壁垒也很难实施。

3. 商业模式构建的步骤

第一步：画像描述。

所谓画像描述就是首先描述要进入某一个行业，进入某一个商业生态的企业（焦点企业）的现有商业模式或设想的商业模式，描述竞争对手或其他行业中的一些标杆企业的商业模式，对这类企业的商业模式进行扫描，或者说，要把它们的商业模式用商业模式九要素进行描述。而对于计划设计商业模式的公司（也就是焦点企业）而言，这九个要素可以帮助我们对企业自身、竞争对手、标杆企业的商业模式进行描述。

第二步：模式洞见。

通过这一步骤，我们可以发现自身或者竞争对手现有的模式存在哪些痛点和盲点，存在哪些创造、改进的机会点。具体的办法包括“三镜”：广角镜、多棱镜和聚焦镜。

广角镜是指在可能交易的利益主体（个人、企业或其他组织）一定的情况下，我们能否把这个行业或者其他生态系统中的利益相关方拉进这个交易当中。当然利益相关方是有一定资源和能力禀赋的，包括一些基于新技术所能带来的业务活动（利益主体可以从事的新角色），我们能不能把它们涵盖到现有的交易当中？通过广角镜的视角，我们可以发现更多潜在的利益相关方和潜在的支持交易的技术。需要补充的一点是我们对技术的理解。我们认为，新技术实际上解决了两个问题：一个是新技术可以产生一些新的产品或者服务，这属于交易的内容；另一个是新技术可能会产生一些新的业务活动，这个新的业务活动可能优化了基于原有技术的业务活动，使利益相关者所从事的角色发生了转变，当然也有可能创造出一些新的业务活动。从这两个维度来看，新技术会对商业模式和企业的战略产生深远的影响。

多棱镜就是企业要从不同的角度去审视我们的利益相关者。它到底拥有哪些资源？哪些已经进入了交易场景，哪些尚未进入？它有哪些能力？这些能力需要通过什么样的交易方式去体现？这些都需要盘点出来。在现实当中，每一个利益主体的资源能力都是多维度的，而它参与的现有交易可能只用到了这些资源能力当中的一部分，而另一部分资源能力并没有进入当下的交易场景当中。比如，一个用户以前是某一需求的购买方，但实际上它可能也有这个需求的设计能力，也可能拥有相应的口碑和影响力，那么我们能否通过构建一个交易结构，把这个设计能力和影响力涵盖进来，使其能够创造出新的价值？再如，一家拥有很大流量的酒店或商场，其流量资源是没有变现的，那么开新店时如果租赁更大的面积并租给其他商户就可以成为一个新商业模式。通过广角镜和多棱镜，实际上我们就拥有了更多的交易场景，或者说拥有了基于交易结构的创造价值的新机会。

聚焦镜是当企业通过前述两镜发现了更多的利益相关方，或者发现了更多利益相关方的资源能力之后，用“九要素”的模型和交易结构的概念去重组利益相关方及它们的交易结构。通过这种方式，我们可以产生很多新的不一样的交易结构，甚至同样一组利益相关方也可以因为这个交易结构的变化而创造出不一样的价值。

第三步：模式设计。

当我们把前述的利益相关方及其资源能力挖掘出来之后，就可以套用商业模式的概念框架，套用“九要素”的概念，从不同的要素角度出发，进行重新排列、组合或构造，从而设计出一些非常具体的、创新商业模式的备选方案。

第四步：评价决策。

当有了很多新的备选方案之后，就可以进入评价决策的环节。它主要可以从两个维度进行。第一个是结果类的评价指标。比如，新商业模式企业的投资回报率，收入增长率或者利润增长率，流量、用户数的增长率，用户的规模等。因为商业模式涉及内部和外部两种不同的利益相关方，所以在进行商业模式设计时，除了要考虑传统的企业边界内的效率外，还要考虑和外部利益相关方所构建的生态系统的效率。因此，当我们讲到结果类的评价指标时，它实际上涵盖了两个主体：一个是焦点企业自身，另一个是焦点企业所在的生态系统。第二个指标是过程类的评价指标。它包括在这个交易结构当中，其利益相关方参与的动力、投入度、其资源能力及其资源的利用效率等。通过这样一些评价，我们可以从诸多备选方案当中选择一个相对较好的商业模式。

第五步：执行反馈。

设计一个商业模式就如同设计一个建筑群或者是一个舰队，在设计好了之后还要进行建造。一般来说，构建一个全新的商业模式时，我们主张先进行小规模的实验，并将实验验证成功的模式进行放大，进行大规模的复制。因此，商业模式有两个非常重要的环节，即设计和建造。但是，因为新的商业模式是一个复杂的物种，它能否与环境相适应，是设计过程所不能100%预测和解决的。那么，在设计和建造之间还要有一些实验的过程。一定要在实验当中去试错，然后才有可能以最快的速度找到最好的、可以大规模复制的商业模式。

以上是商业模式设计的五个基本步骤。虽然在第一步的时候就已经预测了市场的容量和价值的空间，并且通过画像描述的方式进行了模式的洞见，也有了模式设计的评价、决策和执行反馈，但是在现实当中，也不必拘泥于它的次序，可以结合自身的情况，从任何一个步骤先行入手。

聚美优品

聚美优品的前身是团美网，2010 年 3 月由陈欧、戴雨森、刘辉三人创立于北京，是中国第一家专业化妆品团购网站，也是中国最大的化妆品团购网站。2010 年 9 月，为了进一步强调团美在女性团购网站领域的领头地位，深度拓展品牌内涵与外延，团美网正式全面启用聚美优品新品牌，并且启用 Jumei 全新顶级域名。2011 年，聚美优品优雅转身，自建渠道、仓储和物流，自主销售化妆品，以团购形式来运营垂直类女性化妆品，打造另类的时尚购物平台。聚美优品一直在走自己的路，一直在摸索更适合女性化妆品市场的模式，在团购的模式下进行传统的 B2C 业务，做最大的化妆品的网店。它率先推出“假一赔三、30 天无条件退换货、全程保障”三大政策，树立了行业标杆，从一开始就坚持信誉为先、100%正品团购，在支付上进行突破，简化了程序等。聚美优品一直维持着与顾客的良好关系，除了信誉安全方面，在其他方面的设置也很符合女性心理。例如，在商品里加入男性用品，对客户信息保密，在与顾客进行在线沟通及留言沟通时用更具有亲和力的语言。团购市场是一个很有潜力的市场，但同时又有很多的不足之处。未来团购网站将向着专业化、地方化、垂直化发展，这又是市场新的争夺点，而聚美优品从一开始就抓住了专业化、垂直化的网站发展方向，抢占了先机。

4. 典型的商业模式

（1）互联网时代的商业模式

互联网时代，免费的产品和服务越来越多，那怎么才能用免费的产品赚到钱呢？

1）即时性。你要让人有一种感觉，就是“我比别人先得到”。比如，很多美国人会在电影首映的时候，买很贵的票去看电影，不会等一段时间花很少的钱，在网上下载这些电影。凯文·凯利说，他们愿意花更多的钱，其实是为了能第一时间看到最新的电影。所以，如果你的商品能有这种即时性，大家就更愿意买单。

2）个性化服务。虽然今天免费的服务越来越多，但人们更想要的是个性化服务。比如，今日头条会根据用户的阅读情况，推荐定制化的新闻，这就是一种个性化服务。

3）增值服务。凯文·凯利说，随着医学的发展，你只要花很少的钱，甚至不花钱就能得到自己的基因序列，但后续的服务是要花钱的。比如，你要知道某一段基因序列是做什么的，怎么能知道自己生没生病，这些增值服务就需要付钱了。

4）可靠性。比如，有两个功能差不多的软件，一个是免费的，但不太好用，你也不知道安不安全，有没有病毒；另一个是收费的，好用而且能保证安全性。这时候，你可能就会为了安全、好用，选那个收费的软件。你花钱购买的其实是一个可靠的保障。

5）便利性。现在各种云服务就是个典型的例子。比如，通过各种云服务，你就能随时查看和下载音乐和电子书。

6）实体化。这个也很好理解，就像有了电子书，照样有人买实体书。还有一种实体化，是那些免费服务带来的周边经济。比如，在网上玩电子竞技游戏是免费的，但你要是参加电子竞技游戏大会，就需要买门票。再如，在网上听歌不要钱，但你要是去看明星的演唱会就要花钱。

7）可赞助。通俗点说，就是打赏。微博、公众号都有打赏的功能。如果某篇文章写得不错，读者就可以用打赏来表示支持。

8）可寻性。今天网上的信息大部分是免费的，但信息太多，所以谁能帮用户选出最优质的内容和用户最关心的信息，谁就更有价值。比如，豌豆荚为用户推荐各种应用，提供的都是这种筛选信息的服务。

（2）创新型商业模式

创新是公司管理者的主要任务之一，不过只有一部分创新能够成功，给公司带来回报。波士顿咨询公司（BCG）调查了全球100多家具有创新精神的公司，分析了各个企业从2008年到2017年的股东回报率后发现，创新的公司里只有16%获得了较高的股东总回报（TSR，一种股票对投资者的总回报，等于上市公司在一定时期内的资本收益加股息，在数值上表现为一个或正或负的百分比）。那些股东总回报高的公司可以分为六种创新模式：开创者、解决方案制造商、杠杆机构、相邻扩张者、防御者和快速追随者。

1）开创者（creator）。这类公司通常由强势、大胆、富有远见的管理者掌舵，他们擅长扰乱市场的既定规则，专注于某项核心业务并注意保护知识产权。苹果公司就是其中的典型代表，从2008年到2017年，其TSR一直保持在20%以上。这类公司获得的成功，与其背负的风险往往成正比。

2）解决方案制造商（solution builder）。研究者发现，这类企业喜欢拿着放大镜查看市场寻求灵感，通过了解特定购物者的需求、研发新技术解决他们的问题。典型代表是耐克，它通过手机App（Nike+Running）提供线上指导、帮助运动者制订训练计划、成立社区俱乐部，成为运动的科学指导者。

3）杠杆机构（leverager）。这类企业通常创建了卓越的商业模式，然后利用它来撬动利润，维持自己在行业内的领导地位。这里的典型代表有两个：好市多（Costco），它把日常低价、精选供应商网络和“仅限会员”结合起来；西班牙零售商Zara，它只需12天就能把服装从设计师的头脑送达最偏远的店铺。

4）相邻扩张者（expander）。研究者发现，这类企业是热爱扩张的野心家，喜欢以新的方式改善自己的核心能力，接管相邻市场并刺激增长。典型代表是亚马逊，它利用自己的大数据、物流能力和客户服务，不断提高在零售业的市场占有率。

5）防御者（defender）。这类企业倾向于以防守的方式进行创新，这样做能保护自己之前的优势，在成熟或缓慢变化的行业中获胜。研究者认为，这种企业如今正变得越来越危险，需要能够监控自己所有的潜在对手，然后利用伙伴关系和收购策略来防御进攻。

6）快速追随者（fast follower）。研究者介绍，这类企业嗅觉敏锐，紧紧跟在最新趋势之后，优化自己、快速响应、频繁创新。典型例子是利洁时家化集团(Reckitt Benckiser)，它把技术能力和资源投资到产品测试中，通过快速试错来决定业务方向。

以上六种创新模式，不仅仅是总结，也为组织的评估和优化提供了一种工具。你可以不断地追问自己——“追求哪种模式、为什么？流程和组织是否与该模式保持一致？该模式是否有利于竞争？竞争对手追求哪种模式，他们的表现如何？基于市场变化，是否应该重新考虑其他创新战略？”

社交网站Facebook

自创建以来，社交网站Facebook的用户人数一直高速增长，已经超过3 300万人。Facebook最初只面向大学生和离校不久的毕业生，帮助他们联络好友、共享图片，或者交换音乐心得。随着越来越多中年商务人士的加入，Facebook的面貌也在发生变化。这些商务人士大多30多岁或40多岁，很多来自高科技行业。对于很多硅谷高管、记者和公关人员来说，Facebook已经成为一个非常重要的场所。

当然，Facebook的影响力并不仅限于科技行业。例如，安永的Facebook网络拥有1.6万名成员，花旗的Facebook网络也拥有近8 500名成员。在最大商业合作伙伴微软的帮助下，Facebook正逐渐变为专业营销人士的联络工具，从而进一步扩大广告客户群体，增加自身作为收购目标或首次公开招股（IPO）候选人的价值，以及向专门针对商务人士的社交网站LinkedIn发起强有力的挑战。

随着用户人数激增，Facebook也吸引了来自各方面的更多关注。厂商希望在Facebook投放广告，大企业希望获得Facebook所有权，投资者在等待Facebook上市。在这种情况下，如何保留住新增的商务用户，同时保持对青少年用户的吸引力，就成了Facebook创始人、CEO马克·扎克伯格（Mark Zuckerberg）必须面对的难题，同时这个难题也是Facebook能否继续获得成功的关键。

自2004年以来，Facebook吸引的青少年用户数量一直高于新闻集团旗下的MySpace，而这些用户往往具有较强的消费能力。Jupiter研究公司分析师巴里·帕尔（Barry Parr）表示：“从某种意义上讲，LinkedIn更像是一个商会，而Facebook显然更具活力。”据ComScore公司称，2007年6月，Facebook的访问者有48%以上来自年收入超过7.5万美元的家庭，LinkedIn的这一比例为55%，而MySpace仅为39%。广告客户已经注意到这一点。

Facebook 的绝大部分营收来自微软投放的广告。2006 年，微软同 Facebook 达成协议，成为后者的独家广告服务提供商。帕尔表示，由于吸引了更多商务人士，Facebook 有望获得更多品牌广告客户，特别是那些希望借助口碑的力量瞄准高消费人群的厂商。他说："毫无疑问，Facebook 可以帮助广告客户以一种更为个性化，但又不令人反感的方式捕获消费者。"

Facebook 联合创始人、产品副总裁达斯丁·莫斯克维茨（Dustin Moskovitz）表示，在业务往来中"打造社交资本"是 Facebook 目前的主要商务价值。他认为，商务人士通过 Facebook 进行一些非正式的交往，如通过状态更新或游戏娱乐，可以对日常工作起到一定的促进作用。莫斯克维茨表示："有人将 Facebook 联系方式加入自己的名片吗？肯定有人这样做。"据他称，他的 Facbook 邮箱已经开始扮演传统电子邮件信箱的角色。

非正式交往仅仅是 Facebook 扩大自身商务价值的第一步。通过微软提供的技术，Facebook 计划将用户的姓名、年龄、联系方式及兴趣等信息加入一个用户目录，供商业软件访问。微软企业副总裁丹尔·莱文（Dan'l Lewin）表示："Facebook 正在打造一个下一代协作平台，该公司未来也许会推出自己的商业应用。"2007 年 5 月，Facebook 宣布将允许第三方软件开发者使用其用户数据，打造各种类型的维基程序，以提升该网站的应用价值。

主题 3　怎样进行创新创业项目评估与选择？

3.1　你了解创新创业项目的评价方法吗？

1. SMART 评价法

1）明确性。要用明确的语言清楚地说明要达成的行为标准。

2）可衡量。目标衡量的标准是"能量化的量化，不能量化的细化，不能细化的流程化"。

3）可实现。设置的目标要能实现，既要内容饱满，又要可达到。

4）相关性。目标与目标之间应相互关联，特别是目标分解后的各子目标要相互关联，子目标服务于总目标，不能孤立于系统之外。

5）时限性。目标的实现是有时间限制的，不能花费过多的时间成本或延期来完成一个目标。

2. 影响因素评价法

影响因素评价法是通过选择对创业成功有重要影响的因素，并由专家小组对每个因素进行极好（3 分）、好（2 分）、一般（1 分）三个等级的打分，最后求出每个因素对于特定创业机会的加权评分，从而在不同的创业项目之间进行比较，如表 5.2 所示。

表 5.2　影响因素评价表

标准	专家评分标准			加权平均分
	极好（3）	好（2）	一般（1）	
易操作性				
质量和易维护性				
市场接受度				
增加资本的能力				
投资回报				
专利权状况				
市场的大小				
制造的简单性				
广告潜力				
成长的潜力				

3. 温斯丁豪斯法

温斯丁豪斯法（Westinghouse）是由美国西屋电气公司制定的，用来给一系列可供选择的投资项目进行评分，并为最后决策提供依据。公式如下：

技术成功概率×商业成功概率×年均销售数×（价格－成本）
×投资生命周期机会优先级=总成本

4. 专家评估法

对以下 11 个因素，采取专家评估，不同的选项得分可以从-2 分到+2 分，通过对所有的因素得分的加总，得到最后的总分，总分越高说明创业项目成功的潜力越大，如表 5.3 所示。

表 5.3　专家评估表

标准	专家评分				
	+2	+1	0	−1	−2
1. 对于税前投资回报率的贡献					
2. 预期的年销售额					
3. 生命周期中预期的成长阶段					
4. 从创业到销售额高速增长的预期时间					
5. 投资回收期					
6. 占有领先者地位的潜力					
7. 商业周期的影响					
8. 为产品制定高价的潜力					
9. 进入市场的容易程度					
10. 市场试验的时间范围					
11. 销售人员的要求					

在这种方法中，通过设定 11 个因素来对创业机会进行判断。如果创业机会只符合其中的 6 个或更少的因素，这个创业机会就很可能不可进行。相反，如果这个创业机会符合其中的 7 个或者 7 个以上的因素，那么这个创业机会就是大有希望的。

3.2 怎样进行创新创业项目的选择？

1. 创业项目选择的原则

第一，界定和把握利润源——顾客。

要清晰地界定顾客群，没有清晰界定的顾客群往往是不稳定的顾客群。顾客群应该有足够的规模，没有足够规模的顾客群，其业务可能受到局限。企业要对顾客群的需求和偏好有比较深的认识与了解。

第二，不断完善企业利润点——产品。

利润点决定了企业为顾客创造什么样的价值，以及企业的主要收入及其结构。好的利润点达到的效果应该是顾客价值最大化和企业价值最大化兼具。

第三，打造强有力的利润杠杆，构筑商业模式。

打造利润杠杆即规划企业内部运作价值链。利润杠杆主要包括组织与机制杠杆、技术与装备杠杆、生产运作杠杆、资本运作杠杆、供应与物流杠杆、信息杠杆、人力资源杠杆等。设计良好的利润杠杆可以使商业模式极具竞争力。

第四，疏通拓宽利润渠，构筑商业模式。

企业向顾客供应产品和传递产品信息的途径就是利润渠，它是一种外部价值链。构建成功的分销渠道能缩短产品或服务传递给顾客的时间，减少渠道成本。

第五，建立有效保护利润的利润屏障。

利润屏障是企业为了保护利润不流失而采取的防止竞争者掠夺目标客户的战略控制手段。建立行业标准、控制价值链、领导地位、独特的企业文化、良好的客户关系、品牌、版权、专利等都是较为有效的利润屏障。

2. 创业项目与个人匹配

创业活动是创业者与创业机会的结合。影响创业机会识别既有主观因素，也有客观因素。由于创业者个性特质的差异，更由于各个创业者所面临的创业环境和资源约束条件的不同，创业者尽管发现了创业机会，但这并不意味着要创业，更不意味着成功就在眼前，因为并非所有机会都适合每个人。因此，在创业活动中我们应该认真审视自己，了解创业过程中必须经历的几个阶段，然后衡量自己的性格、爱好、特点，看是否适合创业，是否适合做这个项目。

“90 后”CEO 王锐旭与“兼职猫”

2015 年 1 月，在中南海的一间会议室中，国务院总理李克强正在主持召开科教文卫人士和基层群众代表的座谈会。与另外几位与会代表诸如复旦大学校长许宁生、作家王蒙、篮球明星姚明、演员陈道明等“大咖”相比，“90 后”大学生创业者代表王锐旭显得非常稚嫩，但他毫不怯场。王锐旭刚刚从广州中医药大学毕业半年，他大三时创立的广州九尾信息科技有限公司已顺利拿下了第二轮天使投资和千万级的A轮融资，公司估值过亿元。但很少有人能想到，如今这位年轻的CEO是曾经的网瘾少年，逆袭后在大学期间学业与事业共赢。从网瘾少年、大学生创业者到总理的座上宾，他的经历就是一本“励志小说”。王锐旭是来自广东的唯一代表。座谈会上，他是第七位发言者。他结合自身经历对大学生创业提出建议，希望落实大学生创业扶持政策，为大学生创业者创造实现梦想的条件。王锐旭回忆说，总理不仅了解他的创业经历，还鼓励他说“非常欣赏年轻人白手起家”。

对于最年轻的与会代表这一身份，王锐旭认为，自己代表的是广州大学生创业者群体，能够被邀请得益于自己4年大学5次获得奖学金，“兼职猫”创业项目成绩不凡，以及学校、政府各方的助推。确实，王锐旭有着不一般的履历，除了在广州中医药大学期间5次获得奖学金，还曾经荣获“中国优秀科普志愿者”“千名志愿者”称号，获得首届广州青年创意创业大赛一等奖、“App挑战杯”广东省创业实践赛金奖、“粤港澳”移动互联网设计大赛一等奖、校药膳大赛一等奖等多个奖项，并获创新创业训练项目国家、省级立项各一项……他是学业与事业两不误的创业青年典型。

大一时，王锐旭遇到心仪的女孩，因为谈恋爱，生活费明显不够用。当他打电话回家要生活费时，他听出电话那头母亲的失望，家里因破产而债台高筑，“我骨子里有潮汕人的大男子主义，潜意识里会想到要保护好母亲，不能让母亲为我而伤心”。王锐旭痛下决心，要自己赚钱。一心找兼职的他先后遭遇了“交培训费”“办100元的工卡”“交兼职服装费”等五花八门的骗术，被黑中介骗走不少中介费。正是这些找兼职被骗的“惨痛经历”，催生了王锐旭做“兼职猫”的念头。也正是因此，他于大三时创办了广州九尾信息科技有限公司，研发了一款手机App“兼职猫”。

“兼职猫”是由大学生打造的诚信兼职平台，是国内第一款基于数据挖掘的招聘领域垂直搜索服务手机应用。在“兼职猫”发布招聘信息和找招聘信息都是免费的，因此吸引了大量用户注册登录，这为网站带来了大量的流量，同时也使网站获得了大量的免费推广。“兼职猫”的收入主要来自以下三个方面。一是广告收入。“兼职猫”只将本地本行业的商家放在一起推广，在用户有需求时登录“兼职猫”手机客户端页面就能看到。此类广告对于用户来讲更容易接受，因此对企业的吸引力很大。企业也愿意在“兼职猫”上投放广告，因为在“兼职猫”上投放广告的效果比广泛投放广告的效果更好，且可以节省广告费用。二是用户增值服务付费。只要成功注册为“兼职猫”的用户，就可以享受免费发布信息的一些基本服务项目。但是，如果你要享受一些特殊服务项目，如招聘信息置顶、广告位推广、App首页广告、App每日热门兼职推荐、渠道分发等，就需要付费才能使用。三是建立在产品基础上的商家付费。大部分商家的产品信息发布是免费的，并且是按照发布时间的先后顺序排列的。如果你发布的时间较早，很可能会被那些比你晚的商家发布的产品信息覆盖掉，那样如果你不经常在网站上发布自己的产品信息，就很难被用户发现。如果你经常在“兼职猫”上发布广告，不仅占用时间，而且还占用自己的人力资源。因此，可以选择成为“兼职猫”的赞助商，那样你发布的信息就可以显示在网页的上方。当然，这是收费的，但这相对于在电视或报纸上做广告要便宜得多。在由共青团广州市委举办的首届广州青年创意创业大赛中，王锐旭的“兼职猫”项目不仅获得创业大赛冠军，还获得了第一笔风险投资。如今，在王锐旭的带领下，“兼职猫”

的用户已过百万，并在前段时间顺利拿下了第二轮天使投资和千万级的 A 轮融资。面对互联网激烈的同质竞争问题时，王锐旭自信地说："这样反而会更加激发大家的潜能，把这一领域做得更好。"

王锐旭从大学生这个群体最实际的需要出发，把创业的服务理念定为"带动毕业生就业，引领大学生创业，坚定公益性事业"，用"真实、贴心"为大学生群体服务，而他实在的付出也赢来了市场最实在的回报，百万级的天使投资就是最好的印证。想他人之所想，解他人之所需，从这一点来看，王锐旭及其团队的成功不是偶然，而是"理所当然"。

资料来源：根据网络资料整理改编

3.3 适合大学生的创新创业项目有哪些？

互联网时代，网络用户逐渐年轻化，"80 后""90 后"已成为互联网主力消费人群。如何把握用户特性，满足他们个性化的需求？如今，越来越多的大学生毕业后选择直接创业，或者在校期间就开始创业实践。不论你的具体情况怎样，如果你要创业，首先要选择好创业项目。

1. 大学生创业通常考虑的项目意向

1）选择个人有兴趣或擅长或从事的人员少的项目。
2）选择市场消耗比较频繁或购买频率比较高的项目。
3）选择投资成本较低的项目。
4）选择风险较小的项目。
5）选择客户认知度较高的项目。
6）可先选择网络创业（免费开店）后进入实体创业项目。
7）选择民生行业进行创业。
8）选择教育行业进行创业。
9）选择加盟项目。
10）选择新兴的行业。
11）选择可以在家里创业的项目。
12）选择没有在市场上出现的商机，或者是在你的生活范围内没有大幅度覆盖的商业。

2. 大学生创业的推荐领域

（1）高科技领域
推荐商机：电子商务、软件开发、网站开发、网络服务、手机游戏开发等。
（2）智力服务领域
推荐商机：家教、家教中介、设计工作室、翻译事务所等。
（3）连锁加盟领域
推荐商机：动漫店、快餐业、家政服务、校园小型超市、数码速印站等。
（4）开店
推荐商机：高校内部或周边地区的餐厅、早餐店、咖啡屋、美发屋、文具店、书店等。

（5）技术创业

推荐商机：3D 打印、电子产品维修、广告服务、机械产品加工等。

小组讨论

请结合自身特点，选择六个拟创业的项目，并分别记录下来：

能力训练与提升

训练 1　创意开发训练

1．请利用表 5.4 中的事物，尽可能提出更多的创业想法，并填入表 5.4 中。

表 5.4　创业想法记录表

物体	创业想法	补充说明
旧图书		
旧电脑		
矿泉水瓶		
轮胎		
一次性纸杯		

2．在上述的创业想法中，对你而言，最可能成功的一个想法是：＿＿＿＿＿＿。

训练 2　商业模式设计训练

针对训练 1 中你所提出的创业想法，进行商业模式设计，重点在以下方面提出你的设计方案。

1．你的主要产品或服务是什么？有什么特色？

2．你的目标顾客群体有哪些？你打算怎样对目标顾客群体施加影响？

3．你的成本构成情况怎样？

4．你的盈利模式是什么？具体有哪些盈利点？

5．你是怎样来配置资源的？核心能力在哪里？

训练3　创业项目评估与选择训练

针对训练中所设计的项目商业模式方案，运用你所学的评估方法对该项目进行评估，并形成一份评估报告。

第6章 市场营销规划

学习目标

★知识与理论

1. 掌握和理解市场营销的含义。
2. 理解市场营销的基本理论。
3. 掌握消费者分析的基本框架。
4. 掌握竞争对手分析的基本框架。
5. 理解市场营销规划的主要内容。

★技能训练

1. 市场细分、目标市场选择和市场定位训练。
2. 市场营销规划训练。
3. 销售量预测训练。

–经典名言–

营销是没有专家的，唯一的专家是消费者，就是你只要能打动消费者就行了。

——史玉柱

掌握渠道就是掌握财富。 ——张近东

推销的要点不是推销商品，而是推销自己。 ——乔·吉拉德

市场销售中最重要的字就是“问”。 ——博恩·西

【导入案例】

安利公司的直销奇迹

安利公司是一家生产高质量消费品的直销公司，是全球最大的直销企业，其安利业务已遍及五大洲的80多个国家和地区，营销人员超过500万人。

20世纪50年代，杰·温安洛和理查·狄维士在上门推销纽崔莱维生素的过程中发现：人和人际关系是任何成功事业的核心，有了客户的信任，就有源源不断的业务。这一发现奠定了安利直销模式的思想基础。整个50年代，两位创业者都在寻找一种新的产品以开拓他们的业务，最终他们确定了生产肥皂，即乐新多用途浓缩清洁剂的雏形。1959年，杰·温安洛和理查·狄维士在家中的地下室创立了安利公司，开启了属于安利的事业和故事。

安利采用直销的经营模式，产品从工厂生产出来，经过经销商、直销员或者专卖店，直接到客户手中，减少中间的流通环节，并保证其售前、售中、售后服务，让客户可以得到更好的服务。安利直销模式最有特色的是安利的奖金制度。安利事业的奖金制度包括9种12项奖金：个人销售佣金（月结奖金）、市场开拓经费、4%领导奖金、红宝石奖金、明珠奖金、翡翠奖金、钻石奖金、行政钻石奖金、双钻石奖金、叁钻石奖金、皇冠奖金、皇冠大使奖金。安利的销售模式被认为是最好的营销模式，美国哈佛大学将安利的奖金制度作为一个MBA案例，让学生学习，中国人民大学MBA市场营销卷及日本的早稻田大学也收录了安利的营销模式，可见其制度具有较高的市场价值及学术认可度。

安利产品之所以在世界各地均获得消费者的青睐，是因为安利研发中心对产品质量的精益求精。安利在全球设有75个研发与质检实验室，900余位科学家、工程师和技术人员从事产品研发相关工作，共获得专利1 100多项，在消费品行业中遥遥领先。为提高产品品质，安利在公司总部耗资数千万美元，兴建了现代化的研究发展中心。

资料来源：根据网络资料整理改编

感悟与体会

你是如何看待安利公司的直销模式的？

____

____

____

____

____

____

知识与理论学习

主题 1　什么是市场营销？

1.1　你需要掌握的市场营销基础知识有哪些？

人们对市场营销概念的认识是随着企业的经营观念的变化而逐步加深的。2013 年，美国市场营销协会（AMA）对市场营销的定义是：市场营销是在创造、沟通、传播和交换产品中，为顾客、客户、合作伙伴及整个社会带来价值的一系列活动、过程和体系。这一定义获得了较为普遍的认同。除此之外，还有以下一些常见的表述和理解：

菲利普·科特勒认为市场营销是个人和集体通过创造产品与价值，并同别人自由交换产品和价值，来获得其所需所欲之物的一种社会和管理过程。

格隆罗斯认为市场营销就是在变化的市场环境中，旨在满足消费需要、实现企业目标的商务活动过程，包括市场调研、选择目标市场、产品开发、产品促销等一系列与市场有关的企业业务经营活动。

市场营销是一个过程，在这个过程中一个组织对市场进行生产性和盈利性活动。

市场营销是创造和满足顾客的艺术。

市场营销是在适当的时间、适当的地方以适当的价格、适当的信息沟通和促销手段，向适当的消费者提供市场的产品和服务。

市场营销是以满足人类各种需要和欲望为目的，通过市场变潜在交换为现实交换的活动。

本书认为市场营销是企业为了有效实现经营目标，以满足社会需求为核心，有计划地促进商品交换的行为与过程的总和。这一定义可以从以下四个方面理解。①市场营销的目的是实现企业一定时期的经营目标、如开拓市场、提高市场占有率、提高销售收入或利润额等。②市场营销是一系列的促进商品交换的各种行为或过程，如广告、人员推销、营业推广等。③市场营销是有意识、有计划、有组织的活动过程。④现代营销必须以满足社会需求为核心。

企业的市场营销活动是建立在市场调查与研究的基础之上的。市场调查与研究简称市场调研，指企业在市场营销决策过程中，需要系统客观地收集和分析有关营销活动的信息所做的研究。市场调研有助于企业及时了解市场环境的变化，了解顾客需求的变化，了解竞争对手的变化，了解本企业的产品和服务在市场上的信息，从而为企业的决策提供基础的信息。

市场调研一般包括如下内容：市场营销环境研究，产业市场研究，产品研究，价格研究，分销渠道研究，促销与广告研究，消费者研究，竞争对手研究等。

市场调研的方法包括以下几种。①文献查阅法，即通过从各种文献、档案材料中收集有关信息资料的方法。②询问法，就是通过询问的方式向被调查者了解情况的方法。③观察法，就是在调查现场对被调查者的活动直接观察，以获取信息资料的方法。在调查人流量、顾客需求、商品库存、企业选址中被广泛采用。④实验法，就是通过实验对比，收集信息资料的方法。⑤德尔菲法，又名专家意见法或专家函询调查法。该方法通过函询的方式向拟定的专家群体对特定的问题进行意见征询，经过多轮的意见反馈最终得到所需要的相关信息。

为了做好市场营销工作，实现企业的经营目标，在开展市场营销工作过程中应坚持以下原则。①诚实守信原则。诚实守信是企业经商道德的最重要的品德标准，至上的律条。②互惠互利原则。互惠互利原则要求企业在市场营销活动中，要权衡自身的利益和利益相关者的利益，懂得取舍之道，而不能一味地强调自身的利益。③义利兼顾的原则。义利兼顾是指企业获利的同时要考虑是否符合消费者的利益，是否符合社会整体和长远的利益。义利兼顾的思想是处理好利己和利他关系的基本原则。④理性和谐的原则。理性和谐的原则是企业道德化活动达到的理想目标模式。在市场营销中，理性就是运用知识手段，科学分析市场环境，准确预测未来市场发展变化状况，不蛮干、不硬干，不好大喜功。和谐则要求企业不要率先发动破坏行业环境的恶性营销行为，如挑起“价格战”等。

1.2 你知道这些市场营销理论吗?

1. 帮助你进行市场定位的“STP 理论”

STP 理论中的 S、T、P 分别是 segmenting、targeting、positioning 三个英文单词的缩写，即市场细分、目标市场和市场定位。STP 是指企业在一定的市场细分的基础上，确定自己的目标市场，最后把产品或服务定位在目标市场中的确定位置上。STP 理论的根本要义在于选择和确定目标消费者或客户，因此又称为市场定位理论。STP 具体依次包括市场细分、目标市场选择和市场定位三个过程。

市场细分是指根据顾客需求上的差异把某个产品或服务的市场逐一细分的过程。每一个消费者群就是一个细分市场，每一个细分市场都是具有类似需求倾向的消费者群。影响消费者需求的因素有很多，大体可以归结为四类因素：地理因素，包括国家、地区、城市、农村、气候、地形等；人口因素，包括年龄、性别、职业、收入、教育、家庭生命周期、民族、宗教、社会阶层等；心理因素，包括动机、生活方式、个性等；行为因素，包括购买时机、追求利益、产品使用率、忠诚程度等。在进行市场细分时，考虑的影响因素越多，最终形成的细分市场就越多，具有类似需求倾向的消费者群就越小，同时带来的市场调研的工作量就越大。因此，在进行市场细分时，选择影响需求的因素要考虑可衡量性，即按照该因素能不能把消费者的需求倾向区分开。选择多少个影响因素要考虑满足企业盈利的需要，即细分市场的消费者群要有足够的规模保证企业盈利。市场细分是目标市场选择的基础。

目标市场就是通过市场细分后，企业准备以相应的产品或服务满足其需要的一个或几个细分市场。显然，目标市场是针对特定的企业而言的，在同一个整体市场上，不同的企业选择的目标市场可能会有所不同。影响目标市场选择的因素有企业的兴趣和偏好、企业自身的优势和劣势、市场竞争状况等。在确定了目标市场以后，需要进一步明晰目标市场消费者群体的需求特点，为市场定位过程打下基础。

市场定位就是企业根据目标市场上同类产品竞争状况，针对顾客对该类产品某些特征或属性的重视程度，为本企业产品塑造强有力的、与众不同的鲜明个性，并将其形象生动地传递给顾客，求得顾客认同。市场定位的实质是使本企业与其他企业严格区分开来，使顾客明显感觉和认识到这种差别，从而在顾客心目中占有特殊的位置。市场定位包括消费者定位、企业定位、产品定位和竞争定位等。市场定位能够帮助企业赢得竞争优势。企业可以从多种角度来进行市场定位。①根据产品的属性定位。诸如产品的品质、价格、成分、材料等，都可以作为定位的依据，形成产品的特色。②根据产品的用途定位，即突出强调产品的特殊用途。例如，洗发液可以强调去头皮屑，使头发柔顺、光亮等。③根据提供给顾客的利益定位。例如，吃了不会发胖的减肥餐。④根据使用者定位，即将产品指向某一类特定的使用者，根据这些顾客的看法塑造恰当的形象。例如，超干啤酒，糖尿病人喝的啤酒。⑤根据竞争状况定位。例如，海尔电器在服务竞争中强调“真诚服务到永远”。

2. *帮助你做好市场营销策略规划的市场营销组合理论*

市场营销组合是企业市场营销战略的一个重要组成部分，是指将企业可控的基本营销活动组成一个整体性活动，充分发挥整体优势和效果。做好市场营销组合工作，可以保证企业从整体上满足消费者的需求，可以扬长避短，充分发挥企业的竞争优势，也可使企业内部各部门紧密配合，分工协作，成为协调的营销系统，灵活地、有效地适应营销环境的变化。

市场营销组合理论自 20 世纪 60 年代被提出以来，经过不断完善和发展，形成了各具特色的市场营销组合理论体系，分别介绍如下。

（1）“4P”营销组合理论

1960 年，杰罗姆·麦卡锡教授最早提出了这个理论。麦卡锡认为，企业从事市场营销活动，不仅要考虑企业的各种外部环境，还要制定市场营销组合策略，通过策略的实施，适应环境，满足目标市场的需要，实现企业的目标。他提出了四个可控要素，即产品（Product）、地点（Place）、价格（Price）和推广/促销（Promotion），也即“4P”营销组合。麦卡锡的“4P”营销组合理论提出来后，人们除了加强对四个要素内涵的研究外，还在两个方向上进行了发展：一个方向是增加可控要素的数量，出现了“6P”营销组合、“10P”营销组合和“11P”营销组合；另一个方向是改变可控要素的选择，形成了新的营销组合理论。“4P”营销组合理论是站在企业的角度考虑市场营销，便于企业系统地考虑市场营销活动，也易于理解和操作，可以作为企业市场营销的基础理论指导，尤其是做创业计划。

（2）“4C”营销组合理论

1990 年，美国学者罗伯特·劳朋特教授在其《4P 退休 4C 登场》专文中提出了“4C”营销组合理论。“4C”营销组合理论以消费者需求为导向，以顾客为中心进行企业市场营销活动的规划设计，重新设定了市场营销组合的四个基本要素。①顾客（Customer），主要指顾客的需求。要求企业根据顾客的需求来提供产品。企业提供的不仅仅是产品或服务，更重要的是创造出客户价值。②成本（Cost），是指顾客的购买成本，不仅包括其货币支出，还包括其耗费的时间、体力和精力，以及购买风险。③便利（Convenience），是指为顾客提供最大的购物和使用便利。企业要更多地考虑顾客的方便，而不是企业自己方便。要通过做好售前、售中和售后服务让顾客在购物的同时，享受到便利。④沟通（Communication），是指企业应通过同顾客进行积极有效的双向沟通，找到能同时实现各自目标的途径，建立起基于共同利益的新型企业与顾客关系。

（3）“4R”营销组合理论

2001 年，艾略特·艾登伯格在其《4R 营销》一书中提出“4R”营销组合理论。该理论以关系营销为核心，注重企业和客户关系的长期互动，重在建立顾客忠诚。“4R”营销组合理论的四个营销要素。①关联（Relevancy），认为企业与顾客是一个命运共同体。建立并发展与顾客之间的长期关系是企业经营的核心理念和最重要的内容。②反应（Reaction）。在相互影响的市场中，对经营者来说最难实现的问题不在于如何控制、制订和实施计划，而在于如何站在顾客的角度及时地倾听和从推测性商业模式转移成为高度回应需求的商业模式。③关系（Relationship）。在企业与客户的关系发生了本质性变化的市场环境中，抢占市场的关键已转变为与顾客建立长期而稳固的关系。④报酬（Reward）。任何交易与合作关系的巩固和发展，都是经济利益问题。因此，一定的合理回报既是正确处理营销活动中各种矛盾的出发点，也是营销的落脚点。“4R”营销组合理论的最大特点是以竞争为导向，在新的层次上概括了营销的新框架，着眼于企业与顾客的互动和双赢，通过关联、关系、反应等形式与客户形成独特的关系，把企业与客户联系在一起，形成竞争优势。

（4）“4I”营销组合理论

21 世纪，随着网络媒体时代的到来，博客、微博、QQ、飞信等新媒体技术的发展，人际沟通和社会交往模式被彻底改变，而这些变化加速了企业营销策略组合蜕变和演化的进程。许多企业意识到营销就是要更多地关注人，关注顾客的沟通方式、兴趣、行为及其变化趋势，顺势而为，因此“4I”营销组合理论随之产生。“4I”营销组合理论反映了当今社会化媒体时代企业营销传播发展的规律和趋势。它包括四个营销要素。①趣味性/娱乐化（Interesting），强调营销传播过程要有趣味性、有话题感，要尽量选择一些公众和网民关心与感兴趣的话题，而且策划和构思要能激发公众的想象力，激发其参与的冲动。通过这些趣味性的话题，引导公众关注产品或品牌理念、功能和价值。②价值观/利他性（Interests），即消费体现价值认同。只有消费者认同该商品带来的利益和价值，消费者才会愿意购买。这种利益和价值不单是经济上的，也包括实用性、娱乐和面子等方面。③创新性/思想性（Innovation）。创新是企业营销策划的灵魂，所以企业要在思想、观念、工具、方法上大胆尝试和创新，通过创新改变客户固有的看法，打破已有的市场平衡，从而创造超常的业绩。④互动性/共鸣（Interactive）。互动的目的就是要黏住客户。只有抓住了客户的兴趣点，才能引起关注、引发共鸣和参与，才能黏住客户。只有黏住了客户，才能在顾客的参与和互动中传播经营理念、引导市场。因此，互动和参与只是黏住客户的手段，目的是要传播理念，影响市场和顾客。

主题2 如何进行消费者分析？

2.1 你了解消费者的需求吗？

每个企业都期望自己提供的产品或服务非常契合消费者的需求，从而赢得目标市场。因此，几乎所有的企业都在消费者需求分析方面做出了一定的努力，自认为已经对消费者的需求特点有了非常充分的了解，并有针对性地研发产品或服务，但最终结果往往不尽如人意，甚至事与愿违。这导致很多人认为消费者的需求是令人捉摸不透的东西，使营销人员困扰不堪。之所以出现这样的情况，主要是因为影响消费者需求的因素是复杂多样的，而且起主导作用的因素是不断变化的。因此，在分析消费者需求之前，首先假设消费者需求具有如下的特点：很多情况下消费者自己也不清楚自己到底需要什么；消费者了解自己的需求，但表达不清楚；消费者向你吐露的不是自己真实的需求，而把真实的需求隐藏起来；消费者的行为往往是不合逻辑和非理性的；消费者的需求是不断变化的。这些假设能够帮助营销人员更接近消费者的需求真相，做出较为可靠的判断。

马斯洛提出的需要层次理论把人的需要分为生理的需要、安全的需要、感情和归属的需要、尊重的需要、自我实现的需要五个层次。①生理的需要，这是人类维持自身生存的最基本要求，包括饥、渴、衣、住、行等方面的要求。②安全的需要，这是人类要求保障自身安全、摆脱失业和丧失财产威胁、避免职业病的侵袭、接触严酷的监督等方面的需要。③感情和归属的需要，这一层次的需要包括两个方面的内容：一是友爱的需要，即人人都需要伙伴之间、同事之间的关系融洽或保持友谊和忠诚，都希望得到爱情，希望爱别人，也渴望接受别人的爱；二是归属的需要，即人都有一种归属于一个群体的感情，希望成为群体中的一员，并相互关心和照顾。④尊重的需要，即人人都希望自己有稳定的社会地位，要求个人的能力和成就得到社会的承认。尊重的需要又可分为内部尊重和外部尊重，如名誉地位、权力和晋升的需要。⑤自我实现的需要。这是最高层次的需要，它是指实现个人理想、抱负，发挥个人的能力到最大程度，完成与自己的能力相称的一切事情的需要。

在马斯洛的需要层次论的基础上，许多的学者又进一步提出了一些需要理论，如奥尔德弗 ERG 需要理论、麦克利兰的成就动机理论、赫茨伯格的双因素激励理论等。这些理论都能够为分析消费者需求提供有益的帮助。以下列举一些企业营销的实例，帮助大家了解消费者需求的特点。

1）宝洁公司在推出新的洗衣液时，曾委托调查公司做包装设计的调查。该调查公司将同样的洗衣液装在3种不同颜色的包装袋中给家庭主妇试用，试用的结果令人吃惊：包装袋的颜色是影响家庭主妇对产品实际认知的主要原因。第一种包装袋是黄色，非常鲜明，陈列在货架上很显目，但是家庭主妇试用后认为洗净力太强，可能会伤害衣料。第二种包装袋是蓝色，感觉清爽和柔美，但是家庭主妇试用后认为洗净力不够，衣服洗不干净。第三种包装是蓝色带有黄点，色彩均衡，清爽中带有亮丽，结果最受家庭主妇喜爱。她们认为洗净力好，不伤衣料，是理想的洗衣液。

2）早期有许多提供制作蛋糕材料的厂商，他们推出了速成蛋糕——里面已经加入牛奶、鸡蛋等蛋糕材料，消费者只要加水就行，结果销路不佳。经过调查才发现，家庭主妇认为只要加水就可以做成的蛋糕，根本没有发挥创意的空间，算哪门子的蛋糕。因此，厂商改成只提供基本材料，在包装上醒目地注明消费者必须自己加牛奶和鸡蛋，结果销路大增。厂商在销售产品的时候，若能留些空间让顾客亲自操作会有助于销售。这也是DIY产品越来越盛行的原因。

3）一家推土机厂商在推广新的机器时，广告中以怪手挖起一大堆石块和泥土来表现机器的耐用，但销售状况一直不佳。该厂商委托专业公司调查后发现，采购人员在购买机器时会参考操作人员的建议，而进一步约谈操作人员发现，他们对该厂商的广告不满，因为只凸显了机器的功能，忽略了操作人员的功劳。在找到真正的滞销原因以后，这家推土机厂商改变了广告策略，在广告中以操作人员的肩膀做前景，怪手作业在后面，代表操作员才是机器真正的主人，这才打开销路。

4）对于明星和偶像的崇拜，是人性中对于爱慕对象的追求。因此，用名人来代言产品，可以让消费者产生移情作用。许多名牌商品厂商重金聘请明星做代言人，的确可以提升名牌身价，提高名牌的注意力。

5）美乐啤酒曾经做过一个顾客调查，想要知道顾客到底喜欢口味重还是口味淡的啤酒。调查结果显示，选择口味淡的比例是口味重的3倍，但实际的销售结果却是选择口味重的比例是口味淡的9倍，顾客的调查结果和实际的销售结果有很大的落差。进一步研究才发现，顾客选择回答口味淡是想表示自己比较文雅，并非嗜酒，但和实际的消费行为不符。同样的状况也发生在被问及经常阅读什么样的杂志时，许多人倾向于回答他们阅读的是一些具有权威、有价值的杂志，而很少承认他们阅读的是大众化、通俗化的杂志。究其原因是受访者通常希望别人觉得自己很有水平。

资料来源：根据网络材料整理改编

2.2 你了解消费者的需求有哪些形式吗？

你的创业项目需要的是足够量的市场现实需求。所谓现实需求就是既有购买欲望，又具备购买能力的需求。但是市场上存在着不同性质的需求，所以你需要了解这些不同性质的需求，采取有针对性的营销策略，把它变为现实需求。

1. 负需求

负需求是指由于心理上的恐惧或不喜欢，市场上部分或大部分潜在购买者对某种产品或劳务没有需求。例如，许多人因害怕而不敢吃某些食品，如油炸蝎子、竹虫、蚂蚱、蝉等；许多人为了避免患上某种疾病不敢吃糖和肥肉；许多人因恐惧死亡而不敢乘飞机、不敢玩惊险刺激的游戏等。负需求的产生主要是由于一些心理上的因素造成的，因此如果能够影响或改变这些人的心理，负需求就会变为正需求。我们把针对负需求而进行的市场营销称为改变市场营销。

2. 无需求

无需求是指目标市场顾客由于认知上的缺乏对某种产品或服务没有消费的欲望。例如，原来澳大利亚、非洲的土著居民没见过鞋子，根本不知道鞋子的用途，因此也不会买鞋穿，哪怕你白送给他，他也不会穿，因为穿上鞋走路不习惯。一般来说，无需求的物品有以下几种情况：①人们认为没有使用价值的物品，如许多人认为垃圾是没用的；②人们认为有使用价值，但在特定条件下无需求的物品，比如你刚买了一部手机，此后的一段时间可能对手机就无需求；③新产品或消费者感到陌生的物品等。无需求主要是由于消费者缺乏对商品的使用价值的认知而产生的，因此市场营销的任务就是通过有效的营销手段，让消费者了解该商品的使用价值，由陌生到熟悉，由漠不关心到产生兴趣，从而创造出需求来。这种针对无需求而进行的市场营销称为刺激性营销或激活营销。

3. 潜在需求

潜在需求是指消费者对某种商品有明确的认知和购买欲望，但由于一些原因还没有明确显示出来的需求。潜在需求的形式有三种。①购买力不足型的潜在需求，是指市场上某种商品已现实存在，但消费者的购买欲望因一时受到限制而不能实现，使得购买行为处于潜在状态。这种类型的商品多是高档耐用消费品，如住宅、汽车等。②适销商品短缺型的潜在需求。由于市场上现有商品并不完全符合消费者需求，消费者不满意而处于待购状态，一旦有了适销商品，购买行为随之发生。③市场竞争倾向型的潜在需求。由于同类商品很多，市场竞争激烈，消费者一时无法做出选择，那么在未选定之前，对某一个企业的产品而言，这种需求处于潜在状态。对于潜在需求，市场营销的任务就是准确地衡量潜在市场需求，针对消费者面临的问题，改善市场营销组合策略，如开发新的付款方式、开发更有效的产品和服务、差异化的促销活动等，把潜在需求变为现实需求。这种针对潜在需求而进行的市场营销称为开发性营销。

4. 下降需求

下降需求是指目标市场的消费者对某些产品或服务的需求出现了下降趋势的需求，又称为退却需求。导致下降需求产生的原因是多方面的：处于衰退期的产品，其市场需求已经饱和，消费者不再购买；产品被另一种更为先进的同类产品所替代导致需求下降；产品质量不可靠，消费者信不过，不愿继续购买；分销渠道、促销措施不合理的商品，消费者或不了解，或想买而买不到。对于下降需求，市场营销的任务是根据需求下降的原因，要么进行产品升级或开发出新产品，要么寻求新的目标市场，以扭转需求下降的格局。这种针对下降需求而进行的市场营销称为恢复性营销或再营销。

5. 不规则需求

不规则需求是指某些商品或服务的市场需求会受时间因素的影响而出现较大波动的一种需求状况。不规则需求在运输、旅游、娱乐和服装业都很常见，表现为需求具有明显的旺季和淡季的变化。针对不规则需求，市场营销的任务是改变供求关系的不平衡，通过灵活的定价策略、促销方式及其他鼓励消费者来改变需求时间分布的方法，变不规则需求为均衡的需求。这种针对不规则需求而进行的市场营销称为同步营销。

6. 充分需求

充分需求是指某种商品或服务的需求状态和预期理想的需求状态相一致的一种需

求状况，又称为饱和需求。在充分需求情况下，市场营销的任务是保证这种理想的需求状态持续下去，为此一方面需要关注消费者偏好和兴趣的改变，经常测量消费者满意程度，不断调整产品的合理价格，保持产品或服务的质量，加大推销力度；另一方面要关注同行业者竞争的策略变化，快速阻击竞争对手的各种营销攻势。这种针对充分需求而进行的市场营销称为维持营销。

7. 过度需求

过度需求是指某种商品或服务的市场需求超过了企业意愿的供给的一种需求状况，又称为过量需求。比如，大城市的停车位需求、大医院的患者就医需求、重点学校的学生就学需求等。导致过量需求的原因可能是暂时性的供给不足，或者是商品或服务的价格偏低，还可能是由于产品长期受欢迎累积所致。过度需求的市场营销的任务是降低需求水平。典型的做法有两种：一种是单一地通过提高价格策略来降低需求水平，但容易导致顾客满意度下降，不利于企业长期发展；另一种是将价格策略和品牌策略结合起来，在降低需求水平的同时，树立名牌产品或服务的形象，努力提高优质顾客的满意度。这种市场营销策略实质上是对不同购买能力的消费者做出了选择，因此可以称为选择性营销。

8. 有害需求

有害需求是指对消费者身心健康有害的产品或服务，如烟酒、毒品、黄色书刊和色情服务等。企业营销管理的任务是通过提价、传播恐怖及减少可购买的机会或通过立法禁止销售，称之为反市场营销。反市场营销的目的是采取相应措施来消灭某些有害的需求。

小组讨论

结合小组的创业项目，讨论一下项目的目标市场需求有没有上述的需求情况，并记录下来。

____

____

____

____

____

____

____

2.3 怎样进行消费者需求分析？

1. 熟悉消费者需求分析的基本方法

探寻消费者需求没有什么捷径可寻，唯一正确的途径就是不断调查、观察、分析、思考和试验。

（1）问卷调查法

问卷调查法是以书面提出问题的方式搜集消费者信息的一种研究方法。问卷中要询问的问题，大体上可分为四类：①背景性问题，是指被调查者个人的基本情况；②客观性问题，是指已经发生和正在发生的各种事实与行为；③主观性问题，是指人们的思想、感情、态度、愿望等一切主观世界状况方面的问题；④检验性问题，是指为检验回答是否真实、准确而设计的问题。问卷调查的一般程序包括设计调查问卷、选择调查对象、分发问卷、回收和审查问卷、对问卷调查结果进行统计分析和理论研究几个环节。问卷调查法的优点是调查范围大、便于对调查结果进行定量研究且节省人力、时间和经费；缺点是只能获得书面的社会信息，很难做深入的定性调查，真实性低、回复率和有效率低等。

（2）行为观察法

行为观察法是指根据一定的调查目的、提纲或观察表，用自己的感官和辅助工具去直接观察被调查对象，从而获得消费者需求信息的一种方法。在运用观察法进行调查时，应尽量从多方面、多角度、不同层次进行观察，搜集资料。观察者必须密切注意各种细节，详细做好观察记录；努力做到采取不偏不倚的态度，即不带有任何看法或偏见进行调查；注意选择具有代表性的调查对象和最合适的调查时间与地点，尽量避免只观察表面的现象；尽量使观察环境保持平常自然的状态，同时要注意被调查者的隐私权问题。观察法的优点有：观察的资料比较真实；在自然状态下的观察，能获得生动的资料；能搜集到一些无法言表的材料。观察法的缺点有：观察者只能观察外表现象和某些物质结构，不能直接观察到事物的本质和人们的思想意识；不适用于大面积调查。

2. 了解消费者需求分析的基本内容

消费者需求分析的基本内容包括以下六个方面，即“6W 或 6O”模型。

1）市场需要什么（What）——有关产品（Objects）是什么。通过分析消费者希望购买什么，为什么需要这种商品而不是需要那种商品，研究企业应如何提供适销对路的产品去满足消费者的需求。

2）为何购买（Why）——购买目的（Objectives）是什么。通过分析购买动机的形成（生理的、自然的、经济的、社会的、心理因素的共同作用），了解消费者的购买目的，采取相应的市场策略。

3）购买者是谁（Who）——购买组织（Organizations）是什么。分析购买者是个人、家庭还是集团，购买的产品供谁使用，谁是购买的决策者、执行者、影响者。根据分析，组合相应的产品、渠道、定价和促销策略。

4）如何购买（How）——购买组织的作业行为（Operations）是什么。分析购买者对购买方式的不同要求，有针对性地提供不同的营销服务。在消费者市场，分析不同类型的消费者的特点，如经济型购买者追求性能和廉价，冲动型购买者看重情趣和外观，手头拮据的购买者要求分期付款，工作繁忙的购买者重视购买方便和送货上门等。

5）何时购买（When）——购买时机（Occasions）是什么。分析购买者对特定产品购买时间的要求，把握时机，适时推出产品，如分析自然季节和传统节假日对市场购买的影响程度等。

6）何处购买（Where）——购买场合（Outlets）是什么。分析购买者对不同产品购买地点的要求。比如，对于消费品中的方便品，顾客一般要求就近购买；对于选购品，则要求在商业区（地区中心或商业中心）购买，以便挑选对比；对于特殊商品，往往会要求直接到企业或专业商店购买等。

3. 进行目标顾客群体定位

企业在进行市场营销规划时所面临的最大问题就是把产品卖给“谁”，也就是确定目标客户群体的问题。企业在确定目标客户群体的时候，可以通过分析居民可支配收入水平、年龄分布、地域分布、购买类似产品的支出统计等，将所有的消费者进行初步细分，寻找企业的目标顾客群体（参见前面讲述的STP理论）。你所确定的目标顾客群体一定是“具有某些特征的群体”。例如，2017年，经过问卷调查发现，全新迈腾的目标顾客群体为：年龄25～35岁、已婚有子女、家庭月收入平均17 274元的消费者群体。如果你只是简单地提出了面向某个消费者群体，如小学生、大学生、老年人等，说明你的目标顾客群体定位还很模糊，也很难有效地开拓这个目标市场。如果你的目标顾客群体定位清晰，那么这些顾客很有可能会不请自来，光顾你的生意。

劳斯莱斯汽车的启示

早期的汽车工业，更像是向富人提供奢侈消费产品的供应商，当时的汽车制造企业无一例外将注意力集中在“上流社会”。20世纪初，汽车工业开始迅速发展，以每三年翻一番的速度增长，于是一些敏锐的商人意识到未来汽车的发展势必“平民化”。“贵族化”超高的利润和“平民化”超高的销售量成了汽车制造企业面临的一道选择题。面对这样的发展趋势，劳斯莱斯汽车公司的创始人在其创业计划书中写到要生产带有“皇家气质”的汽车，为此他们一方面刻意采用早期、过时的制造方法，每一辆车都由一名熟练的机械工进行机械加工，并用手工工具完成装配，并承诺车子将永不磨损；另一方面，他们对客户的资格加以严格限制，为了避免一些“平庸之辈”购买他们的汽车，将汽车的价格定得很高，在当时大约是一个富裕商人年收入的40倍。1906年，劳斯莱斯在英国正式宣告成立，次年推出的Silver Ghost（银灵）轿车，不久便被誉为“世界上最好的汽车”。劳斯莱斯的这种定位，使它在汽车平民化发展的大潮中屹立不倒。直到今天，劳斯莱斯仍然是汽车王国雍容高贵的标志。

资料来源：根据网络材料整理改编

4. 分析和描述目标顾客群体的主要需求特点

目标顾客群体的需求特点会在很多方面得以体现，但这些需求特点并不需要我们在产品或服务设计上都给予满足，只需要抓住消费者最为看重的几个关键要素，并充分体现在产品或服务上，这样就可以形成强大的市场竞争力。例如，消费者在选择私用轿车时，往往要从外观造型、车内空间、品牌因素、动力性能、科技配置、安全配置、内饰风格、操控表现、燃油经济性、舒适配置、性价比、售后服务等多个因素进行考虑。迈腾的营销人员调查发现，消费者购买2017款迈腾时，考虑的最主要的因素是外形设计和车内空间，因为相比老款迈腾，2017款迈腾增加了59mm的轴距，给全新迈腾带来了更加宽裕的后排空间表现。除了以上两点之外，消费者考虑购买全新迈腾的原因还有占比为48%的品牌因素，这不仅指大众品牌的影响力，还包含了迈腾品牌在目前市场的占有率和知名度等。

主题3　如何进行竞争对手分析？

无论你进入哪一个行业，开办什么样的企业，都不可避免地面临着竞争。竞争对手是你所处市场环境不可或缺的组成部分。竞争对手是检验企业综合实力的镜子，它能够随时提醒你存在哪些不足，犯了什么样的错误，迫使你不断地努力，不断地超越自我。因此，要想赢得竞争，首先必须从了解你的竞争对手开始。

3.1　如何了解竞争对手的范围？

对于初创企业而言，竞争对手分析可以遵循“由远及近”的思路来展开。所谓“远”，是指要放眼整个国内市场，甚至是世界市场，了解你即将进入的行业的结构和动态。这时你是一个学习者的身份，而那些已经享誉世界的企业或者是国内知名的企业，无疑是你最好的导师。从它们身上，你能看到行业发展的未来趋势，能看到许多成功的经验和做法，这无疑能够为打造你自己的企业提供巨大的帮助。获得这些企业的信息并不困难，但需要你有“拼图”的耐心和技巧。当你能够清楚地回答下列问题时，说明你在“远”上的功课做得不错。这些问题是：本行业处于技术领先地位的企业有哪些？本行业利润水平最高层次的企业有哪些？本行业品牌影响力最高层次的企业有哪些？本行业最受消费者欢迎的企业有哪些？等等。在找到这些企业之后，你需要关注这些企业的动态，分析它们取得成就的原因，以谦恭的态度随时向它们学习。

所谓“近”，是指直接影响你的企业经营活动的竞争者，包括资源供应者、物流与运输企业、替代品生产企业、客户群体、潜在的竞争者、目标市场的现有企业等。这些竞争者的存在会直接影响你的产品或服务的质量、成本水平、盈利能力和竞争能力等。资源供应者包括原材料、辅助材料、燃料、零部件等的提供者。你可能和资源供应者在价格、交货期、交货质量保证、售后服务等方面展开竞争。为了低成本获取各种资源，保证你的企业正常开展生产经营活动，保证你的产品或服务质量的稳定，你需要寻找到优秀的资源供应者。这些资源供应者一般具有如下特征：重合同、守信用，具有良好的信誉；企业经营时间较长，具有较强的实力；产品质量稳定可靠，市场上获得广泛的认同，口碑良好；等等。你的企业应致力于和这些优秀的资源供应者保持“竞争+合作”的关系，形成在企业成长过程中相互帮助和扶持的命运共同体。

3.2 如何对主要竞争对手进行分析？

在你的目标市场中现有的企业可能有许多家，虽然这些企业都和你的企业存在着竞争关系，但从竞争地位上看，你不能把它们放在同等的地位上，需要从众多的竞争对手中选择两三家作为你的主要竞争对手。主要竞争对手是你的企业进入市场所要面临的最大的挑战，而你所做的一切努力都建立在战胜主要竞争对手的基础之上。你需要向它们学习，和它们在目标市场上较量，并且想尽一切办法超越它们。

选择主要竞争对手有多种思路：①从地域的相近性来考虑，把距离你最近的一些企业作为主要竞争对手，因为它们直接和你争夺目标市场的市场份额；②从产品或服务的相似性来考虑，把那些和你的企业具有相同的市场定位，提供的产品和服务也非常类似的企业作为主要竞争对手；③从销售的角度来考虑，把和你采用相同销售渠道或营销策略的企业作为主要竞争对手。

在确定主要竞争对手之后，你需要着重分析主要竞争对手的目标、策略和战略，经营状况和财务状况，技术经济实力，领导者和管理者的能力等。这里尤其强调一下对领导者的能力分析，因为各级领导者是企业的将帅，企业之间的竞争很大程度上是领导者之间的将帅之争。对主要竞争对手的领导人的分析包括姓名、年龄、性别、教育背景、主要的经历、培训的经历、过去的业绩等。通过这些方面的分析，全面地了解主要竞争对手的领导人的个人素质，以及他们的这种素质会给他们所在的企业带来什么样的变化和机会。

在以上分析的基础上，综合评估每个主要竞争对手的优势和劣势，判断竞争者的反应模式，并考虑采取什么样的策略才能帮助我们取得优势，最终战胜这些主要竞争对手。

3.3 企业进行竞争对手分析应该注意哪些问题？

企业要做好竞争对手分析的工作，为企业制定战略提供充分的依据，除了掌握一些常用的分析方法以外，还要注意以下几个方面的问题。

1. 建立竞争情报系统，做好基础数据的收集工作

要对竞争对手进行分析必须有一个基础来作为保障，这个基础就是竞争情报系统和竞争对手基础数据库。竞争情报系统包括竞争情报工作的组织保障、人员配备，以及相应的系统软件支持、竞争情报各方面的内容。只有建立了竞争情报系统，才会将竞争对手的监测和分析变成一项日常的工作，才可能及时地掌握竞争对手的动态，为企业决策提供及时的信息。同时竞争对手基础数据库的建设也非常重要。现代企业的决策，强调科学性和准确性，更强调基于事实和数据。只有建立了完善的竞争对手数据库，对于竞争对手的分析才不会成为空中楼阁，才可能落到实处。

2. 建立符合行业特点的竞争对手分析模型

不同的行业有不同的特点，比如有的行业关注投资回报率，有的行业更关注市场占

有率。同时行业所处的阶段不同，关注的焦点也会不一样。所以企业有必要建立符合自身行业特点的竞争对手分析模型，绝对不能照搬照抄。

3. 加强竞争对手分析的针对性

对竞争对手的分析，每一项都应该有针对性。有的企业在对竞争对手进行分析时，往往把所能掌握的竞争对手的信息都罗列出来，但之后便没有了下文。所以这里要明确对竞争对手分析的目的是什么。按照战略管理的观点，对竞争对手进行分析是为了找出本企业与竞争对手相比存在的优势和劣势，以及竞争对手给本企业带来的机遇和威胁，从而为企业制定战略提供依据。所以对于竞争对手的信息也要有一个遴选的过程，要善于剔除无用的信息，避免工作的盲目性和无效率。

主题4 如何做好市场营销规划？

市场营销规划通常由一些企业可以控制和施加影响的营销因素构成，是企业对这些可控因素做出的谋划和安排。这里主要介绍产品规划、价格规划、渠道规划和促销组合规划。

4.1 怎样做好你的产品规划?

我们向市场提供什么样的产品？这是在进行市场营销规划时首先要回答的问题。产品规划是企业市场营销规划的核心。

1. 理解产品的整体概念

现代市场营销理论认为产品是一个整体概念。产品整体概念包含核心产品、有形产品、附加产品和心理产品四个层次。

核心产品也称实质产品，是产品整体概念中最基本、最主要的部分，是指产品的使用价值，包括功能、效用、品质等。核心产品体现了消费者需求的中心内容，反映了消费者购买某种产品时所追求的利益，是顾客真正要买的东西。有形产品或形式产品是核心产品借以实现的形式，即向市场提供的实体和服务的形象特征，通常表现为产品质量水平、外观特色、式样、品牌名称和包装等。附加产品是顾客购买有形产品时所获得的全部附加服务和利益，包括提供信贷、免费送货、保证、安装、售后服务等。附加产品的概念来源于对市场需要的深入认识。因为购买者的目的是满足某种需要，因而他们希望得到与满足该项需要有关的一切。心理产品指产品的品牌和形象提供给顾客心理上的满足。产品的消费往往是生理消费和心理消费相结合的过程。随着人们生活水平的提高，人们对产品的品牌和形象看得越来越重，因而它也是产品整体概念的重要组成部分。

2. 做好你的产品组合

产品组合是指企业在一定时期内生产经营的各种不同产品线和产品项目的组合。产品项目是产品大类中各种不同品种、规格、质量的特定产品。企业产品目录中列出的每一个具体的品种就是一个产品项目。产品线是许多产品项目的集合，这些产品项目之所以组成一条产品线，是因为这些产品项目功能相似、用户相同、分销渠道同一、消费上相关联。产品组合包括以下四个因素。①产品组合的广度，是指一个企业所拥有的产品线的数量。较多的产品线，说明产品组合的广度较宽。比如，宝洁公司生产清洁剂、牙膏、肥皂、纸尿布和纸巾，有5条产品线，表明产品组合的宽度为5。②产品组合的长度，是指企业所拥有的产品品种的平均数，即全部产品品种数除以全部产品线数所得的商。③产品组合的深度，是指每个产品的品种、型号、规格的数量。比如，宝洁公司的佳洁士牙膏有三种规格和两种配方。④产品组合的关联性，是指各产品线的产品在最终使用、生产条件、分销等方面的相关程度。

在做产品组合规划时，首先要考虑目标消费者群体需求的多样化和个性化特点，努力提高产品组合与目标消费者需求的契合度；其次要考虑产品组合在人员、技术、生产、销售方面的协同效应，有利于降低成本、提高效率、促进销售和增加企业的利润。

3. 做好你的包装设计

一方面，包装是增加商品价值的一种手段，在流通过程中能够起到保护商品，便于装卸、存储、计数，美化商品、吸引顾客、促进销售等多方面的作用；另一方面，包装会增加商品的成本费用，所以不恰当的包装会引起消费者的反感，反而影响商品的销售。因此，在做产品规划的同时，需要连带地考虑产品是否需要包装，以及如何进行包装的问题。

包装有许多类型：按包装材料不同分为纸制品包装、塑料制品包装、金属包装、竹木器包装、玻璃容器包装和复合材料包装等；按包装使用次数分为一次用包装、多次用包装和周转包装等；按包装容器的软硬程度分为硬包装、半硬包装和软包装等；按包装的功能分为运输包装、储藏包装和销售包装等；按包装技术方法分为防震包装、防湿包装、防锈包装和防霉包装等；按包装结构形式分为贴体包装、泡罩包装、热收缩包装、可携带包装、托盘包装和组合包装等。

一般来说，商品包装应该包括商标或品牌、形状、颜色、图案、材料和文字说明等要素。商标或品牌是包装中最主要的构成要素，应在包装整体上占据突出的位置。包装的形状设计主要考虑是否有利于储运和陈列，有利于产品销售。包装颜色是包装中最具刺激销售作用的构成元素，突出商品特性的色调组合，不仅能够加强品牌特征，而且对顾客有强烈的感召力。包装图案在包装中如同广告中的画面，其重要性、不可或缺性不言而喻。包装材料的选择不仅影响包装成本，而且也影响商品的市场竞争力。文字说明是在包装上对产品所包含的主要成分、产品质量等级、生产厂家、生产日期和有效期，以及使用方法等所做的描述。

在进行包装外形设计时应遵循以下原则：①要能够反映企业和产品的市场定位，有助于创造品牌个性；②要结合产品自身特点，充分运用商品外形要素的形式美；③积极运用新工艺、新材料进行现代包装外形设计；④追求包装的轻、薄、短、小，避免过度包装、夸大包装和无用包装；⑤要有利于环境保护，尽量使用可回收、无公害、无污染包装材料。

可选择的包装策略有以下五种。①等级包装策略，即根据产品质量等级不同采取不同的包装。②配套包装策略，即将不同类型和规格但有相互联系的产品置于同一包装中。比如，将系列化妆品包装在一起出售，便是典型的配套包装。③类似包装策略，即企业对其各种产品，在包装上采用相近的图案、近似的色彩和共同的特征。④附赠品包装策略，即在包装容器中附赠物品，以吸引消费者购买。⑤复用包装策略，又叫多用途包装策略，它根据目的和用途基本上可以分为两大类：一类是从回收再利用的角度来讲，如产品运储周转箱、啤酒瓶、饮料瓶等，复用可以大幅降低包装成本，有利于减少环境污染；另一类是从消费者角度来讲，商品使用后，其包装还可以作为其他用途。

4. 提供顾客满意的服务

顾客服务是伴随产品一起提供给消费者的附加利益与活动。顾客服务的目的是使消费者在购买和使用产品的过程中，获得更大的效用和满足。为消费者提供的服务内容根据企业和产品特征而定，通常包括以下内容：接待来访和访问用户；提供业务技术咨询与服务；质量保证承诺；产品安装和调试；维修和备品配件供应；信用服务；定期为用户进行产品检查、维修和保养服务；根据用户的特殊要求提供服务。

4.2 怎样做好你的价格规划？

产品或服务的价格，关系到企业能否迅速进入市场并站稳脚跟，关系到企业的社会形象，是决定企业经营状况与效益的关键因素。因此，做好价格规划是市场营销规划的重要一环，必须慎之又慎。对于初创企业来说，在第一次制定价格时，需要注意以下环节。

1. 了解影响价格的主要因素

影响价格的主要因素有五个。①定价目标。常见的定价目标有单位产品利润最大化、维持生存、当期利润最大化和市场占有率最大化等。②产品成本。产品成本是价格的基础，一般来讲是价格的最低界限。③产品的市场需求。产品的市场需求和消费者的可接受程度是产品价格的上限。④竞争对手因素，竞争的激烈程度和竞争对手的价格水平影响企业的定价水平。⑤宏观经济形势和国家政策等。

2. 选择合适的定价方法

对产品价格进行计算的基本方法包括成本导向定价法、竞争导向定价法和需求导向定价法。

（1）成本导向定价法

成本导向定价法是以产品单位成本为基本依据，再加上预期利润来确定价格的定价方法。它是企业最常用、最基本的定价方法，其计算公式为

产品价格=单位产品成本×（1+预期利润率）

采用成本导向定价法，需要相对准确地估计产品的成本结构。一般来说，产品的成本包括变动成本和固定成本两部分。变动成本是随着企业生产水平的变化而直接变化的成本，如原材料费、包装费、工人工资等。单位产品成本中变动成本具有相对固定的特点。固定成本是在短期内不随企业产量和销售收入的变化而变化的成本，如厂房设备的

折旧费、租金、利息、行政人员薪金等。固定成本的分摊是随着产销量的增加而下降的，因此，产销量预测是否准确将会影响到单位产品的固定成本，进而影响到定价的合理性和利润水平。

（2）竞争导向定价法

竞争导向定价法是企业通过研究竞争对手的生产条件、服务状况、价格水平等因素，结合自身条件和供求状况来确定商品价格。常见的竞争导向定价有：①随行就市定价法，即企业为了避免竞争特别是价格竞争带来的损失，将本企业某产品价格保持在市场平均价格水平上，以获得平均报酬；②产品差别定价法，是指企业通过营销方面的创新，根据自身特点，选取低于或高于竞争者的价格作为本企业产品价格；③密封投标定价法。在国内外，许多大宗商品、原材料、成套设备和建筑工程项目的买卖与承包，以及出售小型企业等，往往采用发包人招标、承包人投标的方式来选择承包者，确定最终承包价格。一般来说，报价最低的投标者中标，它的报价就是承包价格。这样一种竞争性的定价方法称为密封投标定价法。

（3）需求导向定价法

需求导向定价法是根据市场需求状况和消费者对产品的感觉差异来确定价格的方法，又称为顾客导向定价法、市场导向定价法。需求导向定价法主要包括理解价值定价法、需求差异定价法和逆向定价法。理解价值定价法是指企业以消费者对商品价值的理解度为定价依据，运用各种营销策略和手段，影响消费者对商品价值的认知，形成对企业有利的价值观念，再根据商品在消费者心目中的价值来制定价格。需求差异定价法是指产品价格的确定以需求为依据，对同一商品在同一市场上制定两个或两个以上的价格，或使不同商品价格之间的差额大于其成本之间的差额。它的好处是可以使企业定价最大限度地符合市场需求，促进商品销售。逆向定价法是依据消费者能够接受的最终销售价格，逆向推算出中间商的批发价和生产企业的出厂价格。逆向定价法的好处是价格能反映市场需求情况，有利于加强与中间商的良好关系，保证中间商的正常利润，使产品迅速向市场渗透，并可根据市场供求情况及时调整，定价比较灵活。

4.3 怎样做好你的渠道规划？

营销渠道是整个营销系统的重要组成部分，它体现了企业的产品向消费者转移的具体路径。营销渠道对降低企业成本和提高企业竞争力具有重要意义，是规划中的重中之重。营销渠道规划的基本任务包括营销渠道策略的选择、中间商的选择和物流的组织与管理。

1. 选择合适的营销渠道策略

常见的营销渠道策略有直接渠道策略、间接渠道策略、宽渠道策略、窄渠道策略等。

（1）直接渠道策略

这种策略是指生产企业不通过中间商环节，直接将产品销售给消费者，也称为零渠道策略。直接渠道是工业品分销的主要类型，例如大型设备、专用工具及技术复杂需要提供专门服务的产品，都采用直接分销。消费品中有部分也采用直接渠道策略，如鲜活商品等。

（2）间接渠道策略

这种策略是指生产企业通过中间商环节把产品传送到消费者手中的渠道策略。间接渠道策略主要有以下三种形式：一级渠道策略，基本模型是制造商—零售商—消费者；二级渠道策略，基本模型是制造商—批发商—零售商—消费者（或者是制造商—代理商—零售商—消费者）；三级渠道策略，基本模型是制造商—代理商—批发商—零售商—消费者。

（3）宽渠道策略

这种策略是指企业使用的同类中间商多，产品在市场上分销面广的渠道策略。比如，一般的日用消费品由多家批发商经销，又转卖给更多的零售商，能大量接触消费者，大批量地销售产品。

（4）窄渠道策略

这种策略是指企业使用的同类中间商少，分销渠道窄的渠道策略。它一般适用于专业性强的产品，或贵重耐用消费品，由一家中间商统包，几家经销。它使生产企业容易控制分销，但市场分销面受到限制。

企业在选择营销渠道策略时，可以综合下列几方面的因素进行系统的分析和判断，做出合理的选择。①产品因素，包括产品价格、产品的体积和重量、产品的易毁性或易腐性、产品的技术性等。②市场因素，包括购买批量大小、消费者的分布情况、消费者的购买习惯等。③生产企业本身的因素，包括资金能力、销售能力、服务能力和生产能力等。④政策因素。企业选择分销渠道必须符合国家有关政策和法令的规定。⑤经济利益。不同分销途径的经济收益的大小也是影响选择分销渠道的一个重要因素。对于经济收益的分析，主要考虑的是成本、利润和销售量三个方面的因素。⑥中间商特性。各类各家中间商实力、特点不同，诸如广告、运输、储存、信用、训练人员、送货频率等方面具有不同的特点，从而影响生产企业对分销渠道的选择。按中间商数目多少的不同情况，可选择密集分销、选择分销和独家分销。

2. 选择分销渠道应遵循的原则

在选择具体的分销渠道模式时，无论出于何种考虑，从何处着手，一般都要遵循以下原则。

（1）畅通高效的原则

这是渠道选择的首要原则。任何正确的渠道决策都应符合物畅其流、经济高效的要求。商品的流通时间、流通速度、流通费用是衡量分销效率的重要标志。畅通的分销渠道应以消费者需求为导向，将产品尽快、尽好、尽早地通过最短的路线，以尽可能优惠的价格送达消费者方便购买的地点。畅通高效的分销渠道模式，不仅要让消费者在适当的地点、时间以合理的价格买到满意的商品，而且应努力提高企业的分销效率，争取降低分销费用，以尽可能低的分销成本，获得最大的经济效益，赢得竞争的时间和价格优势。

（2）覆盖适度的原则

企业在选择分销渠道模式时，仅仅考虑加快速度、降低费用是不够的，还应考虑及时、准确地送达的商品能不能销售出去，是否有较高的市场占有率足以覆盖目标市场。因此，不能一味强调降低分销成本，否则可能导致销售量下降、市场覆盖率不足的后果。成本的降低应是规模效应和速度效应的结果。在分销渠道模式的选择中，也应避免扩张过度、分布范围过宽和过广，以免造成沟通和服务的困难，导致无法控制和管理目标市场。

（3）稳定可控的原则

企业的分销渠道模式一经确定，便需花费相当大的人力、物力、财力去建立和巩固，整个过程往往是复杂而缓慢的。所以，企业一般轻易不会更换渠道成员，更不会随意转换渠道模式。只有保持渠道的相对稳定，才能进一步提高渠道的效益。畅通有序、覆盖适度是分销渠道稳固的基础。由于影响分销渠道的各个因素总是在不断变化，一些原来固有的分销渠道难免会出现某些不合理的问题。这时，就需要分销渠道具有一定的调整功能，以适应市场的新情况、新变化，保持渠道的适应力和生命力。调整时应综合考虑各个因素的协调，使渠道始终都在可控制的范围内保持基本的稳定状态。

（4）协调平衡的原则

企业在选择、管理分销渠道时，不能只追求自身的效益最大化而忽略其他渠道成员的局部利益，应合理分配各个成员间的利益。渠道成员之间的合作、冲突、竞争的关系，要求企业对此有一定的控制能力——统一、协调、有效地引导渠道成员充分合作，鼓励渠道成员之间有益的竞争，减少冲突发生的可能性，解决矛盾，确保总体目标的实现。

（5）发挥优势的原则

企业在选择分销渠道模式时为了争取在竞争中处于优势地位，要注意发挥自己各个方面的优势，将分销渠道模式的设计与企业的产品策略、价格策略、促销策略结合起来，增强营销组合的整体优势。

3. 合理设置分销渠道流程

分销渠道由五种流程构成，即实体流程、所有权流程、付款流程、信息流程及促销流程。实体流程是指实体原料及成品从制造商转移到最终顾客的过程。所有权流程是指货物所有权从一个市场营销机构到另一个市场营销机构的转移过程，其一般流程为：供应商—制造商—代理商—顾客。付款流程是指货款在各市场营销中间机构之间的流动过程。信息流程是指在市场营销渠道中，各市场营销中间机构相互传递信息的过程。促销流程是指由一单位运用广告、人员推销、公共关系、促销等活动对另一单位施加影响的过程。

4.4 怎样做好你的促销组合规划?

促销组合是指企业根据促销的需要，对广告宣传、营业推广、公共关系与人员推销等促销方式进行的适当选择和配合，以达到扩大销售的目的。一个好的促销组合策略，往往能起到多方面作用。比如，提供信息情况，及时引导采购；激发购买欲望，扩大产品需求；突出产品特点，建立产品形象；维持市场份额，巩固市场地位；等等。促销组合策略包括广告策略、人员推销策略、营业推广策略和公共关系策略。

1. 广告策略

广告是为了实现促销的目标，通过有偿的形式向广大受众传播信息的活动。创业者在策划广告策略时要重点考虑以下三个的问题。

第一，选择什么样的广告媒体？

广告是通过一定的广告媒体进行信息传播的。常见的广告媒体有报纸、杂志、电视、广播、互联网、移动互联网和户外广告等。选择广告媒体需要考虑以下因素。①广告媒体的性质。不同的广告媒体，有不同的信息传播方式、受众和价格，这些性质与特点必须与企业对广告的要求相适应。②目标顾客群体的媒体习惯。不同的目标顾客群体的媒体习惯不同，如老年人喜欢看报纸和电视，司机偏爱广播等，所以要研究与选择目标顾客接触最多、影响最大的媒体做广告。③产品的特性。比如，具有良好的演示性、观赏性强的商品，使用视频媒体的效果会更好。④广告信息内容。比如，需要传播专业技术资料信息的，更适合选择杂志作为广告媒体。⑤成本费用。各种媒体成本费用差别很大，创业者要量力而行，避免过高的广告成本给企业带来财务上的困难。

第二，广告向消费者传递的重点信息是什么？

创业者向市场提供的产品或服务所处的产品生命周期阶段不同，其广告的重点是不同的。处于介绍期和成长前期的新产品，广告的重点是与本企业产品相关的新观念的介绍、新习惯的培养、新用途的发展等。处于成长后期和成熟期的产品，广告的重点是创立本企业产品品牌，树立企业形象和产品形象，培养消费者对本企业品牌的忠诚度。处于衰退期的产品，广告的重点应放在维护市场，延缓产品生命周期上，以保持销售量。

第三，怎样合理安排广告支出？

广告的时机与频率是安排广告支出需要考虑的两个重要因素。常见的策略选择有：①集中策略，即将广告支出集中在短期内形成强大的广告冲击，造成轰动效应；②分散策略，即将广告支出进行分散而均衡的安排，保持持续均衡的广告影响。

2. 人员推销策略

人员推销是一种具有很强人性因素的、独特的促销手段。人员推销适合于推销性能复杂的产品。人员推销的目的主要有三点。其一，了解顾客对本企业产品信息的接收情况及市场需求情况，确定可成为产品购买者的顾客类型。了解目标市场和顾客对企业及其产品的反应及态度，准确选择和确定潜在顾客。其二，收集、整理、分析信息，并尽可能消除潜在顾客对产品、对推销员的疑虑，说服他们采取购买行动，成为产品真正的购买者。其三，促使潜在顾客成为现实购买者，维持和提高顾客对企业、产品及推销员的满意程度。因此，为了进行成功的重复推销，推销员必须努力维持和不断提高顾客对企业、产品及推销员本人的满意程度。可供企业选择的人员推销策略有：①自己建立自己的销售队伍，使用本企业的推销人员来推销产品；②企业可以使用专业合同推销员，如制造商、销售代理商、经纪人等，按照期待销售额付给佣金；③企业可以雇佣兼职的销售推销员，在各种零售营业场所，用各种方式促销，按销售额比例提取佣金，如产品操作演示、现场模特、咨询介绍等。

3．营业推广策略

营业推广是一种适宜于短期推销的促销方法，是企业为鼓励购买、销售商品和劳务而采取的除广告、公关和人员推销之外的所有企业营销活动的总称。企业的营业推广策略包括三大类：①面向消费者的营业推广策略，具体方式包括赠送促销、折价券、组合或搭配包装促销、抽奖促销、现场演示、联合推广、参与促销、会议促销、样品试用、设置特价品和奖品等；②面向中间商的营业推广策略，具体方式包括批发回扣、推广津贴、销售竞赛、扶持零售商、货位津贴、贸易折扣、陈列津贴、回购津贴、广告津贴、合作广告、奖励与竞赛和中间商聚会等；③面对内部员工的营业推广策略，主要是针对企业内部的销售人员，鼓励他们热情推销产品或处理某些老产品，或促使他们积极开拓新市场。一般可采用的策略有销售竞赛、免费提供人员培训、技术指导等形式。

企业在实施营业推广策略时，首先要确定推广目标，要明确推广的对象是谁，要达到的目的是什么。其次，要选择恰当的推广方式。选择合适的推广方式是取得营业推广效果的关键因素。企业一般要根据目标对象的接受习惯、产品特点和目标市场状况等来综合分析选择推广工具。再次，要选择适宜的营业推广时机。营业推广的市场时机选择很重要，如季节性产品、节日产品、礼仪产品，必须在季前或节前做营业推广，否则就会错过时机。最后，要明确营业推广期限。营业推广期限要恰当，过长，消费者新鲜感丧失，产生不信任感；过短，一些消费者会来不及接受营业推广的实惠。此外，还应注意确定合理的推广预算，科学测算营业推广活动的投入产出比。

4．公共关系策略

公共关系策略是指企业为获得公众信赖、加深顾客印象而用非付费方式进行的一系列促销活动的总称，简称“公关”策略。企业的公共关系策略可以分为两大类。一类突出的是公共关系功能的公关策略，具体策略包括以下五点。①宣传型公共关系策略，就是运用各种传播沟通媒介，将需要公众知道和熟悉的信息广泛、迅速地传达到组织内外公众中去，以形成对企业有利的公众舆论和社会环境，如做公关广告、开展新闻宣传和专题公关活动等。②交际型公共关系策略，就是运用人际交往，通过人与人的直接接触，深化交往层次，与公众互利互惠，为组织建立广泛的社会关系网络。常见的做法有招待会、座谈会、茶话会、宴会、交谈、拜访、信函、馈赠礼物等。③服务型公共关系策略，就是以向公众提供优质服务为传播途径，通过实际行动获得公众的了解和好评。常见的做法有增加服务种类、扩大服务范围、完善服务态度、扩展服务深度、提高服务效率等。④社会型公共关系策略，这是一种以各种社会性、文化性、公益性、赞助性活动为主要内容的公共关系策略，其目的是塑造组织良好的社会形象、模范公民形象，提高组织知名度和美誉度。常见做法有为灾区捐款；赞助文化、体育活动；利用重要机会组织一些大型活动，邀请嘉宾，渲染气氛等。⑤征询型公共关系策略，就是围绕搜集信息、征求意见来开展公共关系活动。目的是通过掌握公众信息和舆论，为组织的经营决策提供依据。常见做法有热线电话、有奖征询、问卷调查、民意测验等。

另一类则是依据组织发展的不同阶段划分的公关策略，具体策略包括以下五点。①建设型公共关系策略，适用于企业初创阶段和开创企业新局面的阶段。主要做法是高姿态、高频率地宣传和交际，向公众做自我介绍，其目的是在公众中形成良好且深刻的第一印象，提高知名度，扩大影响力，为日后发展奠定基础。②维系型公共关系策略，适用于企业稳定发展的阶段。具体做法是通过各种传播媒介，以较低的姿态持续不断地向公众传达各种信息，使组织的有关形象潜移默化地渗透在公众的长期记忆当中，其主要目的在于对已经形成的良好的公关状态进行加固。③防御型公共关系策略，适用于企业与外部环境发生整合上的困难，与公众的关系发生一些摩擦时。具体做法是发挥内部职能，及时向决策层和各业务部门提供外部信息，特别是反映批评的信息，并提出改进的参考意见，进行全员公关教育，使全体员工从思想到行动自觉维护组织形象，避免出现漏洞。④矫正型公共关系策略，适用于公共关系严重失调、企业形象受损时。具体做法是迅速与相关公众取得联系，如上级机关、媒体机构等，采取一系列有效措施做好传播沟通与善后工作，其目的是尽快平息风波，恢复公众对组织的信任，挽回组织声誉，改善被损坏的形象。⑤进攻型公共关系策略，适用于企业与周围环境发生不协调甚至形成某种冲突时。具体做法是，采取以攻为守的方式，抓住有利时机和条件，主动调整组织政策和相应措施，以改变对原有环境的过分依赖。该策略的主要功能在于摆脱被动局面，开创新局面。

在选择运用以上公共关系策略时，企业一定要准确分析自身发展和所处环境的特点，分析自身的公关状况、公众的基本情况及相关因素，避免因选择不当而劳民伤财，甚至出现适得其反的结果。

主题 5　怎样进行销售预测？

5.1　销售预测的方法有哪些？

对于初创企业来说，做出一个符合实际的销售预测是极其重要的，因为销售预测是创业计划的前提和基础，直接影响着创业计划的可行性。销售预测的内容一般包括月销售量的预测、价格变化趋势预测、付款方式预测等。如果企业采取赊销的方式进行销售，还必须对应收账款的回收期做出预测。由于销售预测涉及方方面面的因素，不确定性很高，因此做销售预测是非常困难的事情。销售预测的常用方法有以下几种。

1. 经验估计法

如果你在打算创办的企业所在的行业有很长时间的从业经历和丰富的经验，或者你的合作伙伴、朋友、亲人有丰富的经验，就可以利用这些经验来进行销售预测。

2. 同类企业对比法

选择行业中已经存在的，并且和你打算创办的企业在技术、销售、资源条件等方面都类似的企业进行比较，从而获得你所需要的销售预测信息。这是一种简单常用的销售预测方法。

3. 实地测试法

实地测试法就是先小批量试销你的产品或服务，从而了解你所需要的市场信息。

4. 抽样调查法

选择调查那些有可能成为你的客户的人，了解他们的购买偏好、购买条件和购买习惯等信息。采用抽样调查法，你需要精心设计一些问题由被调查者来回答，并确保能从被调查者的回答中得到销售预测所需要的信息。为此，你初步提出的问题可以在亲戚、朋友等熟人圈进行试验，根据他们的建议和回答情况来修正问题，然后再进行调查。你选取的调查对象，一定要能够代表你的目标顾客群体，以帮助你进行有针对性的调查。

5.2 销售预测需要注意的问题有哪些?

1. 销售预测要切合实际，不要过分乐观

销售预测关系到企业生产能力的安排、启动资金的数额、成本构成和成本水平、利润率的高低和利润额的大小等多个方面。因此，一旦销售预测脱离实际，尤其是盲目乐观地高估销售量，将会使创业者陷入计划很完美但现实很凄惨的困境。过于乐观的销售预测导致创业者创业失败的案例数不胜数，所以创业者一定要有清醒的认识，避免重蹈覆辙。

2. 要注意市场变化规律对销售造成的影响

市场是处于不断变化之中的，这些变化会造成企业的销售量、产品价格、产品成本等也随之发生变化，形成具有一定规律的波动。所以创业者在进行销售预测时，要注意市场变化规律对销售造成的影响。例如，产品或服务是否有季节性变化规律，是否有旺季和淡季的变化等。掌握这些市场变化规律，销售预测才能更符合客观实际，提高销售预测的科学性。

3. 要注意你的市场营销策略对销售的影响

如果你的市场营销策略是富有成效的，这种效果就必然会反映在销售预测上。销售预测要把企业在不同时间段的市场营销活动对销售量、价格、成本等带来的影响反映出来。

4. 要注意时间因素对销售的影响

在创业之初，销售量大多会低一些，随着经营时间的延长，销售量可能会逐步提高。

能力训练与提升

训练1 市场细分、目标市场选择和市场定位训练

1．采用一定的市场细分因素对你打算创业的行业市场进行市场细分，列出主要细分市场的代表性企业。

2．一般性描述你的目标市场顾客群体，具体分析目标顾客群体的需求特征。

3．进行目标市场定位，即你的企业形象定位、你的产品形象定位和价格定位。

训练2　市场营销规划训练

1．制定产品策略方案。列出你的主要产品或服务，并描述其主要的特征，如质量、规格、颜色、包装、安全性和维修服务等。

2．制定价格策略方案。针对每一项产品或服务，列出该产品或服务的预测成本、销售价格、定价依据、折扣或赊销方案，以及竞争对手的价格。

3．制定渠道策略方案。明确你的企业选址意向及理由，明确采用什么样的销售渠道或销售方式，并说明理由。

4．制定促销方案。列出你打算采用的促销方式、具体时间安排和营销费用预算。

训练3　销售量预测训练

1．为了做好销售量预测，提高销售量预测的可靠性，你准备做好哪些工作？

2．结合你打算创办企业的实际情况，进行销售量预测，并填入表6.1。

表6.1　销售量预测

产品或服务	1月	2月	3月	4月	5月	6月	7月	8月	9月	10月	11月	12月

第7章 创业团队与人员组织

学习目标

★知识与理论

1. 了解认识创业团队的重要性。
2. 掌握组建和管理创业团队的基本方法。
3. 掌握企业组织结构的基本形式。
4. 理解如何进行有效的人员组织。
5. 掌握薪酬制度设计的相关知识。

★技能训练

1. 创业团队组建能力训练。
2. 组织结构设计能力训练。

–经典名言–

大成功靠团队，小成功靠个人。——比尔·盖茨

将合适的人请上车，不合适的人请下车。——詹姆斯·柯林斯

领军人物好比是阿拉伯数字的1，有了这个1，带上一个0，它就是10，两个0是100，三个0就是1000。——柳传志

用人不在于如何减少人的短处，而在于如何发挥人的长处。——彼得·德鲁克

【导入案例】

马化腾五兄弟：难得的创业团队

腾讯用了二十年的时间成为闻名世界、家喻户晓的企业。腾讯是怎样创造这一奇迹的呢？答案是团队。1998 年的秋天，马化腾与他的同学张志东"合资"注册了深圳腾讯计算机系统有限公司，之后又吸纳了三位股东：曾李青、许晨晔、陈一丹。这五个创始人的 QQ 号，据说是从 10001 到 10005。为避免彼此争夺权力，马化腾在创立腾讯之初就和四个伙伴约定清楚：各展所长、各管一摊。

之所以认为创业五兄弟"难得"，是因为直到 2005 年的时候，这五人的创始团队还基本是保持这样的合作阵形，不离不弃。直到腾讯做到如今的帝国局面，其中四个人还在公司一线，只有 COO 曾李青挂着终身顾问的虚职而退休。

在企业迅速壮大的过程中，要保持创始人团队的稳定合作尤其不易。在这个背后，工程师出身的马化腾一开始对于团队合作的理性设计功不可没。从股份构成上看，五个人一共凑了 50 万元，其中马化腾出资 23.75 万元，占了 47.5%的股份；张志东出了 10 万元，占 20%的股份；曾李青出了 6.25 万元，占 12.5%的股份；许晨晔和陈一丹各出 5 万元，各占 10%的股份。

虽然主要资金由马化腾出，他却自愿把所占的股份降到一半以下。"要他们的总和比我多一点点，不要形成垄断、独裁的局面。"与此同时，他自己又一定要出主要的资金，占大股。"如果没有一个主心骨，股份大家平分，到时候也肯定会出问题，同样完蛋。"

保持稳定的另一个关键因素，就在于搭档之间的"合理组合"。据《中国互联网史》作者林军回忆说："马化腾非常聪明，但非常固执，注重用户体验，愿意从用户的角度去看产品。张志东是脑袋非常活跃、对技术很沉迷的一个人。马化腾技术上也非常好，但是他的长处是能够把很多事情简单化，而张志东更多的是把一件事情做得完美。"

许晨晔和马化腾、张志东同为深圳大学计算机系的同学，他是一个非常随和、有主见，但不轻易表达的人，是有名的"好好先生"。陈一丹是马化腾在深圳中学时的同学，后来也就读深圳大学。他十分严谨，同时又是一个非常有个人魅力的人，能在不同的状态下激起大家的激情。

如果说其他几位合作者都只是"搭档级人物"的话，那么曾李青就是腾讯五个创始人中最好玩、最开放、最具激情和感召力的一个人。大开大合的性格，也比马化腾更具攻击性，更像拿主意的人。不过或许正是这一点，也导致他最早脱离了团队，单独创业。

后来，马化腾在接受多家媒体的联合采访时承认，他最开始也考虑过和张志东、曾李青三个人均分股份的方法，但是最后还是采取了五人创业团队，根据分工占据不同股份结构的策略。即便是后来有人想加钱、占更大股份，马化腾也坚决不同意，"根据我对你能力的判断，你不适合拿更多的股份"。在马化腾看来，未来的潜力要和应有的股份匹配，不匹配就要出问题。如果拿大股的不干事，干事的股份又少，矛盾就会发生。

当然经过几次稀释，最后他们上市所持有的股份比例只有当初的 1/3，但即便是这样，他们每个人的身价都还是达到了数十亿元人民币，是一个皆大欢喜的结局。

可以说，在中国的民营企业中，能够像马化腾这样，既包容又拉拢，选择性格不同、各有特长的人组成一个创业团队，并在成功开拓局面后还能依旧保持着长期默契的合作，是很少见的。马化腾成功之处，就在于其从一开始就很好地设计了创业团队的责、权、利。能力越大，责任越大，权力越大，收益也就越大。

资料来源：根据网络资料整理改编

感悟与体会

写下你对马化腾五兄弟创业团队的评价。

____

____

____

____

____

____

____

____

知识与理论学习

主题 1　如何组建创业团队？

1.1　什么是创业团队？

创业者在创业初期总是会遇到各种难题，有人说项目不好找，有人说资金最难搞，有人说市场最难跑，有人说人才最难求。我们且不去讨论项目、市场、资金、人才哪个最重要，它们都是创业所必要的资源，缺少任何一种资源都不可能创业成功。但从创业的本质来看，创业行为的实施，抑或说创业活动的执行，其主体仍然是人，这就决定了人是创业成功的关键。

一人拾柴火不旺，众人拾柴火焰高。一个优秀的创业者会为实现创业梦想而不断努力寻找合适的创业伙伴，因为他知道，只有找到“对的人”才能同舟共济，乘风破浪，成功创业。创业团队是指在创业初期（包括企业成立前和成立早期），由一群才能互补、责任共担、愿为共同的创业目标而奋斗的人所组成的特殊群体，是为进行创业而形成的集体。它使各成员联合起来，在行为上形成彼此影响的交互作用、在心理上意识到其他成员的存在及彼此相互归属的感受和工作精神。

创业团队不同于一般意义上的社会团体，它存在于企业之中，因创业的关系而连接起来却又超乎个人、领导和组织之外。创业团队不同于一般的团队，具体表现在以下五个方面。

1）组建目的不同。一般团队组建的目的是解决某类或者某个具体问题，而创业团队组建的目的是开创新企业或者拓展新事业。

2）职位等级不同。一般情况下，创业团队的成员处在高层管理者的位置上，他们会对企业重大问题决策产生影响，甚至会关系到企业的存亡；而一般团队的成员并不都处于组织的高层位置，其决策影响力是有限的。

3）权益分享不同。创业团队的成员一般在企业中拥有股份，具有更强烈的责任感来关注企业成长并积极参与决策；而一般团队成员并不一定拥有股份，所以团队整体相应的责任感和使命感不强烈。

4）关注视角不同。创业团队关注的多是关乎企业发展的全局性、战略性的决策问题，是一个比较宏观的，带有战略发展意义的问题；而一般团队关注的则多是一些比较微观的、具体的战术性和执行性的问题。

5）依赖程度不同。创业团队成员对企业有一种深厚的情感需求，整个群体规范意识强；一般团队成员对组织的情感性认同低。

从以上对比中，我们能够总结出创业团队是由技能互补、贡献互补的创业者组成的特殊群体，具有特定的工作目标，成员间相互依赖、技能互补、成果共享、责任共担，通过成员间的共同协作和努力完成共同目标。

一般而言，创业团队由四大要素组成。①首要是目标，目标是将人们的努力凝聚起来的重要因素。从本质上来说创业团队的根本目的在于创造新价值。②人是最核心的要素，任何计划的实施最终还是要落实到人的身上去。人作为知识的载体，所拥有的知识对创业团队的贡献程度将决定企业在市场中的命运。③团队成员的角色分配，即明确各人在新创企业中担任的职务和承担的责任。④创业计划，即制订成员在不同阶段分别要做哪些工作以及怎样做的指导计划。

组建创业团队的优越性在于：①团队能提高机会识别、开发和利用能力；②团队能提高新企业运作能力，发挥协同效应；③团队能为加强组织发展和管理工作提供独特的社会角度；④团队有利于营造更轻松愉快的心理环境；⑤团队可以发挥优势互补的作用。

一项针对104家高科技企业的研究报告指出，在年销售额达到500万美元以上的高成长企业中，有83.3%是以团队形式建立的。

阿里尔·阿斯佩伦德（Arild Aspelund）对新创技术型公司的创业团队的研究表明，创业是一个包含众多人的组织形成过程，特别是对更为复杂的技术型公司来说这个过程要求团队具有更多的能力。阿斯佩伦德还研究了团队成员在创业过程不同阶段的个人经历、能力和资源控制水平对新企业死亡率的影响。研究认为创业团队的素质能改善新创企业的生存状况；技术型公司企业对生命的影响因素最大的并不是创业团队本身的大小，而是团队成员的经历丰富与否。另外，经验比异质性对团队的影响更大。

“饿了么”学生团队创业记

从2008年到现在，在遭遇了烧钱竞争、巨头碾压和资本追逐之后，“饿了么”从两个大学生的创业项目变成了拥有15 000多人的大公司，一跃成为中国最受瞩目也最有价值的初创公司之一。它是时代精神高度凝聚的符号：创业热潮、O2O风口、残酷竞争与补贴大战、巨头格局下的合纵连横以及一个个“成功”的创业故事。“饿了么”如何从两个人的团队发展到现在的规模？这个创业团队经历了什么呢？

1. 饿着肚子一夜畅谈出的创业梦

2008年的一个晚上，还在上海交通大学机械与动力工程学院读硕士一年级的张旭豪与几个室友在宿舍里打电脑游戏，玩到午夜12点，饿了，打电话到餐馆叫外卖，要么打不通，要么不送。大家又抱怨又无奈，饿着肚子聊起来：“这外卖为什么不能晚上送呢?”“晚上生意少，赚不到钱。”“倒不如我们自己去取。”“干脆我们包个外卖吧。”

没想到聊着聊着，创业兴趣被聊了出来。这几个研一的硕士生开始讨论，设计自己的外卖模式，这一聊就聊到了凌晨四五点。创业就这样从不起眼的送外卖服务开始了。张旭豪和康嘉等同学一起，将交大闵行校区附近的餐馆信息搜罗齐备，印成一本“饿了么”的外送广告小册子在校园分发，然后在宿舍接听订餐电话。接到订单后，他们先到餐馆取快餐，再送给顾客。这一模式完全依靠体力维持业务运转，没有太大的扩张空间。唯一的好处是现金流充沛，餐费由他们代收，餐馆一周结一次款。从午间干到午夜，每天要接150～200份订单，每单抽成15%。

2. 业务扩张，创业团队不断扩大

这种模式真是苦活，团队里有两人选择退出，张旭豪不得不改变经营模式。他准备取消热线电话，取消代店外送，让顾客与店家在网上自助下单和接单。

网络并非他们的专长，于是张旭豪在校园网上发帖，招来软件学院的叶峰入伙。他们没有照搬或修改其他网站的架构，而是编制和开发新的架构。足足用了半年时间开发出的网络平台可按需实现个性化功能，而在平台那边，饭店实时接到网络订单，可直接打印订单及外送地址。在网址注册上，他们也不用“.com”或“.cn”，只用了简简单单的“ele.me”。

平台刚上线、加盟店就达到了30家左右，每天订单量达500～600单，且每月以60%～70%的速度增加。校方推荐和鼓励他们不断参加创业大赛、申请创业基金，团队先后获得至少45万元资助和奖励。

交大闵行校区已被攻下，“饿了么”开始向外突破。此时，华东师大国贸专业的闵婕慕名而来，成为“饿了么”团队第一个外校生，也是第一个女生。她被聘为高校市场负责人。

随着业务的扩张，张旭豪又在网上找到曾经拥有同样梦想的人——陈强（上海工程技术大学毕业生，曾在校开办“QQorder”订餐网站3年，以失败告终），并聘请其出山，担任“饿了么”首席运营官。

3. 共同的理想，共筑创业梦想

吸引学生可以靠线上、线下的广告，吸引更多商家加盟就要靠“扫街”了。“饿了么”通常两人一组，沿街进店推销。一拍即合的当然是少数，更多商家是将信将疑：“凭什么我在你网上开个页面、放份菜单，你就要抽成8%?”张旭豪的策略是“谈，不断谈，谈到老板不想跟你再谈，就谈成了”。最忙时，他们每天“扫”100 家饭店，其中最难谈的饭店是天天回访，“谈”了40多个回合才拿下。

就这样，拥有7所高校的松江大学园区成为“饿了么”的地盘。就这样，张旭豪电脑里的定制地图上，沪东北、沪东南的所有大学及市中心的办公区写字楼都被标上了红点，慢慢地扩大到杭州、北京……

“饿了么”有个奇怪的公司名字：拉扎斯。张旭豪说，这是梵文“激情”的音译。作为一个上海青年，他有着与脸谱网站创始人马克·扎克伯格相似的年龄和一样的英文名。这些创业的年轻人中不止一人放弃海外深造或外企工作，但不放弃的就是那份创业激情。

资料来源：根据网络资料整理改编

案例思考

通过这个案例你学到了什么？每个创业小组分别讨论创业团队对于创业者个人和对社会的重要意义，并将讨论结果写下来。

____

____

____

____

____

____

____

1.2 创业团队成员的角色有哪些？

所谓团队角色是指个体在群体内的行为、贡献及人际互动的倾向性。剑桥产业培训研究部前主任贝尔宾博士和他的同事们经过多年的研究与实践，提出了著名的贝尔宾团队角色理论，认为一支结构合理的团队应该由九种角色组成。这九种角色分别如下。

1. 统领者 CO（Coordinator）

统领者或协调者突出的特征是成熟、自信，值得信赖，具有个性感召力。他能够凝聚团队的力量向共同的目标努力。他拥有远见卓识，并且能够获得团队成员的尊重。在人际交往中，他能够很快发现各成员的优势，并在实现目标的过程中妥善安排，发挥团队成员的长处。一个团队必须有一个统领者。

2. 智多星 PL（Plant）

智多星充当创新者、策划者和发明者的角色，是一个“点子型的人才”。他知识面广，思路开阔，观念新奇，创造力强，爱出主意，能够为团队的发展和完善出谋划策。他善于运用自己的想象力独立完成任务，喜欢打破传统，标新立异。他可能不善于与那些气场不同的人交流，倾向于与其他团队成员保持距离，对于外界的批判和赞扬反应强烈。有时他的想法往往比较偏激和缺乏实际可行性。

3. 外交家 RI（Resource Investigator）

外交家的强项是与人交往，善于和人打交道，与生俱来就是谈判高手。他充满热情、性格外向、好奇心强，追求效率、行动力强。他对外界环境十分敏感，一般最早感受到变化，善于发掘那些可以获得并利用的资源，乐于在任何新事物中寻找潜在的可能性。他为人随和，无论到哪里都会受到热烈欢迎。有时外交家会过于乐观，热情也容易消退，需要持续的激励。

4. 审议员 ME（Monitor Evaluator）

审议员或监督者的思维逻辑性很强，态度严肃认真，不易情绪化，谨慎理智。他喜欢重复推敲一件事情，倾向于三思而后行，决策时能把范围很广的因素都考虑进去，做决定较慢，但很少犯错误。他非常具有批判性思维，工作挑剔。审议员往往欠缺激励他人的能力。

5. 鞭策者 SH（Shaper）

鞭策者是充满活力、干劲十足、精力充沛、渴望成就的人。他办事效率高，自发性强，目的明确，有高度的工作热情和成就感，拥有强大的驱动力。他喜欢领导并激励他人采取行动，勇于挑战他人，而且一心想取胜，具有极强的竞争意识。在行动中如遇困难，他会积极找出解决办法。在面对任何失望和挫折时，他顽强而又自信，倾向于显示出强烈的情绪反应。鞭策者对人际不敏感，好争辩，容易触怒和冒犯别人。

6. 凝聚者 TW（Teamworker）

凝聚者是团队中的“和事佬”。他性格温和，待人圆滑，擅长人际交往并关心他人。他能够耐心听取别人的意见，能够很好地避免摩擦和冲突，是最佳倾听者和好的咨询者。他感觉敏锐，观察力强，灵活性强，适应不同环境和人的能力非常强。但在面对危机时，他往往优柔寡断。

7. 执行者 IMP（Implementer）

执行者是实用主义者，他会将主意变为实际行动；非常现实、传统，甚至有点保守；崇尚努力工作，计划性强；有很好的自控力和纪律性；对团队忠诚度高，为团队整体利益着想而较少考虑个人利益。但执行者往往欠缺弹性，对新机遇往往反应迟钝。

8. 完成者 CF（Completer Finisher）

完成者忠诚尽责、勤勉肯干、注重细节、追求完美，是完美主义者。他们善于发现错漏，能够准确把事情办妥。他们不太会去做他们认为完成不了的事，无法容忍那些态度随意的人。一般来说，大多数完成者性格内向，由内部焦虑所激励，并不太需要外部的激励或推动，更偏好自己来完成所有的任务，而不是把工作委派他人，也不喜欢别人介入自己的工作。

9. 专业师 SP（Specialist）

专业师专注于维持自己的专业度以及对专业知识的不断探究，能够为团队提供不易掌握的专业知识和技能，他们会为自己获得专业技能和知识而感到骄傲。专业师往往将绝大多数注意力集中在自己的领域，沉迷于个人的专业兴趣，对其他领域所知甚少，因此只能在有限的专业领域内做出贡献。

总之，贝尔宾认为，高效的团队工作有赖于默契协作。团队成员必须清楚其他人所扮演的角色，了解如何相互弥补不足，发挥优势。利用个人的行为优势创造一个和谐的团队，可以极大地提升团队和个人绩效。没有完美的个人，但有完美的团队。

贝尔宾认为理想的团队人数应该是 6 人，所以在团队中注定有人要扮演多个团队角色。这 9 大角色没有绝对的好与坏，只有最适合自己的，所以个人应该尽早发现和定位最适合自己的角色，然后强化这种角色，从而使自己在团队中创造出最大的价值。另外，个人在组织中的角色也不是一成不变的，随着项目的演进和团队人员的更迭，个人需要重新匹配适合自己的新角色。

1.3 创业团队的组建原则有哪些？

1. 目标明确合理原则

目标必须明确，这样才能使团队成员清楚地认识到共同的奋斗方向是什么。与此同时，目标也必须是合理的、切实可行的，这样才能真正地达到激励的目的。

2. 互补原则

创业者之所以寻求团队合作，其目的就在于弥补创业目标与自身能力间的差距。只有当团队成员相互间在知识、技能、经验等方面实现互补时，才有可能通过相互协作发挥出“1+1>2”的协同效应。

3. 精简高效原则

为了减少创业期的运作成本、最大比例地分享成果，创业团队人员构成应在保证企业能高效运作的前提下尽量精简。

4. 动态开放原则

创业过程是一个充满不确定性的过程，团队中可能因为能力、观念等多种原因不断有人在离开，同时也有人在要求加入。因此，在组建创业团队时，应注意保持团队的动态性和开放性，使真正完美匹配的人员能被吸纳到创业团队中来。

5. 激情原则

激情是衡量一个人是否能够成功的基础标准。创业团队一定要选择对项目有高度热情的人加入，并且要使所有人在企业初创时就有每天长时间工作的准备。任何人，不管其有无专业水平，如果对事业的信心不足，就无法适应创业的需求，而这种消极因素，对创业团队所有成员产生的负面影响可能是致命的。创业初期，整个团队可能需要每天十六个小时不停工作，并要求在高负荷的压力下仍能保持创业的激情。

6. 团队原则

团队是企业凝聚力的基础。成员能够同甘共苦，经营成果能够公开且合理地分享，团队就会形成较强的凝聚力与一体感。团队中没有个人英雄主义，每一位成员的价值表现为其对于团队整体价值的贡献。个人利益是建立在团队利益基础上的，每一位成员都应将团队利益置于个人利益之上，因此成员必须愿意牺牲短期利益来换取长期的成功果实，而不计较短期薪资、福利、津贴等，将利益分享放在成功后。这样的团队才能创造更大的效益。

7. 合伙人原则

一般企业都是招员工，而员工都是在做“工作”。但创业团队需要招的是“合伙人”，因为合伙人做的是事业，一个人只有把工作当作事业才有成功的可能，一个企业只有把员工当作合伙人才有机会迅速成长，所以创业团队要解决好价值分配问题，然后去找自己的合伙人。

1.4 组建创业团队的过程包括哪些步骤？

创业团队的组建是一个相当复杂的过程，不同类型的创业项目所需的团队不一样，创建步骤也不完全相同。一般而言，企业团队组建过程主要包括以下步骤。

1. 明确创业目标

创业团队的总目标就是要通过完成创业阶段的技术、市场、规划、组织、管理等各项工作实现企业从无到有、从起步到成熟。总目标确定之后，为了推动团队最终实现创业目标，再将总目标加以分解，设定若干可行的、阶段性的子目标。

2. 制订创业计划

在确定了总目标及子目标之后，紧接着就要研究如何实现这些目标，这就需要制订周密的创业计划。创业计划是在对创业目标进行具体分解的基础上，以团队为整体来考虑的计划。创业计划确定了在不同的创业阶段需要完成的阶段性任务，通过逐步实现这些阶段性目标来最终实现创业目标。

3. 招募团队成员

招募团队成员也是创业团队组建最关键的一步。创业团队成员的招募，主要应考虑两个方面。一是考虑互补性，即考虑其能否与其他成员在能力或技术上形成互补。这种互补性形成既有助于强化团队成员间彼此的合作，又能保证整个团队的战斗力，更好地发挥团队的作用。一般而言，创业团队至少需要管理、技术和营销三个方面的人才。只有这三个方面的人才形成良好的沟通协作关系后，创业团队才可能实现稳定高效。二是考虑适度规模。适度的团队规模是保证团队高效运转的重要条件。团队成员太少无法实现团队的功能和优势，而过多又可能会产生交流的障碍，团队很可能会分裂成许多较小的团体，进而大大削弱团队的凝聚力。一般认为，创业团队的规模控制在2～12人最佳。

4. 职权划分

为了保证团队成员执行创业计划、顺利开展各项工作，必须预先在团队内部进行职权的划分。创业团队的职权划分就是根据执行创业计划的需要，具体确定每个团队成员所要担负的职责及相应所享有的权限。团队成员间职权的划分必须明确，既要避免职权的重叠和交叉，也要避免无人承担造成工作上的疏漏。此外，由于还处于创业过程中，面临的创业环境又是动态复杂的，不断会出现新的问题，团队成员可能不断出现更换，因此创业团队成员的职权也应根据需要不断地进行调整。

5. 构建创业团队制度体系

创业团队制度体系体现了创业团队对成员的控制和激励能力，主要包括团队的各种约束制度和各种激励制度。一方面，创业团队通过各种约束制度（主要包括纪律条例、组织条例、财务条例、保密条例等）指导其成员避免做出不利于团队发展的行为，实现对其行为进行有效的约束、保证团队的稳定秩序；另一方面，创业团队要实现高效运作，要有有效的激励机制（主要包括利益分配方案、奖惩制度、考核标准、激励措施等），使团队成员能看到随着创业目标的实现，其自身利益将会得到怎样的改变，从而达到充分调动成员的积极性、最大限度地发挥团队成员作用的目的。要实现有效的激励首先就必须把成员的收益模式界定清楚，尤其是关于股权、奖惩等与团队成员利益密切相关的事宜。需要注意的是，创业团队的制度体系应以规范化的书面形式确定下来，以免带来不必要的混乱。

6. 团队的调整融合

理想的创业团队并非创业初期就形成了，很多时候是在企业创立一定时间以后随着企业的发展逐步形成的。随着团队的运行，团队组建时在人员匹配、制度设计、职权划分等方面的不合理之处会逐渐暴露出来，这时就需要对团队进行调整融合。由于问题的暴露需要一个过程，因此团队调整融合也应是一个动态持续的过程。在完成了前面的工作步骤之后，团队调整融合工作会专门针对运行中出现的问题不断地调整前面的步骤直至满足实践需要为止。在进行团队调整融合的过程中，最为重要的是要保证团队成员间有效的沟通与协调，更好地培养团队精神，提升团队士气。

1.5 组建创业团队应该注意哪些问题?

1）重视核心人物的作用。创业团队有两个核心人物：一名技术出身的创始人或者非技术领域的产品专家，以及一名业务员。团队中有了这两位，创业成功的概率将大大提高。

2）重视创业经验，这份经验将在创业过程中起到至关重要的作用。它可以大大地减少创业前进的阻力，为团队带来丰富的经验和社会关系。

3）重视发挥领导人的能力。创业团队中让 4 个人分别担任技术领导、销售领导、产品领导和营销领导，要比两个人兼任 4 个职务效率高。

4）不要轻信团队应征者的头衔。要注意应征者的实战能力和“战果”。如果应征者曾经在某一个大公司里担任过首席技术官，在创业企业里是担任管理职位，而不是做写代码的技术人员，那么可以确认这个人不适合任何创业初期的团队。有管理经验的营销副经理也不适合创业企业，因为他们并没有真正的能力来管理一个企业，他们只是在营销方面有丰富的经验。要知道，营销和管理差得很远。

5）重视团队期望值。要给团队设置合理的期望值，这样可以避免产生过度的紧张和挫折。同时也要设置合理的融资时间、涨薪时间和奖金等。

6）重视创业团队质量。创业团队的质量直接关系到团队的生死存亡。在招募队员时，必须花大力气招到好的队员。如果某个队员名不副实，与团队其他成员不和，就要赶紧把他踢出团队，因为“一粒老鼠屎，坏了一锅粥”这种事太多了。如果有队员只吃饭不干活，这是在浪费你的时间，也是在浪费整个团队的时间，还有可能毁了团队的前途。

主题 2 怎样进行组织结构设计？

2.1 组织结构设计包括哪些内容?

组织结构设计是把企业的任务、流程、权力和责任进行有效组合和协调的一种活动。科学合理的组织结构设计能够大幅度地提高企业的运行效率和经济效益。组织结构设计的内容包括工作或岗位设计、职能设计、组织框架设计、组织协调设计、制度规范设计、人员设计和激励设计等。这里重点介绍工作分析与岗位设计、管理幅度与管理层次设计、集权与分权设计和部门划分。

1. 工作分析与岗位设计

工作分析是指系统全面地确认企业的整体活动或工作，以便为管理活动提供各种有关工作方面的信息所进行的一系列工作信息收集、分析和综合的过程。工作分析是人力资源管理工作的基础，也是岗位设计的前提。一般来说，工作分析能够为岗位设计提供如下资料：①有关工作活动的资料，即各项工作实际发生的活动类型，如清洗、烹调等；

②有关人的行为资料，指与个人工作有关的人类行为资料，如体能消耗情况、行走距离长短、写作能力等；③工作器具的资料，指工作中所使用的机器、工具、设备及辅助器械的情况；④绩效标准，即用数量或质量反映的各种可以用来评价工作成绩的方法；⑤相关条件，指工作环境、工作进度、组织行为规范等；⑥人员条件，指与工作相关的知识、技能及个人特征等，包括学历、训练背景、工作经验、性格、兴趣和身体特征等。

岗位设计是在工作分析的信息基础上，研究和分析工作如何做以促进组织目标的实现，以及如何使员工在工作中得到满意以调动员工的工作积极性。岗位设计的主要内容包括工作内容、工作职责和工作关系的设计三个方面。

工作内容的设计是岗位设计的重点，一般包括以下五个方面。①工作的广度，即工作的多样性。设计工作时，尽量使工作多样化，使员工在完成任务的过程中能进行不同的活动，保持工作的兴趣。②工作的深度。设计的工作应具有从易到难的一定层次，对员工工作的技能提出不同程度的要求，从而增加工作的挑战性，激发员工的创造力和克服困难的能力。③工作的完整性。保证工作的完整性能使员工有成就感，让员工见到自己的工作成果，感受到自己工作的意义。④工作的自主性。适当的自主权力能增加员工的工作责任感，使员工感到自己受到了信任和重视，提高工作的热情。⑤工作的反馈性。工作的反馈包括同事及上级对自己工作意见的反馈和工作本身的反馈，如工作的质量、数量、效率等。工作反馈信息使员工对自己的工作效果有个全面的认识，能正确引导和激励员工，有利于工作的精益求精。

工作职责设计的内容主要包括以下五个方面。①工作责任。工作责任设计是对员工在工作中应承担的职责及压力范围的界定，也就是工作负荷的设定。责任的界定要适度，工作负荷过低，无压力，会导致员工行为轻率和低效；工作负荷过高，压力过大又会影响员工的身心健康，会导致员工的抱怨和抵触。②工作权力。权力与责任是对应的，责任越大，权力范围越广。若二者脱节，会影响员工的工作积极性。③工作方法，包括领导对下级的工作方法，组织和个人的工作方法等。工作方法的设计具有灵活性和多样性，不同性质的工作根据其工作特点的不同采取的具体方法也不同。④相互沟通，包括垂直沟通、平行沟通、斜向沟通等形式。⑤协作。整个组织是有机联系的整体，是由若干个相互联系、相互制约的环节构成的。每个环节的变化都会影响其他环节及整个组织运行，因此各环节之间必须相互合作，相互制约。

工作关系的设计包括内部关系和外部关系。内部关系是工作上的合作伙伴、上司、下属之间的关系，如协作关系和监督关系等。外部关系是工作与客户、采购商、分销商和税务部门之间的关系等。

在进行岗位设计时要遵循以下四个原则。①专业分工原则。专业分工原则追求深度知识与市场经验的积累，在此原则下的岗位设置是对组织细分的过程，岗位成为组织中工作内容自成体系、职责独立的最小业务单元。②协调费用最小原则，即减少不同职位间的协调，降低运作成本。可以通过工作关系分析和工作定量分析来实现。工作关系分析是对最小业务活动之间的工作相关性进行分析，确定适用的优化组合方案。工作定量分析则是在工作量不饱满的情况下，对职能细分或流程被分割的岗位予以合并。③不相容职务分离原则。不相容职务是指那些如果由一个人担任，既可能发生错误和舞弊行为，又可能掩盖其错误和弊端行为的职务，如会计和出纳。不相容职务分离原则要求在岗位间进行明确的职责权限划分，确保不相容岗位相互分离、制约和监督。④整分合原则。在企业组织整体规划下应实现岗位的明确分工，又在分工基础上有效地综合，使各岗位既职责明确，又能上下左右之间同步协调，以发挥企业的最大效能。

随着企业外部环境和管理实践的发展，岗位设置产生了一些新的发展趋势。①岗位扩大化。专业化分工容易造成员工因工作单调产生厌倦情绪，也不利于岗位之间的信息沟通，从而容易导致缺乏活力、抑制创新。因此，很多企业在岗位设置时适当扩大岗位工作范围来避免以上问题。②团队化工作方式。在团队工作中，只存在大致的分工，而没有绝对的岗位界限，因此，团队成员更强调各自在团队中的角色定位，按照能力而不是岗位发挥作用。如果在团队中强调岗位，反而会破坏团队工作氛围，抑制团队工作优势。③弹性岗位设置。主要特征为：岗位工作目标和职责比较模糊，员工不必拘泥于岗位职责范围，从而有利于发挥个人特长，进而使企业具有应对市场变化的弹性。这种形式在服务行业尤为突出。

2. 管理幅度与管理层次设计

管理幅度指一个人或组织直接管理的下属人员或机构的数目，又称控制幅度。管理层次指组织纵向划分的管理层级的数目。在组织规模确定的条件下，两者成反比关系：管理幅度越大，需要设置的管理层次就越少；反之，管理幅度越小，需要设置的管理层次就越多。管理幅度受管理者能力、精力和时间的限制。管理幅度过大，会导致管理者负担过重或出现管理混乱；管理幅度过小，会增加管理层次，降低工作效率和提高管理成本。在设计管理幅度时需要考虑以下因素：管理者的素质；管理者有无助手及助手的多少；下属成员的素质和成熟程度；工作的性质、环境和条件；上下级的权责关系及其明确的程度；组织内部的工作和人际关系是否协调；下属成员或组织在地域上的集中和分散程度；沟通联络技术是否先进；计划和控制指标是否明确、具体；组织领导体制和领导方式是否得当；等等。一般来说，中高层的管理幅度为5～8人；基层是10～15人。

一个组织中管理层次的多少，应具体地根据组织规模的大小、活动的分布点及管理幅度而定。管理层次也须适度。管理层次越多，信息沟通就越困难，越容易受干扰。管理层次过少，就会使管理幅度超出合理的限度，领导者不胜负荷。大部分组织的管理层次往往分为三层，即上层、中层和基层。上层的主要任务是从组织整体利益出发，对整个组织实行统一指挥和综合管理，并制定组织目标及实现目标的一些大政方针。中层的主要任务是负责分配目标的制定、拟定和选择计划的实施方案、步骤与程序，按部门分配资源，协调下级的活动，以及评价组织活动成果和制定纠正偏离目标的措施等。基层的主要任务就是按照规定的计划和程序，协调基层员工的各项工作，完成各项计划和任务。

3. 集权与分权设计

集权是指决策权在组织系统中较高层次的一定程度的集中。分权是指组织的权力不是集中在某个成员，而是分散在组织内部。集权和分权是一个相对的概念。在组织管理中，集权和分权是相对的，绝对的集权或绝对的分权都是不可能的。集权和分权各有利弊。集权的优点是：有利于政令统一，标准一致，便于统筹全局；指挥方便，统一行动，命令容易贯彻执行；有利于形成统一的企业形象；有利于集中力量应对危局等。集权的缺点有：不利于发展个性，顾及不到事物的特殊性；缺少弹性和灵活性，适应外部环境的应变能力差；下级容易产生依赖思想，不愿承担责任。分权的优点在于下级可以在自己的管辖范围内独立自主地工作，因此能够集思广益，充分发挥下级的主观能动性，做到从实际出发，具体问题具体分析，从而因时因地地制定具有自身特色的方针与政策等。分权的缺点在于难以坚持政令统一，标准一致，容易造成各自为政，使组织中各个层级的矛盾与冲突难以协调，也容易造成分散主义、地方主义与本位主义等现象。

对一个组织来说，其集权或分权的程度，应综合考虑以下因素：决策失误代价的大小；组织对政策一致性的态度；组织规模的大小；组织的成长阶段；高层领导者的个性和管理哲学差异；管理人员的数量与素质；控制技术与手段是否完善；职能领域的差异等。衡量一个组织的集权或分权的程度，主要有下列几项标准。①组织中较低管理层次做出的决策数目越多，则分权的程度就越高；反之，上层决策数目越多，则集权程度越高。②组织中较低层次决策的范围越广，涉及的职能越多，则分权程度越高；反之，上层决策的范围越广，涉及的职能越多，则集权程度越高。③如果组织中较低层次做出的决策越重要，影响面越广，则分权的程度越高；相反，如果下级做出的决策越次要，影响面越小，则集权程度越高。④组织中较低层次做出的决策，上级要求审核的程度越低，分权程度越高；如果上级根本不要求审核下级的决策，分权的程度最大；如果做出决策之后必须立即向上级报告，分权的程度就小一些；如果必须请示上级之后才能做出决策，分权的程度就更小。下级在做决策时需要请示的人越少，其分权程度就越大。

4. 部门划分

部门划分是指按照一定的方式将相关的工作活动予以划分和组合，形成易于管理的组织单位，如部、处、科、室、组等。经过划分形成的部门既是一个特定的工作领域，又是一个特定的权力领域。常见的部门划分方法有以下几种。

（1）按人数划分

这是一种最简单的划分方法，即每个部门规定一定数量的人员，由主管人员指挥完成一定的任务。这种划分的特点是只考虑人力因素，在企业基层组织的部门划分中使用较多，如每个班组人数的确定。

（2）按时间划分

这种方法也常用于基层组织划分。比如，许多工业企业按早、中、晚三班制进行生产活动，那么部门设置也是早、中、晚三套，采用轮班作业的方法，从而保证工作的连续性。

（3）按职能划分

这种方法是根据生产专业化原则，以工作或任务的性质为基础来划分部门的。这些部门被分为基本的职能部门和派生的职能部门。基本的职能部门处于组织机构的首要一级，当基本的职能部门的主管人员感到管理幅度太大，影响到管理效率时，就可将本部门任务细分，从而建立派生的职能部门。这种划分方法的优点是遵循了分工和专业化原则，有利于充分调动和发挥企业员工的专业才能，有利于培养和训练专门人才，提高企业各部门的工作效率。弊端是：各职能部门容易从自身利益和需要出发，忽视与其他职能部门的配合，各部门横向协调差；可能导致整个组织对外界环境变化反应较慢。

（4）按产品划分

这种方法划分的部门是按产品或产品系列来组织业务活动。这样能发挥专业设备的效率，部门内部上下关系易协调；各部门主管人员将注意力集中在特定产品上，有利于产品的改进和生产效率的提高。但是这种方法使产品部门的独立性比较强而整体性比较差，加重了主管部门在协调和控制方面的负担。

（5）按地区划分

这种方法更适合于分布地区分散的企业。当一个企业在空间分布上涉及地区广泛，并且各地区的政治、经济、文化、习俗等存在差别并影响到企业的经营管理时，就将某个地区或区域的业务工作集中起来，委派一位主管人员负责。这种方法的优点是：因地制宜，更好地适应市场；减少运费和运送时间，降低成本；有利于调动区域管理者的积极性。缺点是：需要更多的具有全面管理能力的人员；增加了最高层主管对各部门控制的困难，地区之间不易协调。

（6）按服务对象划分

这种方法多用于最高层主管部门以下的一级管理层次中的部门划分。它根据服务对象的需要，在分类的基础上划分部门。比如，生产企业可划分为专门服务于家庭的部门、专门服务于企业的部门等。这种方法的优点是：提供服务针对性强，便于企业从满足各类对象的要求出发安排活动。缺点是：按这种方法组织起来的部门，主管人员常常列举某些原因要求给予特殊照顾和优待，从而使这些部门和按照其他方法组织起来的部门之间的协调发生困难。

（7）按工艺过程（设备）划分

这种方法是把工作过程划分为若干个阶段，以此来划分部门；或者按大型设备来划分部门。优点是：符合专业化的原则；可充分利用专业技术和特殊技能，简化培训。缺点是各部门之间沟通协作困难，不利于全面管理人才的培养。

2.2 组织结构设计的原则有哪些？

1. 任务与目标原则

企业组织设计的根本目的，是为实现企业的战略任务和经营目标服务。因此，组织结构的全部设计工作必须以此为出发点和归宿点，为有效实现任务和目标服务。

2. 专业分工和协作的原则

要按照专业化的原则设计部门，并保证各专业部门之间的协作与配合。贯彻这一原则，在组织设计中要十分重视横向协调问题。主要的措施有：①实行系统管理，把职能性质相近或工作关系密切的部门归类，成立各个管理子系统，分别由管理人员负责管辖；②设立一些必要的委员会及会议来实现协调；③创造协调的环境，提高管理人员的全局观念和协作意识。

3. 有效管理幅度原则

有效管理幅度不是一个固定值，它受职务的性质、人员的素质、职能机构等条件的影响。这一原则要求在进行组织设计时，管理者的管理幅度应控制在一定水平，以保证管理工作的有效性。

4. 集权与分权相结合的原则

企业组织设计时，既要有必要的权力集中，又要有必要的权力分散，两者不可偏废。集权是大生产的客观要求，它有利于保证企业的统一领导和指挥，有利于人力、物力、财力的合理分配和使用。而分权是调动下级积极性、主动性的必要组织条件。合理分权有利于基层根据实际情况迅速而正确地做出决策，也有利于上层领导摆脱日常事务，集中精力抓重大问题。因此，集权与分权是相辅相成的，是矛盾的统一。

5. 指挥统一原则

指挥统一原则即在设计职权关系中，要保证指挥的统一性，防止令出多门而造成管理上的混乱。

6. 稳定性和适应性相结合的原则

稳定性和适应性相结合的原则要求组织设计时，既要保证组织在外部环境和企业任务发生变化时，能够继续有序地正常运转，又要保证组织在运转过程中，能够根据变化了的情况做出相应的变更，即组织应具有一定的弹性和适应性。为此，需要在组织中建立明确的指挥系统、责权关系及规章制度，同时又要选用一些具有较好适应性的组织形式和措施，使组织在变动的环境中具有一种内在的自动调节机制。

7. 责权利相结合原则

要使每一个组织单元或职位所拥有的责任、权力和利益相匹配。在三者关系中，责是核心，也是前提，只有承担了责任，才有可能取得与这一责任相适应的权力和利益；权力又表现为承担责任的前提条件，没有权力就无法承担责任；利益是承担责任的物质保证。

8. 精简高效原则

精简是机构少，人员精；高效是工作效率和工作质量高。精简高效原则就是要以尽量少的机构岗位设置和人员安排，实现组织的任务和目标。

2.3 组织结构的基本形式有哪些？

1. 直线制

直线制是最早和最简单的组织形式。这种组织形式没有职能结构，从最高管理层到最低管理层，实行直线垂直领导。这种组织结构形式的优点是权力集中，职权和职责分明、命令统一，信息沟通简捷方便，便于统一指挥，集中管理。缺点是它要求各层级管理人员通晓多种知识和技能，熟悉与本部门业务相关的各种活动，亲自处理各种业务，容易使管理人员陷入忙乱之中。所以，这种组织结构适用于企业规模不大、职工人数不多、生产和管理工作都比较简单的情况或现场作业管理。直线制组织结构形式如图 7.1 所示。

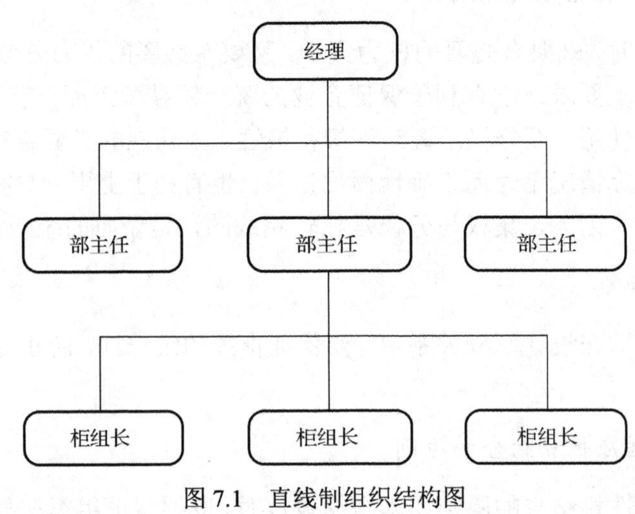

图 7.1 直线制组织结构图

2. 直线—职能制

直线—职能制组织结构是现代工业中最常见的一种结构形式。特点是：以直线为基础，在各级行政主管之下设置相应的职能部门（如计划、销售、供应、财务等部门）从事专业管理，作为该级行政主管的参谋，实行主管统一指挥与职能部门参谋指导相结合。在直线—职能制结构下，下级机构既受上级部门的管理，又受同级职能管理部门的业务指导和监督。各级行政领导人逐级负责，高度集权。因而，这是一种按经营管理职能划分部门，并由最高经营者直接指挥各职能部门的体制。直线—职能制组织结构的优点体现在它综合了直线型和职能型组织结构的优点，既保留了直线型结构集中统一指挥的优点，又吸收了职能型结构分工细密、注重专业化管理的长处，发挥各种专门业务管理的作用，其职能高度集中、职责清楚、秩序井然、工作效率较高，整个组织有较高的稳定性。直线—职能制组织结构的缺点是：权力集中于最高管理层，下级缺乏必要的自主权；各职能部门之间的横向联系较差，容易产生脱节和矛盾；信息传递路线较长，反馈较慢，难以适应环境的迅速变化；不利于培养全面型管理人才。直线—职能制组织结构形式如图 7.2 所示。

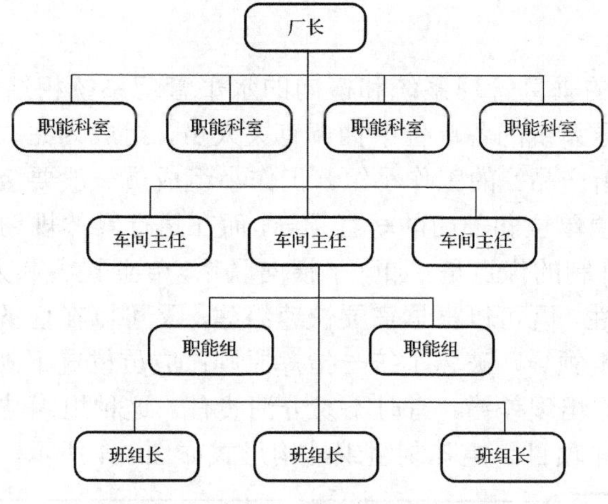

图 7.2 直线—职能制组织结构图

3. 事业部制

事业部制最早起源、应用于美国通用公司。具体的设计思路为：在总公司领导下设立多个事业部，把分权管理与独立核算结合在一起，按产品、地区或市场（顾客）划分经营单位，即事业部。每个事业部都有自己的产品和特定的市场，能够完成某种产品从生产到销售的全部职能。事业部不是独立的法人企业，但具有较大的经营权限，实行独立核算、自负盈亏，是一个利润中心。从经营的角度来说，事业部与一般的公司没有什么太大的不同。事业部制的主要优点是：每个事业部都有自己的产品和市场，能够灵活自主地对市场出现的新情况做出迅速反应；权力下放，有利于最高领导层摆脱日常行政事务和直接管理具体经营工作的繁杂事务，而成为坚强有力的决策机构，同时又能使各事业部发挥经营管理的积极性和创造性；事业部自成系统，独立经营，有利于培养全面管理人才；事业部作为利润中心，便于进行考核，开展内部竞争。事业部制的缺点是：由于各事业部利益的独立性，容易滋长本位主义；一定程度上增加了费用开支；对公司总部的管理工作要求较高，否则容易发生失控。

事业部制组织结构主要适用于产业多元化、品种多样化、各有独立的市场，而且市场环境变化较快的大型企业。事业部制组织结构形式如图 7.3 所示。

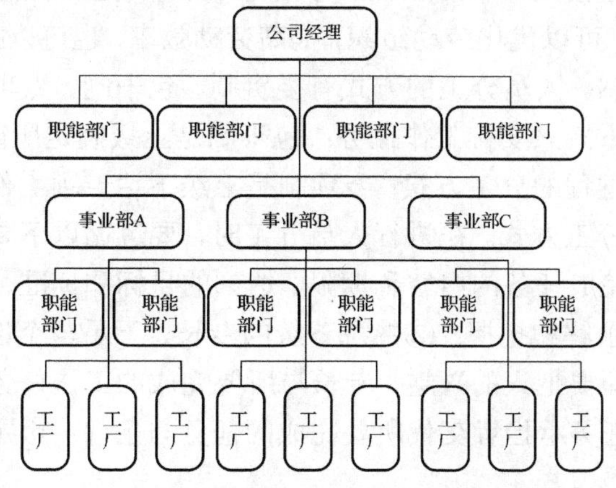

图 7.3 事业部制组织结构图

4. 矩阵制

矩阵制是由纵向的垂直管理系统和横向的水平管理系统相结合而组成的一种组织形式。企业从垂直领导系统的各单位中抽调有关人员，组成为完成特定规划任务（如开发新技术、新工艺、新产品）的工作小组。工作小组成员一般要接受两方面的领导，即在专业业务方面接受原单位和部门的垂直领导，而在执行具体规划任务方面接受规划任务负责人的领导。矩阵制的优点是：加强了横向联系，专业设备和人员得到了充分利用；具有较强的组织灵活性，既可以根据需要快速组建，又可以在任务完成后及时撤销。缺点是：工作人员受双重领导，破坏了统一指挥原则；成员位置不固定，有临时观念，有时责任心不够强；工作出现差错，有时不易分清责任。这种组织结构主要适用于变动性大的组织或临时性工作项目。矩阵制组织结构形式如图 7.4 所示。

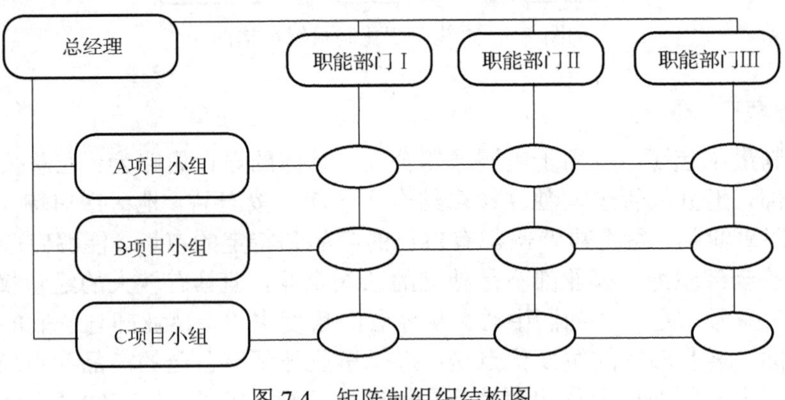

图 7.4 矩阵制组织结构图

主题 3 如何进行创业企业人员组织？

3.1 怎样做好人员分工？

1. 人员分工

所谓人员分工，是指人与事的配合，即指派哪个或哪些人去完成哪项或哪些工作。科学合理的人员分工，可以优化劳动组织，提高劳动效率，也可以提高员工工作积极性，增强员工的工作满足感。人员分工的方式有委责制、包干制、专项制等形式。委责制是通过明确岗位职责的方式来安排工作任务；包干制是上级确定所需要完成的任务总量，由下级自主控制工作过程的分工方式；专项制是上级下达专项工作任务，下级通过努力按时实现任务目标的分工方式。在进行人员分工时，要遵循以下要领：①明确工作任务与目标，即要对所要完成任务的内容和期限、达到的目标和标准、对人员的要求及各种制约条件等有深入的了解和把握；②熟悉下级的专长、不足与个性，知人善任；③实现人与事的最佳匹配，即要把人的兴趣、专长与所要完成的工作任务的特点、要求紧密结合起来；④明确地向任务承担者交代所要完成的任务与条件；⑤寻求组织整体协调与绩效最大化。

2. 岗位责任制

岗位责任制是根据各个工作岗位的工作性质和业务特点，明确规定其职责、权限，并按照规定的工作标准进行考核及奖惩而建立起来的制度。岗位责任制度通常包括以下几个方面：清晰有效的岗位描述；完备的岗位责任定位；系统的员工能力发展体系；有效、及时的员工激励计划；明确的岗位成本预算；准确的岗位考评制度。

实施岗位责任制应遵循三个原则。①员工才能与岗位相统一的原则。根据员工的不同才能及特长，分配与之相适应的岗位。②职责与权利相统一的原则。职、责、权、利四项是每个工作岗位不可或缺的因素，责任到人，就必须权力到人，并使之与实际利益密切联系，体现分配原则。③考核与奖惩相一致的原则。岗位责任制的建立，提供了企业员工考核的基本依据，而考核必须作为奖惩的基本依据，这样才能使两者相一致。只有论功行赏，依过处罚，岗位责任制才能起到鼓励先进、激励后进和提高工作效率的作用。这样的岗位责任制才能真正发挥作用。

3.2 怎样做好人员组合?

所谓人员组合，是指人与人的配合，即组织内按管理或作业需要所进行的人员配置与合作。人员组合的结构包括技术结构和社会结构两个方面的组合。人员组合的技术结构是指人作为劳动要素，按照完成组织工作任务的要求，结合人员的专业与素质条件，实现各类人员在技术上的科学配置。人员组合的社会结构是指人作为社会成员，根据各类人员的社会心理类型与特点，实现最佳社会心理组合，以形成有效激励的氛围，增强组织凝聚力。

人员组合的原理包括：①同素异构原理，它是人员组合最基本的原理，是指在群体成员的组合上，同样数量与素质组合的一群人，由于排列组合不同，所产生的效应会有所不同；②技术匹配原理，是指在人员组合中，要根据群体工作任务的需要，按照在技术上各类劳动力相匹配的规律，科学地配置人员；③社会心理相容与互补原理，是指为使组合中的成员获得心理上的满足，应使他们在社会心理上存在着相容性或互补性，从而使他们愉悦而和谐地相处。

要建立组织人员的最佳组合，最基本的就是处理好组织内部的相容性与互补性。管理者要善于根据组织目标、工作要求及人员特点，从以下三个方面寻求人员最佳组合。①实现最佳知识、技能组合，即组织成员之间在知识、技能上扬长避短，科学互补。在组织基层，主要体现为不同技术工种与专长的合理配置。②实现最佳年龄组合，即组织中各成员的年龄实现合理搭配。合理的年龄结构应是老、中、青结合的梯形结构。③实现最佳气质、性格组合，即实现群体成员之间在气质、性格上的相互补充与搭配。

主题4 怎样进行薪酬制度设计？

薪酬设计是指企业确定薪酬时，与外部薪酬水平相比较所采取的薪酬水平定位。薪酬体系根据企业的实际情况，并紧密结合企业的战略和文化，系统、全面、科学地考虑各项因素，并及时根据实际情况进行修正和调整，遵循按劳分配、效率优先、兼顾公平及可持续发展的原则，充分发挥薪酬的激励和引导作用，为企业的生存和发展起到重要的制度保障作用。

4.1 常用的薪酬模式有哪些？

1. 年薪制

年薪制是以年度为单位，依据企业的生产经营规模和经营业绩，确定并支付经营者年薪的分配方式。年薪制适用于核心管理人员，包括高层管理者和核心管理中层的管理序列岗位。报酬结构可以是单一固定数量年薪，也可以采用“基薪+津贴+养老金计划+风险收入”的形式。年薪制的优点是薪酬与公司的整体效益直接挂钩，将公司的发展与个人的回报进行捆绑，充分激励核心管理人员对公司的发展负责，有利于公司年度绩效的提升。缺点是与年度公司业绩密切相关，容易导致高管的短期行为，缺乏对企业长期受益的有效激励。

2. 岗位绩效工资制

岗位绩效工资制是以员工从事的工作岗位为主，根据岗位技术含量、责任大小、劳动强度和环境优劣确定岗级，以企业经济效益和劳动力价位确定工资总量，以职工的劳动成果为依据支付劳动报酬的工资制度。岗位绩效工资制适用于中层管理人员，财务管理、采购、生产等职能管理序列岗位。工资构成包括基础工资、岗位工资、工龄工资、绩效工资和津贴。岗位绩效工资制的优点是：薪酬的发放兼顾岗位对企业的贡献价值和员工的具体工作业绩表现，岗位工资较为固定，能够增加员工的稳定感和安全感；绩效工资能激励员工对工作目标的达成，在稳定团队的同时最大限度地追求企业整体绩效提升的平衡。缺点是：需要有一套科学的岗位价值评估体系对不同类型的岗位进行价值评价；相对较为稳定的岗位工资部分，会削弱绩效工资的激励效果。

3. 项目工资制

项目工资制适用于按照项目制方式工作的岗位。工资构成包括技能工资、绩效工资和项目奖金等组成部分。项目工资制的优点是技能工资的设定突出了技术能力水平等个人要素，有利于吸引该领域的优秀的人才；按照项目制运作和考核发放的项目奖金对于提升项目团队的整体合作和工作效率、促使项目目标的达成具有较好的激励效果。缺点是不同类型或者性质的项目奖金的确定会有较大的差异性和难度，需要建立完善和科学的项目评价和管理体系，才能保证项目奖金分配公平、公正、合理。

4. 计件（时）工资制

计时工资是根据职工的工作时间，按照工资标准、等级计算和支付的工资。计件工资是按照员工生产合格产品的数量和预先规定的计件单价计量与支付劳动报酬的一种工资形式。计件（时）工资制适用于生产操作序列岗位。工资构成包括计件（时）工资和加班工资等。计件（时）工资制的优点是与工作业绩密切挂钩，易于量化，对于生产操作岗位有较好的激励效果；缺点是对企业的生产管理水平有一定的要求，生产基础资料要完善，能够进行企业所有工序的生产工时定额。

5. 提成工资制

提成工资制，是用人单位根据职工业绩的一定比例计发职工劳动报酬的工资计算方式，适用于销售序列岗位。工资构成包括底薪和销售提成奖金。提成工资的具体形式可分为两种：超额提成，即扣除一部分或保留其基本工资作为固定工资部分，并相应地规定需要完成的销售额或利润，超额完成的部分再按一定的比例提取提成工资；全额提成，即取消固定的基本工资，员工的收入完全随利润或销售额浮动。提成工资制的优点是有利于激发职工的工作积极性，提高工作效率，对于用人单位而言，可以减轻一定的经济负担，减少企业运营成本；缺点是因为弹性很大，员工的业绩压力较大。

4.2 薪酬水平设计策略有哪些？

企业的薪酬水平策略主要有三种：①市场领先策略，即薪酬水平在市场居于领先地位，高于市场平均水平；②市场协调策略，又称市场平和策略，即薪酬水平在市场居于中等水平，与市场平均水平持平；③市场追随策略，即薪酬水平在市场居于较低水平，跟随市场平均水平。在实际操作中，很多企业采用的是混合性薪酬水平策略，即根据职位的类型或层级来分别制定不同的薪酬水平策略，而不是对所有的职位均采用相同的薪酬水平定位。比如，对企业的关键岗位人员采用市场领先策略，对普通岗位人员采取市场协调策略，对可替代性强的基层岗位采取市场追随策略。

4.3 薪酬体系的设计原则有哪些？

一个科学的薪酬体系必须满足的原则包括以下几个。

1）内部公平性。按照承担的责任大小、需要的知识能力的高低，以及工作性质要求的不同，在薪资上合理体现不同层级、不同职系、不同岗位在企业中的价值差异。

2）外部竞争性。保持企业在行业中薪资福利的竞争性，能够吸引优秀的人才加盟。

3）与绩效相关性。薪酬必须与企业、团队和个人的绩效完成状况密切相关，不同的绩效考评结果应当在薪酬中准确地体现，实现员工报酬的相对公平，从而最终保证企业整体绩效目标的实现。

4）激励性。薪酬以增强工资的激励性为导向，通过动态工资和奖金等激励性工资单元的设计激发员工工作积极性；另外，应设计和开放不同薪酬通道，使不同岗位的员工有同等的晋级机会。

5）可承受性。确定薪资的水平必须考虑企业实际的支付能力。薪酬水平须与企业的经济效益和承受能力保持一致。人力成本的增长幅度应低于总利润的增长幅度，同时应低于劳动生产率的增长速度。用适当工资成本的增加引发员工创造更多的经济增加值，保障出资者的利益，实现可持续发展。

6）合法性。薪酬体系的设计应当在国家和地区相关劳动法律、法规允许的范围内进行。

7）可操作性。薪酬管理制度和薪酬结构应当尽量浅显易懂，使得员工能够理解设计的初衷，从而按照企业的引导规范自己的行为，达成更好的工作效果。只有简洁明了的制度流程，其操作性才会更强，有利于迅速推广，同时也便于管理。

8）灵活性。企业在不同的发展阶段和外界环境发生变化的情况下，应当及时对薪酬管理体系进行调整，以适应环境的变化和企业发展的要求，这就要求薪酬管理体系具有一定的灵活性。

9）适应性。薪酬管理体系应当能够体现企业自身的业务特点和企业性质、所处区域、行业的特点，并能够满足这些因素的要求。

4.4 薪酬制度设计的注意事项有哪些？

如何设计科学性、合理性、系统性的薪酬体系，做到按劳分配，多劳多得，公平公正呢？在设计薪酬体系时，要注意以下八项细节。

1. 注意薪酬结构要合理

薪资体系的构成一般由基本薪、职位薪、绩效薪、年资、加班工资和奖金等组成。企业制定的薪酬结构要合理，尤其是基本薪、职位薪、绩效薪的比例要合理。基本工资对企业来说一般是通用型，满足当地最低工资水准，体现薪水的刚性。职位薪根据不同职位的工作分析，分析岗位的价值，做出科学、准确的岗位评估，来体现职位薪水的高低，满足员工内部薪资平衡心理。绩效薪是根据绩效结果的达成，确定绩效工资多少。企业内不同层次的员工，绩效薪占整个薪资总额比例不一样。高层一般占40%～50%，中层占20%～30%，基层占10%～20%。年资属于内部普调工资，应体现工资的平衡公平性。加班工资的计算则要体现工资的合法性。

2. 注意薪酬水平要具竞争力

薪酬水平影响到企业吸引人才的能力和所在行业的竞争力。因此，如果一个企业的薪酬水平低于当地同类型企业和行业市场水平，同时又没有与之相配合的措施如稳定、较高的福利、便利的工作条件、有吸引力和提升性的培训机会等，就容易造成员工流失，直接或间接影响企业的利润率和经营发展目标的实现。

3. 注意执薪公正，做到同工同酬

如果一个企业的薪酬不能做到同工同酬，员工就会认为自己受到不公正待遇。因此，员工在工作中就会消极怠工，降低努力程度，在极端情况下将有可能辞职。如果这是一名普工的话，或许他的做法给企业造成的损失不会太大，但可能使公司名誉受损。如果这是一名优秀员工或者高级主管，他的消极工作态度，甚至是辞职离去，给企业造成的损失将会很大。

4. 注意同级别、同层次员工分工合理，劳逸平均

如果一家企业中，在同一层次和同一级别的员工中，有些人一天到晚忙得连喘息的

机会都没有，而有些员工却无事可做，喝茶聊天，这说明岗位工作分配出了问题。同级别和层次的员工岗位工作量、工作难易程度、岗位职责不一致，其薪酬的公平、公正和薪资对等性肯定存在问题。长此以往，公司的员工一定会是牢骚满腹，轻则造成内部不团结，影响士气；重则造成员工消极怠工、人心不稳，跳槽频繁。

5. 注意中高层与基层员工薪资水平差异不能太大

中高层管理或技术人员确实属于企业核心人才，所产生的价值确实不一样，工资水平也不一样。但如果出现企业中高层岗位的薪水与基层员工的差异达到8～10倍甚至以上，将导致基层员工与管理层的关系疏远甚至僵化，使基层员工情绪低落，士气下降，从而导致整个公司出现死气沉沉的局面，而中高层的工作也难以开展。

6. 注意调薪有依据，绩效考评公正、公平

企业内岗位的调薪，做好了能激励员工的士气，做不好会动摇部分员工的信心。尤其是毫无根据地随意调薪，或绩效评估不公正，都会导致员工对企业的薪酬系统产生怀疑，甚至不满。调薪必须有依据，讲原则，重激励。

7. 注意薪资计算准确，发放及时

企业不能够做到准时发放薪资，薪资计算经常出现错误，都会导致员工对公司的信用产生疑问，很可能致使公司名誉遭受损失，也可能使外部投资者对该企业丧失信心，同时拖欠员工薪水也违反劳动法律、法规，得不偿失。

8. 注意公司利润与员工适当共享

企业是个利益共同体，利润大家创造，收益共同分享。因此，企业利润要拿出少部分对重要岗位、重要员工和努力工作具有良好业绩的员工进行分享。同时，要注意分配的度。如果分给员工的过少，可能会导致员工不满，影响员工工作的积极性；分给员工的过多，这样公司自身留取的盈余可能不能满足长远发展的需要，与前者相比，公司的损失更大。一般优秀企业如华为、TCL、联想等企业都会拿出10%～20%的利润分配给员工，这同期股期权的激励还不一样。

能力训练与提升

训练1 创业团队组建能力训练

【参考资料】

伯纳德·舒纳解说创业团队里的6种人

第1种：不受约束的技术天才

“现在人们普遍认为，高科技创业最好拥有具备技术知识的人才。”伯纳德·舒纳（Bernd Schoner）说，“你也会希望有人能够领导团队的技术进程。”

第 2 种：绝对领导者

伯纳德·舒纳说，通常情况下，一个公司里有一个能发号施令的人是很重要的。“对于较大的创始人团队来说，如果同时存在五种不同的意见，并且都同等重要，那么这种情况是非常棘手的。民主是伟大的，但是在创业企业中却不是。”伯纳德·舒纳说，“领导者或者首席执行官并不需要总是正确的，但你需要这么一个人，他要是一个能够让别人尊敬的领袖人物，这就是一件好事。”

第 3 种：行业资深人士

伯纳德·舒纳认为，在年轻的创业企业团队里往往缺少这种人（行业资深人士），但他强调，在团队里有一些经验老到的人员是非常重要的。“真正了解行业的某些人是极具价值的。他们的作用不仅是竭力想创造酷的或者新的东西，他们真正具有经验，能够明白一个特定的行业需要的是什么。”他说。

第 4 种：销售人才

“销售人才是不仅仅懂得技术，而且也懂得如何把它卖给客户的人。年轻的技术人员往往会忽略团队中销售专家的价值。但当我们想让人付钱时，就和技术无关——而是与我们能够提供给顾客的价值有关。”

第 5 种：super star

公司里的 super star 是什么？伯纳德·舒纳解释说，他可以是科技天才，也可以是首席执行官，但他必须具有个人魅力，可以把人们团结到公司。“这个人可以建立自己的营销战略，他是那个你想把他送到专题讨论会及行业研讨会上的人！”伯纳德·舒纳说。

第 6 种：理财专家

特别是当你还没有把产品推向市场时，随时掌握成本是很重要的。“拥有金融人才是重要的。你要有人具备足够的处理数字的能力。”然而，如果你的公司还没有足够大到能养超过 5 个员工，你可以把这个人从名单上去除，只要团队中有其他人有很强的资金管理意识就行了。

资料来源：根据网络资料整理改编

要求：

1. 利用本章学习到的创业团队组建的相关知识，结合阅读上述参考资料给你的启示，每个小组成员为自己的创业项目制定一份创业团队建设方案。

2. 小组成员组织研讨会，讨论每个小组成员制定的创业方案，共同制定出意见一致的创业团队建设方案。

训练 2　组织结构设计能力训练

【背景资料】

盛先生大学毕业后在建材行业工作，经过一段时间的经验积累，他决定自己创业，生产一种混凝土外加剂，主要的目标市场是哈尔滨和大庆的预拌混凝土企业。盛先生把工厂设在哈尔滨，在大庆也需要设立一个小规模的加工厂（兼仓库）。哈尔滨工厂的主要经营管理事务有：各种原材料的采购，产品生产（白班和夜班两班制，每班 6 人），配料工作，材料检验和产成品试验、检测，产成品运输，财务会计工作，安全保卫工作，仓库管理工作，食堂和锅炉房工作，卫生工作等。大庆分厂的业务比较简单，只需要一名负责人、两名生产工人和一名送货司机即可。盛先生打算聘请一名有经验的厂长负责企业的日常运营，预计总用工人数在 20～30 人。

要求：根据盛先生的资料，运用所学的组织设计知识，帮助盛先生设计一份组织结构图。

第 8 章 创业项目财务规划

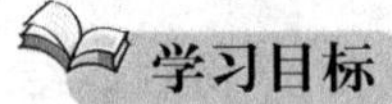

学习目标

★知识与理论

1. 掌握预测创业启动资金的基本方法。
2. 掌握制定成本和利润计划的基本方法。
3. 理解现金流量的重要性。
4. 掌握评价创业项目的主要财务指标。

★技能训练

1. 预测创业项目的启动资金。
2. 编制创业项目的预计利润表。
3. 编制创业项目的现金流量计划。

–经典名言–

多挣钱的方法只有两个：不是多卖，就是降低管理费用。——李・艾克卡

第一条：保住本金最重要。第二条：永远不要忘记第一条。

——沃伦・巴菲特

金钱好比肥料，如果不撒入田中，本身并无用处。——培根

【导入案例】

曾经一个时代的宠儿——史玉柱

20 世纪 90 年代初期，史玉柱是媒体和政府的宠儿，在当时中国青年人心中仅次于比尔·盖茨。他研制出的巨人 6403 汉卡在市场上卖得十分火爆，1993 年的销量比上年增长了 300%，给巨人公司带来了 3 000 万元的利润回报。也就是在这时，西方国家向中国出口计算机的禁令失效，中国刚刚兴起的电脑行业强敌环伺，危机四伏。史玉柱看到了危机，提出了跳出电脑行业、走多元化扩张之路的“二次创业”目标。

在史玉柱的头脑中有太多比电脑更赚钱的行业。90 年代初，在史玉柱提出要建“全国第一高楼”巨人大厦后，珠海市政府大力支持，征地价格由 1 600 元/平方米降到了 350 元/平方米。接着史玉柱的智囊们又策划到香港地区卖期房，顶着满头光环的巨人大厦自然是热卖，每平方米被炒到了 1 万多元，史玉柱毫不费力就融资 1.2 亿元。1994 年 2 月，巨人大厦破土动工。

1994 年 8 月，史玉柱盯上了无比火爆的保健品市场，将巨人集团“二次创业”的目标锁定在保健品和药品行业，宣布斥资 5 亿元在一年内推出上百个产品。从此，史玉柱踏上了一条多线开战、俱荣俱损的“大冒进”之路。

史玉柱策划通过三次重大的产品推广活动，确立巨人在保健品行业的霸主地位。他亲自挂帅，成立三大战役总指挥部，下设华东、华中、华南、华北、东北、西南、西北和海外八大方面军，其中三十多家独立分公司改为军、师，各级总经理都改为“方面军司令”或“军长”“师长”。在动员令中他写道：“三大战役将投入数亿元，直接和间接参加的人数有几十万人，战役将采用集团军作战方式，战役的直接目的是要达到每月利润以亿元为单位。组建 1 万人的营销队伍，长远的目标则是用战役锤炼出一支干部队伍，使年轻人在两三个月内成为军长、师长，能领导几万人打仗”。这样的动员令让人热血沸腾，要么筑就不朽，要么玉石俱焚。

1995 年 2 月，巨人集团隆重召开表彰大会，对在巨人脑黄金战役第一阶段做出重大贡献的一批“销售功臣”予以重奖。5 月 18 日，巨人集团在全国发动促销电脑、保健品、药品的“三大战役”。霎时间，巨人集团以集中轰炸的方式，一次性推出电脑、保健品、药品三大系列的 30 个产品。巨人产品广告同时以整版篇幅跃然于全国各大报。不到半年，巨人集团的子公司就从 38 个发展到 228 个，人员也从 200 人发展到 2 000 人。

多元化的快速发展使得巨人集团自身的弊端一下子暴露无遗。1995 年 7 月，史玉柱在提出第二次创业的一年后，不得不再次宣布进行整顿，在集团内部进行了一次干部大换血。8 月，集团向各大销售区派驻财务和监察审计总监，两者直接对总部负责，同时又各自独立，相互监控。但是，整顿并没有从根本上扭转局面。1995 年 9 月，巨人的发展形势急转直下，步入低潮。伴随着 10 月发动的“秋季战役”的黯然落幕，1995 年底，巨人集团面临着前所未有的严峻形势，财务状况进一步恶化。

1997 年 1 月，巨人集团被曝光出现了财务危机，保健品大战耗费了它所有的资金，在建的巨人大厦也未完成预定的工程目标，不得不停下来。一时间，债主们纷纷上门讨债，危机迅速被放大，种种关于巨人集团被查封、员工工资被拖欠、高层经理携款潜逃等负面新闻连篇累牍地出现在报刊上。根据当时的情况，只需要有 1 000 万元左右的资金注入，诸多的冲突就会缓解，可史玉柱却束手无策了。日后他感叹：“我终于知道什么叫一分钱难倒英雄汉了。”半年后，巨人集团宣告解体。史玉柱身无分文地离开了珠海这块伤心地，直到三年后才又重新站起来。

资料来源：根据网络资料整理改编

感悟与体会

导致史玉柱失败的原因有哪些？

____

____

____

____

____

____

____

____

知识与理论学习

主题 1　如何估算和筹集创业启动资金？

1.1　什么是创业启动资金？

创办企业需要多少钱？需要哪些钱呢？这些问题就是通常所说的启动资金的问题。所谓创业启动资金是指为满足创业企业开办、基本生产运营需要的资金投入总和。为了便于理解，本书将创业的启动资金分为三类。

1. 筹建费用

筹建费用是指企业在策划和建设期间发生的相关费用，包括前期市场调研费用、装修装饰费用、筹建期人员工资、培训费、差旅费、印刷费、注册登记费、交际应酬费和加盟费等。筹建费用的特点是发生在企业策划和建设阶段，属于一次性支出并消耗的费用，需要在企业经营期间摊销收回。

2. 固定资产

固定资产是指企业为生产产品、提供劳务、出租或者经营管理而持有的、使用时间超过 12 个月的，价值达到一定标准的实物资产，包括房屋、建筑物、机器、机械、运输工具，以及其他与生产经营活动有关的设备、器具、工具等。固定资产的货币形态是固定资本。固定资产具有以下特征：具有一定的实物形态；价值比较大；使用时间较长；在生产过程中虽然发生磨损，但是并不改变其本身的实物形态，而是根据其磨损程度，逐步地将其价值转移到产品中去，其价值转移部分回收后形成折旧基金。从会计的角度划分，固定资产一般被分为生产用固定资产、非生产用固定资产、租出固定资产、未使用固定资产、不需用固定资产、融资租赁固定资产、接受捐赠固定资产等。创业启动资金预测主要关注的是生产用固定资产。生产用固定资产是用于物质生产或满足物质生产需要的固定资产，主要包括房屋、建筑物、运输设备、生产设备、仪器及试验设备等。

3. 流动资金

流动资金是指企业建成投产后为保证企业日常正常运转所需要支出的资金，包括原材料和成品储存费用、营销费用、员工工资、租金、公用事业费用、保险费、运输费用等。流动资金的特点是不断改变其存在形态，流动性大，周转时间短等。

创业启动资金的来源可以是自有资金，也可以借助外部资金来源筹集资金。常见的外部资金来源有政府扶植、银行、天使投资、风险投资、众筹平台和民间借贷等。

同样的创业项目需要的启动资金的数量可能会有较大的差异，这主要由创业者的创业目标、资金需求和资金使用观念决定的。在估算和预测启动资金总额时，首先要保证启动资金数量能够满足企业基本生产经营活动需要，并在此基础上留有一定的余量，以备不时之需。其次，在企业生产经营过程中，资金周转速度的快慢和启动资金数量是成反方向变化的，资金周转速度越快，越有利于节省启动资金。最后要注意，启动资金投入数量的多少会影响到预期资金收益率。投入过多的资金会降低投资的回报率，一定程度上会降低企业对投资人的吸引力。

1.2 创业启动资金估算的方法有哪些？

创业启动资金预测的方法主要有两种：类比估算和累加估算。

类比估算是用已经存在的类似项目的实际数据作为估算本创业项目启动资金的基础。这种方法的特点是简便易行，但精确性较差。

累加估算是对创业启动资金的不同类别和具体项目逐个估算，然后累加得到创业启动资金总额。该方法的精确性比较高，但工作量比较大。下面介绍累加估算具体的应用。

1. 固定资产投资的估算

在进行固定资产投资估算时，首先要清楚你所创办企业的设计生产能力和市场定位，在此基础上你需要重点考虑以下三个问题：你需要多大面积的场地？这些土地的性质如何？你需要什么样的建筑物和构筑物？你需要哪些设备（包括机器、工具、车辆、办公家具和设施等）？

（1）土地或场地的费用估算

在进行土地或场地的费用估算时，需要考虑土地或场地的具体用途，并进行科学合理的规划，尽量减少土地的占用面积，以降低资金投入。土地的取得方式分为购买和租用两种。购买需要较多的资金投入，在创业初始阶段，除非你有足够的资金，并对你的企业的发展有足够的信心，否则不要采用购买土地的方式，而应选择短期租用以节省资金投入，降低企业的风险。另外，还需要考虑你取得的土地可能并不适合你的企业的需要，如需要进行平整或者硬化等，这笔费用可以暂时列入土地的预计取得费用之中。最后，将你的估算结果填入表 8.1 之中。

表 8.1 土地或场地费用估算表

土地或场地用途	预计面积	取得方式	预计取得费用
合计			

注：本表及下面表中所指的取得方式包括借用、短期租用、融资租赁、分期付款购买和全款购买等。

（2）房屋和建筑物费用估算

房屋，指生产单位和行政管理部门使用的房屋，如厂房、办公楼等。建筑物指除房屋以外的各种建筑物，如水塔、蓄水池、储油罐、企业的道路、铁路、停车场和围墙等。在进行房屋和建筑物估算时，首先要根据创业项目的需要确定房屋和建筑物的具体用途，应具备的条件（面积、采光、结构、电力配置、给排水等），以确保创业项目运营的基本要求。其次，要权衡房屋和建筑物的取得方式，在借用、短期租用、融资租赁、分期付款购买和全款购买等取得方式中做出选择，并估算取得房屋和建筑物的最低费用。最后，将你的估算结果填入表 8.2 之中。

表 8.2 房屋和建筑物费用估算表

房屋和建筑物用途	使用条件	取得方式	预计取得费用
合计			

（3）生产设备费用估算

生产设备指生产、维修、动力、传导等设备，如金属切削机床、铸锻热处理设备、维修专用机床和设备、动力设备、传导设备等，包括机器设备的机座和与机器设备连成一体而不具有独立用途的附属设备。不同类型的创业项目需要的生产设备会有很大的差异。在进行生产设备估算时，首先要认真研究创业项目的生产或服务过程，分析每个生产或服务环节需要什么样的设备，确定项目所需的生产设备类型，做出生产设备清单。其次，要根据项目设计生产能力来平衡各个生产或服务环节的设备生产能力，避免某个环节出现生产能力“瓶颈”，在此基础上确定所需生产设备的规格/型号和预计数量。再次，认真进行市场调查研究，比较同类型设备的优缺点和不同取得方式的价格差别，选择经济适用的生产设备。最后，将你的估算结果填入表 8.3 中。

表 8.3　生产设备费用估算表

名称	规格/型号	预计数量	取得方式	预计单价	总费用
合计					

（4）运输设备费用估算

运输设备，指用以运载物资的各种运输工具，包括铁路运输用的机车、棚车，公路运输用的载重汽车、自卸汽车、散装水泥车、架线车、油槽车、拖拉机，水上运输用的汽轮、拖轮、潜水工作船、驳船等。在进行运输设备估算时，你需要考虑企业的原材料、产成品、生产加工过程或服务过程的半成品等需要什么样的运输工具，具体的运量有多少，是否需要特殊的运输方式，是购买还是租用运输设备，是否需要和第三方物流合作等。最后，将你的估算结果填入表 8.4 中。

表 8.4　运输设备费用估算表

名称	规格/型号	预计数量	取得方式	预计单价	总费用
合计					

（5）办公设备及家具费用估算

办公设备泛指与办公室相关的设备，包括计算机、打字机、扫描仪、复印机、传真机、裁切机、装订机、打孔机、网络适配器、路由器、交换机、调制解调器、座机电话、网络电视会议软件和电话会议等。办公家具是在日常生活工作和社会活动中为工作方便而配备的用具。办公家具包括办公桌椅、书柜、沙发、会议桌椅、茶几和档案柜等。对于初创企业而言，不要过于追求办公设备及家具的奢侈豪华，应在经济适用的基础上合理选择办公设备及家具。最后，将你估算的结果填入表 8.5 中。

表 8.5　办公设备及家具费用估算表

名称	规格/型号	预计数量	取得方式	预计单价	总费用
合计					

（6）仪器及试验设备费用估算

仪器及试验设备指对材料、工艺、产品进行研究试验用的各种仪器设备，如计量用精密天平，测绘用经纬仪、水准仪，探伤用探伤机，分析测定用渗透仪、显微镜、温度测定仪，以及材料试验用的各种试验机等。最后，将你估算的结果填入表 8.6 中。

表 8.6 仪器及试验设备费用估算表

名称	规格/型号	预计数量	取得方式	预计单价	总费用
合计					

在上述分门别类估算固定资产投资之后，并不是说将上述固定资产投资项目累加起来的金额就是创业企业的固定资产投资。借用或赠予的固定资产不须花费资金，所以不计入固定资产投资；短期租用固定资产的租金计入流动资金，不计入固定资产投资；分期付款购买的固定资产首付款计入固定资产投资，延期付款部分计入流动资金。扣除上述项目后就可以确定你的固定资产投资了。

2. 流动资金的估算

流动资金是维持创业企业正常经营所必须支付的资金。通常按月来估算创业企业的流动资金。在进行流动资金估算时，首先，要明确你的企业都有哪些日常开销项目及其数额是多少，累加计算出月流动资金总额。其次，要模拟创业企业的现金流量表。当企业现金流量的月余额为正数时，意味着流动资金的数额已经能够满足企业日常运营的需要；如果月余额为负数，意味着需要增加相应数额的流动资金才能够保证企业的正常运营。最后，考虑到创业企业经营过程中的诸多不确定性，流动资金的数额应宽裕一些，以预防突发情况影响企业的正常运营。

3. 筹建费用的估算

筹建费用发生在企业策划和建设阶段，由于项目的建设期长短不同、项目的复杂程度不同，筹建费用会有很大的差异。这里不做重点分析。

1.3 筹集启动资金的途径有哪些？

创业启动资金从何而来？这一问题困扰着许多的创业者。要破解这一难题，你可以从了解创业融资的渠道、方式入手，然后选择合理的融资策略。下面为大家介绍一些主要的融资渠道。

1. 自有资金和自我融资

创业者需要有一部分自己的资金来开启创业之路。自有资金投入的多少，往往预示着你走上创业之路的决心和承诺，也是进一步融资的基础条件。在自有资金的基础上，如果你能够成功地说服你的亲戚、朋友、同学、同事等关系密切的人借款给你，这至少能够说明他们相信你，也相信你的项目。只有这样，未来你才有可能从其他的融资渠道获得资金支持。

在自我融资时，往往会碍于情面造成一些人参与到企业的经营管理中来，这时你要慎重选择，量才而用。这是因为有些人如果跟不上企业成长的步伐，会"尾大不掉"，造成企业发展的阻碍。很多中小民营企业都或多或少面临这样的困境。

2. 天使投资

天使投资是自由投资者或非正式风险投资机构对原创项目构思或小型初创企业进行的一次性的前期投资。天使投资是创业企业最初阶段（种子期）的主要融资方式。天使投资一般以个人投资的形式出现，往往只对规模较小的项目进行较小资金规模的投资，对被投资项目的考察和判断程序相对简单。天使投资者不仅向创业企业提供资金，往往还利用其专业背景和自身资源帮助创业企业获得成功。

一个好的天使投资人不仅能帮助你解决创业初期资金困难的问题，而且能够为你企业的成长和发展提供有效的支持与帮助。但并不是说所有的天使投资人都是这样的，"天使"也会成为"恶魔"，有些天使投资人会利用创业者急于获得资金的心理，签下对创业者非常不利的投资协议；有些天使投资人会过多地干预你的企业经营管理，几乎使你成为他的傀儡；有些天使投资人投资的目的可能是最终控制你的企业。所以在进行创业融资时创业者必须非常谨慎地验证每一位潜在投资人的性格和声誉，不要操之过急，以免引狼入室。

3. 众筹

众筹，即大众筹资或群众筹资，是发起人采用"团购+预购"的形式，利用众筹平台向网友筹集资金的一种筹资渠道与方式。众筹由三部分构成：发起人，即众筹项目的提出者，需要筹集资金的人；众筹平台，是连接发起人和支持者的互联网终端，如点名时间众筹网；支持者，即对筹资者的项目和回报感兴趣的，有能力支持的人。

众筹的基本规则如下：①每个众筹项目必须设定筹资目标和筹资天数；②在设定天数内，达到或者超过目标金额，众筹成功，发起人可获得资金，否则筹资失败，已获得的资金全部退还支持者；③众筹不是捐款，支持者的所有支持一定要设有相应的回报。

众筹采用"团购+预购"的形式，把投资者和用户的身份统一起来，在获得资金支持的同时把项目提供的产品或服务预售出去。这种形式起到了对众筹项目进行市场检验的作用，如果项目众筹成功，那一定程度上说明了该项目得到了市场的认可，创业项目的市场风险会降低；如果项目众筹失败，也说明了该项目还存在着一些问题需要解决。一般来讲，支持者尤其关注众筹项目的"产品或服务的特色""回报方案"，因此，要想众筹成功，发起人需要在这两个方面进行精心策划。

4. 政府扶植基金

政府扶植基金主要有以下几种形式。①财政贴息贷款，是指用于从事微利项目的小额担保贷款，由财政部门据实全额贴息，借款人本人贷款期内不支付利息，贴息最长不超过2年，展期不贴息。②小额担保贷款，是指政府出资设立担保基金，委托担保机构提供贷款担保，由经办商业银行发放，以解决符合一定条件的待就业人员从事创业经营自筹资金不足的一项贷款业务。③创业投资引导基金，是由政府设立并按市场化方式运作的政策性基金，主要通过扶持创业投资企业发展，引导社会资金进入创业投资领域。除此之外，在企业经营过程中的一些税收减免优惠也属于政府扶植基金。

5. 商业银行贷款

商业银行贷款包括抵押贷款、担保贷款、信用贷款等形式。申请商业银行贷款要满足以下条件。①申请人身份及营业场所证明。贷款申请人必须具备合法有效的身份证明和在贷款行所在地合法居住的证明，以及固定的住所或营业场所。固定住所的证明可以是房产证（父母名字的房产证也可）。营业场所的证明是持有工商行政管理机关核发的营业执照及相关行业的经营许可证，说明正在从事正常的生产经营活动。②资金证明。贷款申请人的投资项目要求已经有一定的自有资金。这是银行衡量是否借贷的一个重要条件，因为创业贷款金额要求一般最高不超过贷款人正常生产经营活动所需流动资金，以及购置（安装或修理）小型设备及特许连锁经营所需资金总额的70%。③在贷款银行开立结算账户。贷款申请人必须在所贷款银行开立结算账户，营业收入要经过银行结算。④提供贷款担保。贷款申请人需要提供一定的担保，包括房产抵押、存单质押及第三方担保三种形式。另外，尽可能提供一些自己的信用状况、还款能力及贷款投资方面的信息给银行，这样会增加贷款诚信度，以便于顺利地获得贷款。一般来讲，银行不愿意承担较高风险给创业企业贷款。

6. 风险投资

风险投资是指风险投资人将风险资本投向特定的未上市公司，在承担很大风险的基础上为融资人提供长期股权资本和增值服务，培育企业快速成长，通过上市、并购或其他股权转让方式撤出投资并取得高额投资回报的一种投资方式。风险投资的投资对象往往是新兴的、快速成长、有巨大竞争潜力的高科技企业，其着眼点不在于投资对象当前的盈亏，而在于它们的发展前景和资产的增值，以便通过上市或出售达到退出资本并取得高额回报的目的。风险投资人（机构）在向风险企业注入资金的同时，为降低投资风险，必然介入该企业的经营管理，提供咨询，参与重大问题的决策，必要时甚至解雇公司经理，亲自接管公司，尽力帮助该企业取得成功。

7. 创业板上市

创业板是指交易所主板市场以外的另一个证券市场，其主要目的是为新兴公司提供集资途径，助其扩展业务和发展。在创业板市场上市的公司大多从事高科技业务，具有较高的成长性，但往往成立时间较短，规模较小，业绩较好。创业板上市应当符合下列条件。①发行人是依法设立且持续经营三年以上的股份有限公司。有限责任公司按原账面净资产值折股整体变更为股份有限公司的，持续经营时间可以从有限责任公司成立之日起计算。②最近两年连续赢利，最近两年净利润累计不少于一千万元；或者最近一年赢利，最近一年营业收入不少于五千万元。净利润以扣除非经常性损益前后较低者为计算依据。③最近一期末净资产不少于二千万元，且不存在未弥补亏损。④发行后股本总额不少于三千万元。

哈尔滨市贯彻落实《黑龙江省做好就业创业工作十二条政策措施》实施细则

为贯彻落实《黑龙江省人民政府关于印发黑龙江省做好就业创业十二条政策措施的通知》（黑政规〔2018〕23号）精神，进一步抓好就业创业工作，保障和改善民生，确保政策落地见效，结合我市实际，制定本细则。

第一条　用好创业专项资金

积极争取省创业专项奖补资金，充分发挥各级就业补助资金用于创业的使用效益，重点加大创业投入、提高创业担保贷款贴息力度，加强创业载体建设，开展创业专项活动，推动创业工作蓬勃发展。（责任单位：市人社局、市财政局）

第二条　加大创业担保贷款政策支持力度

（一）发放创业担保贷款

1. 个人创业担保贷款。对城镇登记失业人员、就业困难人员、复员转业退役军人、刑满释放人员、高校在校生、高校毕业生、化解产能过剩企业职工和失业人员、返乡创业农民工、网络商户、建档立卡贫困人口、农村自主创业农民、公益二类和从事生产经营事业单位离岗创业人员、技校及职高毕业生（含在校）、未就业随军家属、在哈创业本省外地城镇登记失业人员等15类符合创业担保贷款申请条件的人员自主创业的，可申请最高不超过15万元的创业担保贷款。其中，对从事科技类创业的，贷款额度最高不超过50万元。

办理要件：略。

办理流程：略。

2. 小微企业创业担保贷款。对小微企业当年新招用符合创业担保贷款申请条件的人员数量达到企业现有在职职工人数25%（超过100人的企业达到15%）并与其签订1年以上劳动合同的，可申请最高不超过300万元的创业担保贷款。对小微企业新招用符合创业担保贷款申请条件的人员达不到上述比例的，经人社部门认定人员比例后，按照实际新招用符合创业担保贷款申请条件的人员每人15万元计算，给予小微企业最高不超过150万元的创业担保贷款。

办理要件：略。

办理流程：与个人创业担保贷款办理流程相同。

2019年全市创业担保贷款发放目标4亿元。其中，一季度0.6亿元、二季度1.4亿元、三季度0.8亿元、四季度1.2亿元。（责任单位：市财政局、市人社局、市市场监管局、市科技局、市农业农村局、市金融局、人民银行哈尔滨中心支行、各经办银行、市不动产登记中心、市总工会、团市委、市妇联，各区县市政府）

（二）发挥政府性融资担保机构作用

各级政府出资的融资担保机构要对符合创业担保贷款申请条件的人员取消反担保条件，允许符合条件的自然人或单位作为贷款申请人的保证人。市金融局要将哈尔滨市企业信用融资担保服务中心纳入创业贷款担保机构范围，专门为小微企业提供融资担保，优先为符合条件的小微企业提供低费率担保支持。创新担保方式，为缺乏抵押物、自身信用等级不足的小微企业提供增信，提高小微企业贷款可获得性。鼓励通过信用方式发放贷款。（责任单位：市金融局、市人社局、市财政局、市工信局）

（三）引导金融机构支持创业就业

由市金融局牵头，扩大我市创业担保贷款经办银行范围，鼓励银行机构开展创业担保贷款经办业务。其中，小微企业可无须通过担保机构担保，自行到经办银行申请贷款，对符合创业担保贷款申请条件的，经人社部门对小微企业新招用人员比例进行认定后，由同级财政部门按规定给予贴息支持；对于超出国家规定发放额度的贷款产生的贴息资金由同级财政承担。市金融局要联系在哈金融机构，建立“政银保企”等有效模式，引导支持各银行业金融机构加强与融资担保机构合作，积极开发创新金融产品和完善服务手段，打通小微企业融资的“最后一公里”，确保银行法人机构单户授信总额 1 000 万元以下（含）小微企业贷款同比增速高于各项贷款同比增速，有贷款余额的户数高于上年同期水平。（责任单位：市金融局、市财政局、市人社局、人民银行哈尔滨中心支行，各区县市政府）

（四）推动贴息和奖补政策落实

各级财政部门要加大对创业担保贷款贴息工作力度，争取获得省创业担保贷款实际贴息额度 3 倍的奖补资金，用以补充我市就业补助资金。市财政局要根据创业担保贷款工作业绩，将省创业担保贷款奖励资金（按照全市当年新发放创业担保贷款总额 1%计算）奖励分配给创业担保贷款工作成效突出的经办银行、担保机构和各级公共就业服务机构等单位，用于补助工作经费支出。（责任单位：市财政局，各区县市政府）

第三条　给予重点群体创业补贴

（一）给予一次性创业补贴

对首次创办小微企业或从事个体经营，且所创办企业或个体工商户自工商登记注册之日起正常运营 1 年以上的离校 2 年内高校毕业生、就业困难人员和正常运营 6 个月以上的贫困劳动力、农民工等返乡下乡创业人员，给予一次性创业补贴 3 000 元，所需资金从就业补助资金中列支（道里、道外、南岗、香坊、平房、松北等 6 区由市本级财政负担，呼兰、阿城、双城等 3 区及 9 县市由本级财政负担，下同）。

办理要件：略。

办理流程：略。

（二）给予一次性创业带动就业补贴

对普通高等学校学生（含在校及毕业 2 年内）、复员转业退役军人、从事非农产业的农民、登记失业和就业困难人员初次创办经营主体，初创主体吸纳各类人员就业且与之签订 1 年以上期限劳动合同，并按规定为其缴纳社会保险的，给予一次性创业带动就业补贴。其中，对创业带动就业达到 10 人（含 10 人）的创业企业，给予 5 000 元奖励；对带动 10 人以上就业的，每增加 10 人再给予 5 000 元奖励，补贴总额最高不超过 5 万元，所需资金从就业补助资金中列支。

办理要件：略。

办理流程：略。

（三）给予一次性创业扶贫奖励补贴

对于农业农村部门认定的农民合作社、种养大户、家庭农场、农业企业、“扶贫车间”等农民创业主体，依法办理工商登记注册的，每吸纳 1 名建档立卡贫困家庭劳动力稳定就业 6 个月以上，不足一年的可一次性给予 500 元创业扶贫奖励补贴，对稳定就业 1 年以上的可一次性给予 1 000 元创业扶贫奖励补贴。办理要件及办理流程由各有关区县（市）政府确定，所需资金从就业补助资金中列支。（责任单位：各区县市政府）

第四条　支持创业载体建设

鼓励各区县（市）政府利用闲置楼宇、厂房等资源兴办创业孵化基地、创业大本营、众创空间等各类创业孵化载体，为创业者提供低成本场地支持、指导服务和政策扶持，为登记失业人员自主创办的企业免费提供办公场所或经营场地。对其他创业人员入驻创业孵化载体的初创企业可按照第一年 100%、第二年 50%、第三年 20%的比例减免租金。对经市人社局、市工信局、市科技局认定的国家、省、市级创业孵化基地，符合孵化场所利用率 3 年不低于 90%，在孵创业实体数量年均不少于 30 户（市级不少于 20 户），创造就业岗位年均不少于 300 个（市级不少于 200 个），在孵创业实体孵化成功率不低于 60%，到期出孵率不低于 95%，设立有专门的服务区域、配置相应的服务设施和人员且能提供专业的创业指导、创业培训、政策信息咨询以及代理服务等条件的，自认定之日起，基地稳定运营 3 年以上且在孵创业实体数量不低于认定时 60%的可申请奖励补贴。对考评合格的，给予创业孵化基地一次性奖励补贴。具体奖励条件和标准为：国家级孵化基地入驻创业实体在孵期间 3 年累计销售额不少于 3 000 万元、累计纳税额不少于 150 万元；省级孵化基地入驻创业实体在孵期间 3 年累计销售额不少于 1 500 万元、累计纳税额不少于 75 万元；市级孵化基地入驻创业实体在孵期间 3 年累计销售额不少于 900 万元、累计纳税额不少于 45 万元的，由市财政局分别给予 100 万元、50 万元、30 万元的一次性奖补。所需资金从就业补助资金中列支。

办理要件：略。

办理流程：略。

第五条　给予创业项目征集补贴

完善创业项目资源库建设，面向社会广泛征集和开发创业项目，对符合全市产业发展导向，适合不同年龄、学历和投资层次等群体创业，具有一定商业价值和市场前景的创业项目，经第三方机构评审入库后，一次性给予 3 000 元创业项目征集补贴。市、区县（市）人社部门要健全创业项目准入、更新和淘汰机制。市、区县（市）公共就业服务机构要通过举办创业服务周、创业项目推介会等形式，为创业者搭建创业项目对接平台。创业项目评审费用和征集补贴从就业补助资金中列支。征集的创业项目每年评审 1 次。

办理要件：略。

办理流程：略。

第六条　大力开展创业培训

组织全市有职业培训资质的各类职业院校（含技工院校）、普通高等学校、职业培训机构和符合创业培训条件的企业，对高校毕业生、农民工、复员转业退役军人等群体开展创业培训。鼓励有关群团组织针对各自服务对象开展创业培训，推动创业培训进校园、进社区、进厂区，不断拓宽创业培训覆盖面。鼓励具备条件的培训机构开展“互联网+创业培训”，具体培训方式及管理办法另行制定。完善创业培训效果评估机制，加强培训后的跟踪指导和服务，提升培训效果和创业者的创业能力。对符合免费参加创业能力培训、创办企业和经营管理能力训练的人员，由市人社局联合市财政局组织第三方机构对培训效果进行评估，经评估合格的，市人社局按照每人 2 000 元补贴标准的 80%给付培训机构，一年内创业成功率达到 60%的，按实际创业成功人数补足其余的 20%。所需资金从就业补助资金中列支。全市全年计划培训不少于 6 000 人（每季度不少于 1 500 人）。

办理要件：略。

办理流程：略。

第七条　加大失业人员培训力度

利用现有职业培训资源，支持各类职业院校（含技工院校）、普通高等学校、职业培训机构和符合条件的企业承担失业人员职业技能培训。市人社局要根据就业市场需求和经济发展情况，通过哈尔滨就业地图信息管理系统发布培训专业（工种），失业人员可根据就业意向直接对接培训机构，参加就业技能培训。鼓励具备条件的培训机构开展“互联网+就业技能培训”（理论课时部分），具体培训方式及管理办法另行制定。

职业培训补贴根据就业情况落实补贴政策，对失业人员参加培训后 6 个月内实现灵活就业或与用人单位签订劳动合同并为其缴纳社会保险费的，按照现行补贴标准全额给予职业培训补贴。

对失业人员参加培训后 6 个月内，由培训机构帮助其在当地实现就业创业的，按照每人 200 元的标准给予培训机构就业服务补贴。

2019 年 1 月 1 日至 2020 年 12 月 31 日，对参加培训失业人员中的就业困难人员和零就业家庭成员，按实际参加培训天数给予每人每日 15 元的生活费补贴，生活费补贴政策每人每年仅可享受 1 次，且不可与失业保险金同时领取。

上述资金从就业补助资金中列支。全市全年计划培训不少于 4 000 人（每季度不少于 1 000 人）。

办理要件：略。

办理流程：略。

第八条　扩大就业见习补贴人员范围

从 2019 年 1 月 1 日起，实施国家“三年百万青年见习”计划，人社部门组织失业青年参加 3～12 个月的就业见习，并将就业见习补贴范围由离校未就业高校毕业生和中职毕业生扩展至 16～24 周岁失业青年。2019 年全市计划安排就业见习超过 2 000 人。对吸纳上述人员参加就业见习的单位，按照当地最低工资标准的 50%给予就业见习补贴，用于支付见习人员见习期间基本生活费、为见习人员办理人身意外伤害保险及对见习人员的指导管理费用。对于见习人员见习期满留用率达到 50%以上的单位，补贴标准可提高至 60%，见习补贴期限最长不超过 12 个月。所需资金从就业补助资金中列支。

办理要件：略。

办理流程：略。

第九条　加大对大项目建设的支持力度

建立全市大项目与就业联动机制，市、区县（市）投资服务部门每年要将招商引资开工项目的人力资源需求及培训需求等情况分别报送市、区县（市）人社部门，由市人社局根据重大项目及企业就业用工需求、培训需求，通过哈尔滨就业地图信息管理系统，直接对接职业介绍机构和培训机构，为企业提供免费职业介绍、职业培训及就业服务；对开展培训的机构，经第三方机构评估，按相应培训补贴标准给予补贴。办理要件及办理流程与第七条相同。（责任单位：市投资服务局、市发改委、市人社局，各区县市政府）

第十条　推动非科技型企业向科技型企业转型升级

对于成立 3 年以上且无自主知识产权（包括受让）的非科技型企业，通过购买在哈高校院所科技成果（签订专利权转让合同、技术秘密转让合同、委托开发技术合同）转型升级为科技型中小企业的，按照购买科技成果技术交易到账金额的 50%给予资金补助，总额不超过 50 万元，所需资金从整合的产业类专项资金中列支。市科技局要梳理新增科技型企业的人才需求和岗位需要等信息，市人社局要根据市科技局提供的信息为科技型企业精准引进人才、招聘人员等做好服务工作。

办理要件：略。

办理流程：略。

第十一条　鼓励高校毕业生到农村就业创业

对高校毕业生到农村合作社就业、推广农业技术、开展农村网络电商创业的，参照“大学生公益岗位”岗位补贴标准给予 1 年的生活补贴，办理要件及办理流程由各有关区县（市）政府自行确定，所需资金由有关区县（市）政府单独安排。对高校毕业生到旅游景区就业的，由市文广旅游局提出培训需求，市人社局负责对接培训机构，并按照企业职工岗位技能培训相关规定，由财政部门给予培训补贴，并由人社部门向培训机构拨付培训补贴资金，所需资金从就业补助资金中列支。办理要件及办理流程与第七条相同。（责任单位：市人社局、市财政局、市文广旅游局、市农业农村局，有关区县市政府）

第十二条　促进农村贫困人口转移就业

鼓励人力资源服务机构、劳务经纪人等市场主体组织跨省劳务输出，对建档立卡贫困人口跨省外出务工 6 个月及以上的，由输出地财政部门给予一次性交通补贴，补贴标准及办理流程由呼兰、阿城、双城等 3 个区及各县（市）自行确定，所需资金从各有关区县（市）财政资金中列支。（责任单位：有关区县市政府）

第十三条　帮扶企业稳定就业

（一）加大困难企业稳岗支持力度

对于不裁员或少裁员的参保企业，可返还其上年度实际缴纳失业保险费的 50%。2019 年 1 月 1 日至 12 月 31 日，对于面临暂时性生产经营困难且恢复有望、坚持不裁员或少裁员的参保企业，可返还上一年度 6 个月的企业及其职工应缴纳社会保险费的 50%。上述资金从失业保险基金中列支。面临暂时性生产经营困难且恢复有望的企业标准由市工信局统一制定，由区县（市）工信部门（或相关职能部门）负责认定。

办理要件：略。

办理流程：略。

（二）支持困难企业开展职工培训

2019 年 1 月 1 日至 12 月 31 日，对困难企业组织开展职工在岗培训的，由各级人社部门根据企业培训需求，组织对接培训机构和高技能人才培训基地。培训所需经费从企业职工教育经费中列支，不足部分经人社部门审核评估合格后，可从就业补助资金予以支持。其中，困难小微企业给予当年计提教育经费投入不足部分的 50%补贴，其他困难企业给予当年计提教育经费投入不足部分的 30%补贴。补贴直接拨付到企业委托培训机构或高技能人才培训机构在银行开立的基本账户。

办理要件：略。

办理流程：略。

（三）支持参保职工技术技能提升培训

2019 年 1 月 1 日至 2020 年 12 月 31 日，将技术技能提升补贴申领条件由参保单位在职职工参加失业保险累计 3 年以上放宽至累计参保 1 年以上（含视同缴费）。在职期间参保职工取得初级（五级）职业资格证书或职业技能等级证书的，补贴标准为每人 1 000 元;取得中级（四级）职业资格证书或职业技能等级证书的，补贴标准为每人 1 500 元；取得高级（三级）职业资格证书或职业技能等级证书的，补贴标准为每人 2 000 元，所需资金从失业保险基金列支。参保职工须在职业资格证书或职业技能等级证书核发之日起 12 个月内申领技能提升补贴。参保职工同一职业（工种）同一等级只能申请并享受一次技能提升补贴。

办理要件：略。

办理流程：略。

第十四条　实行常住地就业服务和援助

实行线上线下多渠道失业登记服务，失业人员可持身份证（或社会保障卡）按规定在常住地公共就业服务机构办理失业登记，或通过市人社局网上办事大厅办理失业登记。失业人员进行失业登记后，即可申请享受就业扶持政策、就业创业服务、重点群体就业创业税收优惠政策，税收优惠政策按照《财政部税务总局关于进一步支持和促进重点群体创业就业有关税收政策的通知》（财税〔2019〕22 号）执行。各级公共就业服务机构应当及时为登记失业人员提供职业介绍指导和代办服务，推介就业创业政策、职业培训项目和岗位信息，利用哈尔滨就业地图、零工平台等网络信息管理系统定期发布招聘信息、培训信息，实现用工单位网上与培训机构快速有效对接，定期跟踪掌握失业人员就业失业状态等基本情况，做好数据统计、实名制动态管理。全市每年举办不少于 20 场大型专场招聘会，通过就业地图提供岗位信息 10 万个，年服务总量 100 万人次以上。通过零工平台成功对接 3 万人次，其中，对重点人群推送岗位信息 1 万人次。残疾、大龄、低保家庭等劳动者可在常住地人社部门申请认定为就业困难人员，并享受职业指导、就业服务和用工指导、职业培训和创业扶持等就业援助。综合运用临时生活补助、最低生活保障、临时救助等措施，帮助困难群众解困脱困。（责任单位：市人社局、市财政局、市税务局、市民政局、市公安局，各区县市政府）

第十五条　加强公共就业服务能力建设

（一）持续深化“放管服”改革

以“办事不求人”为目标，主动服务劳动者，简化办事流程，丰富办事服务载体，进一步推进办理事权下放，合理划分业务分工，着力推进就业创业服务专业化。以时间最短、环节最少、流程最优、服务最佳为原则，细化服务标准和流程，创新服务理念和模式，增强主动服务、精细服务意识，努力做到就业创业服务事项“网上办”“一次办”“我帮办”。根据不同群体、企业的特点，提供个性化、专业化职业指导、就业服务和用工指导，提供政策咨询、技能培训和创业培训。加强与法律援助机构合作，为劳动者维护合法权益提供法律咨询、法律援助等公益服务和法律保障。（责任单位：市人社局、市司法局，各区县市政府）

（二）提高信息化水平

大力推广使用“互联网+就业”新模式，推动服务向移动端、自助终端等延伸，大力推广“就业地图”“零工平台”直接对接供求双方，扩大服务对象自助服务范围，推广网上受理、网上办理、网上反馈，实现就业创业服务和管理全程信息化。市人社局要利用哈尔滨就业地图网络信息管理系统，针对我市企业的岗位需求、培训需求、创业需求，做好精准对接，为劳动者和用人单位提供便利、快捷的人力资源服务；扩大就业地图服务成果，建立完善创业项目库、创业政策库、创业指导专家库，为劳动者提供及时精准的创业服务。各区县（市）人社部门要加大对“零工平台”的宣传推广，适时汇集辖区内临时用工、零散个体和灵活就业人员信息，定期发布到“零工平台”，为供求双方提供精准对接服务。（责任单位：市人社局，各区县市政府）

（三）优化经办流程

通过推行“一表制、大数据比对、网上办理、并联审批”等手段，提供就业服务精准对接。各级人社、财政部门应当进一步优化业务流程，积极推进网上申报、网上审核、联网核查，并加强网上审批事项公示。对能依托管理信息系统或与相关单位信息共享、业务协同获得的个人及单位信息资料的，可直接审核拨付补贴资金，不再要求单位及个人报送纸质材料，真正做到服务不见面，“办事不求人”。（责任单位：市人社局、市财政局，各区县市政府）

第十六条　强化保障措施

（一）加强组织领导

各区县（市）政府要把贯彻落实好新一轮就业创业政策作为“一把手”工程，主要负责同志直接过问，分管领导靠前指挥，执行部门具体实施。人社部门要加强统筹协调，做好就业政策的细化分解。财政部门要加大资金支持力度，保障就业创业政策有效落地。其他相关部门要结合各自职责，积极主动配合，确保各项政策措施落实到位。（责任单位：市直相关单位，各区县市政府）

（二）落实主体责任

各区县（市）政府要切实履行政府促进就业的责任，完善就业工作目标责任制，并纳入地方党政领导班子工作实绩考核。根据就业状况和就业工作目标，合理安排就业补助资金支出，确保2019年促进型支出占省拨就业补助资助金比重50%以上，2020年达到70%以上。人社部门要会同统计部门针对国家调查失业率生成方式，完善市场化人力资源供求监测机制，及时捕捉和反映市场信号，消除信息对比障碍，提高就业创业统计数据的真实性和准确性。（责任单位：市委组织部、市统计局、市人社局，各区县市政府）

（三）建立对话机制

建立各类就业群体与市、区县（市）政府领导的对话渠道，由市、区县（市）人社部门会同农业农村、教育、退役军人事务等部门，每季度分类开展针对大学生、退役士兵、下岗失业人员、农民工等不同群体与政府领导的对话活动。各相关部门要认真研究各类群体提出的就业创业需求和存在的问题，及时补充完善相关政策。（责任单位：市人社局、市农业农村局、市教育局、市退役军人事务局，各区县市政府）

（四）确保资金安全

加强就业补助资金和失业保险基金使用管理和监督，定期开展资金使用专项检查。完善就业工作评价、评估体系，结合第三方评价对补贴政策落实效果进行评估，确保所有补贴发放时体现公开、公平、公正，提高资金使用效益，保证资金安全。资金支付时，由申请单位提出申请，市人社部门初审、市财政部门复核后，由市财政部门视情况报市政府批准同意后使用。（责任单位：市财政局、市人社局、市审计局，各区县市政府）

（五）做好政策宣传

各区县（市）政府要充分运用各类媒体，加强政策解读力度，积极开展新一轮就业创业政策宣传，充分调动社会各界参与就业创业积极性，形成稳定和扩大就业的强大合力。（责任单位：市直相关部门，各区县市政府）

小组讨论

上述政策措施对你们的创业项目能够提供哪些帮助？

____

____

____

____

____

____

____

____

1.4 如何筹集创业启动资金？

1. 遵循筹集启动资金的基本原则

（1）合法性原则

企业的筹资行为和筹资活动必须遵循国家的相关法律、法规，选择合法的筹资渠道与方式，不搞非法集资；依法履行法律、法规和投资合同约定的责任，依法披露信息，维护各方的合法权益。

（2）满足企业资金需要原则

创业启动资金的数额必须能够满足企业日常生产经营活动对资金的需求，否则企业将无法正常运行。企业需要对外筹集启动资金的数额，是创业启动资金总额与自有资金数额的差额。因此，企业首先要合理预测资金的需要量，认真进行市场调查，准确估算筹建费用、固定资产投资、流动资金的需要量，测算出所需启动资金总额，然后在扣除自有资金数额后确定对外筹资规模，确保资金总额与资金需要量匹配一致。

（3）及时性原则

一般来讲，企业对资金的需求分布是有时间性规律的，掌握了资金需求的时间分布规律，就可以根据资金需求的具体情况，合理安排筹集资金的时间。这样做的好处一方面使筹资与用资在时间上相衔接，保证企业生产经营活动的正常进行；另一方面可以降低资金成本，提高企业的利润水平。

（4）低成本原则

不同资金来源的资金成本是不同的，创业者应针对不同来源资金的成本进行分析，尽可能选择经济、可行的筹资渠道与方式，力求降低筹资成本。

（5）资本结构优化原则

创业者筹集启动资金要综合考虑股权资金与债务资金的关系、长期资金与短期资金的关系、内部筹资与外部筹资的关系，合理安排资本结构，努力降低企业的财务风险。

2. 了解投资人的关注点

投资者之所以投资某个创业项目，是因为他看到了该项目具有一定的投资价值。一个项目的投资价值体现在诸多的因素上，这些因素构成了投资人评价项目的关注点。投资人的关注点一般包括以下方面：①是否有一份可靠的、可执行的商业计划书；②创业团队是否有足够的实践经验来运作该项目；③项目的业务领域是否是高风险的领域（包括食品服务、零售、咨询、家庭作坊，以及电话营销）；④市场机会是否足够大或者发展足够快（两位数以上的增长率）；⑤项目是否具有持续的竞争优势；⑥财务预算是否过于保守或过于乐观等。了解了投资人的关注点，创业者可以预先评估一下自己的创业项目的得分能有多少，下功夫锤炼自己的创业项目，提高融资的成功率。

3. 熟悉创业融资流程

一般来说，创业者融资的流程包括以下环节：①编写创业计划书或商业计划书；②初步确定融资的目标投资人或机构；③确定主要的创业投资机构；④创业企业进行融资路演；⑤创业融资谈判；⑥签订投资协议和接受投资方尽职调查；⑦签订最终的融资合同；⑧获得创业投资。

4. 创业融资的注意事项

1）要精心准备，尤其是要做好创业计划书和创业融资路演。

2）要确定合适的融资数量，选择恰当的融资时机。

3）要端正心态，坦然面对融资失败。

4）要不断地、多渠道地积累人脉资源，为持续融资做准备。

主题 2　如何分析项目的成本构成和利润？

2.1　如何分析创业项目的成本构成？

1. 成本及其相关的概念

成本是为达到一种目的而放弃另一种目的所牺牲的经济价值。它作为实现一定的目的而付出资源的价值牺牲，其价值需要从企业销售收入中得到补偿。在企业生产经营过程中，成本是补偿生产耗费的尺度，是制定产品价格的基础，是计算企业盈亏的依据，是企业进行决策的依据，是综合反映企业工作业绩的重要指标。成本有多种分类，如按计量单位划分可分为单位成本和总成本；按生产经营范围划分可分为生产成本和销售成本；按成本形态划分可分为变动成本和固定成本等。

（1）总成本和单位成本

总成本是指企业在一定时期内为生产和销售所有产品而花费的全部费用。根据成本核算的不同方法，按照其费用的归集和分配程序，产品总成本是生产某种品种或数量的产品所耗费的生产资料和人工费用的总和。单位成本是指生产单位产品而平均耗费的成本，一般只要将总成本去除以总产量便能得到。单位成本是将总成本按不同消耗水平摊给单位产品的费用，它反映同类产品的费用水平。

（2）变动成本和固定成本

变动成本是指成本总额随着业务量的增减变化而成正比例增减变化的成本。但是，其单位业务量的成本保持不变。在产品制造成本中，直接人工、直接材料都是典型的变动成本。

固定成本是指成本总额在一定时期和一定业务量范围内，不受业务量增减变动影响而保持不变的成本，如企业管理费用、销售费用、车间生产管理人员工资、职工福利费、办公费、固定资产折旧费、修理费等。这些成本就其总额来说，在产品产量或商品流转量的一定变动幅度内，虽不随之增减而增减，但就单位产品或商品负担的成本来说，则随着产品产量或商品流转量而成反比例变动。也就是说，产品产量或商品流转量增加，单位产品或商品分摊的成本随之减少；产品产量或商品流转量减少，单位产品或商品分摊的成本随之增加。

（3）生产成本和销售成本

生产成本就是生产一种产品所带来耗用的总和。生产成本的构成包括：①直接材料，即构成该产品的主要材料、辅助材料、电力的成本；②直接人工，即直接参与生产该产品的工人工资及福利成本；③制造费用，即为生产该产品参与的管理人员工资及福利、设备房屋折旧、车间办公费用等。

销售成本为销售该产品所发生的费用，含办公费用、折旧、差旅费、招待费、工资及福利等。

（4）折旧和摊销

企业在生产经营过程中使用固定资产会使其损耗，导致其价值减少而仅余一定残值，其原值与残值之差在其使用年限内分摊的固定资产耗费是固定资产折旧。《中华人民共和国企业所得税法实施条例》第六十条规定，除国务院财政、税务主管部门另有规定外，固定资产计算折旧的最低年限如下：①房屋、建筑物为 20 年；②飞机、火车、轮船、机器、机械和其他生产设备为 10 年；③与生产经营活动有关的器具、工具、家具等为 5 年；④飞机、火车、轮船以外的运输工具为 4 年；⑤电子设备为 3 年。

摊销指对除固定资产之外，其他可以长期使用的经营性资产按照其使用年限每年分摊购置成本的会计处理办法。常见的摊销资产如大型软件、土地使用权等无形资产和开办费，它们可以在较长时间内为企业业务和收入做出贡献，所以其购置成本也要分摊到各年才合理。《中华人民共和国企业所得税法实施条例》第六十七条规定，“无形资产按照直线法计算的摊销费用，准予扣除。无形资产的摊销年限不得低于 10 年。作为投资或者受让的无形资产，有关法律规定或者合同约定了使用年限的，可以按照规定或者约定的使用年限分期摊销”。

2. 如何做好创业项目的成本计划

一个项目总成本费用指在运营期内为生产产品或提供服务所发生的全部费用，等于经营成本与折旧费、摊销费和财务费用之和。运用生产成本加期间费用估算方法，总成本费用的计算公式为

总成本费用=生产成本+期间费用

生产成本=直接材料费+直接燃料和动力费+直接工资+其他直接支出+制造费用

期间费用=管理费用+营业费用+财务费用

式中，制造费用指企业为生产产品和提供劳务而发生的各项间接费用，可以将制造费用简化归类为管理人员工资及福利费、折旧费、修理费和其他制造费用几部分。管理费用是指企业为管理和组织生产经营活动所发生的各项费用，可将管理费用归类为管理人员工资及福利费、折旧费、无形资产和其他资产摊销、修理费和其他管理费用几部分。营业费用是指企业在销售商品过程中发生的各项费用以及专设销售机构的各项经费。营业费用可归为销售人员工资及福利费、折旧费、修理费和其他营业费用几部分。财务费用是企业为筹集生产经营所需资金等而发生的费用，包括利息净支出、汇兑净损失、金融机构手续费，以及筹集生产经营资金发生的其他费用等。表 8.7 为总成本费用估算表一般格式。

表 8.7　总成本费用估算表（生产成本加期间费用法）

序号	项目	合计	计算期				
			1	2	3	…	n
1	生产成本						
1.1	直接材料费						
1.2	直接燃料及动力费						
1.3	直接工资及福利费						
1.4	制造费用						
1.4.1	折旧费用						

续表

序号	项目	合计	计算期				
			1	2	3	…	*n*
1.4.2	修理费用						
1.4.3	其他制造费用						
2	管理费用						
2.1	无形资产摊销						
2.2	其他资产摊销						
2.3	其他管理费用						
3	财务费用						
3.1	利息支出						
3.1.1	长期借款利息						
3.1.2	流动资金借款利息						
3.1.3	短期借款利息						
4	营业费用						
5	总成本费用合计（1+2+3+4）						
5.1	可变成本						
5.2	固定成本						
6	经营成本（5-1.4.1-2.1-2.2-3.1）						

2.2 如何做好创业项目的利润计划？

1. 关于利润的基本知识

利润是指企业在一定期间经营成果的综合反映，是企业盈利的表现形式。利润是衡量企业优劣的一种重要标志，也是投资者进行决策时的重要参考。利润的基本计算公式为

利润=收入-成本-费用

利润按其构成的不同层次可划分为营业利润、利润总额和净利润。

营业利润是指企业在其全部销售业务中实现的利润，又称销售利润、经营利润。营业利润是企业利润的主要来源。营业利润等于主营业务利润加上其他业务利润，再减去营业费用、管理费用和财务费用后的金额。营业利润用来考核企业生产经营活动的获利能力。

利润总额是指税前利润，也就是企业在所得税前一定时期内经营活动的总成果。

净利润是指在利润总额中按规定交纳了所得税以后公司的利润留存，一般也称为税后利润或净收入。净利润是一个企业经营的最终成果，净利润多，企业的经营效益就好；净利润少，企业的经营效益就差。它是衡量一个企业经营效益的主要指标。

2. 关于纳税的基本知识

增值税是以商品（含应税劳务）在流转过程中产生的增值额作为计税依据而征收的一种流转税。从计税原理上说，增值税是对商品生产、流通、劳务服务中多个环节的新

增价值或商品的附加值征收的一种流转税。2019 年 4 月 1 日后实施的增值税税率为 4 档：13%、9%、6%、0%。小规模纳税人税率为 3%和 5%。

增值税附加税是附加税的一种，是以增值税的存在和征收为前提与依据的，通常包括城建税、教育费附加、地方教育费附加等。一般来说，在市区内的企业城建税按增值税的 7%计算，县镇按 5%计算；教育费附加按 3%计算；地方教育费附加按 2%计算。

所得税又称收益税，指国家对法人、自然人和其他经济组织在一定时期内各种所得征收的一类税收。所得税包括个人所得税和企业所得税。

企业所得税是指对中华人民共和国境内的企业（居民企业及非居民企业）和其他取得收入的组织以其生产经营所得为课税对象所征收的一种所得税。作为企业所得税纳税人，应依照《中华人民共和国企业所得税法》缴纳企业所得税，但个人独资企业及合伙企业除外。2008 年 1 月 1 日起施行的《中华人民共和国企业所得税法》规定一般企业所得税的税率为 25%。符合条件的小型微利企业，减按 20%的税率征收企业所得税。国家需要重点扶持的高新技术企业，减按 15%的税率征收企业所得税。企业所得税的基本计算公式为

企业应纳所得税额=当期应纳税所得额×适用税率

应纳税所得额=收入总额-准予扣除项目金额

个人所得税是国家对本国公民、居住在本国境内个人的所得和境外个人来源于本国的所得征收的一种所得税。2018 年 10 月，新的个税起征点确定为每月 5 000 元。新个税法规定：居民个人的综合所得，以每一纳税年度的收入额减除费用六万元及专项扣除、专项附加扣除和依法确定的其他扣除后的余额，为应纳税所得额。个人所得税根据不同的征税项目，分别规定了三种不同的税率。

1）工资、薪金所得，适用 7 级超额累进税率，按月应纳税所得额计算征税。该税率按个人月工资、薪金应税所得额划分级距，最高一级为 45%，最低一级为 3%，共 7 级。

2）个体工商户的生产、经营所得和对企事业单位适用 5 级超额累进税率。适用按年计算、分月预缴税款的个体工商户的生产、经营所得和对企事业单位的承包经营、承租经营的全年应纳税所得额划分级距，最高一级为 35%，最低一级为 5%，共 5 级。

3）比例税率。对个人的稿酬所得，劳务报酬所得，特许权使用费所得，利息、股息、红利所得，财产租赁所得，财产转让所得，偶然所得和其他所得，按次计算征收个人所得税，适用 20%的比例税率。其中，对稿酬所得适用 20%的比例税率，并按应纳税额减征 30%；对劳务报酬所得一次性收入畸高的，除按 20%征税外，应纳税所得额超过 2 万元至 5 万元的部分，依照税法规定计算应纳税额后再按照应纳税额加征五成；超过 5 万元的部分，加征十成。

应纳个人所得税税额计算公式为

应纳个人所得税税额=应纳税所得额×适用税率-速算扣除数

速算扣除数的计算公式为

本级速算扣除额=上一级最高应纳税所得额×（本级税率-上一级税率）+上一级速算扣除数

扣除标准为：5 000 元/月（2018 年 10 月 1 日起正式执行）（工资、薪金所得适用）。

应纳税所得额=扣除三险一金后月收入-扣除标准

3. 编制创业项目的预计利润表

利润表，或损益表，都是对企业经营损益情况的记录，显示企业在某一特定时期内（月度/季度/年度）的财务表现。在最初进行创业计划时，由于缺乏企业实际经营的基础资料，是不可能编制出真正意义的上利润表的，只能做出具有预测性质的“预计利润表”。预计利润表所使用的格式与真正的利润表相同，但是内容是对未来业务经营状况的预期，数字是对期望经营状况的估算。

编制预计利润表，可以采用多步式利润表编制方法。采用多步式利润表对收入与费用、支出项目都加以归类，列示一些中间性的利润指标，分步反映本期净利的计算过程，而且可以提供丰富的企业经营信息，有助于创业者对企业经营管理情况形成整体认识，也有助于不同企业或同一企业不同时期相应项目的比较分析。表 8.8 是多步式预计利润表的常用样式。

表 8.8　多步式预计利润表（简表）

项目	金额		
	月、年份	月、年份	月、年份
一、营业收入			
减：营业总成本			
其中：营业成本			
税金及附加			
销售费用			
管理费用			
研发费用			
财务费用			
加：其他收益			
投资收益			
二、营业利润			
加：营业外收入			
减：营业外支出			
三、利润总额			
减：所得税费用			
四、净利润			

2.3 怎样做好创业项目的现金流量计划?

1. 现金流及其重要性

现金流是企业一定时期的现金和现金等价物的流入与流出的数量。现金是公司的血液，只有流动起来，才能产生利益，才会推动公司的发展。如果一个公司没有充足的现金便无法正常运转，这种局面如果一直得不到改善的话，必然危及公司生存。

一个公司经营的好坏不能仅仅看利润表，国外很多大型公司是在公司赢利的阶段突然崩溃的，原因就是公司经营“失血严重”，流动资金匮乏导致资金链断裂后阵亡。戴尔公司的创始人迈克尔·戴尔曾说：“我们和许多公司一样，一直把注意力放在利润表的数字上，却很少讨论现金周转问题。这就好像开着一辆车，只晓得盯着仪表盘上的时速表，却没有注意到油箱已经没油了。”戴尔新的营运顺序不再是“增长、增长，再增长”，而是“现金流、获利性、增长”，依次发展。

一个企业在生产经营正常，投资和筹资规模不变的情况下，现金净增加额越大，企业活力就越强。

关于现金流量的小故事

从前，有三个贫穷的人。一个理发师，一个裁缝，还有一个是鞋匠。

清晨，他们的店铺开张了，却生意冷清。因为顾客们看到他们凌乱的头发与胡子、满是皱纹且脏乎乎的皮鞋和破了洞的衣服，觉得很邋遢，所以连进来坐一下都不肯。

正午的阳光下，三个人蹲在各自的店铺前发愁。各自心想：手里只剩下两块钱，晚上一家老小的伙食费都不够，怎么办？

还是理发师聪明。他先拿出一块钱到了裁缝铺，把衣服补好，熨得笔挺；再拿出一块钱，到了鞋匠那里，让鞋匠精心地为他把鞋子擦得锃亮。收拾完毕，理发师站在了自己的店铺门口。顾客们看到他精神抖擞且干干净净，都到这里来剪发。虽然他花了两块钱，但是开张营业了。

裁缝和鞋匠看到后，十分羡慕。于是裁缝先到理发师那里花一块钱理了发；然后去鞋匠处又花了剩下的一块钱，把皮鞋擦亮。收拾完毕，顾客们也陆续上门了。

鞋匠看到他们都开张了，终于决定如法炮制，先去理发师那里花了一块钱把自己的头发弄利落，又花了一块钱到裁缝铺补好了衣服。终于顾客也来光顾了。傍晚时分，三个人凑在一起聊天，发现每个人手里都有五块钱，但是新顾客只来了三位。

这是怎么回事呢？三个人突然间明白了，每个人原本手里有的两块钱在三个人之间转了一圈又回到了各自的口袋里。

2. 怎样进行创业项目的现金流量分析

创业计划中的现金流量分析可以采用两种形式，一种是编制预计的现金流量表，另一种是制订简单的现金流量计划。现金流量表是以现金及其等价物为编制基础，用来反映企业在一定会计期间现金及现金等价物流入和流出情况的报表，反映公司获得现金及其等价物的能力。现金流量表对于处于创业计划阶段的创业者来说并不适用，编制难度也很大。因此，创业者可以通过简单的现金流量计划来对创业项目的现金流量进行分析。现金流量计划能够显示每期企业预计会有多少现金流入和现金流出，通过期末现金的余额来反映企业的资金能否满足企业正常生产经营的需要。现金流量计划表的一般格式如表 8.9 所示。

表 8.9　现金流量计划表（简表）

项目		金额			
		月、年份	月、年份	月、年份	月、年份
现金流入					
	现金流入合计				
可支配现金 A					
现金流出					
现金总支出 B					
期末现金（A−B）					

编制说明：

1）第一个期初现金是预测的启动资金总额，即固定资产投资、流动资金总额和筹建费用。

2）现金流入包括本期收现的销售收入、本期获得的贷款、本期其他收益和投资收益等。本期现金流入各项的合计加上期初现金构成本期可支配现金。

3）现金流出项目包括购买商品、接受劳务支付的现金、支付给职工的现金、支付的各项税费、支付的其他与经营活动有关的现金。现金流出各项的合计构成本期现金总支出。假设固定资产投资和筹建费用都发生在第一期，计入第一期的现金流出。

4）除第一期外，当期期初现金=上期期末现金。

5）计算出来的期末现金如果出现负值，意味着本期的现金收入无法满足现金流出的需要，你要筹集资金，以保证资金需要，直到期末现金均为正值。

主题 3　怎样对创业项目进行财务评价？

创业项目的财务评价是通过分析计算创业项目的财务效益和费用，编制财务报表，计算财务指标，考察项目盈利能力、清偿能力等财务状况，以判别创业项目的财务可行性。规范的财务评价内容包括编制财务报表和计算财务指标。本书基于普遍的小微创业项目适用的角度考虑，只介绍一些常用的财务评价指标和方法。

3.1　创业项目的投资回报率

投资利润率（return on investment，ROI）是指项目的年利润总额与总投资的比率，反映项目总投资的盈利水平。计算公式为

$$投资利润率=年利润总额/总投资\times 100\%$$

计算出的投资利润率应与行业的标准投资利润率或行业的平均投资利润率进行比较，若大于（或等于）标准投资利润率或平均投资利润率，则认为项目是可以考虑接受的，否则不可行。在多个投资项目选择时，应该选择投资利润率高的项目。

3.2 创业项目的投资回收期

投资回收期就是指通过资金回流量来回收投资的年限。投资回收期可分为静态投资回收期和动态投资回收期。这里只介绍静态投资回收期。静态投资回收期是在不考虑资金时间价值的条件下，以项目的净收益回收其全部投资所需要的时间。投资回收期可以自项目建设开始年算起，也可以自项目投产年开始算起，但应予注明。

静态投资回收期可根据现金流量表计算。项目建成投产后各年的净收益不相同，则静态投资回收期可根据累计净现金流量求得，也就是在现金流量表中累计净现金流量由负值转向正值之间的年份。静态投资回收期的计算公式为

$$\mathrm{Pt} = \text{累计净现金流量开始出现正值的年份数} - 1 + \frac{\text{上一年累计净现金流量的绝对值}}{\text{出现正值年份的净现金流量}}$$

将计算出的静态投资回收期（Pt）与所确定的标准投资回收期（Pc）进行比较：若 Pt≤Pc，表明项目投资能在规定的时间内收回，则方案可以考虑接受；若 Pt >Pc，则方案是不可行的。

3.3 创业项目的盈亏平衡分析

盈亏平衡分析是财务管理或管理会计中常见的分析方法，又称保本点分析或本量利分析法，是根据产品的业务量（产量或销量）、成本、利润之间的相互制约关系的综合分析，用来预测利润、控制成本、判断经营状况的一种数学分析方法。简而言之，盈亏平衡分析就是通过分析产品成本、销售量和销售利润这三个变量之间的关系，掌握盈亏变化的临界点（保本点），进而进行选择的方法。

销售收入是产品销售量与销售单价的乘积；产品成本包括生产成本和销售费用在内的总成本，分为固定成本和变动成本；企业利润是销售收入扣除成本后的余额。盈亏平衡点的公式推导如下：

企业收入=成本+利润

如果利润为零，则有

收入=成本=固定成本+变动成本

收入=销售量×价格

变动成本=单位变动成本×销售量

销售量×价格=固定成本+单位变动成本×销售量

由以上可以推导出盈亏平衡点的计算公式为

盈亏平衡点（销售量）=固定成本÷（价格−单位变动成本）

盈亏平衡分析的关键是计算盈亏平衡点，盈亏平衡点越低，说明项目盈利的可能性越大，亏损的可能性越小，项目抗风险的能力越强。

能力训练与提升

训练 1　预测创业项目的启动资金

1. 利用本章所学知识，预测你的创业项目所需要的启动资金数额。

2. 估算你的自有资金数额，如果不能满足创业的需要，你打算如何融资呢？制订一份你的融资计划。

训练 2　编制创业项目的预计利润表

1. 采用多步式利润表编制方法，为你的项目编制预计利润表。

2. 计算项目的投资利润率。

训练 3　编制创业项目的现金流量计划

1. 按照本章所提供的现金流量计划格式，为你的项目编制现金流量计划。

2. 分析改善现金流量计划的途径有哪些。

第 9 章 创业风险管理规划

学习目标

★知识与理论

1. 了解创业风险的含义与特征。
2. 理解创业风险的来源与类型。
3. 掌握创业风险的识别方法和创业风险的评估方法。
4. 熟知创业风险管理的方法。

★技能训练

1. 风险识别训练。
2. 风险评估训练。

–经典名言–

21 世纪，没有危机感是最大的危机。 ——理查德·帕斯卡尔

虽然我喜欢冒险是不争的事实，但冒险之前的学习，才是最具有魅力的地方。

——理查·布朗森

每次灾难发生时，我都不断努力把它转变成绝佳的契机。 ——约翰·洛克菲勒

经营企业时的判断不可能全然正确，准确率才是重点所在。 ——宫内义彦

【导入案例】

爱屋吉屋创业失败：互联网模式“折戟麦城”

2019 年 1 月，爱屋吉屋被曝官网和 App 全部关闭。

2014 年成立的爱屋吉屋是一家线上房产中介，以二手房交易和出租为主营业务。其成立之初就宣称要依靠互联网颠覆传统房产中介。一年零三个月的时间内，爱屋吉屋完成 5 轮融资，累计融资 3.5 亿美元，估值超过 60 亿元人民币，成为当时成长最快的“独角兽”。

爱屋吉屋的创始人之一邓薇曾经说过：“移动互联网时代，传统门店模式和商业逻辑必须改变。”在互联网思维的指导下，爱屋吉屋摒弃了传统的线下门店，采用纯线上的模式。为了抢占市场，爱屋吉屋采用了传统互联网公司烧钱补贴的策略，用低价吸引客户，但这种策略的潜在风险却没被创业者充分重视。初期，爱屋吉屋将主要精力放在对上海市场的拓展上，推出了“租客佣金全免”的补贴政策，也就是租房不需要中介费。这个政策帮助爱屋吉屋在很短的时间内拿下了上海整租市场 28%的份额，跃居行业第一。另外，在二手房市场，爱屋吉屋只收取 1%的佣金，而当时行业的平均水平是 1.5%～2.5%。除了用低价策略获客，爱屋吉屋还针对房产经纪人，开出 6 000 元底薪+65%的高提成，用这种诱人的条件吸引了大量房产经纪人。

疯狂的烧钱让爱屋吉屋的扩张速度很快，但是风险也悄然而至。公开数据显示，2015 年 5 月，爱屋吉屋成交的二手房达到 2 400 套，仅次于链家的 4 000 多套，排名上海第二。然而尽管抢占了大量的市场份额，但这是因为疯狂的烧钱补贴，所以这些市场份额并没有能够为爱屋吉屋贡献利润，提升的只有估值。爱屋吉屋这种模式，只是把传统房产中介获取客户的渠道放在了线上，并没有解决客户在实际交易中存在的问题，也没有改变房产市场的商业逻辑，而且和传统房产中介相比，爱屋吉屋的服务质量并不好。

传统房产中介以线下门店为依托，对周边的房源都非常熟悉，能够根据客户的需求推荐合适的房源。但是在这一点上，爱屋吉屋要差很多。曾经有客户表示，经纪人对周边小区的情况根本就不熟悉，还要一边问路一边找，这个服务过程的体验极差。也就是说，爱屋吉屋除了价格优势，毫无竞争力。

可疯狂烧钱之后，投资人是要见到回报的，做生意是要赚钱的。但这个时候出现了问题，房产交易是极低频的需求，基本不会有复购。换句话说，平台没有从客户身上获取第二次价值的机会，利润只能从新客户身上赚取了。所以爱屋吉屋逐渐提高了佣金比例，一直恢复到行业平均水平。另外，爱屋吉屋对经济人提出了严格的 KPI 指标，以二手房交易为例，每个月完不成两单的经纪人就会被开除。

失去了价格优势，爱屋吉屋也就失去了竞争力，即便是严格的 KPI 指标也难以挽回颓势。为了节约成本，从 2016 年初，爱屋吉屋开始裁员，但是根本无法解决问题。2016 年下半年，房地产市场调控力度加大，二手房交易降温，爱屋吉屋彻底无力回天。2019 年初，爱屋吉屋正式关停。

同样是线上房产中介，自如和蛋壳公寓选择了与爱屋吉屋完全不同的策略。它们没有依靠烧钱补贴获客，而是重点打造客户体验。自如和蛋壳公寓拿到房源之后，都会进行重新装修，并且还有保洁人员定期上门服务，让客户在入住之后有一个非常良好的居住体验。经纪人带客户看房的过程，服务质量也比爱屋吉屋好很多。尽管自如的房子曾经有甲醛超标问题，这对自如的品牌产生了负面影响。但是在商业模式上，自如和蛋壳公寓的选择都要比爱屋吉屋好。所以最终，倒下的是爱屋吉屋。

资料来源：根据网络资料整理改编

感悟与体会

你是如何认识在创业过程中或企业经营过程中的风险的？

____

____

____

____

____

____

____

知识与理论学习

主题 1　你了解创业风险吗？

1.1　什么是创业风险？

汉语中的“风险”一词最早源于远古时期的渔民。远古时代，渔民每次出海前都要祈求神灵保佑自己，在出海时能够风平浪静，并满载而归。而在现代，风险一词的含义已经不局限于“遇到危险”，而是扩展为“遇到破坏或损失的机会或危险”。所以，在现代汉语中，风险一词基本的核心含义是“未来结果的不确定性或损失”。

风险是由风险因素、风险事故和损失三者构成的统一体。风险因素是风险事故发生的潜在原因，是造成损失的内在或间接原因。风险事故是损失的媒介物，是造成损失的直接的或外在的原因。损失是指非预期的、非计划的、非故意的经济价值的减少。显然，风险因素引起或增加风险事故，风险事故发生可能造成损失。

可以说，风险就是发生不幸事件的概率。如果采取适当的防范手段，就会降低破坏或损失的概率，如果再加上有经验的认知和理性的判断，继而采取行之有效的防范措施，那么风险就可能转化为机遇。这样不仅能规避风险，还可能会带来更大的收益。有时风险越大，回报越高，机会越大，所以风险与机遇并存。

我们反复强调创业有风险，这里的创业风险是指企业在创办和经营过程中存在的各种已知或未知的风险。创业者在创业过程中，要投入大量的人力、财力和物力，又要引入和采用各种新的生产要素与市场资源，还要建立或者对已有的组织结构、管理体制、业务流程、工作方法进行革新。加之，创业环境的不确定性、创业机会与创业企业的复杂性，以及创业者、创业团队与创业投资者的能力和实力的有限性而导致创业活动结果的不确定性，导致创业风险发生的可能性大大增加。

1.2 创业风险的特征有哪些？

在创业过程中，种类繁多的风险伴随其始终。创业风险具有如下共性特征。

1. 创业风险的不确定性

不确定性是创业风险的主要特征。在创业过程中，创业风险的发生是不确定的，也就是说风险的程度到底有多大，风险在何时何地发生、发展，甚至转变为现实均是不确定的。因为创业企业和创业者，特别是大学生创业者，在创业过程中对创业的认识受到各种条件的限制，因而不能够充分和准确预测风险的发生。比如，创业者在将自己的创意或创新技术变为现实的产品或服务的过程中，面临着原来预测的市场需求发生了变化、新的技术难以实现、竞争对手采取了有效的对策、需要的资金难以到位等各种各样的不可预见的不确定性因素，这都有可能导致创业的失败。

2. 创业风险的客观性

客观性是事物的本来面目，不掺杂个人主观的性质。无论是自然风险还是社会风险，其发生和存在都是不以人的意志为转移的。

创业风险作为风险的一种，也是一种客观存在，它的存在也是不以人的意志为转移的。比如，市场的变动、政策的变化、竞争对手的出现、创业资金缺乏等都可以引发创业风险的发生。创业者可以在有限的时空内改变风险存在和发生的条件，降低其发生的频率或者减轻损失程度，但不可能完全消除项目风险。

3. 创业风险的相对性

对于不同风险而言，自然灾害及意外事故等引发的风险只会产生损失，但是在创业活动中，基于风险与机遇的并存性，风险则是和潜在的收益共生的。企业活动中，对创业者来说，风险和利益是必然同时存在的，即风险是利益的代价，利益是风险的报酬。所以创业风险具有相对性。也就是说，创业风险不是恒定不变的，而是发展变化的。创业风险的相对性是针对不同的主体而言的，由于不同的创业者对风险的承受能力不同，认识风险的能力不同，所获收益的大小不同，投入资源的多少不同，创业主体的地位及拥有的资源数量不同，同样的创业风险对不同的创业者会有不同的影响。

4. 创业风险的可识别和可测量性

尽管风险具有不确定性，但是任何事物的发生都不是偶然的，而是有规律可循的。

因此，随着科技的进步和人们素质的提高，风险的规律性是可以被认识和掌握的。创业风险种类繁多，但是可依据其特征和性质的不同，对其进行被识别、划分和测量。企业可以通过定性或定量的方法对风险进行评估和测量，为风险管理提供可靠的依据。

1.3　创业风险的来源与类型有哪些？

1. 创业风险的来源

创业所处环境的不确定性，创业机会与创业企业的复杂性，创业者、创业团队与创业投资者能力的有限性，都构成了创业风险的根本来源。创业者的创业过程往往是将某一创业构想或实用技术转化为具体的产品或服务的过程，而在这一过程中如果存在着几个基本的、相互联系的缺口，创业风险必然直接来源于这些缺口。

（1）融资缺口

资金是创业企业流动的血液，缺少必要的资金，创业企业必然难以为继。创业者理论预设出来的资金需求必然和实际运行资金存在断层，从而造成创业企业的资金短缺。本书中的融资缺口可以看成资金短缺，也就是创业企业融入资金的数量少于维持企业正常经营运转所需要的资金量。资金作为企业进行生产经营活动的必要条件，一旦出现短缺又不能及时筹措，必然使企业陷入困境。所以，融资缺口成为创业者面临的主要创业风险，是导致创业失败的一个主要原因。融资缺口通常是由于创业者融资能力不足，对资金运动规律的认识和运用不足，缺乏应有的资金管理意识等原因造成的。所以，创业企业应该增强企业筹集资金的能力，优化筹资环境，拓宽筹资渠道，树立现代企业的资金管理意识，探索新的资金管理机制等。

（2）研究缺口

研究缺口是指创业者对产品和市场的判断仅凭个人兴趣做出，而缺乏必要的、深入的、系统的研究。这样，仅凭个人兴趣所做的研究判断和基于市场潜力的商业判断之间就存在一定的误差，势必会为创业企业带来风险。比如，当一个创业者最初证明一个特定的技术创新可能成为自己创业项目的基础时，他仅仅停留在自己满意的论证基础上，但是要将预想的产品真正转化为具备有效性能、低廉成本和高质量的产品，则需要大量复杂而且可能耗资巨大的研究工作（有时需要几年时间），从而形成创业风险。

（3）信息和信任缺口

创业企业的筹建和运营通常是由技术专家和管理者（投资者）来完成的，但是由于所处立场和角度不同，二者之间必然存在信息和信任缺口。在创业过程中，技术专家和管理者（投资者）对创业有不同的预期，对于创业的信息来源和理解也有着不同。技术专家从技术角度评判创业活动和创业产品的可行性，知道哪些在技术上是可行的，哪些根本就是无法实现的。而管理者（投资者）评价创业活动及创业产品的角度则是程序性的评判，当涉及具体项目的技术部分时，他们不得不相信技术专家。从这个角度讲，如果技术专家和管理者（投资者）不能充分信任对方，或者不能够进行有效的交流，那么就会加大信息和信任缺口，从而将创业置于更大的风险之中。

（4）资源缺口

创业在某种意义上是创业资源的比拼，创业始终受资源条件的高度约束，所以资源短缺会贯穿创业始终。这就要求创业企业应当以筹集创业资源为主要工作，因为筹集不到创业所需的资源，创业就无从谈起。大多数情况下，资源短缺造成了资源缺口。如果创业者没有能力弥补相应的资源缺口，要么创业无法起步，要么在创业中受制于人。

（5）管理缺口

管理缺口是指创业者或被雇佣的管理者不一定具有从事创业项目所需要的管理素质与才能。创业者进行管理，出现管理缺口有两种可能：一种可能是创业者是技术方面的专业人才，利用某一新技术进行创业，但不具备专业的管理能力，从而形成管理缺口；另一种可能是创业者往往具有战略眼光，对新的商业机遇抓得很好，但不擅长管理具体的事务，从而形成管理缺口。

2. 创业风险的类型

（1）按创业风险产生的原因划分

按创业风险产生的原因进行划分，创业风险可分为主观创业风险和客观创业风险。

1）主观创业风险。这里的主观是从创业者的意识、精神角度出发的。主观创业风险是指在创业阶段，由于创业者主观认识及身体与心理素质等主观方面的因素不能够满足创业需要而导致创业失败的可能性。

2）客观创业风险。这里的客观是对独立于创业者主观认识之外的一切对象而言的。客观创业风险是指在创业阶段，由于客观因素的存在而导致创业失败的可能性。影响创业的客观因素有很多，如市场的变动、政策的变化、竞争对手的出现、创业资金缺乏等。

（2）按创业风险是否具有系统性划分

按创业风险是否具有系统性，可以划分为系统创业风险和非系统创业风险，如图 9.1 所示。

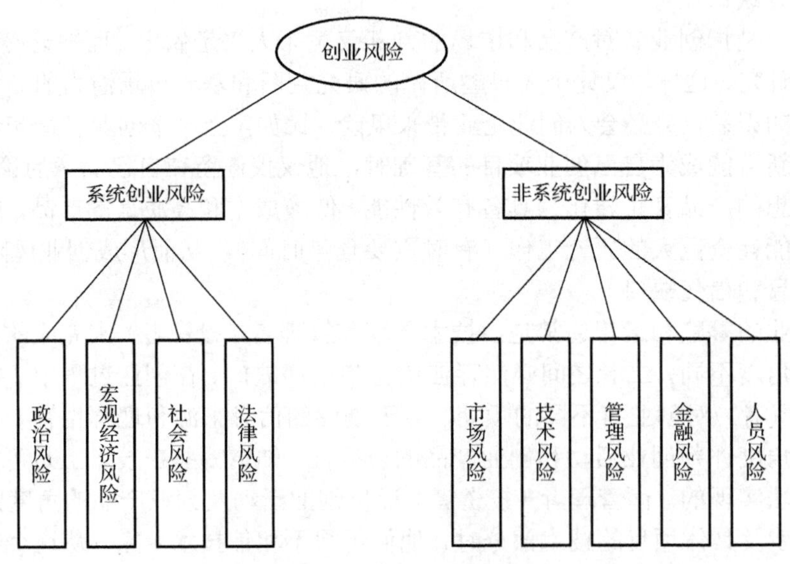

图 9.1　按系统性划分的创业风险

1）系统创业风险。系统创业风险也称不可分散的创业风险，是指由于多种因素（如社会政治、政策、法律等环境的变化或由于意外灾害发生）的影响和变化，导致创业者创业风险增大，而造成创业失败的可能性。

第一，政治风险。政治风险是指由于国家政治的稳定性，社会政策的连贯性等产生的风险。能够引发创业风险的政治环境主要包括政局是否稳定、国家政策是否有利于创业企业和是否稳定等。在创业时，要考虑的首要问题是新创企业所在国家和地区政局的稳定性与安全性，而后要着重考虑当地政府对新创企业的政策支持力度。良好的政治环境是企业生存发展的前提条件。

第二，宏观经济风险。宏观经济风险是指因国家宏观经济状况、产业政策、利率变动及汇率的稳定性等因素所带来损失的风险。宏观经济直接影响企业生存和发展。国家经济发展趋势，往往决定了企业未来的市场容量。影响创业活动的宏观经济风险主要包括经济结构、经济周期、经济发展水平等不协调所带来的风险。

第三，社会风险。社会风险是指传统文化、社会意识及新技术、新产品对社会经济的冲击，或社会中介服务机构和基础设施不完备等引起的创业风险。社会风险能够演变为社会冲突，危及社会稳定和社会秩序。

第四，法律风险。法律风险是指法律、法规的制定和修改，会对创业企业产生的风险。法律作为规范企业经营行为的准则，必须被所有企业遵守。创业企业应当全面了解经营所在地的法律环境，尤其是对涉及行业规制、税收、专利、反垄断等方面的法规要摸深摸透。

伴随2019年6月底P2P试点备案方案中规定时点的到来，我国网贷业也进入本轮整顿工作的收官季。一方面，不少顶尖平台为冲刺备案而密集增资和优化整合；另一方面，大量实力不济的中小平台加速退场。据网贷之家统计，截至目前已有122家平台正式全额兑付完成，实现良性退出和转型。

随着清退工作的展开，不少地区正在积极探索新型的监管方式，落实和保障出借人权益。深圳推出P2P良性退出投票系统，意在推动良性退出，保障出借人的投票表决权。另外，国家互联网金融安全技术专家委员会开发并运营的“金融服务平台”App正式上线，向已接入网贷机构的出借人提供实时数据出借端查验服务，以验证网贷机构上报数据的真实性。

资料来源：根据网络资料整理改编

2）非系统创业风险。非系统创业风险又称可分散创业风险，是指由某一特殊的因素引起，只对部分创业企业产生影响的风险。非系统创业风险可分为市场风险、技术风险、管理风险、金融风险和人员风险。

第一，市场风险。市场风险是指由于市场情况的不确定性导致创业企业从事经济活动面临亏损的可能性和赢利的不确定性而存在的创业风险。市场风险存于两个方面：一是技术转化为市场需求商品的机会识别问题；二是技术创新的产品。商场如战场，激烈的市场竞争导致市场环境瞬息万变，加大了创业企业亏损的可能性和赢利的不确定性，从而使创业企业因无法按既定的策略完成经营目标而面临经济风险。因此，市场风险是核心风险之一，它的发生会导致新产品、新技术的商业化、产业化过程中断甚至失败。市场风险包括以下三个方面。

市场接受能力的不确定性。首先，对于创业企业而言，项目选择是创业成功的关键。

而市场对创业企业项目的接受与否是不确定的。创业项目在日后的运营中还存在很多的不确定性，如成本、技术、管理团队、发展前景等多种重要因素。其次，即便市场能够接受创业企业的项目，创业企业在进入市场过程中也面临着诸多的风险。比如，顾客的认同度、认同时间的不同，势必增加企业的市场开拓成本，并产生营销策略、营销渠道等方面的风险。再次，需求量的不确定性。推出产品后，如果投入较多，企业市场需求分析预测不准确，不能及时把握消费者偏好的变化，市场容量不足以企业收回投入，市场短期内对产品和服务不认可，企业则无法实现产品价值，从而导致企业被市场淘汰。最后，竞争激烈程度的不确定性。企业进入市场常常要面临激烈的竞争，包括争取拉拢客户、打败竞争对手、实现客户转移、实行市场价格挑战等。企业在竞争中能否占领整个市场领域，或能占领多大市场，也很难确定。

市场接受时间的不确定性。创业企业推出的产品和服务需要有一个被社会和消费者认知的过程，不过这个过程需要持续多长时间是无法事先确定的。一种新产品和服务的推出时间先于消费者产生需求的时间，会导致创业企业开发新产品和服务的资金难以在短期内收回。比如，可视电话的推出时间早于市场接受时间 20 年。通常，颠覆性的新产品往往不太容易被市场所接受，不过附加性技术的产品往往由于市场已经熟悉了其主要性能而容易被市场所接受。

产品售后服务的不确定性。创业企业能否提供快速、高效的产品售后及延伸服务对产品的扩大销售和生产影响较大。售后服务也是影响产品能否被市场所接受的重要环节。产品单纯注重销售，而不愿或不能及时向用户提供相应的售后服务和技术支持，那么顾客会认为产品存在缺陷，企业也会存在问题，而不选择该企业的产品，最终导致创业企业被市场所淘汰。目前，许多从事软件开发的高新企业大多因为售后服务和技术支持不到位而遭到市场拒绝，以前我们所熟知的一些软件已经销声匿迹。

第二，技术风险。技术风险是指由于技术存在不可靠性、不稳定性而导致创业失败的可能性，是创业初期最为突出的一种风险。新创企业因开发产品技术的新颖性而被市场所接受，而创造优于竞争对手、具有独特功能或特有技术的产品用以满足顾客需求是其最大的市场竞争优势。但是，与之相伴而生的风险在于，市场是检验新技术、新产品的唯一标准，任何新产品都必须接受市场的检验。所以，技术风险需要从技术的无形性、专有性、地域性、时间性和可制性等方面来考虑。技术风险包括以下三个方面。

新技术能否成功。新技术的可行与否，在产品开发预期与实践之间可能会出现偏差，从而形成技术风险。具体表现形式有技术水平风险、转化风险和配套风险。从技术到转化成实用的产品或服务并走向市场还有一个过程，而这个转化过程存在着技术是否成功和技术是否完善的不确定性。每一个技术细节是否能够顺利通过，包括产品的配套服务，需要创业者在实践中去验证。

新技术推广前景的不确定性。新创企业的新技术、新产品在诞生之初大都不十分完善，并且未来能很快使新技术完善起来的把握并不是很大，因此新技术发展的前景不确定，企业创新往往面临着相当大的技术创新风险。新技术虽然能够应用于新产品，但不能满足消费者的视觉、听觉、嗅觉和人身安全的要求，或生产和消费过程中会造成污染、生态破坏而受到限制等都可能导致新技术的不确定性风险。

产品生产的不确定性。新产品成功研制开发后，如不能批量生产投入市场的话，仍不能算是成功的。新产品的批量生产受制于工艺能力、材料供应、零部件配套及设备供应能力等因素，一旦这些因素没有得到满足而达不到新产品生产的要求，创业企业的生产计划就会受阻。另外，基于新时代高新技术的迅猛发展，技术替代周期大大缩短，高新技术产品被更新的技术替代更加常见，一旦更新的技术提前出现，原有技术必然遭受提前淘汰。所以，新技术、新产品能否被市场所接受、投放市场后会不会被其他更新的技术和产品所取代、新技术寿命周期、新技术独特性等都是新技术成功与否的风险所在。

2008 年，大学毕业的老皮因为自己的理想——让偏远地区的孩子也有优质的教育平台——而创立了“我易网”。这是一个面向三四线城市的在线中小学家教培训网站。与国内当时的家教网站不同，这是一个在线教育平台，是一个所有体验、测试、教学、支付、评级等环节都在网上完成的互动式家教平台。

这个以 10 万元启动资金开始的项目，一度曾有数百万元的流水。然而，“我易网”一味重视渠道营销，而忽视了基础设备的维护，当网站的点击量越来越大时，服务器却常常死机，再加上完全凭借理想创业的创始人并没有充分认识到商场的残酷，看公司有数百万元的账面资金，就首先买了一套房子，所以很快“我易网”便面临用户严重流失和资金链断裂等情况。这时，创始人才明白理想与现实的差距。

资料来源：根据网络资料改编

第三，管理风险。管理风险也是创业企业生存、发展所要面临的主要风险之一。管理风险是指创业企业因管理不科学、不规范而导致的不能够获得预期利润或是威胁其运营甚至生存的风险。对于新创企业，管理者的管理能力和管理水平至关重要，因管理者管理经验、管理理念、管理经历、管理水平和能力等因素导致的管理风险并不鲜见。管理风险包括四个方面。

首先，管理风险存在于人的因素当中，创业企业中由于管理理念不同、管理制度缺失、管理方法不完善可能会导致核心和骨干成员的流失，进而引发管理风险。其次，市场竞争激烈，产品技术更新换代快，创业企业急于适应市场需求而进行失误的决策，给企业带来无法挽回的损失。导致决策风险的因素有客观方面的因素，也有主观方面的因素。信息不充分、不可预知的因素发生、决策机制不健全等都是客观因素，而决策者的能力不足，以及受情绪、成见影响导致判断失误等都是主观因素。再次，由于急于收回投资，因此短视行为大面积发生。比如，只关心产品价值，追求短期的企业效益，忽视包括管理、制度、工艺流程、售后服务等的企业内部管理的完善与创新，增加了新创企业管理理念和意识的风险。最后，由于创业企业法律意识淡薄，防范法律风险的能力较弱，当企业外部的法律环境发生变化或企业因自身原因未按照法律规定或合同约定行使权利、履行义务时，就会增加企业负面法律后果的可能性。

精锐教育与美股上市公司的教育相似，做的是中小学生个性化教育，即 1 对 1 辅导。这家公司成立于 2008 年，在上海起家，主打高端市场。短短两年内，精锐即成为华东地区“1 对 1”领先品牌。2010 年末，精锐教育携 1.6 亿元重金进军北京市场，这等同于平时攻占 4～5 个城市所需要的资金总量。初来几个月内，精锐教育高端、大气、上档次的硬件设施和服务体验令同行咂舌。可好景不长，随之而来的是校区扩张放缓和学员流失。

精锐教育一直坚持走高端、做差异化的路线，但在北京走了样儿。“进去以后，由于对当地情况不了解，很快就被人牵着鼻子走了，最终陷入了别人擅长打的战争，这就很难打了。”

这里所讲的战争便是价格战。在价格战中，精锐教育逐渐偏离高端定位，限制了原本能提供的额外服务，变成和竞争对手一模一样。对顾客而言，精锐教育俨然成了抄袭版的某某，“我还没听说过精锐，为什么要选择它?”一位家长说。

由于高额房租降不下来，精锐教育只有从员工的工资入手。2012 年初，为了降低成本，精锐教育对咨询师进行绩效调整，导致大量优秀老师、咨询顾问流失。

资料来源：根据网络资料改编

第四，金融风险。金融风险在创业企业运行过程中更多地表现为财务风险。财务风险是指在各项财务活动过程中，由于受各种难以预料或控制的因素影响，财务状况具有不确定性，从而使企业遭受经济损失的可能性。从企业初创到成长、成熟，财务活动贯穿于企业的每一个环节，资金的筹措、长短期的投资、流动资金的管理、应收账款的控制、利润的分配等都可能产生风险。因财务风险而倒闭破产的新创企业有很多。

对于新创企业，不能忽视财务风险的存在。首先，新创企业发展到一定阶段后，随着经营规模的不断扩大，急需资金的追加投入，筹资利率波动、再融资产生的不确定性、财务杠杆效应及由于币值变动引起市场购买力变化等都将给企业带来筹资风险。其次，在新创企业的生产经营过程中，从上游的原材料供应到产品的销售整个供应链各个环节的不确定因素会导致企业资金运转迟滞，也会影响企业价值的实现，从而带来财务风险。对于不同的财务风险，企业可以采取不同的防范策略。

第五，人员风险。人员流动未必是坏事，但从企业的角度来看，有些人员流动很可能给企业带来损失。人员风险本是风险管理的一部分。在创业者初次创业过程中，这类风险通常表现得尤为突出，对创业企业的影响往往是致命性的。人员风险包括人员流入风险、人员管理风险和人员流出风险。

人员流入风险通常表现为匆匆忙忙、不加挑选地招募新员工，不能有效地通过面试挑选出合适人选，没有建立新雇员的记录，忽视了新雇员工的初期安顿工作，导致其不久便流出企业。

人员管理风险则是论资排辈，唯亲是用，只以业绩论英雄，尚未建立完善的上下级信息沟通制度，没有进行必要的员工培训，未能在员工中形成优秀的企业文化等。

人员流出风险在于以下两个方面：①岗位的人工成本增大，因为企业需要进行重新招聘和培训；②间接损失往往更大，可能引起工作进度的拖延，甚至造成组织的瘫痪。例如，核心人员的离职就可能导致企业赖以生存的商业机密泄露。可见，人员流出是一种企业的风险。

主题 2　如何识别与评估创业风险？

2.1　怎样进行创业风险的识别？

1. 创业风险识别的含义

创业风险识别是指在发生创业风险及产生不利后果之前，创业者运用各种方法系统地、连续地认识所面临的各种创业风险并分析其发生的潜在原因。创业者只有在正确识别出自身所面临创业风险的基础上，才能够主动选择适当有效的方法进行处理。

2. 创业风险识别过程与主要内容

（1）创业风险识别过程

创业风险识别过程包含感知创业风险和创业风险分析两个环节。

感知创业风险即了解客观存在的各种创业风险，是创业风险识别的基础。只有通过感知创业风险，才能在此基础上进行进一步分析，以期寻找导致风险及不利后果发生的条件因素，为拟定风险处理方案和进行风险管理决策服务。

创业风险分析即分析引起创业风险及不利后果的各种因素，它是创业风险识别的关键。创业风险分析能够使创业者加深对风险的理解，以确定风险是否需要处理以及最适当的处理策略和方法。

（2）创业风险识别的内容

创业风险识别的内容主要是识别风险是系统创业风险还是非系统创业风险，并且依据识别创业风险概率来判断创业风险后果。

创业风险识别首先包括对创业环境风险的识别。创业环境风险指由系统性创业风险引发的，由于外部环境意外变化打乱了创业企业预定的生产经营计划，而产生的经济风险。引起创业环境风险的因素有：①国家宏观经济政策变化，使创业企业受到意外的风险损失；②创业企业因其生产经营活动与外部环境的要求相违背而受到制裁；③社会文化、道德风俗习惯的改变使创业企业的生产经营活动受阻而导致创业企业经营困难。

创业风险识别还包括对市场风险、技术风险、管理风险、金融风险和人员风险的识别。

创业风险概率是指创业企业某一风险发生的可能性。创业风险后果是指某一风险事件发生对创业项目目标产生的影响。

3. 创业风险识别的方法

（1）环境分析法

环境分析法是创业企业风险识别的常见方法，是指通过分析创业企业内外部环境，明确创业企业自身所具有的优势和劣势，对比外部环境变化给创业企业带来的机会和威胁，并找到这些环境变化可能引发的风险和损失。

环境分析法主要侧重分析环境变化的不确定性及变动趋势给创业企业带来的风险，并对变动因素及其相互作用对创业企业的经营效果带来的影响进行深入分析。

环境分析法具体包括头脑风暴法、德尔菲法、SWOT 分析法等。

（2）财务状况分析法

财务状况分析法是通过资金流对风险进行分析的重要方法。财务状况分析法是通过创业企业或其他关联单位的资产负债表、利润表、现金流量表等主要财务资料，对创业企业的固定资产和流动资产的构成情况进行风险分析，通过各项财务指标来判明创业企业所面临的潜在财务风险和有财务损失的一种分析风险的方法。

（3）流程图法

流程图法是一种便捷易懂的风险分析方法，是指将创业企业生产经营全过程按其内在的逻辑关系制成流程图，通过调查和分析流程中的关键环节与薄弱环节，找出风险存在的关键点，从中发现潜在的风险和威胁及其可能造成的损失与对全局的影响的一种方法。

（4）分解分析法

分解分析法指将创业企业作为一个系统，将其分解为具体的组成要素，对要素进行分析，找出可能存在的风险及潜在损失的一种方法。

（5）失误树分析法

失误树分析法是以图解表示的方法来调查、分析、判断风险发生前各种可能会发生的失误事件的情况，或对各种引起风险的原因进行分解分析，进而判断具体哪些失误最可能导致风险及损失发生的一种方法。

（6）专家调查列举法

专家调查列举法是通过创业者及风险管理人员一一列举出创业企业可能面临的风险，并对其进行分类整理、分析的一种方法。当然，所列举的风险面应当尽可能广泛，并具有一定的代表性。通常风险的分类方法有：直接风险或间接风险、财务风险或非财务风险、政治性风险或经济性风险等。

创业企业在风险识别的时候，不应单纯只靠一种风险识别方法，而应该交互使用多种方法，从而能够准确识别风险，规避风险，以减少造成企业损失的风险发生的可能性。

2.2 怎样进行创业风险的评估？

风险评估指在创业风险识别的基础上，创业者对可能发生的某些风险进行预计、度量和后果评估的工作。一般而言，创业风险评估包括定性风险评估和定量风险评估两种。

1. 定性风险评估

定性风险评估是利用已识别创业风险的发生概率和风险发生对创业企业目标的相应影响进行评估，也是对已识别风险的优先级别进行评价。定性风险评估的目的在于风险应对，所以定性风险评估试图建立优先级的快捷、有效的风险应对的计划和方法。它也为定量风险分析（如果需要该过程）奠定了基础。定性风险评估方法通常包括历史资料法、理论概率分布法和主观概率法。

（1）历史资料法

历史资料法即在创业企业所进行的创业项目条件基本相同的情况下，通过观察历史上各个潜在的风险在长时期内已经发生的次数，估计每一种风险可能发生事件的概率的一种方法。历史资料法的主要特点在于通过已知或已发生的风险来判断未知风险发生的可能性。不过创业企业由于其自身的初创性，通常无法依赖于自身的历史资料建立以前年度的风险损失概率分布，而只能依赖同行业的辅助信息。这明显具有局限性：一是这些信息局限于平均损失而不是概率分布；二是这些信息可能与一个特定企业不同。

（2）理论概率分布法

概率分布作为概率论的基本概念，其主要作用在于表述随机变量取值的概率规律。当历史资料不充分或不可信时，创业者可借助理论概率分布法，根据理论上的某些风险概率分布来补充或修正，从而建立风险的分布图。常用的风险概率分布是正态分布。正态分布可以描述许多风险的概率分布，如财产损失、交通事故等。

（3）主观概率法

主观概率法又称专家打分法，是指创业者或管理专家根据自己的经验，测度项目风险事件发生的概率或概率分布。通过主观概率法得到的项目风险概率被称为主观概率，是专家根据自身的专业素质及丰富的实践经验，依照项目的具体情况做出的合理判断。因此，可以将主观概率看成客观概率的近似值。

2. 定量风险评估

定量风险评估指通过相关数据指标的量化分析来描述、推断创业风险发生及产生不利后果的可能性，即量化分析每一风险对创业企业的创业项目目标造成的影响。定量风险评估方法通常包括盈亏平衡分析、敏感性分析和决策树分析等。

（1）盈亏平衡分析

盈亏平衡分析是通过盈亏平衡点分析项目成本与收益平衡关系的一种方法。各种不确定因素（如投资、成本、销售量、产品价格、项目寿命期等）的变化会影响投资方案的经济效果，当这些因素变化达到某一临界值时，就会影响方案的取舍。盈亏平衡分析的目的就是找出这种临界值，即盈亏平衡点，判断项目方案对不确定因素的承受能力，作为决策依据。

（2）敏感性分析

敏感性分析是量化及评估各风险对创业项目目标潜在影响的方法。它在确定分析的基础上，进一步分析不确定因素对投资项目的最终经济效果指标的影响及影响程度。敏感性因素一般可选择主要参数（如销售收入、经营成本、生产能力、初始投资、寿命期、建设期、达产期等）进行分析。如果某参数的小幅变化能导致较大的经济效果指标变化，则称此参数为敏感性因素，反之则称其为非敏感性因素。敏感度分析法主要用于判定哪种风险最有可能对项目产生影响。

（3）决策树分析

决策树分析是一种从结果到原因逻辑分析风险发生的反向分析过程，即仿照树型结构，遵循逻辑学的演绎分析原则，将多种风险进行图解推导的一种方法。决策树由决策结点、机会结点与结点间的分枝连线组成。通常，人们用方框表示决策结点，用圆圈表示机会结点，从决策结点引出的分枝连线表示决策者可做出的选择，从机会结点引出的分枝连线表示机会结点所示事件发生的概率。在利用决策树解题时，应从决策树末端起，从后向前，步步推进到决策树的始端。在向前推进的过程中，应在每一阶段计算事件发生的期望值。需特别注意：如果决策树所处理问题的计划期较长，计算时应考虑资金的时间价值。

主题3　怎样进行创业风险管理？

3.1　创业风险管理的策略有哪些？

1. 创业风险防范的时间策略

按照时间节点防范创业风险，可以分为事前风险防范、事中风险防范和事后风险防范。

事前风险防范是指创业者在进行创业决策之前对其内部条件因素和外部环境因素进行详尽的分析，综合估计各种风险因素，对创业决策的结果进行趋势预测。

事中风险防范是指在创业风险发生过程中，创业者对创业决策行为和条件变化情况进行检查，对照既定的标准判断是否合适，如果发现了风险成因，就立即采取措施，快速反应，对创业决策行为进行调整、修正。

事后风险防范要求创业者将创业企业经营的实际结果与预期结果进行比较与评价，然后根据偏差情况查找具体的风险成因，总结经验教训，对已出现的错误或过失进行弥补，同时及时调整创业策略。

2. 风险因素防范策略

创业企业的风险因素防范通常包括技术及产品、市场、财务、人力资源等方面。技术及产品因素的控制包括对技术创新程度、技术的独占性、竞争对手的情况、技术的应用前景及效果、产品质量等的控制。

3.2　创业风险的管理方法有哪些？

创业企业所面临的风险是复杂、多样的，为此，应对风险的管理方法也是千差万别的，所以必须具体问题具体分析，根据不同的风险采取相应的管理方法。对众多的风险管理方法进行总结归纳，我们可以得到风险管理的一般方法主要包括风险规避、风险承担、风险控制和风险转移等。

1. 风险规避

风险规避是创业企业应对风险较为常用的一种方法，也是最彻底的方法。所谓的风险规避就是对创业企业有可能面临的风险采取消极的回避、放弃等方法，以期避免发生不利的风险后果，这样就可以彻底避免损失的发生。风险规避以外的其他方法在于通过减少风险发生的概率，以降低损失程度或财务风险，降低创业企业各种潜在风险发生的可能性。比如，在无抵押的情况下不借款给其他单位，暂停技术不成熟的新产品开发研制等。

风险规避具有操作简便易行、安全可靠、效果有保障等优点，但其不足也是显而易见的。比如，风险规避实际应用要受到具体条件的限制，容易丧失机遇和被竞争对手所利用等。创业企业测定某市场开发项目存在风险便裹足不前，最后主动放弃，这无疑消除了开发风险，使该风险的发生概率为零，但是由此取得的利益也不复存在。风险规避的方法放弃了机会成本，常常因放弃风险而丢掉了发展和获利的机会，或回避了某一风险又导致了另一风险的产生。所以，风险规避方法的应用必须在特定的条件下：要么是特定风险所致的损失概率和损失幅度都相当高；要么是应用其他风险管理方法的成本超过了其产生的收益。

2. 风险承担

与风险规避截然相反的风险管理方法是风险承担。风险承担是指当某种风险不能避免，或因风险收入超过风险损失而能获得更大收益时，企业可采取接受风险的方法进行风险管理。

风险承担是由于创业企业所面临的风险无法回避或由于盈利需要冒险而自愿承担风险及其后果，是对风险无可奈何的最终选择或是出于风险全局考虑所做出的局部牺牲。承担风险就意味着要实际发生损失。如果对风险估计不足，对其强度测定有误，或采取了控制措施但未达到预期目的，就必须承担各种现实和潜在的损失。

风险承担适用于四种情况：一是处理风险的成本大于承担风险所付出的代价；二是预计某一风险发生可能造成的最大损失，企业本身可以承担；三是不可能转移的风险或不可能防止的损失，“不做无用功”；四是缺乏风险管理的技术知识，以至于自身愿意承担风险损失。可以看出，风险承担主要适用于那些风险损失较小、创业企业能够承担或不可能转移的风险。而对于那些风险较大，或不仅产生直接损失，还会导致间接损失的风险来说，这一方法显然是不适用的。

3. 风险控制

风险控制是一种主动积极的风险管理方法，是指在创业企业不愿放弃也不愿转移风险的情况下，设法降低损失概率或设法缩小损失幅度的风险管理方法，也就是通过有针对性地采取防范、保全和应急措施来最大限度地消除和减少风险可能带来的损失的方法。风险控制的目的在于设法消除或减少各种风险因素，以降低损失发生的概率。例如，创业企业采购备用设备以防范关键设备出现故障而对整条生产线作业产生严重后果，保证主机出现故障即可顶替使用，避免了设备故障风险。不过，风险控制受到管理水平、技术条件、成本费用等因素的限制，并非对所有的风险都能奏效。

4. 风险转移

风险转移是指创业企业通过合同或保险等方式将风险转嫁给他人或单位的一种风险处理方式。风险转移主要是为了避免承担遭受风险的损失。风险转移通常包括三种方式：一是合同转移，即借助合同法，通过签订风险转移合同而将风险转移给他人；二是保险转移，即创业企业通过购买保险公司的相应险种，将自然灾害、意外事故可能造成的财产损失、人身伤亡及对他人的经济赔偿责任造成的经济损失转嫁给保险公司，这是企业风险处理最有效、最科学的方法；三是利用各种风险交易工具转嫁风险。在经济生活中，常见的非保险风险转移有租赁、互助保证、基金制度等。

能力训练与提升

训练 1　风险识别训练

1．从创业风险角度谈一下，依赖你所学专业进行创业存在最大的风险是什么？

2．从就业角度谈一下，你所学专业的就业前景如何？存在哪些就业风险？

3．请到大学生创业园进行调研，看一看大学生创业者经常被哪些问题困扰？这些问题会给大学生创业者带来哪些风险？

训练 2　风险评估训练

西米网是一家以“美食”为主打产品的电商网站，同时也是国内“办公室零食”的开创者及领导者。创始人刘源最初创办西米网时只有首次创业失败后剩下来的 8 000 元。刘源用其中的 5 000 元购买了产品，剩下的 3 000 元印传单，靠着在地铁口和办公楼发传单才积累了第一批客户。

西米网强调的是一种办公室的快乐文化，而网站推广也多靠办公室白领之间的口碑传播。凭借良好的产品与服务，在创立的三个月后西米网的销售额就突破了 100 万元。截至 2010 年 5 月底，西米网销售收入已经超过 600 万元，会员注册数量已超过 30 万。但是为了降低物流成本，西米网在 2010 年租用了数个物流仓库，最终因高额的房租而入不敷出。挣扎了 2 年，最终刘源选择关闭零食业务，用余下资金重新做别的生意。

资料来源：根据网络资料改编

请结合案例填写表 9.1。

表 9.1　风险分析表

风险类别	风险发生的可能性	风险带来的可能后果	风险管理的方法
系统性风险 （政策、法律、经济、社会等）			
市场风险			
技术风险			
管理风险			
金融风险（财务风险）			
人员风险			

第 10 章 创业计划书

学习目标

★知识与理论

1. 了解创业计划书的作用。
2. 掌握创业计划书的基本内容。
3. 了解商业计划书的制作过程。
4. 理解创业计划书撰写的注意事项和技巧。
5. 了解创业计划书路演的注意事项和技巧。

★技能训练

1. 创业计划书制作训练。
2. 创业计划路演训练。

—经典名言—

想得好是聪明，计划得好更聪明，做得好是最聪明又是最好。 ——拿破仑

差错发生在细节，成功取决于系统。 ——比尔·马瑞特

凡谋之道，周密为宝。 ——《六韬·三疑》

计划的制订比计划本身更为重要。 ——戴尔·麦康基

【导入案例】

商业计划书——开启财富之门的“钥匙”

毕业于哈尔滨工业大学的盛先生参加工作不久后就走上了创业之路，最初他经营一家小型的建筑材料企业，抓住房地产市场蓬勃发展的市场机遇，赢得了创业的第一桶金。2009 年，盛先生到河北地区进行市场考察的时候，发现该地区使用一种称为“矿渣微粉”的建筑材料，它是利用钢铁厂的废弃物“水渣”生产出来的。这种材料引起了盛先生的极大兴趣，因为在黑龙江的建筑市场还没有使用这种材料，具有很大的市场潜力。盛先生产生了创办一个矿渣微粉生产企业的想法。于是盛先生在河北的考察临时增加了一个项目，考察河北区域的矿渣微粉生产企业和生产设备供应商。

带着考察成果和希望，盛先生回到了哈尔滨，开始了矿渣微粉项目的策划。最初，工程师出身的盛先生和水泥厂的技术人员探讨用“球磨机”生产矿渣微粉的可行性，和哈尔滨工业大学的专家教授探讨用“立磨”生产矿渣微粉，并了解了黑龙江省钢铁企业“水渣”废料的特点，进行了相关的技术实验。一个用“立磨”生产超细矿渣微粉的项目构思在盛先生的头脑中初步形成，该项目的明显优势是：它是黑龙江省第一个生产矿渣微粉的项目，面对的是空白市场；钢铁厂废弃物“水渣”变废为宝，有利于环境保护，符合国家产业政策；矿渣微粉能够在混凝土生产中等量替代水泥，既能够提高混凝土性能，又能够大幅度降低混凝土企业的生产成本。用盛先生的话说，“这是一个天大的好项目”。

年产 30 万吨超细矿渣粉生产项目的总投资预计在 3 000 万元左右。盛先生能够使用的资金不到 1 000 万元，至少还有 2 000 万元的资金缺口。带着这个“天大的好项目”，盛先生开始了融资之路。大家听了盛先生对这个项目优势的讲解后也认为这是一个好项目，但就是不出钱。问题出在哪里呢？百般思考后，盛先生意识到了问题的关键所在：大家不愿意出钱的原因在于这只是一个好想法，并没有一个行动计划，没有人愿意为一个想法去投资。必须做一份商业计划书，必须付诸行动才能打动投资人。于是盛先生一方面组织专业人员认真研究撰写商业计划书，一方面开始进行厂址选择和设备考察。经过半年时间的努力，一份长达 70 页的商业计划书被撰写出来，同时工厂地址和矿渣微粉生产线的设备选择也基本确定下来。盛先生把商业计划书送到有意向的投资人手中，希望能够获得他们的投资。

2010 年，盛先生冒着巨大的财务风险启动了矿渣微粉生产线项目，开始了工厂的建设。不久，一个多年的生意伙伴找到了盛先生，他研究了盛先生的商业计划书好长时间，决定投资矿渣微粉生产项目，希望和盛先生合作。最终该投资人向矿渣微粉生产项目投资了 900 万元，并取得了相应的股权。有了这 900 万元的投资，盛先生底气大增，又瞄准了商业银行的项目贷款。按照银行的要求，盛先生把商业计划书改写成贷款申请书，最终成功从某商业银行获得了 900 万元的项目贷款。2012 年，盛先生的矿渣微粉项目因符合发改委扶持政策要求，被列入黑龙江省 2012 年循环改造专项资金备选项目。

按照申报要求，盛先生把商业计划书改写成“资金申请报告”，成功获得了500余万元的国家扶持资金。这样，盛先生终于筹足了矿渣微粉生产项目的启动资金，财务风险也随之解除，2013年，盛先生的矿渣微粉工厂建成投产，开启了新的征程。

资料来源：根据网络资料改编

感悟与体会

你认为商业计划书都有哪些用途？

____

____

____

____

____

____

____

____

知识与理论学习

主题1　你了解创业计划书吗？

1.1　什么是创业计划书？

创业计划书又称为商业计划书，是创业者在创立企业之前，为获得合作、支持与投资，就其企业产品（或服务）投入市场制订的一份全面和详尽的可行性商业分析报告。创业计划书将对产品（或服务）、市场和营销、人员安排、竞争、风险、投资与融资等方面，按照一定的文本格式要求进行编写。

创业计划书不仅要以“生动的故事”打动投资者的心，同时也是企业自身发展的行动指南。因此，创业者需要高度重视创业计划书的制订。一份好的创业计划书应以投资者、市场需要和企业自身可持续发展为指向。

1.2　创业计划书的作用有哪些？

创业计划书指引新企业从一个胜利走向另一个胜利，旨在吸引投资人的青睐。总之，创业计划书既要打动自己，也要打动投资人。

1. 明确目标与行动

好的创业计划书会清晰地描绘出企业的愿景与目标。新创企业可以根据计划书行动，按照计划书指明的方向，分析各个发展阶段的工作要点，以达成企业最终目标的实现。同时，创业计划书具有规范新创企业行为的作用，能够帮助企业按照既定的路线和要求有序发展。

2. 创建团队

有实验表明，如果某种工作任务的完成需要多种技能、经验，那么团队来做通常效果比个人好。团队是组织提高运行效率的可行方式，它有助于组织更好地利用雇员的才能。创业中工作任务的繁杂性决定了以个人的能力通常是无法实现创业成功的。因此，创业需要团队密切合作。创业计划书可以为创业团队成员赋予责任与作用，是创业团队成员的行动指南，可以凝聚创业团队成员围绕创业企业的目标共同行动。

3. 获得政府和相关机构的支持

“大众创业，万众创新”的号角已吹响。国家努力推进经济良性发展，需要更多的群体成为市场主体，才能增加市场的动力、活力和竞争力。同时，由于经济下行压力，引领大学生愿意创业、能够创业、创得成业，成为党和国家积极推进的事业。政府每年都会投入大量的资金为有潜力的大学生项目提供支持。但要获得国家政府的资金支持，大学生就需要借助公共关系和完善的创业计划书。

4. 争取融资

美国一位著名的风险投资家曾说过，创业企业邀人投资或者加盟，如同向离过婚的女人求婚，而不像和女孩子初恋，双方应有打算，仅靠空头许诺是无济于事的。因此，一份优秀的创业计划书应该能够打动投资方的心，并同时能够给予投资方足够的信心，使投资方心甘情愿地为你投资。创业计划书需要让投资方看到你是如何把别人兜里的钱放入你的企业里的，需要让投资方看到你是如何使投资资金保值并增值的，需要让投资方看到你解决的是什么真实问题，需要让投资方看到创业团队有脑子、有创意且有实干精神。

1.3 创业计划书有哪些类型?

创业计划书如同管理方法一样，即使存在一定的规范，也没有放之四海而皆准的完美的模板。创业者需要根据不同的行业、不同的市场、不同的战略愿景、不同的投资方等企业内外部限制性因素，制定适合企业自身成长的创业计划书。根据投资主体性质，创业计划书可以分成以下几种类型。

1. 获取政府和相关机构支持的计划书

创业企业如想获取政府和相关机构支持，需要向政府和相关机构提供创业计划书。这类创业计划书的编写格式也应包括总论、团队情况、产品（或服务）的市场需求预测、产品的技术可行性、投资估算与资金需求、效益分析、风险分析和获取具体支持计划等。获取政府和相关机构支持的计划书应着重阐述创业活动对经济和社会发展的意义，具有普惠性与公益性。同时，这种类型的计划书中希望获得的具体支持部分要尽量写得翔实。

2. 获取风险资金投入的创业计划书

创业企业如想获取风险投资家们的投资，在按照基本原则与格式编写创业计划书时，要对涉入的行业和细分市场、优势与劣势、管理方式、营销组合、财务运行、融资与退出模式、风险与不确定性、投资增值等方面写清晰与重点突出，使投资人能够看到企业的正确方向与目标、可靠的团队与管理、有效的策略与手段、清晰的财务实践与规划。通过创业计划书能够让风险投资家们看到投资企业的价值，这样的创业计划书才是合格的。

3. 争取合伙人的创业计划书

为了给企业争取优秀的合伙人，创业者需要将企业的发展思路和产品（或服务）的核心竞争力告诉合伙人，使合伙人认同企业的发展目标与优势。这类创业计划书需要重点描述商业价值或创业机会、应对市场风险与不确定性的手段和策略、合伙人的参与方式、合伙人之间的利益分配与退出机制等。

1.4 创业计划书的主要内容有哪些?

1. 创业计划书的要素

创业计划书的内容涉及的范围很广，从吸引投资人的角度来说，创业计划书一般离不开以下六个要素。

（1）市场前景

投资人最想知道的是企业的产品是否有市场需求和市场的需求量。创业计划书中需要详细地分析企业所选择的细分市场的国际、国内和区域发展状况，相对于现存竞争对手或潜在竞争对手的优势，消费者购买本企业产品的原因（经济、社会、心理因素等）。创业计划书还要明确产品的促销方式，是通过广告、公共关系，还是其他什么方式让顾客喜欢购买本企业的产品。

（2）产品的技术

产品的技术是判断企业核心竞争力的重要指标。投资人感兴趣的是企业产品技术的前沿性、独特性和技术含量。创业计划书应清晰地写出本企业产品技术的竞争优势，并提供相关的数据说明，以使投资人确信企业的产品真实可信，具有投资的价值。

（3）商业模式

商业模式是指企业如何创造价值、传递价值和获取价值的基本原理，即寻找市场与顾客，将产品销售给顾客并从顾客手中获得利润的过程。它涵盖了产品市场定位、产品设计、产品营销与渠道各过程中的细节。一个好的商业模式应该是无论市场如何变化，都会适时地满足顾客的需求，解决顾客的真实问题，满足顾客预期的价值增值。针对顾客与产品特点，具有创新性商业模式的创业计划书是投资人所青睐的。

（4）管理团队

好的管理团队与好的产品对于投资人来说是具有同等重要的审核指标。在创业计划书中，需要着重介绍团队成员各自的专业特征与优势，提供成员的工作经历证明，进而佐证企业的创业团队具有实现企业价值的实力。

（5）财务预测

创业计划书中需要对产品的成本、销售收入、现金流量、利润情况及损益预测做出清晰的阐述。投资人将根据企业计划书中的上述财务预测，估算企业的收益情况。做好数据统计工作是企业获得投资有力的佐证。

（6）投资的利润与退出机制

创业计划书中应明确投资人的利润分配和投资人投资退出企业的方式。创业者需要设计一种最优的资本退出方式，并且需要详细说明该退出方式的合理性。此外，如果公司在计划期内未完成风险资本退出计划，最好给出次优方案，这样才能让每个风险投资者都清晰地知道获利的时间和可选方案。

2. 创业计划书的内容

一般来说，规范的创业计划书文本主要包括以下十项内容。

（1）摘要

创业计划书摘要是浓缩版的创业计划书，既提炼了创业计划书的精华，又反映了创业计划书的全貌。摘要是投资者首先要看到的内容，因此它必须让风险投资者有兴趣，使投资人以最短的时间了解创业计划书的基础观点，快速掌握创业计划的重点，并决定是否继续阅读创业计划书。

（2）企业介绍

介绍企业的发展历史、现在的情况及未来的规划。具体包括：企业概述，包括公司名称、地址、联系方法等；企业的自然业务情况；公司的发展历史；对公司未来发展的预测；本公司与众不同的竞争优势或者独特性；公司的纳税情况等。通过企业介绍，投资人可以对创业企业有一个初步的了解。

（3）产品（或服务）

产品（或服务）是投资人关注的重点。产品（或服务）的独特性、创新性，产品（或服务）是否有市场需求，是投资人决定是否进行投资的关键所在。具体内容包括产品（或服务）的名称、特征与性质，产品（或服务）的研发计划，产品（或服务）的生命周期，产品（或服务）的市场前景，产品（或服务）的特色优势等。

（4）技术和研发

一般而言，创业计划书需要描述企业产品的技术指标、企业产品研发资源投入和未来要实现的目标，重点说明产品投入市场的真实性和利润空间，具体内容包括研究资金投入、研发人员情况、研究开发计划、未来的技术发展趋势和知识产权保护等。

（5）管理团队和组织

企业的人员构成一般是投资人决定是否投资的首要考虑因素。创业计划书应清晰地描述企业人员构成及其构成人员的专业背景和实践经历；企业技术支持咨询顾问；企业的组织结构；企业人力资源管理激励与约束机制；股权情况等。

（6）市场与竞争分析

市场是创业企业生存的外部环境，只有熟悉和把握市场与行业的变化，创业企业才能生存和发展下去。市场与竞争分析包括市场行情和市场发展的趋势、创业企业目标市场分析、创业企业面临的竞争状况分析、市场营销策略、SWOT分析等。

（7）生产计划

生产计划是创业计划书中不可或缺的部分。创业计划书应向投资人说明本企业的生产目标、现有资源和所需资源，生产过程的安排等。具体内容包括产品的生产计划、企业现有的生产技术能力、品质控制和质量改进能力、现有的生产设备或者将要购置的生产设备、现有的生产工艺流程、生产产品的经济分析及生产过程等。

（8）财务计划

财务计划旨在通过数据向投资人展示本企业未来的财务状况和获利情况，同时帮助其判断是否值得投资，企业融资体量到底有多大。财务计划具体包括：①财务报表，包括资产损益表、资产负债表和现金流量表等；②财务预测，旨在预测企业的资金需求和企业未来的盈利情况；③融资需求，通常包括预计融资的数目、融资方式、企业资本结构安排、投资方利益回收方式、融资资金使用、投资人是否介入新创企业的经营管理活动等。

（9）风险分析

风险分析详细说明创业企业项目实施过程中可能遇到的各种风险，并提出有效的风险控制和防范措施。常见的风险主要有团队风险、技术风险、市场风险、管理风险、财务风险和产权风险等。

（10）退出策略

退出计划要让投资人明晰投资的最后回报方式和回报率。目前，投资人退出方式主要有公开上市、回购和兼并收购等。

除了上述十项内容之外，很多时候创业计划书还需要有附录。附录是创业计划书的有力补充和必要说明。附录的附件可以包含创业计划书需要的一切补充材料和证明材料，包括财务报表、合同资料、资信证明、图片资料、市场调研结果、主要创业者的履历资料、技术信息、宣传资料、相关数据的测算和解释、相关获奖和专利证明、授权使用书等。

1.5 创业计划书编写的主体有哪些?

好的创业计划书既要打动自己，更要打动投资人。一个人的智慧是有限的，因此，好的创业计划书需要团队合作完成。团队需要创业内部人和外部人共同组成。在编写创业计划书之前，编写团队需要开会，根据企业目标，统一意识，进行分工与合作，最后由创业团队发起人把关。同时注意，创业计划书编写团队需要团队成员切实保守秘密。

1. 根据编写团队成员的创业参与情况分类

根据编写团队成员的创业参与情况，创业计划书编写主体分为内部人和外援。

（1）内部人

内部人是参加创业实践的创业团队的所有成员。创业发起人在组建创业计划书编写团队之前，需要掌握每个创业团队成员的成长背景和当前发展状况，了解创业团队成员的专业背景与特长，性格与气质类型，以有效地分配创业计划书编写任务。创业发起人在编写计划书之前还要开会，不只是做出分工，更重要的是通过会议达成有效共识，以使创业计划书编写围绕创业核心目标顺利进行。

（2）外援

很多初创企业的人认为，外援是企业没有相关资源的情况下不得已而为之的，还自负地认为，自己的团队有能力胜任。有时，受到资金的限制，初创企业为节省资金，希望自己的团队努力去做。外援对于初创团队，相当于一台电脑的外部设备，如打印机。它帮助电脑有效完成全链条服务过程。而对于创业团队，主要的外援通常包括会计师、税务师、律师等。会计师和税务师会帮助创业团队将混乱的财务数据理清，做出符合企业发展的财务规划；律师会帮助创业团队找出创业过程中可能遭遇的风险，并帮助制定应对风险的策略。创业团队的外援还包括市场、技术、营销等方面的专家。外援需要创业团队努力去寻觅、去拜访、去交往、去聘请。当然，创业团队最好自己编写创业计划书，请外援只是帮助自己厘清思路、提供策略。

2. 根据创业计划书编写的内容分类

根据创业计划书编写的内容，创业计划书编写主体分为精通财务的人、精通商业运营的人、精通营销的人、具有领导力的人、擅长文字表达的人和善于沟通的人。

（1）精通财务的人

由于大学生创业团队大多由刚刚毕业或在读学生组建，团队成员中即使有会计或相关专业的人员，往往也缺乏实践经验。因此，编写创业计划书需要引入精通财务的人员，帮助团队计算、分析关键的财务问题。

（2）精通商业运营的人

良好的企业运营应该是一个“双环”反馈循环系统。企业从创建到第一个产品（或服务）到达消费者手中，每一个环节都在企业运营链上，是企业价值增值不可或缺的部分。因此，聘请精通商业运营的人参与创业计划书的编写，会使企业价值增值的每一个环节有机地连接、运转。

（3）精通营销的人

营销策略是用最合适的方法把你的产品（或服务）送到顾客的手中，满足顾客的现实需要，同时将顾客的钱收回到你的企业中。精通营销的人会为初创团队提供营销思路、工具与方法，帮助创业企业实现可持续发展。

（4）具有领导力的人

创业计划书的编写是在有计划的指导下进行的团队合作。它需要有较强领导力的人，时刻凝聚团队成员，围绕创业计划书编写的目标进行。具有领导力的人会用愿景领导团队成员，使团队成员在共识中无私地奉献个人的智慧。

（5）擅长文字表达的人

创业计划书的编写，不需要华丽的辞藻，但它需要编写者用简洁、清晰的语句表达创业目的、创业策略与创业效果。创业计划书编写团队中需要有擅长文字表达的人，做创业计划书文字的统整工作，以避免因文字表述影响投资人的投资兴趣。

（6）善于沟通的人

创业计划书编写是一个过程。在编写过程中，需要有一个擅长沟通的人适时联络编写团队成员。当出现编写意见分歧时，他（她）会及时进行相互的信息沟通，将编写团队每一个成员集中到共同的目标下，以使创业计划书的编写始终围绕预设的目标进行。

主题2 怎样编写创业计划书？

2.1 创业计划书的编写过程有哪些环节？

编写创业计划书是一个需要遵循逻辑的过程。创业计划书需要围绕企业的目标，沿着主线脉络进行编辑。一般创业计划书的编写分为三个阶段。

1. 准备阶段

创业计划书所要编写的内容很多，如果不按照核心主题写，会偏离主题。因此，在制订计划书之前要进行缜密的设计与安排。一般需要做的工作有如下几个方面。

（1）确立创业计划书编写参与人

在创业计划书编写的准备阶段，创业者需要将参与编写创业计划书人员的名单列出来，并找到合适的时间，明确每个参与人所负责的部分。这一环节应是创业计划书编写的前奏。

（2）确定创业企业目标

创业企业目标是企业发展的愿景，是企业未来进行商业活动的出发点与归宿点。每个创业企业需要确立正确的企业目标，目标中不仅要明确企业的利润，也要明确企业的社会责任。

（3）确定影响企业发展的关键问题

每个新创企业都会存在制约企业发展的关键问题，如核心技术的缺陷、人力资源的优质化、资金不足等现实的问题。创业团队要深入挖掘问题，并想出解决问题的策略。

（4）确立创业计划书的总体框架

在编写创业计划书之前，首先要确立创业计划书的总体框架。总体框架是创业计划书的“骨架”与“脊梁”。若创业计划书的总体框架不健全，内容肯定会缺失，就会给投资人以不专业的印象。创业计划的总体框架要确保整个内容脉络清晰，主次分明。

（5）确立创业计划书编写的日程安排

明确的编写日程，会给参编人员时间路线图，确保参编人员按照日程安排如期完成。

（6）制订创业计划书审核方案

创业计划书编写完，需要组织人员进行详细的审核，直到各项内容完全属实，尤其是有关数据部分。

2. 资料收集与数据采集阶段

围绕创业计划书的目标与编写总体框架，创业计划书编写者需要搜集企业内部与外部相关资料和数据，其中包括产品国际、国内和区域市场行情、产品细分市场的状况、产品测试数据、竞争对手的相关信息、市场营销模式等。资料收集与数据采集分为一手资料和二手资料。一手资料的获得需要消耗较大的人力、时间和经费，但资料和数据相对可靠；二手资料获得较为容易，但是资料和数据可靠性相对较弱。

3. 创业计划书形成阶段

创业计划书形成阶段需要对创业企业的市场竞争、人员组建、技术与工艺、市场销售、融资方案和风险分析等内容进行全面的编写。完成创业计划书初稿之后，创业者需要组织人员对创业计划书进行反复的审核，直至创业计划书完善。

2.2 创业计划书编写的基本要求有哪些？

创业计划书的篇幅要适中，不宜过短，否则会给人以草率之嫌。同时，创业计划书的篇幅也不要太长，否则会让投资人抓不到重点。一份完美的创业计划书一般应限制在20～40页。编写创业计划书的基本要求如下。

1. 逻辑清晰

创业计划书应按照创业企业目标与逻辑顺序，结合创建企业的所有要素，逐步陈述创业的构想，做到循序渐进。针对创业企业目标，清晰地列出每个结果所需要的条件。编写创业计划书的过程，就是逆向思考、正向陈述的过程。

2. 数据真实

创业计划书的数据必须客观，做到有据可查。各类数据使用切忌弄虚作假。投资人会对创业计划书中使用的数据进行多方调研，若发现不实数据，就会对创业企业失去信任。

3. 通俗易懂

创业者需要清晰明了地陈述公司状况、公司优势与劣势等。编写创业计划书需要做到观点明确，语言通俗易懂。

4. 周密严谨

创业计划书体现了创业者创业的逻辑。如果创业计划书不严谨，不翔实，投资人会对创业者产生不信任。投资人不仅关注创业计划书的细节部分，同时也关注创业计划书的整体构成。创业计划书需要注意创业条件、行动与创业结果的一致性。

2.3 创业计划书编写常见问题有哪些？

新创企业由于缺乏实践经验，在编写创业计划书中常出现如下问题。

1）语言描述不清晰，逻辑性不强。

2）创业计划中的目标不明确，在具体执行中无法操作。

3）过于强调市场潜力，忽视销售产品路径的清晰描述，或只有销售目标，却没有具体销售计划。

4）过分宣扬管理团队的实力，言过其实。

5）轻视竞争对手，对于竞争对手没有清晰的认识，从而忽视竞争威胁。

6）对于市场或竞争对手分析缺少翔实的数据与具体的资料，导致错误估计市场空间或竞争对手的实力。

7）对于经营风险预期不足，过于乐观。

8）产品（或服务）特色定位不准。

9）产品（或服务）过于单一或过于繁杂，导致市场潜力不足。

10）忽视企业产品（或服务）不足之处，避重就轻，导致实际经营无法规避问题，并限制了解决问题的时间。

11）对资金预测不足或不合理，导致企业实际运营中缺少资金。

12）股权制定不清晰，导致经营中出现股权争议。

13）财务计划混乱，无法合理做出资金预测，并准确计算投资回报率。

2.4 创业计划书的写作要点与技巧有哪些？

1. 摘要的写作要点与技巧

摘要是创业计划书的核心所在，要求一目了然，以便投资人能在最短时间内评审商业计划并做出判断。摘要的内容应向投资人表达五个重要信息：①创业企业的产品或服务符合趋势，技术是创新性或独特性的；②创业机会是分析市场空隙、经济趋势（或社会趋势或技术创业趋势或政策趋势等）或解决了顾客真实的急需解决的问题；③创业企业进入市场正是“机会窗口”刚刚打开之时，或未开启之时；④创业团队是有充分实力的，即创业团队成员的专业背景、工作经历或其他背景知识，可以使创业计划得以强而有力地执行，足以得到投资人的信任；⑤创业企业财务分析是清晰的，且数据可靠，具有可信度。

为了使投资人充分相信创业企业的商业能力与商业价值，编写摘要时，应用充满激情与愿景的心态去落笔，并需要注意以下事项。

1）创业计划书摘要部分放在创业计划书编写的最后完成。在完成计划书主体部分，并反复阅读主体部分，对主体部分有清晰的理解后，从中提炼出整个计划书的精华与主体部分进行润色，就形成了创业计划书的摘要。

2）创业计划书的摘要编写需要具有针对性。在编写摘要时，要始终围绕企业的最终目标、投资人的兴趣与关注点而写。不同的投资人，由于专业、投资方向不同，其对创业计划的关注点也各有不同。因此，在编写摘要之前，应对拟邀请的投资人的背景与投资方向做翔实的调研。

3）摘要编写的语言组织要生动与简洁。摘要通常以 1～2 页为宜。摘要的文笔要简洁、生动，开门见山，这样能使投资人抓住重点。摘要切忌冗长、用词晦涩。

2. 公司介绍的写作要点与技巧

公司介绍是对创业企业基本情况的初步介绍，要求既要能使投资人在短时间内对创业企业有一个初步了解，同时要能够使投资人认同创业企业的发展目标，相信创业企业未来的发展目标能够实现。在这一部分中，我们可以把投资人需要了解和感兴趣的问题分为三个部分。

1）有关过去的问题：创业企业基本业务的发展历史是怎样的？核心的团队成员过去的主要经历如何？核心的团队成员积累了哪些经验？等等。

2）有关现在的问题：创业企业的注册类型、注册地址、品牌商标都是什么？创业核心团队的成员都有哪些人？他们有什么突出的优势？创业企业有哪些知识产权？如何保护？等等。

3）有关未来发展的问题：创业企业的使命和发展目标是什么？创业企业未来发展规划是什么样的？公司是否有未来可持续创新能力？创业团队的经验或能力是否能支撑未来发展规划的实现？

在回答有关过去和现在的问题时，文字表述要精炼、客观，使投资人相信“你说的都是真的”。在回答有关未来发展的问题时，文字表述要严谨、逻辑性强，具有创新性和富有感染力，使投资人感觉“你是经过认真研究和思考的”，“你对未来充满了信心和干劲儿”，“和投资人想的一样”。

3. 产品（或服务）的写作要点与技巧

撰写此部分的总体要求是文字表述清晰准确，通俗易懂，尽量避免采用生僻的专业术语和过多的技术细节解释，最好能够提供样品展示。一般来说，投资者对产品（或服务）重点关注或容易存有疑虑的问题有：①创业企业面对的最终用户是什么样的？你的产品（或服务）能够为用户解决哪些问题？用户能从你的产品（或服务）中得到哪些顾客价值？②创业企业的产品（或服务）与主要竞争对手相比存在哪些优势与不足？用户选择你的产品（或服务）的理由有哪些？③你的产品（或服务）处于哪个产品生命周期阶段？你打算怎样改进你的产品（或服务）？你对发展新产品有哪些计划？④你的产品（或服务）的定价为什么会实现足够的利润？为什么用户会大量购买你的产品（或服务）？⑤你怎样防止别人盗用和模仿你的产品（或服务）？

围绕上述问题，撰写产品（或服务）部分时着重突出以下几个方面。

（1）产品（或服务）概述

本部分描述产品（或服务）的名称、特征、性质、用途和优势。要突出你的产品（或服务）的创新性或新颖性。如果市场可能出现替代性产品（或服务），需要陈述你的产品（或服务）能够为顾客提供哪些额外的价值增值；对主要竞争对手的产品（或服务）也需要做出同样的分析。若创业企业提供的产品（或服务）不止一个，创业企业需要集中讨论本企业的核心产品，其他产品可做概述。

在做新产品开发规划时，需要介绍该领域未来的技术发展趋势和创业企业的技术研发力量，并详细阐述研发新产品的创意、成本估计、研发进度等。

（2）产品（或服务）的价格

本部分需要描述产品（或服务）的价格和其形成基础，以及以此为基础形成的利润，同时需要指出产品（或服务）定价的方式。本部分应使投资人了解：首先，产品（或服务）的价格具有较强的市场竞争力；其次，产品（或服务）具有较好的利润空间。若创业企业将提供几种产品（或服务），那么需要分别陈述每种产品（或服务）的价格。

（3）产品（或服务）的优势

产品（或服务）的优势可以表现在技术、管理团队、组织结构、商业模式等多个方面，也可能表现在上述各因素的组合。创业企业需要突出本企业优势与对社会的贡献率。你可以通过以下几个方面的努力来提升产品（或服务）的竞争优势。

1）通过产品差异化或经营差异化来寻求竞争优势。

2）通过开发蕴含新创意或新技术的产品（或服务）来寻求竞争优势。

3）通过应用专利技术或专有技术来寻求竞争优势。

4）通过控制原材料的供应来寻求竞争优势。

5）通过援引先进的技术标准和产品标准来寻求竞争优势。

6）通过形成战略联盟来确立竞争优势。

7）通过快速推出新产品或快速丰富产品线来寻求竞争优势。

8）通过塑造品牌形象来寻求竞争优势。

9）通过创新能力来寻求竞争优势

10）通过较高的性价比来寻求竞争优势。

11）通过良好的客户关系管理来寻求竞争优势。

（4）产品（或服务）的顾客

创业企业需要对自己产品（或服务）的顾客群有清晰的了解。针对特定的顾客群体，创业企业需要知道本企业的产品（或服务）能否给顾客带来价值，能否满足顾客的真实需求，能否创造价值增值等。

4. 技术和研发的写作要点与技巧

创业企业根据自己可利用的资源，分为提供产品的创业企业和提供服务的创业企业。如果企业是提供产品的创业企业，则需要在创业计划书中对产品的技术进行着重的说明。具体包括以下四个方面。

（1）未来的技术发展趋势

分析目前市场现有产品有待改进的地方，结合相关产业的发展趋势，向投资人描绘产品技术的未来市场发展，并指出产品技术可能在哪些方面有所突破。

（2）企业的研发能力

创业企业的研发能力优势也是企业市场优势的关键所在。本部分需要列出本企业核心技术研发人员的前景、行业经历、研发成果，使投资人能够确信本企业的研发队伍具有掌控市场技术的能力，同时能够根据顾客的真实需求，不断开发出使顾客的价值增值的可能性。

（3）研发计划

清晰描述企业研发产品的时间进程与成果进程。本部分还需要列出研发的每一个阶段需要的资金投入，使投资人能够知道投资的关键时间节点，并确信投资的可靠性。

（4）知识产权保护

知识产权是一项技术能力。初创企业需要对自己的知识与技术申请保护，需要聘请专业的技术专家帮助企业实现知识产权申请。

5. 创业团队和组织的写作要点与技巧

人是企业重要的资源，也是关键资源。企业的人员构成一般是投资人决定是否投资的首要考虑因素。创业计划书应清晰地描述企业人员构成及其构成人员的专业背景和实践经历，企业技术支持咨询顾问，企业的组织结构，企业人力资源管理激励与约束机制，股权情况等。

（1）组织结构

组织结构图表明企业职能的划分和企业中关键人员的职责范围。组织结构图需要清晰地描述每个岗位的职能范围及其与其他岗位之间的联系。“结构决定功能”说明正确划分职能，是企业做对事的前提。同时，“责、权、利”确保统一，是确保责权清晰、各司其职的前提。

（2）团队成员介绍

介绍团队成员时，需要介绍创业团队每一个成员的教育经历、行业实践经验、技术能力、管理能力和财务能力等，同时重点突出成员的背景与其企业中的岗位相匹配。如可能的话，尽量使用列表形式展示。通过本部分陈述，投资人能够了解创业团队的背景知识，确信创业团队成员有能力胜任新创企业运营，并能带来可预期的价值。

（3）技术支持咨询团队

创业企业的大学生行业经历与实践经验有限。因此，技术支持顾问是创业企业运营的重要支柱。技术支持咨询团队可以为创业企业提供财务、公共关系、组织管理等方面的建议，是创业企业的宝贵财富。技术支持团队需要有会计、法律、金融和营销等方面的专家。本部分可以采用列表的方式表述，这样能够给予投资人清晰的认识。

（4）激励机制

在企业技术支持咨询团队的帮助下，创业企业需要对本企业的薪酬机制和职务晋升机制进行描述。其中，重点突出薪股计划、培训计划、职务升迁计划等。有激励机制的同时，企业也需要有完整的约束机制。

6. 市场和竞争分析的写作要点与技巧

市场和竞争分析是整个创业计划分析的基础。该部分撰写得详细具体，有助于提升后续创业计划的分析质量和可信度。在进行市场与竞争分析时，一方面要用事实和数据说话，认真做好市场调研，借鉴一些统计年鉴、行业分析报告中可信度高的数据来佐证；另一方面要采用一些理论工具来提高分析的质量，如PEST分析法、STP理论、波特五力竞争模型、SWOT 分析法、竞争强弱对比分析表等。具体来说要重点分析以下几个方面。

（1）整体市场或行业分析

重点分析该市场或行业的发展现状如何，发展趋势怎么样，决定行业发展的成功因素有哪些，利润水平怎么样。

（2）目标市场分析

该部分一方面应清楚地介绍企业产品（或服务）针对的目标顾客群体，产品（或服务）现有的顾客和潜在的顾客，运用数据说明，所选目标市场的大小或趋势，顾客购买产品（或服务）的依据；另一方面应根据目标市场现阶段的情况和未来发展趋势，进行创业企业未来 3～5 年的市场销售预测。已获取的一些订单或意向书，是获得投资人青睐的最好佐证。本部分陈述需要分析与叙述相结合，避免纯粹的列举。

（3）竞争状况分析

在对竞争对手分析之前，需要思考如下几个方面：本企业是和谁在竞争，为什么和对手在竞争；本企业的竞争思路是什么；竞争对手在哪些方面比本企业具有优势；竞争对手在哪些方面暂时不如本企业；如何针对竞争对手的弱势进行产品改进与营销等。你可以借助波特五力竞争模型、SWOT 分析法、竞争强弱对比分析表等工具进行竞争状况分析。

7. 营销计划的写作要点与技巧

一般来说，创业企业营销计划应围绕 4P（产品、价格、促销和渠道）进行。在此部分创业企业应向投资人说明企业的总体营销战略、产品战略、定价战略、销售渠道战略、促销战略和销售目标，并具体说明实施这些战略的措施。

（1）总体营销战略

总体营销战略一般分为三个方面：一是结合市场分析与企业定位，突出企业的自身特色；二是通过 4P 组合来展示企业的特色；三是对 4P 以外的战略进行说明。这里不应将注意力放在阐述具体营销战略上，而应着重向投资人表达本企业的营销理念。

（2）产品战略

产品战略是整个营销计划的基础。产品战略的要点包括六点。第一，要体现整体产品的三个层次：在核心层次上能给顾客提供哪些最为基本的价值；在形式层次上需要提供给顾客什么样的质量、品牌、款式、包装和特色；在延伸层次上需要提供给顾客哪些服务和附加的价值。第二，向投资人陈述在产品（或服务）所处的各个成长期中，各采取何种策略。一般而言，在引入期，创业企业需要更多地关注市场占有率，让产品迅速占领市场；在成长期，企业应关注产品的改进和完善，提高服务质量，注重产品在顾客中的形象和口碑；在成熟期，企业应关注进一步改进产品（或服务）的质量，注意发展新的细分市场，力争扩大销售；衰退期来临前，企业应及早做好准备，或者进入新的细分市场，或者选择退出该市场。第三，向投资人说明企业的产品组合策略，其中包括企业提供的产品（或服务）的类别，产品线、各种产品在功能、生产和销售方面的联系等，让投资人确信产品（或服务）能够满足市场上的不同需要，同时能够实现企业的收益目标。第四，描述企业产品（或服务）的品牌策略。它涉及具体的外部形象设计和标识，需要告知企业使用何种品牌策略，如个别品牌策略还是统一品牌策略，分类品牌策略还是延伸品牌策略。第五，在产品（或服务）描述中，创业企业还需要对产品的开发进行相应的说明，重点是向投资人说明将采取什么样的产品（或服务）开发方式，使投资人清楚企业的开发策略符合企业自身的实力和经济效益。第六，对产品的包装策略进行描述。

（3）定价战略

产品（或服务）价格的制定需要根据产品（或服务）的特点、市场状况和竞争对手产品（或服务）的价格情况综合考虑。定价战略一般考虑三个方面：一是充分考虑影响定价的因素；二是产品（或服务）定价的方法；三是选择定价策略。清晰描述企业选择的定价策略，主要目的是让投资人认可企业的定价策略是合理的。很多专家提醒创业者，要抵制索要低价以扩大市场份额的诱惑。这种方法可以增加销售量，但产生的利润很低。另外，大多数顾客在考察产品（或服务）的价格时，会进行价格—质量归因。在大众心理看来，高价产品也是高质量产品。如果企业对产品（或服务）定价过低，会误导顾客，让顾客认为本企业的产品（或服务）质量较低。

（4）销售渠道战略

要明确本企业的产品（或服务）是如何到达顾客手中的，是选择直接销售，还是选择中间商销售给顾客。销售渠道通常有直接销售和通过中间商销售两种形式。直接销售的主要优势在于能够控制产品从生产地转移到最终用户的整个过程，而不是依赖于第三方。直接销售的不足在于企业大部分资本将与固定资产相联系，因为企业必须拥有或租用销售渠道，或必须聘雇庞大的销售人员队伍来销售产品，同时，企业通常还需要维护自己的电子商务网站。通过中间商销售的企业一般是将产品运送给批发商，由批发商将产品置于零售渠道上进行销售。通过中间商销售的优势在于企业无须拥有太多自己的销售渠道，不足在于创业企业容易失去对产品的控制。创业企业需要根据企业的情况、市场和产品的特征来说明采用渠道的原因，还要说明产品销售点的分布情况。

（5）促销战略

促销战略主要是根据本企业的现状和资源，说明企业将采用哪些促销方式，预计的促销费用是多少，预计的促销效果如何。促销活动对于创业企业而言是重要的企业活动。同时，由于资金的限制，研究促销活动是创业企业必做的功课。

（6）销售目标和战略实施

创业企业需要在对企业目标市场进行预测的基础上，向投资者陈述企业未来几年内的销售目标。销售目标应该符合市场和创业企业的实际。在战略实施部分，创业企业应该说明营销策略组合中的每一个部分是如何采取措施的。创业企业需要通过图表或数据的形式向投资人展示企业的成果，同时还需要说明具体的措施，如销售活动计划的时间表和与中间商合作的具体事宜等，以便让投资人确信整个企业已对销售目标的实现做了周密翔实的安排。

8. 生产计划的写作要点与技巧

生产计划是创业计划书中不可或缺的部分。创业计划书应向投资人说明本企业的生产目标、生产资源和生产过程的安排等。

（1）生产目标

创业企业生产目标需要根据市场预期和企业实际生产能力而定。市场预期揭示了产品（或服务）可能的市场潜力，而企业的实际生产能力决定了企业的产量。同时，企业的销售能力也左右着企业的销售量。在决定企业生产目标时，应根据上述因素进行研究决定。

（2）生产资源

生产资源是企业生产能力的重要指标。有些生产资源是创业企业自有的，而有些生产资源由于受企业资金限制是靠融资获得的。在创业计划书中要列出企业现有资源和追加资源（资源需求）。生产资源包括原料采购计划、劳动力及招聘计划、追加资源计划和设备改进计划等。原料采购部分需要介绍供应商的情况。

（3）生产过程

生产过程主要陈述生产过程中的工艺指标、员工需要达成的技术能力、生产过程关键环节、生产所需要的零部件情况等。这部分建议在用文字陈述的同时，采用表格数据形式进行辅助说明，以便投资人较为直观地了解企业生产情况。

9. 财务计划的写作要点与技巧

财务计划旨在通过数据向投资人展示本企业未来的财务状况和获利情况，同时，通过财务分析让投资人判明是否值得投资，企业融资体量到底有多大。财务计划的写作要求具有相当专业的技能，所以创业企业通常是委托会计师事务所进行的。

（1）财务报表

财务报表列于财务计划之后，由一系列报表组成，如资产损益表、资产负债表和现金流量表等。要对各类报表进行充分的设计、评估和测算。

（2）财务预测

财务预测旨在预测企业的资金需求和企业未来的盈利情况。预测企业的资金包括资金额度、条件和需求的时间。本部分宜采用列表的形式展示需求资金项目和资金需求的时间。而企业未来盈利情况的预测需要包括销售收入、销售成本和营业管理费用等。对于未来盈利预测，需要根据企业的营销计划进行。本部分需要注意的是，对于明确的成本费用，可直接列出；对于一些暂不明确的成本和费用可以比对市场的前期运营情况进行预测。同时，财务预测的各项目需要与创业计划书中列出的项目保持一致性。

（3）融资需求

在资金预测中，可以计算出创业企业需要融资的数目，但往往需要融资的数目与实际运营所需要的资金数目有很大的出入。这就需要创业企业与投资人进行仔细的核对与磋商。融资计划通常包括预计融资的数目、融资方式、企业资本结构安排、投资方利益回收方式、融资资金使用、投资人是否介入创业企业的经营管理活动等。

10. 风险控制和资本退出的写作要点与技巧

本部分要使投资者尽可能多地弄清楚创业企业可能面对的风险类型、风险的大小、企业防范风险的具体措施等。撰写这部分可以围绕以下问题来展开。

1）创业企业面临哪些风险？影响企业生存和发展的主要风险是什么？

2）针对这些风险，企业的防范措施有哪些？

3）市场和技术层面的最大的风险是什么？如何应对？

4）创业企业有哪几种资本退出方式？首选的退出方式是哪种？投资回报是多少？

主题3　怎样进行创业路演？

3.1　什么是创业路演？

路演（roadshow）最初是国际上广泛采用的证券发行推广方式，指证券发行商通过投资银行家或者支付承诺商的帮助，在初级市场上发行证券前针对机构投资者进行的推介活动。路演的目的是促进投资者与股票发行人之间的沟通和交流，以保证股票的顺利发行，并有助于提高股票潜在的价值。现在，路演的应用领域已经大大突破了证券领域，获得了广泛的应用。一般来说，路演是指通过现场演示的方法，引起目标人群的关注，让他们产生兴趣，最终达成预定的目标。

常见的创业路演主要有创业竞赛路演和创业融资路演两种。创业竞赛路演的目的是打动竞赛评委，取得优异的竞赛成绩，并引起社会公众的关注，为创业项目的实施创造有利的条件。创业融资路演的目的是吸引投资人或机构的关注和兴趣，最终实现融资目标。

3.2　怎样做好创业竞赛路演？

1. 做好创业竞赛路演的准备工作

为了做好创业竞赛路演，你需要做好以下准备工作。

1）认真了解创业竞赛关于路演都有哪些具体的要求，尤其是路演的评分标准、现场展示时间、现场答辩的时间限制，根据这些要求进行路演准备。

2）选择合适的路演展示人。展示人要具有很强的语言表达能力，举止端庄得体，思维敏捷，尤其要对创业项目计划的主要内容十分熟悉。

3）精心准备和设计现场展示媒介使用方案。仅仅有激情澎湃的演讲是不够的，需要结合多种展示手段，多渠道、全方位地展示创业项目。通常在展示过程中能用到的展示手段有视频、实物（产品、模型）、PPT 和宣传片等。确定了展示媒介以后，要对这些展示媒介在路演过程中的运用进行整体设计，明确这些媒介在什么时间使用，怎样使用，发挥什么样的作用。

4）根据展示媒介使用方案编写演讲稿，演讲要和展示媒介的使用有机结合，相得益彰。演讲内容要能够充分体现创业项目的特色、亮点等核心内容，要能够吸引评委和听众的兴趣，引起共鸣。特别要注意演讲的时间限制。

5）认真研究现场评委可能提出哪些问题，并提前准备好相应的答案。如果有可能，提前对评委做些简单的功课，了解评委的性格特点和提问风格。

6）做好展示人员的培训。培训的内容包括心态调整、仪表仪容、精神风貌等方面。

7）提前进行路演演练，反复修正路演的设计方案，严格控制路演时间。

2. 制作竞赛路演用 PPT 的注意事项

PPT 展示是创业路演不可或缺、非常关键的部分，对整个路演的效果发挥着枢纽的作用。因此，一定要做好 PPT 展示的策划。PPT 设计和策划要注意以下事项。

（1）选择合适的PPT风格

PPT的风格要符合整个展示的主基调，要与之前的创业计划书和宣传片风格统一。幻灯片的风格主要体现在背景和版式两个方面。背景包括颜色和图案。背景的颜色是有思想寓意的，如红色能展现激情，蓝色能表现专业，绿色能体现环保等。因此，选择什么样的颜色要根据团队和创业项目的特点。背景颜色不宜太多，否则容易令人眼花缭乱。背景图案的选择要尽量简单、大方，不要喧宾夺主，因为展示 PPT 的最终目的是要让评委的注意力集中到PPT的内容上。

PPT的版式设计包括字体、字号、颜色等。要设计统一的展示模板，给人以专业规范的感觉，以加深评委的好感。版式中可以考虑加上创业公司或团队的标志，以显示独特性，加深评委对项目的印象。

（2）PPT的内容设计

PPT的内容不是创业计划书内容的简单复制。PPT的内容是基于路演需要对创业项目计划的再设计，是创业计划精华的展现。PPT内容设计实际上是对每一张幻灯片展示内容的安排和布局。首先，着重设计 PPT 的首页，因为首页是展示时间最长的一页。首页要美观、富有个性化，一般显示公司标志、项目名称、团队等内容。其次，要确定整体展示的思路，明确展示的逻辑顺序。要单独制作一张幻灯片，以便于向评委展示一个清晰的思路。再次，精心设计展示模块，将每一模板内容安排到每一张幻灯片，同时考虑每一张幻灯片需要的展示手段，如图片、表格等。

（3）各种展示手段的综合运用

文字是信息表达最基本的手段。PPT中使用文字的基本要求是文字简练、意思明确、醒目美观、画面清晰，不要有文字错误。一般来说，创业项目的核心理念或观点要用简短、精炼、醒目的文字突出，以吸引评委注意；担心评委听不清楚的内容，以简短、精炼、醒目的文字来弥补演讲的不足。为了获得更好的效果，你可以通过变换字体、设置动画效应等来增强文字表达的效果。

图片和图表是更直观、更形象化的表达媒介，但图片和图表使用过多，往往会喧宾夺主。因此，PPT的制作中图片的选择必须切合主题，在难以说明白，或者说明白需要大量的语言的时候，选择图片来说明。表格所显示的数据信息有利于增强说服力。制作PPT时要注意对数据表格的处理，着重体现出重点数据，强调其重要性，以引起评委的重视。

3. 路演现场展示应注意的事项

1）合理分配演讲时间，切忌时间到了，还没讲完。

2）演讲要紧扣评分标准，抓住重点，分清主次，不是主要的内容只需要一两句话介绍，点到即止。

3）要面向听众和评委进行演讲，切忌不看听众和评委，全程在读PPT。

4）演讲用语要通俗易懂，既不要有过多的废话，也不要过多使用专业术语。

5）运用多种展示手段的时候，要注意各种展示手段的衔接配合要顺畅，避免出现衔接配合失误影响展示的效果。

4. 怎样做好竞赛路演答辩

1）熟悉创业计划书，理清创业计划书的逻辑结构，把握计划书的精髓，记忆在心。如果是团队整体参与答辩，要注意团队成员之间的合理分工和协调配合。答辩人员要非常熟悉自己所负责的领域，同时要对整体的答辩思路和基调有清楚的认识，这样团队的默契程度将会大大提高。

2）精心准备答辩题库。团队成员要注意收集各类创业大赛有关评委提问的资料，提前准备。一般来说，评委往往喜欢从商业模式、市场价值、股本结构、融资方式等方面提问，所以参赛者可以事先围绕这些方面把可能出现的问题具体化，形成答题要点。如果评委提出的问题与参赛者准备的一致或类似，就可侃侃而谈，即便是有些差别，也可以现场随机应变，避免紧张慌乱。另外，有时评委也会针对创业计划书或演讲中出现的漏洞提出问题，或者为了活跃气氛提出一些现场推销型的问题，对此参赛者也要有相应的应对策略和心理准备。

3）弄清题意，掌握回答问题的方法。答辩中要认真领会评委的意图，把握提问的关键词，针对问题答其所问。要能够熟练运用以下方法进行答辩：①理论分析法，即运用理论分析和逻辑推理的方法进行答辩，向评委展示参赛者的逻辑性和专业性；②实证论述法，即用工作实践中的具体事例来证实某些理论、论断的科学有效性，更有说服力；③对策论证法，即结合实践经验拿出解决新问题的策略和方法；④以纲带目法，即在展开论述一个问题之前，先把这个问题的主要纲目述说一遍，然后再逐一展开；⑤适当重复法，即为强化听觉效果，适当地重复一些关键要点。

4）掌握对不同类型问题的回答技巧。针对自己擅长的问题，要抓住机会，展示实力，发挥自己的特长（如理论特长、实践特长、专业特长等），尽可能回答完美。对于不能理解或答不上来的问题，千万不要不懂装懂，胡乱对付。此时要么考虑借助团队的力量给出较完整的答案，要么将问题予以转化，或如实说明情况，虚心向评委请教。有时评委的发问与其说是提问题，不如说是提意见，回答这样的问题不要讲大而无意义的话，切忌反驳顶撞评委。这时，最佳的选择是说好话，真心承认不足，并承诺今后注意改进。

3.3 怎样做好创业融资路演？

创业融资路演是围绕着如何吸引和打动投资人展开的，所以创业者不仅要知道投资人关注哪些问题，还要研究以什么样的方式展示才能更容易引起投资人的注意和兴趣。

1. 创业融资路演的一般逻辑思路

几乎所有出色的融资路演，都是从一个故事开始，然后介绍某个行业存在的痛点，再给出自己的有效解决方案，到最后的公司愿景终止。这一逻辑思路包含如下要点。

1）学会讲故事。将你所遇到的问题（痛点）或是创业的初衷，通过故事的形式展现给投资人，将投资人带到你的项目情境之中。

2）用简短的话语介绍公司概况，让投资人了解公司的背景，为后续的演讲内容做准备。

3）着重介绍你的产品和服务，介绍它是如何解决问题的，相比你的竞争对手你的产品和服务有什么优势与亮点。

4）告诉投资人你的产品和服务是如何实现盈利的，也就是商业模式和盈利模式。

5）介绍项目的管理团队，包括他们的学历和经验。如果没有特别出色的学历，就突出团队成员的大公司经验或是相关领域的创业经验，即把重点放在团队的优点和强项上面。

6）简要说明你的股权结构、融资计划及资金用途。

7）描述项目的运营规划和发展蓝图，给投资人以信心。

2. 创业融资路演过程的注意事项

1）注重逻辑，实现高效沟通。投资人喜欢有逻辑和善于思考，语言表达清晰、简洁的创业者。

2）要懂得引起投资人兴趣，并想办法让投资人记住你。

3）无论你的公司是否产生收入，都需要向投资人展示出你的产品已经拥有一定竞争力。

4）详细解释你会如何使用投资。你能规避掉的风险越多，获得风险投资的机会也就越大。

5）路演演讲时，不要口无遮拦地泄露一些投资人并不感兴趣的商业机密和细节，要尽可能保留核心的内容，只给对项目有兴趣的投资人说。

6）认真对待和投资人的互动过程。投资人的建议往往是宝贵的，有助于创业项目的提升，也有助于你的成长。

7）每次参加路演活动，都要想办法获得投资人的联系方式。

能力训练与提升

训练1 创业计划书制作训练

以创业小组为单位，按以下编写纲要制作创业计划书。

1．摘要；

2．项目SWOT分析；

3．项目评估；

4．市场营销策略；

5．技术选择与生产方案设计；

6．创业团队与人员安排；

7．投融资计划；

8．预计资产负债表；

9．预计利润表；

10．预计现金流量表；

11．主要财务评价指标；

12．项目风险评估与控制；

13．附录。

训练 2　创业计划路演训练

你的创新创业项目将参加某个创业大赛，大赛要求进行 5 分钟的路演，包括 PPT 和视频资料等相关内容。进行 PPT 制作时，应体现以下主要内容。

1．创业项目的目标顾客群体是谁？解决了顾客的哪些问题？

2．创业项目的市场状况如何？是不是机会窗口？未来发展趋势如何？

3．创业项目的产品或服务是什么？如何满足顾客的需求？

4．产品或服务的特色优势是什么？与竞争产品或其他替代产品相比，有什么不同？

5．你获得收入的途径和方式有哪些？

6．创业项目的启动需要哪些资源？你打算如何获取这些资源？

7．高度概括一下你的创业项目（不超过一百字）。

第 11 章 新企业的设立与经营管理

学习目标

★知识与理论

1. 了解设立新企业的一般流程。
2. 了解不同企业法律组织形式的设立条件。
3. 了解企业设立应注意的相关问题。
4. 了解创业企业经营管理应注意的问题。

★技能训练

1. 创业企业技能训练。
2. 员工激励技能训练。

–经典名言–

经营企业，是许多环节的共同运作，差一个念头，就决定整个失败。

——松下幸之助

卓有成效的管理者善于用人之长。 ——彼得·德鲁克

将合适的人请上车，不合适的人请下车。 ——詹姆斯·柯林斯

质量是维护顾客忠诚的最好保证。 ——杰克·韦尔奇

【导入案例】

2018年家居业十大质量黑榜

2018年末，北京商报盘点出2018年家居十大质量黑榜。

1. 林氏木业家具

上榜原因：网销冠军半年两次抽检不合格。

2018年6月初，北京市消费者协会发布比较试验报告，一款商标为“林氏木业”的多功能儿童床因上层床安全栏板达不到要求，被判为不合格。半年前的2017年12月5日，国家质量监督检验检疫总局（今国家市场监督管理总局）发布抽查结果，一款商标为“林氏木业”的书柜存在边缘及尖端安全问题，被判为不合格。林氏木业以价格便宜的优势，连年夺得“双11”家具类网销冠军。半年内两次曝出产品不合格，林氏木业用行动印证了一句古语：便宜无好货。

2. 七彩人生儿童家具

上榜原因：三年五次抽检不合格。

2018年6月1日，上海市质监局发布产品抽查结果，不合格名单中有七彩人生；同年5月31日，北京市消费者协会发布比较试验报告，不合格名单中也有七彩人生。2015—2017年，七彩人生还有三次出现在抽检不合格名单中。七彩人生产品不合格的原因包括孔及间隙、上层安全栏板和警示标志、木工要求、耐磨性、边缘及尖端等项目不达标。这些项目是儿童家具“新国标”的基本要求。

3. 立邦涂料

上榜原因：质量、环保屡出问题。

2018年4月23日，广东省质监局发布防水涂料产品抽查结果，一款标称生产者为“广州立邦涂料有限公司”的“快涂宝柔性防水浆料”，因拉伸强度不达标而被判为不合格。从2013年以来的5年内，立邦还遭到多次行政处罚或被点名通报，其中仅在天津就被处罚六次。作为著名跨国涂料品牌，立邦2017年在中国销售额超过173亿元，却在质量、环保方面屡次出现问题。

4. 水性科天

上榜原因：宣称产品“无毒”却检出“有毒”。

2018年5月22日，深圳市市场监督管理局发布涂料产品抽查报告，由“兰州科天环保节能科技有限公司”生产、品牌为“水性科天”的“水性润彩木器透明面漆（半光）”“水性木器封闭底漆”和“水性润彩木器透明面漆（高光）”等三款产品，因总挥发有机物超标被判为不合格。

5. 特地瓷砖

上榜原因：负离子概念下产品不合格。

2018 年 3 月 14 日，山西省工商局发布抽检报告，品牌为“特地瓷砖”、由“广东特地瓷砖有限公司”生产的一批次内墙砖样品，因吸水率项目不达标被判为不合格。特地瓷砖近年来大打负离子概念，但基本功能不行，新概念又有何用？

6. 欧路莎卫浴

上榜原因：8 年 8 次产品抽检不合格。

2018 年 5 月 9 日，北京市工商局发布抽检报告，品牌为“欧路莎”、由“欧路莎智能卫浴有限公司”生产的一款“分体式智能坐便器”，因清洁率不达标被判为不合格。据不完全统计，从 2010 年 12 月至 2016 年 4 月的 5 年多时间里，欧路莎还有 7 次被各级质检部门曝光产品质量不合格。欧路莎号称中国轻工行业标准起草者之一，但 8 年 8 次产品抽检不合格，在卫浴行业也是绝无仅有。

7. 格尔森地板

上榜原因：甲醛释放量超标。

2017 年 12 月 18 日，湖南省工商局发布抽检报告，品牌为“格尔森地板”、标称生产者为“浙江格尔森木业有限公司”的一款浸渍纸层压木质地板，因甲醛释放量超标被判不合格。格尔森地板是质量不合格名单上的常客，自 2014 年以来，几乎每年都会出现在质检部门的质量黑榜中，项目涉及表面耐磨、内结合强度项目、甲醛释放量等。

8. 好兆头橱柜

上榜原因：产品抽检不合格。

2017 年 10 月 16 日，吉林省工商局发布抽检报告，品牌为“好兆头橱柜”、标称商标为“好兆头”、标称生产厂家为“厦门好兆头橱柜有限公司”的一款橱柜产品，因产品使用说明书和握螺钉力（板面）等项目不达标被判为不合格。好兆头号称是国家厨房标准主要起草单位，却不拿自己起草的标准当回事儿，绝不是什么“好兆头”。

9. 星星木门

上榜原因：材质不合格。

2018 年 2 月 8 日，上海市质监局发布木门产品抽检结果，品牌为“星星实木复合门”、由“重庆星星套装门（集团）有限责任公司”生产的一款“欧式一框艺雕”实木复合门样品，因材质项目不达标被判为不合格。

10. 欧雅壁纸

上榜原因：产品抽检不合格。

2018 年 2 月 9 日，甘肃省质监局发布抽查结果，商标为“欧雅壁纸”、标称生产单位为“上海欧雅装饰材料有限公司”的一款纯无纺纸壁纸，因吸水性项目不达标被判为不合格。欧雅壁纸宣称企业使命是“提升十三亿人的家居生活”，是 2018 年壁纸行业成立的首个“优品联盟”发起品牌之一，承诺全部是优质产品。吸水性是衡量壁纸透气性的一个基本指标。欧雅壁纸不合格，无异于打了“优品联盟”的脸。

资料来源：根据网络资料整理改编

感悟与体会

你是如何看待上述企业的质量问题的？

____

____

____

____

____

____

____

____

知识与理论学习

主题1　新企业设立的注意事项有哪些？

1.1　怎样设计新企业的名称？

俗话说，“不怕生错相，就怕起错名”，可见名字在中国人心目中有着极其重要的地位。在本章导入案例中，我们也看到了一些现实生活中五花八门、千奇百怪的公司名称。企业的名称，代表着企业的商业形象，是企业的名片和最忠实的推销员，关系到企业的竞争力和利润。因此，我们需要严肃认真地对待给企业起名这件事。那么该怎样设计新企业的名称呢？

1）我们需要了解有关企业名称的法律规定，因为企业需要进行名称登记。企业名称经核准登记后，该企业即享有企业名称的专属使用权，受到相关法律的保护，可以防止他人使用其名称进行不正当竞争，从而避免企业的商业利益受侵害。以下是《企业名称登记管理实施办法》中关于企业名称的相关条款，可以用来指导我们给企业命名。

第三条　企业应当依法选择自己的名称，并申请登记注册。企业自成立之日起享有名称权。

第六条　企业法人名称中不得含有其他法人的名称，国家工商行政管理总局另有规定的除外。

第七条　企业名称中不得含有另一个企业名称。

企业分支机构名称应当冠以其所从属企业的名称。

第八条　企业名称应当使用符合国家规范的汉字，不得使用汉语拼音字母、阿拉伯数字。

企业名称需译成外文使用的，由企业依据文字翻译原则自行翻译使用，不需报工商行政管理机关核准登记。

第九条　企业名称应当由行政区划、字号、行业、组织形式依次组成，法律、行政法规和本办法另有规定的除外。

第十条　除国务院决定设立的企业外，企业名称不得冠以“中国”、“中华”、“全国”、“国家”、“国际”等字样。

在企业名称中间使用“中国”、“中华”、“全国”、“国家”、“国际”等字样的，该字样应是行业的限定语。

使用外国（地区）出资企业字号的外商独资企业、外方控股的外商投资企业，可以在名称中间使用“(中国)”字样。

另外，根据《个体工商户名称登记管理办法》的规定，经营者姓名可以作为个体工商户名称中的字号使用。个体工商户名称中的行业应当反映其主要经营活动内容或者经营特点。个体工商户名称组织形式可以选用“厂”、“店”、“馆”、“部”、“行”、“中心”和“铺”等字样，但不得使用“企业”、“公司”和“农民专业合作社”字样。

2）遵循以下原则来设计企业的名称。一要用语简短。用字少容易被记忆，易于传播。最初的时候人们多数选择两个字的企业名称，随着登记的企业数量越来越多，三个字、四个字的企业名称成为普遍的选择，因为两个字的词语已经很难找到没有被登记过的了。二要顺口、易懂。尽量避免选择那些发音拗口、生僻和怪僻的字眼，以免传播效果受到影响。三要寓意吉祥，如“金利来”、“全聚德”和“东来顺”等。好的寓意容易引起共鸣，人们往往愿意与之交往。四要具有独特性。具有个性的名称可避免与其他企业名称雷同，防止混淆大众记忆，并可加深大众对公司的印象。另外，要注意独特性应符合公司理念、服务宗旨，这样有助于公司形象的塑造。五要具有时代性。富于时代特点的名称符合时代潮流，能够迅速为大众所接受。

3）借鉴一些常用的企业命名方法。①利用名山大川等风景名胜给企业命名，如长江企业公司、黄河集团公司、泰山集团公司等。②利用大家熟悉而且喜爱的动植物给企业命名，如南京熊猫电子集团公司、猴王电焊公司、春兰集团公司等。③利用历史人物给企业命名，如“希尔顿饭店”“曹操专车”等。④效仿古代商号的命名方法以增加历史感，如源丰票号、大庆元票号、福康钱庄、李锦记等。⑤以经营者本人的名字命名，如“裕昌烧鸡”。⑥以典故、诗词、历史轶闻命名，如北京的“都一处”烧麦馆。⑦以英文等外文谐音命名，如“雅戈尔”便是“Younger”（年轻的、青春的）的谐音。⑧以丑极生美的辩证美学思想命名，如天津的“狗不理”包子铺。

4）如果我们有多个企业命名无法取舍，可以参考以下几个关键性问题来评价和筛选企业名称。

① 企业名称与产品或服务有关联吗？

② 企业名称很容易记住吗？

③ 发音是否顺口？音感好吗？

④ 企业名称是否具有一定的内涵或寓意？

⑤ 企业名称是否能引起人正面的联想？

⑥ 与其他企业名称或品牌相比是否具有区分性？

1.2 怎样选择合适的法律组织形式？

企业的法律组织形式关系企业行为的法律适用及相应承担的责任问题。按照财产的组织形式和所承担的法律责任的不同，企业的法律形式可分为独资企业、合伙企业和公司制企业。前两种属于自然人企业，出资者承担无限责任；后者属于法人企业，出资者承担有限责任。在第 2 章已经介绍了独资企业、合伙企业和公司制企业的概念及其优缺点，在这里进一步对设立条件进行介绍。

1. 个人独资企业应具备的条件

根据法律规定，设立个人独资企业应当具备五个条件：①投资人为一个自然人，法律、行政法规规定禁止从事营利性活动的人，不得作为投资申请人申请设立个人独资企业；②有合法的企业名称；③有投资人申报的出资；④有固定的生产经营场所和必要的生产经营条件；⑤有必要的从业人员。

2. 合伙企业的设立条件

根据法律规定，设立合伙企业应当具备五个条件：①有 2 个以上的合伙人，且都是依法承担无限责任者；②有书面的合伙协议；③有各合伙人实际交付的出资；④有合伙企业的名称；⑤有经营场所和从事合伙经营的必要条件。

3. 有限责任公司的设立条件

2018 年第四次修正的《中华人民共和国公司法》第二十三条规定，设立有限责任公司，应当具备下列条件：①股东符合法定人数；②有符合公司章程规定的全体股东认缴的出资额；③股东共同制定公司章程；④有公司名称，建立符合有限责任公司要求的组织机构；⑤有公司住所。

4. 股份有限公司的设立条件

《中华人民共和国公司法》第七十六条规定，设立股份有限公司，应当具备下列条件：①发起人符合法定人数；②有符合公司章程规定的全体发起人认购的股本总额或者募集的实收股本总额；③股份发行、筹办事项符合法律规定；④发起人制订公司章程，采用募集方式设立的经创立大会通过；⑤有公司名称，建立符合股份有限公司要求的组织机构；⑥有公司住所。

除了个人独资企业、合伙企业和公司制企业之外，还有个体工商户、农村合作社、工作室等企业组织形式。《个体工商户条例》第二条第一款规定："有经营能力的公民，依照本条例规定经工商行政管理部门登记，从事工商业经营的，为个体工商户。"《中华人民共和国农民专业合作社法》第二条规定，农民专业合作社是在农村家庭承包经营基础上，农产品的生产经营者或者农业生产经营服务的提供者、利用者，自愿联合、民主管理的互助性经济组织。工作室一般是指由几个人或一个人建立的组织，是一处创意生产和工作的空间，形式多种多样，大部分具有公司模式的雏形。

选择哪种企业组织形式，需要综合考虑以下因素：

1）你打算经营什么样的事业？如果打算经营一般零售、小餐饮、社区服务等，选择个体工商户是比较合适的。如果想做生产加工制造企业、国际贸易，最好以有限公司的形式经营。

2）你的企业的经营范围有哪些？如果想做汽车清洗或美容之类的，选择个体工商户的形式比较合适，但如果要发展汽车美容连锁，因为市场拓展需要运作规范，最好采用公司的形式。

3）你的企业的规模有多大？通常来说，小规模的企业可以采用个体工商户、个人独资企业、合伙企业的组织形式，而大中型企业就要采用股份有限公司和有限责任公司的组织形式。

4）你的企业所在的行业在企业组织形式上有没有特殊的法律规定？比如，在我国律师事务所只能是合伙制企业，不能采取其他的组织形式。

总之，大一点的事业，最好采取公司的形式，因为一开始就规范运作，能化解很多风险。其他小事业经营，可以先从个体工商户或者个人独资企业做起，慢慢做大，需要的时候再变更公司形式。

1.3 怎样进行新企业的地址选择？

选址是影响创业企业成败的关键因素之一。企业地址的选择，会影响到企业的经营成本费用、资源获取的便利性、市场营销活动等。影响企业选址的因素包括内部条件因素和外部环境因素两类。内部条件因素包括企业的发展战略、企业所属行业性质和创业启动资金的宽裕程度等。外部环境因素可以从以下三个层面来分析。

1. 宏观层面的选址

宏观层面的选址主要是对企业所在国家或地区的选择。衡量一个国家或地区是否适合企业选址，主要是考察该国家或地区资源禀赋情况、营商环境的优劣。企业的生存和发展需要建立在一定的资源条件基础上，显然在拥有丰富资源的区域选址，对企业的经营发展更为有利。营商环境包括影响企业活动的社会要素、经济要素、政治要素和法律要素等方面，是一项涉及经济社会改革和对外开放众多领域的系统工程。良好的营商环境是一个国家或地区经济软实力的重要体现，是一个国家或地区提高综合竞争力的重要方面。世界银行评价各个国家（地区）营商环境的优劣共有 10 个指标：开办企业、办理施工许可证、获得电力、登记财产、获得信贷、保护中小投资者、纳税、跨境贸易、执行合同和办理破产。世界银行发布的《2018 年营商环境报告：改革以创造就业》显示，全球营商环境排名前十的国家（地区）依次是：新西兰、新加坡、丹麦、韩国、中国香港、美国、英国、挪威、格鲁吉亚、瑞典。中国排名第 78 位，与去年持平。粤港澳大湾区研究院发布的《2018 年中国城市营商环境评价报告》显示，深圳、上海、广州、北京、重庆位居 2018 年全国营商环境指数前 5 名。

2. 中观层面的选址

中观层面的选址主要是对目标地区行业发育程度进行分析。行业发育程度对企业选址的影响集中体现在集聚效应上。集聚效应是指各种产业和经济活动在空间上集中产生的经济效果，以及吸引经济活动向一定地区靠近的向心力。产业的集聚效应，最典型的例子当数美国硅谷，它聚集了几十家全球 IT 巨头和数不清的中小型高科技公司。国内的例子也不少见，在浙江，诸如小家电、制鞋、制衣、制扣、打火机等行业都各自聚集在特定的地区，形成一种地区集中化的制造业布局。集聚效应有利于企业获得由规模经济与范围经济效应带来的成本优势；有利于及时发现各个企业的比较优势，从而形成纵向与横向的协作，促进规模经济发展和产业结构升级，从而提高资源的利用效率；有利于提高企业整体的知名度和提升整体的企业形象，吸引商品需求者自动来此地区购买商品。同时，地区集聚的诸多便利条件，也会吸引投资商前来投资。当然对于某些行业来讲，如果目标区域同行业的企业比较少或没有，对企业的经营会更有利。

3. 微观层面的选址

微观层面的选址涉及企业具体位置的确定。主要考虑的因素有：①顾客资源情况，包括客流量、顾客分布、收入水平、消费习惯和购买能力等；②交通情况，包括交通体系、便利程度、是否方便停车等；③场地或房屋是否符合企业的要求，取得场地或房屋的租金成本的高低等。

【阅读资料】

肯德基是怎样进行选址的

肯德基非常重视快餐店的选址，选址决策要通过地方公司和总部两级审批。肯德基的选址成功率几乎是百分之百。快餐店选址是肯德基的核心竞争力之一。肯德基选址一般按如下程序进行。

第一步，对目标城市进行商圈划分与选择。

商圈规划采取的是计分的方法，分值标准是多年平均下来的一个较准确的经验值。例如，一个大型商场，一条公交线路都可以相应得到分值。通过打分把商圈分成几大类：市级商业型、区级商业型、定点消费型、社区型、社区与商务两用型、旅游型等。在商圈选择的标准上，一方面要考虑餐馆自身的市场定位；另一方面要考虑商圈的稳定度和成熟度。餐馆的市场定位不同，吸引的顾客群不一样，商圈的选择也就不同。肯德基一定要等到商圈成熟稳定后才会进入，保证开一家成功一家。

第二步，测算与选择目标商圈的聚客点。

聚客点就是一个商圈中聚集客人的位置。肯德基开店的原则是：努力争取在最聚集客人的地方或其附近开店。古语说“一步差三市”，意思是说开店地址差一步就有可能差三成的买卖。这种差距与人流活动的线路有关，包括人流活动的方向和数量。因此，为了搞清楚人流活动的线路，肯德基会派专门人员在计划开店的地点掐表记录经过的人流，测算单位时间内有多少人经过该位置。除了该位置所在人行道上的人流外，还要测马路中间的和马路对面的人流量。马路中间的只算骑自行车的，开车的不算。是否算马路对面的人流量要看马路宽度，路较窄就算，路宽超过一定标准就不算对面的人流量。肯德基选址人员将采集来的人流数据输入专用的计算机软件，就可以测算出在此地的投资额不能超过多少。

第三步，考虑人流活动的线路会不会被竞争对手堵截。

这里重点要考虑人流活动路线的方向，如果竞争对手的聚客点选址在上游，那就会被堵截，开店的效益就不会好。

根据店址的评估标准和一些成功案例，肯德基开发出一套店址评估的标准化管理工具，包括租赁条件表、商圈及竞争条件表、现场情况表、综合评估表等。

资料来源：根据网络资料整理改编

1.4　签订租房合同应注意哪些事项?

1）调查房屋的档案。你可以到该店面所在房地产交易中心查一查产权登记情况，核实以下信息：出租方是否是真正的房屋所有者；房屋面积是否真实；房屋的类型是商业用房性质、土地用途是非住宅性质；该房屋有没有租赁登记信息，若已有租赁登记信息，可能会影响新承租人顺利办理营业执照。

2）在承租房屋之前，需要了解该房屋所在区域的商业规划和有关政策等，如果承租人将要经营的业态不符合相关的商业规划和有关政策，比如承租一个不可经营餐饮行业的房屋准备开设酒店，必将导致人力、财力的损失。在无法确定的情形下，承租人可以在租赁合同中特别约定相关事宜作为解约条件，以此避免遭受不必要的违约责任。

3）承租房屋前，应当先行考察房屋的水、电、电话及网络设施等是否满足使用需求。若不满足，应确定如何办理扩容或增量，以及办理扩容或增量所需费用，并在合同中明确约定相关内容，以及无法满足正常需要的情形下，承租人免责解除合同的权利。

4）在签订租赁合同时一定要明确约定免租装修期起止时间，免除支付的具体费用。一般情形下，只免除租金，实际使用房屋产生的水费、电费等还需按合同约定承担。

5）如果出租方不是房屋所有人，你还要找到房屋所有人，由房屋所有人、转租方和你三方协商，把承租方的权利转到你的头上，让转租方与房屋所有人的一切债权做一了断，这样才能避免欺诈。

6）要在出租方的各种物品交接清单上签字。

7）在合同中注明因天灾及不可抗拒的因素造成的损害及合同中止等情况不须由承租方负责。

1.5　企业登记注册应注意哪些问题?

1. 企业登记注册办事流程

了解不同法律形式的企业的设立流程、所需条件和需要提交的材料，必要时可以到当地市场监督管理局官网了解详细信息。网页截图如图 11.1 所示。

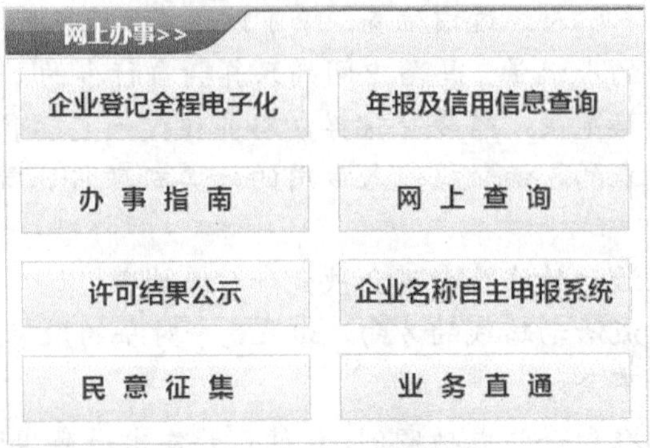

网上办事>>

企业登记全程电子化　年报及信用信息查询

办事指南　网上查询

许可结果公示　企业名称自主申报系统

民意征集　业务直通

图 11.1　网上办事首页

2016 年 10 月 1 日起我国注册公司正式实施“五证合一、一照一码”登记模式。“五证合一”改革前，企业要办齐营业执照、组织机构代码证、税务登记证、社保证、统计证等 5 本证照，需要跑 5 个部门，没有个把月时间办不下来。改革后，3 个工作日即可拿到联办的证照，而且所有证照办理手续费全免，所需费用均由财政买单。具体办理流程如下：

第一步，申请。商事主体申请人通过全流程网上登记系统填写“五证”联合申请书，并准备齐相关材料提交商事登记部门，由商事登记部门统一受理，实现“一表申请”“一门受理”。

第二步，审核。商事登记部门审核“五证”联合申请材料。“五证”申请经商事登记部门审核后，视为同时经机构代码部门、税务部门、公安部门及社保部门审核。因审核结果产生异议或有其他问题的，由申请人到所申请证照的对应主管部门办理相关业务后再到网上提交申请。审核通过后，商事登记部门将相关登记信息和办理结果共享至代码登记部门、税务登记部门、公安部门和社保部门，实现“一次审核”和“信息互认”。

第三步，领证。经商事登记部门审核通过后，商事主体申请人即可到市场和质量监督管理委员会对外窗口一次领取“五证”，即营业执照、组织机构代码证、税务登记证、刻章许可证和社保登记证，实现“五证同发”。

第四步，归档。档案原件由商事登记部门保存，档案影像共享给代码登记部门、税务登记部门、公安部门和社保部门，实现“档案共享”。

2. 了解你设立的新企业是否需要前置审批、后置审批和环境影响评价

前置审批是你在办理营业执照前需要先去审批的项目，也就是你在查完公司名称后就要去有关部门审批，审批完后再办理工商营业执照。在《工商总局关于调整工商登记前置审批事项目录的通知》（工商企注字〔2018〕24 号）公布的《工商登记前置审批事项目录》中，法律明确的工商登记前置审批事项共有 4 项，国务院决定保留的工商登记前置审批事项共有 28 项。

后置审批是指企业注册以后，经营范围涉及国家法律、行政法规规定的专项审批项目的，企业须按审批的项目开展经营活动。如建筑行业的相关资质证等。

《规划环境影响评价条例》（国务院令第 559 号）规定，自 2009 年 10 月 1 日起，国务院有关部门、设区的市级以上地方人民政府及其有关部门，对其组织编制的土地利用

的有关规划和区域、流域、海域的建设、开发利用规划（以下称综合性规划），以及工业、农业、畜牧业、林业、能源、水利、交通、城市建设、旅游、自然资源开发的有关专项规划（以下称专项规划），应当进行环境影响评价。审批部门为县区级以上环保部门。

1.6　开立银行账户的注意事项有哪些？

开立银行账户，是与银行建立往来关系的基础。在办理取得营业执照、税务登记证和公章之后，即可去银行办理开户手续。

首先，需要办理基本户。基本户是存款人办理日常转账结算和现金收付而开立的银行结算账户。经营活动的日常资金收付及工资、奖金和现金的支取均可通过该账户办理。开立基本户需要携带以下资料：①营业执照原件和复印件；②税务登记证原件和复印件；③组织机构代码证原件和复印件；④法人身份证原件和复印件；⑤若是他人代理，需要法人授权书和经办人身份证原件、复印件；⑥单位公章，财务章，法人私章。在开户时需要在银行预留印鉴，也就是财务章和法人章。印鉴要盖在一张卡片纸上，留在银行。当企业需要通过银行对外支付时，先填写对外支付申请，申请必须有如上印鉴。银行经过核对，确认对外支付申请上的印鉴与预留印鉴相符，即可代企业进行支付。开立基本户需要经过人民银行的审批，所以完全办理完毕大概需要一到两周的时间。

基本户办完之后才能开立一般户，开立一般户需要提供的资料与基本户一样，但不再需要人民银行审批，办理时间要短一些。为了以后办理税款缴纳，企业还需要一个纳税专户。企业可以将基本户作为纳税专户，也可以在银行再办理一个纳税专户。如果纳税专户与基本户为同一个账户，届时登记银行账的时候需分开登记。

主题 2　怎样做好初创企业的经营管理？

2.1　初创企业经营管理的基本原则有哪些？

“九层之台，起于垒土”。企业创办初期的经营管理工作做好了，创业者的宏伟事业梦想也就有了坚实的基础。那么，创业初始阶段的企业应该怎样进行经营管理呢？下面这些原则值得你认真地思考。

1. 生存重于发展

活着的才有未来，只有在市场上站住脚，企业才有可能长期发展下去。怎样才能让企业健康地活着？这是初创企业必须解决的最核心的问题。初创企业的一切经营管理活动都需要围绕这一问题来展开。很多创业者陶醉于企业未来发展的美好前景，刚进入市场就急于扩张，快速发展，但由于缺乏生存能力的锤炼和生存经验的积累，最终没能坚持到市场收获的季节，只能昙花一现。

2. 追求务实的经营目标

资源有限，能力不足，经验欠缺，市场知名度低，这是初创企业的普遍现象。面对这样的状况不能急于求成，盲目冒进，因为一旦遇到较大的挫折和失败，就可能带来伤筋动骨般的伤害，打击创业者的信心，消磨创业者的斗志。所以在创业初期，要学会把有限的企业资源集中于单一的经营目标，目标越简单越好，即目标水平不要太高，但实现的可能性要大。在追求和实现这种务实的经营目标的过程中，逐步养成脚踏实地的工作作风，不断提高信心和干劲，这样才有可能应对更大的挑战和获得成功。

3. 精干、高效、节约

精干要求企业创业初期的组织机构根据最需要的岗位和部门来设置，力求组织结构简单化和扁平化，以减少工作环节，提高运行效率和降低运行成本。高效要求初创企业尽可能提高工作效率，充分发挥初创企业规模小，事务少，经营管理灵活的优势，追求速度制胜，用速度去赢得市场和顾客。节约要求初创企业要坚持低成本运营的理念。在很多情况下，初创企业由于规模小，比大企业更有降低成本的有利条件，而且成本降低带来的效益明显。

4. 创业者要全身心投入

创业的过程是创业者全身心投入的过程。在这个过程中，创业者要积累管理经验，增加经营阅历，了解市场变化，弥补相关专业知识的不足，等等。这既是一个学习的过程，又是一个实战的过程。只有经历了这个过程，创业者才能在后期的企业经营管理中掌握企业的发展方向，为企业的经营管理做出明智、准确的决策。

2.2 初创企业的产品经营管理应注意哪些问题？

1. 增强法律意识，以法律为准绳进行产品经营管理

创业企业无论是生产还是销售产品，都必须以不损害消费者的合法权益为前提，都必须依法承担相应的法律责任。因此，创业者一定要增强法律意识，加强相关法律学习，依法经营。以下是《中华人民共和国产品质量法》（2018 修订）对产品经营管理的相关规定，这些规定能够帮助你树立正确的产品经营意识。

第三条　生产者、销售者应当建立健全内部产品质量管理制度，严格实施岗位质量规范、质量责任以及相应的考核办法。

第十六条　对依法进行的产品质量监督检查，生产者、销售者不得拒绝。

第二十六条　生产者应当对其生产的产品质量负责。

产品质量应当符合下列要求：

（一）不存在危及人身、财产安全的不合理的危险，有保障人体健康和人身、财产安全的国家标准、行业标准的，应当符合该标准；

（二）具备产品应当具备的使用性能，但是，对产品存在使用性能的瑕疵作出说明的除外；

（三）符合在产品或者其包装上注明采用的产品标准，符合以产品说明、实物样品等方式表明的质量状况。

第二十七条　产品或者其包装上的标识必须真实，并符合下列要求：

（一）有产品质量检验合格证明；

（二）有中文标明的产品名称、生产厂厂名和厂址；

（三）根据产品的特点和使用要求，需要标明产品规格、等级、所含主要成份的名称和含量的，用中文相应予以标明；需要事先让消费者知晓的，应当在外包装上标明，或者预先向消费者提供有关资料；

（四）限期使用的产品，应当在显著位置清晰地标明生产日期和安全使用期或者失效日期；

（五）使用不当，容易造成产品本身损坏或者可能危及人身、财产安全的产品，应当有警示标志或者中文警示说明。

裸装的食品和其他根据产品的特点难以附加标识的裸装产品，可以不附加产品标识。

第二十八条　易碎、易燃、易爆、有毒、有腐蚀性、有放射性等危险物品以及储运中不能倒置和其他有特殊要求的产品，其包装质量必须符合相应要求，依照国家有关规定作出警示标志或者中文警示说明，标明储运注意事项。

第二十九条　生产者不得生产国家明令淘汰的产品。

第三十条　生产者不得伪造产地，不得伪造或者冒用他人的厂名、厂址。

第三十一条　生产者不得伪造或者冒用认证标志等质量标志。

第三十二条　生产者生产产品，不得掺杂、掺假，不得以假充真、以次充好，不得以不合格产品冒充合格产品。

2. 实行全面质量管理，保证产品质量的稳定和持续改进

全面质量管理是以充分满足顾客要求为核心，在企业产品生产和提供服务过程中，把企业各部门、各环节和全体人员的质量活动整合成一个有机整体的有效质量管理体系。全面质量管理中的“质量”是产品质量、工作质量、工程质量和服务质量的统一。初创企业在实行全面质量管理时要注意以下要点。

（1）确保全员参加质量管理

要求全部员工，无论是高层管理者还是普通办公职员或一线工人，都要参与质量改进活动，做到质量管理“人人有责”“各司其职”。

（2）进行全过程的质量管理

必须在市场调研、产品的选型、研究试验、设计、原料采购、制造、检验、储运、销售、安装、使用和维修等各个环节中都把好质量关。

（3）质量管理工作要以解决和改进质量问题为中心

为了解决和改进质量问题，初创企业可以使用“PDCA 循环”这一管理工具。PDCA 循环是计划（plan）、执行（do）、检查（check）、处理（act）的简称。计划阶段：分析现状，找出存在的质量问题；分析产生质量问题的各种原因或影响因素；找出影响质量的主要因素；针对影响质量的主要因素，提出计划，制定措施。执行阶段：执行计划，落实措施。检查阶段：检查计划的实施情况。处理阶段：总结经验，巩固成绩，工作结果标准化；提出尚未解决的问题，转入下一个循环。通过不断实施 PDCA 循环，企业面临的质量问题会逐步减少，产品质量持续改进。

（4）用全面的方法管理全面的质量

全面的方法包括科学的管理方法、数理统计的方法、现代电子技术、通信技术等。全面的质量包括产品质量、工作质量、工程质量和服务质量。

（5）实行全面质量管理应坚持的观念

一是用户第一，不将问题留给用户的观念。这里的用户包括企业的最终用户、销售商，也包括企业内部的上下道工序。二是预防为主的观念，即在设计和加工过程中以预防为核心，变管结果为管不良因素，消除质量隐患。三是定量分析的观念，即用数据、用事实说话。只有定量化，才能获得质量控制的最佳效果。四是把工作质量作为重点的观念。产品质量和服务质量均取决于工作质量。

2.3 如何进行初创企业的营销管理？

1. 利用企业开业进行营销造势

好的开始是成功的一半。企业开业当天的营销造势成功与否，往往预示着企业未来的走向。怎样才能做好企业开业的营销造势呢？第一，要选择好企业开业的时间。你要关注天气预报，选择天气晴好、阳光明媚的日子；要确认主要嘉宾和领导能够参加的时间，选择大多数嘉宾和领导能够参加的时间；要考虑当地民众的消费心理和习惯，借机造势；考虑周围居民生活习惯，避免因过早或过晚导致扰民而带来负面影响。如果外宾为本次活动主要参与者，则更应注意各国不同节日的不同风俗习惯、民族审美趋向，切不可在外宾忌讳的日子里举办开业典礼。第二，营造隆重喜庆，欢愉热烈的现场氛围。开业现场要充满喜气，彩虹桥、红地毯、气球、条幅、花篮等，能用则用，能摆则摆，营造喜庆氛围。开业现场要充满人气，来宾越多越好，来宾参与度越高越好，如有可能，可以请名人、明星，通过名人效应来提高声势。第三，开展专题营销活动，全面展示企业的特色产品和特色服务，并辅以“特价优惠”等促销活动。第四，详细策划，周密安排，面面俱到。策划要有创意，要接地气和有吸引力；现场要做到人多而不乱，服务到位，尽量多准备小礼物，见者有礼。总之，开业准备得越周详，开业后就越容易成功。千万不要在开业时和顾客发生纠纷，千万不要小看一个顾客的力量，得罪一个顾客你可能会失去整个市场。

2. 灵活运用各种促销方式来把握和制造商机

促销能够刺激消费者的购买欲望，提高企业的知名度，加快销售速度，增加销售量和营业额。促销一定程度上体现着企业的生气和活力。为了快速进入目标市场并站稳脚跟，初创企业要善于利用各种促销方式来为企业市场营销打开局面。下面为大家介绍一些常见的促销方法。

（1）赠品促销法

这是一种随处可见，普遍适用的促销方法，其原理是使消费者在购物或者消费时，获得一种“意外收获”的心理感觉，从而提高消费者的满意度。采用赠品促销法，要注意三点。①注意随赠商品或服务的形式多样化，给顾客选择的自由，营造一种“常来常新”的感觉，提高顾客的忠诚度。②注意不能以次充好，蒙骗顾客。不管是商品还是赠品，都要物有所值，提高顾客的信任度和美誉度。③注意“钱要花在点子上”。不论对象，不分缘由的“赠送轰炸”固然能够取得一定的轰动效应，但如果能让消费者感觉到“得来不易”，就能使消费者的印象更深刻，评价更高。

（2）吊胃口促销法

人们对于越是难以得到的东西就越有占有欲和好奇心。吊胃口促销法正是利用这种心理规律来开展促销活动。比如，某药店门口挂着一块非常醒目的牌子“奉赠 100 万元！”，有这等好事，哪个不想进去看看呢？进得门来，又见一牌，上书：“凡发现本店出售的药品，有以次充好、以劣充优、不合规格的，本店奉赠 100 万元。”规则清楚了，可能有好事者或懂一些药理的，会仔细地逛一逛、看一看，当然商家不会那么容易就让你找出毛病的。总之，不管怎样，在你的脑子里会形成这样的印象：该店的药品质量是可靠的。你一旦需要买药，相信这家药店会是你的首选。可见，采用吊胃口促销法的关键是通过制造悬念来诱发人们的好奇心。制造悬念的技巧由两部分组成：一是设置悬念，越“玄”越有吸引力；二是解开悬念，掷地有声才会给人留下深刻的印象和好感。

（3）商品限定法

商品限定法是利用物以稀为贵的观念来刺激人们的购买行为，也就是通过商品的有限性来吸引特定的顾客。商品限定包括品种限定、陈列限定、人员限定和时间限定。品种限定就是推出自己的独特产品，这种产品或服务只有在本店才能买到或享用到，其他店铺很难或者根本找不到。独一份的生意，自然生意兴隆。陈列限定是指在陈列商品时不要把畅销商品摆得过多，以免因商品量太大而降低身价，或者导致顾客不着急购买。应该较少地陈列畅销品，以此突出其稀有性，并使顾客产生唯恐错过良机而急于购买的心理。人员限定是指对具有独特专长的店员实行预约服务的方法。比如，美容美发师、医生和律师等，顾客必须提前预约，才能享受到服务。时间限定是指把某种商品或某项服务的销售或服务限定在一定的时间内，也可以是一定时间段的减价或优惠销售。

（4）有奖促销法

有奖促销法是集竞赛、抽奖、促销于一身的促销方法。通过有奖竞赛、抽奖等形式来吸引消费者，以扩大销售。有奖促销能够给商家带来短期销售水平和利润的提高。不足之处在于成本较高，花费较多。

（5）免费试用促销法

这是一种以免费样品做“诱饵”来吸引消费者的方法。通过赠送样品让消费者了解产品的性能、质量、特色等，从而激发消费者的购买动机。当新产品进入市场时，使用该方法有利于缩短消费者接受新产品的过程。单一的赠送样品往往很难取得成功，所以应注意和其他促销方法结合使用。

除了以上促销方法外，实际应用中还有优惠券促销法、包装促销法、示范促销法、“托儿”促销法等，这里不再一一赘述。

3. 根据产品的不同生命周期阶段选择适宜的营销策略

初创企业在制定营销策略时，要考虑本企业提供的产品或服务所处的生命周期阶段，采用相应的营销策略。产品的生命周期包括导入期、成长期、成熟期和衰退期四个阶段。

（1）导入期的营销策略

商品的导入期是指新产品的试销阶段。在商品导入期，由于消费者对商品十分陌生，企业营销的重点主要集中在促销和价格方面。一般有四种可供选择的营销策略。①高价快速策略，即采取高价格配合大量的宣传推销活动，把新产品推入市场。目的在于先声夺人，抢先占领市场，并希望在竞争还没有大量出现之前就能收回成本，获得利润。该策略适用于潜在市场需求量大，商品的品质特别高、功效特殊，很少有其他商品可以替代，企业面临着潜在的竞争对手，需要快速树立品牌形象的市场环境。②高价渗透策略。特点是：采用高价格结合较低的促销努力。高价格有利于及时收回投资，获取利润；低促销可以减少销售成本。这种策略主要适用于以下情况：消费者已经熟悉该产品并愿意高价购买；商品的市场比较明确、固定；商品的生产和经营有一定的难度和要求，普通企业无法参加竞争，潜在的竞争对手压力也比较小。③低价快速策略。特点是采用低价格结合巨大的促销努力。该策略可以使商品迅速进入市场，有效地限制竞争对手的出现，为企业带来巨大的市场占有率。适合该策略的市场环境是：商品有很大的市场容量，企业能够逐步降低成本；消费者对产品不太了解，对价格又十分敏感；潜在的竞争比较激烈。④低价渗透策略。采取低价格，同时不做大的促销努力。低价格有助于市场快速地接受商品；低促销又能使企业减少费用开支，降低成本，以弥补低价格造成的低利润或者亏损。适合这种策略的市场环境是：商品的市场容量大；消费者对商品有所了解，同时对价格又十分敏感；存在一定程度的潜在竞争。

（2）成长期的营销策略

商品进入成长期的特点是有越来越多的消费者开始接受并使用，企业的销售额直线上升，利润逐渐增加，同时竞争对手也开始增加，威胁企业的市场地位。因此，在成长期，企业的营销重点应该放在保持并且扩大自己的市场份额，加速销售额的上升方面。具体策略包括：改进商品的质量，增加商品的新特色，在商标、包装、款式、规格和定价方面做出改进；进一步开展市场细分，积极开拓新的市场，创造新的用户，以利于扩大销售；努力疏通并增加新的流通渠道，扩大产品的销售面；改变企业的促销重点。例如，在广告宣传上，从介绍产品转为树立形象，以利于进一步提高企业产品在社会上的声誉等。

（3）成熟期的营销策略

商品的成熟期是指商品进入大批量生产，市场竞争最激烈的阶段。可供选择的策略主要有以下三种。①市场修正策略，即通过努力开发新的市场，来保持和扩大自己的商品市场份额。具体实现途径有：努力寻找市场中未被开发的部分，如使非使用者转变为使用者；通过宣传推广，提高顾客的使用频率或使用量，以增加现有顾客的购买量；通过市场细分，努力打入新的市场区划；争取竞争者的顾客等。②产品改良策略，包括三种：一是品质改良，即增加产品的功能性效果，如耐用性、可靠性、速度及口味等；二是特性改良，即增加产品的新的特性，如规格大小、重量、材料质量、添加物及附属品等；三是式样改良，即增加产品美感上的需求等。③营销组合调整策略，即企业通过调整营销组合中的某一因素或者多个因素，以刺激销售。例如，通过降低售价来加强竞争力；改变广告方式以引起消费者的兴趣；采用多种促销方式如大型展销、附赠礼品等；扩展销售渠道，改进服务方式或者货款结算方式等。

（4）衰退期的营销战略

衰退期是指商品逐渐老化，转入商品更新换代的时期。可供选择的策略主要有以下三种。①维持策略，即企业在目标市场、价格、销售渠道、促销等方面维持现状。维持策略的关键是企业如何延长产品的寿命周期。企业延长产品寿命周期的途径有：通过价值分析，降低产品成本，以利于进一步降低产品价格；增加产品功能，开辟新的用途；加强市场调查研究，开拓新的市场，创造新的内容；改进产品设计，以提高产品性能、质量、包装、外观等。②缩减策略，即企业仍然留在原来的目标市场上继续经营，但在规模上做出适当的收缩。如果把所有的营销力量集中到一个或者少数几个细分市场上，以加强这几个细分市场的营销力量，也可以大幅度地降低市场营销的费用，以增加当前的利润。③撤退策略，即企业决定放弃经营某种商品以撤出该目标市场。在撤出目标市场时，企业应该主动考虑以下几个问题：将进入哪一个新领域，经营哪一种新产品，以便利用以前的那些资源？品牌及生产设备等残余资源如何转让或者出卖？保留多少零件存货和服务以便在今后为过去的顾客服务？

4. *灵活运用定价策略技巧调整基本价格*

在市场营销实践中，人们总结出了许多的定价策略和技巧。这些策略和技巧结合本企业的实际情况加以借鉴利用，可以起到事半功倍的作用。常见的定价策略和技巧有以下四种。

（1）心理定价策略

心理定价策略是根据消费者的某种消费心理定价，从而刺激消费者的购买行为。可供选择的策略有以下四种：①尾数定价策略，即有意将产品或服务的价格定为 0.98 元或 0.99 元，而不定为 1 元，使消费者产生一种“便宜”的感觉；②整数定价策略，即有意将产品或服务的价格定为 10 元、100 元等整数，迎合消费者“便宜无好货，好货不便宜”的心理；③声望性定价策略是将产品或服务制定较高的价格，以价格彰显其名贵质优，满足购买者的地位欲望；④习惯性定价策略是在某种商品同类产品种类繁多，在市场已经上形成了一种习惯价格时采用。

（2）折扣定价策略

通常企业为了鼓励顾客及早付清货款、大量购买或增加淡季购买量会采用折扣定价策略。可供选择的策略有以下五种。①现金折扣是对及时付清账款的购买者的一种价格折扣。例如，“2/10 净 30”表示付款期是 30 天，如果在成交后 10 天内付款，给予 2%的现金折扣。②数量折扣是企业给那些大量购买某种产品的顾客的一种折扣，以鼓励顾客购买更多的货物。③中间商折扣是制造商给予中间商的一种额外折扣，使中间商可以获得低于基本价格的价格。④季节折扣是企业鼓励顾客淡季购买的一种减让，使企业的生产和销售一年四季都能保持相对稳定。⑤推广津贴是为扩大产品销路，生产企业向中间商提供的促销津贴。比如，零售商为企业产品刊登广告或设立橱窗，生产企业除负担部分广告费外，还在产品价格上给予一定优惠。

（3）差别定价策略

企业往往根据不同顾客、不同时间和场所来调整产品价格，实行差别定价，即对同一产品或劳务定出两种或多种价格，但这种差别不反映成本的变化。主要有以下几种形式：①对不同顾客群定不同的价格，如电力公司把电价分为工业用电和民用电；②不同的花色品种、式样定不同的价格，如不同颜色的汽车的价格不同；③不同的部位定不同的价格，如不同部位的牛肉价格不同；④不同时间定不同的价格，如飞机票的价格会随着航线的淡旺季变化。

（4）产品组合定价策略

当企业生产经营在需求或生产上存在着相互关联的多种产品时，可以考虑产品组合定价策略。比如，选择关键性产品制定较低价格，以吸引消费者购买；选择与之消费关联度高的产品制定较高的价格，以实现更多的盈利；将消费相关度高的不同产品组合销售，制定优惠的价格。如果企业销售产品品种繁多，而且成本差别不大，可以将全部产品制定单一的价格，以方便顾客挑选，给顾客产生廉价购买的感受。

2.4 初创企业的人力资源管理应注意哪些问题?

1. 做好员工的绩效考核

绩效考核是指考核主体对照工作目标和绩效标准，采用科学的考核方式，评定员工的工作任务完成情况、员工的工作职责履行程度和员工的发展情况，并且将评定结果反馈给员工的过程。有效的绩效考核能帮助企业达成预期目标；不断地发现和改进企业经营管理中存在的问题；促进企业利益分配的合理化、科学化；促进员工的成长和企业的健康发展。

实施绩效考核应遵循以下六个原则。①公平原则。公平是确立和推行人员考绩制度的前提。②严格原则。要有明确的考核标准；要有严肃认真的考核态度；要有严格的考核制度与科学而严格的程序及方法等。考绩不严格，就会流于形式，形同虚设。考绩不严，不仅不能全面地反映工作人员的真实情况，而且还会产生消极的后果。③结果公开原则。考核的结论应对本人公开，一方面可以使被考核者正确认识自己，接受考核结果，继续努力；另一方面有助于防止考核中可能出现的偏见及种种误差，以保证考核的公平与合理。④结合奖惩原则。依据考核的结果，有赏有罚，有升有降。而且这种赏罚、升降不仅与精神激励相联系，还必须通过工资、奖金等方式同物质利益相联系，这样才能达到考绩的真正目的。⑤客观考评的原则。根据明确规定的考评标准，针对客观考评资料进行评价，尽量避免渗入主观性和感情色彩。⑥差别原则。考核的等级之间应当有鲜明的差别界限，针对不同的考核结果在工资、晋升、使用等方面应体现明显差别，使考评带有刺激性，鼓励职工的上进心。

实施绩效考核是一个系统的工作过程，这一过程一般包括以下工作内容：详细的岗位职责描述及对职工工资的合理确定；进行工作量化；合理安排人员岗位；考核内容的分类；明确工作目标；明确工作职责；考核的实施；员工申诉等。

实施绩效考核应注意以下问题。①用考核代替管理。绩效考核管理的重点不在考核，而是利用考核进行管理。②设计过分复杂的考核体系。过于复杂的考核指标和考核体系，会让管理者和被管理者都为了获得综合高分而失去工作重点。③绩效考核体系要么不专业，要么追求形式主义。④突出个人业绩考核，忽视团队和公司整体考核。⑤重视短期目标，忽视长期利益。⑥只针对业务人员考核，不考核支持人员（如技术、财务、人事、服务等）。⑦绩效体系设计上存在平均主义思想，加上管理者执行中对一些定性指标打分有老好人思想，最终结果是绩效管理变成了走过场。⑧考核频率太高或太低。考核频率过高，无法及时发现考核对象的问题并进行指导；考核频率过低，考核对象的工作无法和其工作成果对上。这两种情况的考核都没有意义。通常业务人员的考核频率比较高（月考核或季度考核），而支持人员的考核频率较低（季度考核或半年考核）。

2. 对员工进行激励

激励是指为了特定的目的而去影响人们的内在需要或动机，从而强化、引导或改变人们行为的持续过程。激励是对员工潜能的开发，具有以下四个特点：第一，激励是以影响人的心理作为出发点的，而人的心理活动不可能凭直观感知，只能通过其导致的行为表现来感知；第二，受多种主客观因素的制约，激励产生的动机行为不是固定不变的，而是动态变化的；第三，人的需要的千差万别，决定了不同的人对激励的满足程度和心理承受能力也各不相同，所以要对不同的人采取不同的激励手段；第四，激励不能超过人的生理和能力的限度，应该讲究适度的原则，即激励的作用是有限度的。

有效的激励，必须通过适当的激励方式与手段来实现。常用的激励方式有物质利益激励、社会心理激励和工作激励等。

物质利益激励是指以物质利益为诱因，通过刺激员工的物质利益需要来激发员工积极性的激励方式。不恰当的物质利益激励的弊端有：会导致员工采取符合其短期利益的行为，不利于公司的长远发展；只注重个人利益的增加，忽视团队的合作；会影响员工的是非认知标准，产生作弊行为。使用物质利益激励的要领有以下几点。①设计物质利益激励机制与体系要为实现工作目标服务，与员工的贡献直接挂钩。②要确定适当的刺激量。在实际工作中，既要有选择性地实行重奖，又要防止不适当地扩大刺激量引发员工产生不公平心理，或者刺激量不足无法发挥激励作用。③积极探索物质利益激励的新形式。片面通过工资、奖金等金钱刺激发挥激励作用的空间越来越小，相反，提升员工集体福利，帮助员工解决各种生活困难等具有社会心理性质的物质利益激励方式，其激励作用越来越明显。④发挥惩罚的教育与震慑作用。惩罚要与思想工作相结合，化消极为积极，真正起到激励作用。

社会心理激励是以人的社会心理因素作为激励的诱因，通过刺激员工的社会心理需要来激发员工积极性的激励方式。社会心理激励的方式有很多，如对员工的成绩给予足够认可，称赞员工；和员工之间建立融洽和谐的关系，尊重与信任员工，鼓励员工参与企业管理，榜样激励，竞赛激励，等等。

工作激励是领导者通过工作设计，调整各种工作因素，让员工对工作的满意度提高，从而实现有效激励的激励方式。具体的方式有以下几种。①工作适应性，即工作的性质和特点与员工的条件与特长相吻合。当一个人对某项工作真正感兴趣，爱上了这项工作时，他就会全身心地投入工作中，就会克服一切困难，千方百计地去做好这项工作。②工作的挑战性。领导者在分配工作时，要使工作的要求和目标富有一定的挑战性，这样能够激发职工奋发向上的热情。③工作的自主性。人们出于自尊和自我实现的需要，期望独立自主地完成工作，因此，领导者要相信员工，敢于授权，放手使用，让员工独立运作，自我管理和自我控制。④工作扩大化。当工作单调乏味或简单重复令人厌烦时，领导者应通过工作调整，增加员工的工作种类，克服单调乏味的工作状况，使工作具有趣味性，如兼职作业、工作轮换、工作向前后工作环节延伸等。⑤工作丰富化，即通过提高员工的工作的层次，让员工获得成就感，提高积极性。比如，使员工成为管理者，参与部分管理工作；让员工参与决策和计划；让员工参与一些更高技术的工作，提高技术含量；对员工进行业务培训，提高其技能；等等。

在进行员工激励时，要注意以下要领。①正确认识员工的需要，对不同的员工采用不同的激励方式，以收到“一把钥匙开一把锁”的激励效果。②在满足基本的工作环境或条件的基础上，正确识别与挑选激励因素，并抓住激励因素进行有针对性的激励。③在确定目标的时候，要考虑目标实现的可能性，选择的激励手段要使员工感兴趣，评价高。④要注意相对报酬的公平性，真正体现“多劳多得，少劳少得”。

2.5 创业企业的财务管理的关键问题是什么？

1. 做好企业营运资金管理

营运资金是指流动资产与流动负债的净额。营运资金用来衡量企业的短期偿债能力，其金额越大，代表短期偿债能力越好，但营运资金过多会增加企业的资金成本，影响企业获利能力。当营运资金出现负数时，这家企业的营运可能随时因周转不灵而中断。要搞好营运资金管理，必须解决好流动资产和流动负债两个方面的问题，换句话说就是下面两个问题：第一，企业应该投资多少在流动资产上，即资金运用的管理，主要包括现金管理、应收账款管理和存货管理；第二，企业应该怎样来进行流动资产的融资，即资金筹措的管理，包括银行短期借款的管理和商业信用的管理。

企业进行营运资金管理，应遵循以下原则：①认真分析企业的生产经营需要，确定合理的营运资金需要量，尤其做好生产经营淡季和旺季营运资金的平衡；②在保证生产经营需要的前提下，精打细算地使用营运资金，合理控制营运资金成本；③努力提高存货和应收账款等流动资产的周转速度，利用有限的资金，取得最优的经济效益；④合理安排流动资产和流动负债的比例关系，这样既能节约使用资金，又能保证企业有足够的偿债能力。

应收账款管理是营运资金管理的关键项目。企业为了增加利润、销售更多产品，经常采用赊销形式，这样一旦无法及时回收应收账款，就会陷入资金周转困难的境地。加强应收账款管理的具体措施有以下几种。①建立客户信用档案，并进行信用等级设置，对处于不同等级的客户实行不同的信用政策，减少赊销风险。②严格控制信用期。应规定应收账款的收款时间，并将这些信用条款写进合同，以合同形式约束对方。如果对方未能在规定时间内付款，企业可依据合同对拖欠货款企业采取法律措施，以及时收回货款。③通过信用折扣鼓励欠款企业在规定时间内偿还账款。很多企业之所以不能及时归还欠款，是因为他们及时归还得不到什么好处，拖欠也不会有什么影响。这种状况导致企业应收账款回收效率低下。为了改善这种局面，企业可以采取相应的鼓励措施，对积极回款的企业给予一定的信用折扣。④实施审批制度。对不同信用规模、信用对象实施不同的审批级别。⑤加强补救措施。一旦发生货款拖欠现象，应要求销售人员加紧催收货款，同时要降低该企业的信用等级；拖欠严重的，应与该企业取消购销业务。

2. 保持健康的财务状况

财务状况分析是指企业在一定时期内，以资产负债表、损益表、财务状况变动表及其他附表、财务情况说明书等为依据，分析企业的财务状况，做出财务评价，为投资者、债权人、国家有关政府部门，以及其他与企业有关的单位提供财务报告。就和人的健康体检一样，有些财务指标可以反映企业的健康状况，并对企业生产经营起到预警的作用。

（1）反映企业偿还能力的指标

企业偿债能力的大小，是衡量企业财务状况好坏的标志之一，是衡量企业运转是否正常，是否能吸引外来资金的重要方法。反映企业偿债能力的指标主要有以下四个。

1）流动比率。

$$流动比率=流动资产总额/流动负债总额\times100\%$$

流动比率是反映企业流动资产总额和流动负债比例关系的指标。企业流动资产大于流动负债，一般表明企业偿还短期债务能力强。流动比率以2∶1较为理想，最少要1∶1。

2）速动比率。

$$速动比率=速动资产总额/流动负债总额\times100\%$$

速动比率是反映企业流动资产项目中容易变现的速动资产与流动负债比例关系的指标。该指标还可以衡量流动比率的真实性。速动比率一般以1∶1为理想，但不可低于0.5∶1。速动比率越大，偿债能力越强。

3）现金比率。

$$现金比率=现金类流动资产/流动资产总额\times100\%$$

现金比率是反映企业流动资产中有多少现金能用于偿债的指标。现金比率越大，流动资产变现损失的风险越小，企业短期偿债的能力越强。

4）资产负债率（负债比率）。

$$资产负债率=负债总额/资产净值\times100\%$$

资产净值是指扣除累计折旧后的资产总额。它反映企业单位资产总额中负债所占的比重，用来衡量企业生产经营活动的风险程度和企业对债权的保障程度。该比率越小，企业长期偿债能力越强，承担的风险也越小。

（2）反映企业周转能力的指标

周转能力反映企业生产经营资金在获利条件下的周转速度。考核的主要指标有以下四个。

1）应收账款周转率。

$$应收账款周转率=赊销净额/平均应收账款余额\times100\%$$

$$应收账款周转天数=日历天数/应收账款周转率$$

应收账款周转率是反映企业在一定时期内销售债权（即应收账款的累计发生额）与期末应收账款平均余额之比的指标。它用来测验企业利用信用环节展销货业务的松紧程度，反映企业生产经营管理状况。

2）存货周转率。

存货周转率=销售成本额/存货平均占用额×100%

存货周转天数=日历天数/存货周转率

存货周转率是反映企业存货在一定时期内使用和利用的程度。它可以衡量企业的商品推销水平和销货能力，验证现行存货水平是否适当。

3）流动资产周转率。

流动资产周转率=销售收入/流动资产平均占用额×100%

该指标用来衡量企业生产产品是否适销对路，存货定额是否适当，应收账款回笼的快慢。

4）固定资产周转率。

固定资产周转率=销售收入/固定资产平均占用额×100%

该指标表明固定资产的价值转移和回收速度。固定资产周转率越大，固定资产的利用率越高，效果越好。

（3）反映企业获利能力的指标

企业获利能力分析的目的在于观察企业在一定时期实现企业总目标的收益及获利能力。衡量企业获利能力的主要指标有以下四个。

1）资本金利润率。

资本金利润率=企业利润总额/注册资本总额×100%

该指标是衡量企业经营成果，反映企业获利水平高低的指标。它越大，说明企业获利能力越大。

2）销售利润率。

销售利润率=利润总额/产品销售收入×100%

该指标是反映企业实现的利润在销售收入中所占的比重。销售利润率越大，表明企业获利能力越高，企业的经济效益越好。

3）成本利润率。

成本利润率=利润总额/成本费用总额×100%

该指标是反映企业在产品销售后的获利能力，表明企业在成本降低方面取得的经济效益如何。

4）资产报酬率。

资产报酬率=（税后净收益+利息费用）/平均资产总额×100%

该指标是用来衡量企业对所有经济资源的运用效率。

（4）反映企业成长能力的指标

企业成长能力分析的目的是说明企业的长远扩展能力，企业未来生产经营实力。评价企业成长能力的主要指标有以下四个。

1）股本比重。

股本比重=股本（注册资金）/股东权益总额

该指标用来反映企业扩展能力的大小。

2）固定资产比重。

固定资产比重=固定资产总额/资产总额

该指标用来衡量企业的生产能力，体现企业存在增产的潜能。

3）利润保留率。

利润保留率=（税后利润-应发股利）/税后利润

该指标说明企业税后利润的留存程度，反映企业的扩展能力和补亏能力。该比率越大，说明企业扩展能力越大。

4）再投资率。

再投资率=（税后利润-应付利润）/股东权益

该指标是反映企业在一个经营周期后的成长能力。该比率越大，说明企业在本期获利越大，今后的扩展能力越强。

必须指出，上述各指标是从不同角度、以不同方式反映和评价企业的财务状况与经营成果，因此要充分理解各种指标的内涵及作用，并考虑各指标之间的关联性，才能对企业的生产经营状况做出正确、合理的判断。

能力训练与提升

训练 1 创办企业技能训练

假设你的创业项目要付诸实践，请你列出一份创办企业要办理的各项事宜的清单，并按照轻重缓急进行排序，如表 11.1 所示。

表 11.1 创办企业要办理的清单

序号	事项	重要性	备注

注：备注项可以对该事项的要点进行说明，如需要提交的材料或者取得的成果等。

训练 2 员工激励技能训练

【阅读资料】

有一家炼油公司位于美国宾夕法利亚州的小镇。有一天，公司新上任的 CEO 赫布·鲍姆与小镇居民聊天（居民几乎都是公司的基层员工），发现他们过着非常节俭的生活，即使买最基本的生活必需品——哪怕是孩子的鞋子，都要货比三家。这位 CEO 听到后，马上把公司分配给自己的专车给退掉了，然后向董事会申请，从自己的奖金中分给公司收入最低的 155 名员工每人 1 000 美元。

这位 CEO 说，公司最底层的员工的工资每年不过五万美元，而且还要供养一家人，去年的奖金只有区区 500 美元，而公司高级管理人员的奖金是他们的许多倍。自己拿出十几万美元分给他们不算什么，但是对于这一百多名员工来说，要供养孩子上学或负担父母医药费，这是很有帮助的一大笔钱。

最后他还认为，如果公司的领导能克制自己对金钱的欲望，而且能让员工们看到这一点，他们会对公司非常忠诚，工作将会非常努力。果然这件事情之后，该炼油公司的人员离职率降到了 11 年来的最低点。

问题：

1. 这则案例给你的启示有哪些？
2. 你觉得该如何激励员工？

第 12 章 创业企业成长与发展

学习目标

★知识与理论

1. 了解企业生命周期及其规律性。
2. 了解初创企业成长过程中的常见问题。
3. 掌握初创企业如何有效实施战略管理。
4. 掌握初创企业如何有效实施危机管理。

★技能训练

1. 制定企业经营战略能力训练。
2. 危机管理能力训练。

–经典名言–

未来真正出色的企业，将是能够设法使社会各阶层人员全心投入，并有能力不断学习的组织。

——彼得・圣吉

20 世纪是生产率的世纪，21 世纪是质量的世纪。 ——约瑟夫・朱兰

自始至终把人放在第一位，尊重员工是成功的关键。 ——托马斯・沃森

没有战略的组织就好像没有舵的船，只会在原地打转。 ——乔伊尔・罗斯

如果不继续成长，就会开始走向死亡。 ——华特・迪士尼

【导入案例】

"老干妈麻辣酱"的成长故事

陶华碧，老干妈麻辣酱创始人。陶华碧丈夫病逝得早，最初她靠打工和摆地摊抚养两个孩子。1989 年，陶华碧在贵阳市南明区开了个简陋的餐厅，专卖凉粉和冷面。她特地制作了麻辣酱，专门用来拌凉粉，生意十分兴隆。有一天早晨，陶华碧没有做麻辣酱，谁知顾客来吃饭时，一听说没有麻辣酱，转身就走。这件事对陶华碧的触动很大，她意识到了麻辣酱的潜力，从此潜心研究起来。经过几年的反复试制，陶华碧制作的麻辣酱风味更加独特，很多客人吃完凉粉后，还要买麻辣酱带回去，甚至有人不吃凉粉却专门来买她的麻辣酱。后来，她的凉粉生意越来越差，而麻辣酱却做多少都不够卖。一天中午，她的麻辣酱卖完后，她关上店门，走了 10 多家卖凉粉的餐馆和食摊，发现他们的生意都非常好。原来这些人做佐料的麻辣酱都是从她那里买来的。第二天，她再也不单独卖麻辣酱了，但却萌生了专门生产麻辣酱的想法。

1996 年，陶华碧舍弃了经营多年的餐厅，办起了食品加工厂，专门生产麻辣酱，定名为"老干妈麻辣酱"。办厂之初的产量虽然很低，可当地的凉粉店还是消化不了。于是陶华碧背着麻辣酱，送到各食品商店和各单位食堂进行试销。不久，那些试销商便纷纷打来电话，让她加倍送货。从此"老干妈麻辣酱"经过市场的检验，在贵阳市站住了脚。1997 年 8 月，贵阳老干妈风味食品有限责任公司正式挂牌，员工由最初的 40 多人增加到 200 多人。此时，对于陶华碧来说，最大的难题并不是生产方面，而是来自管理上的压力。最令她头痛的是，工厂扩大成公司后，一切都要走上正轨，各种规章制度都要出台，财务、人事各种报表都要她亲自审阅；她还要经常参加政府主管部门召开的各种会议，准备讲话稿上台发言……幸好有儿子李贵山辞职过来帮忙，陶华碧也想到请能人，公司才逐步走上了科学化管理的道路。

从 1997 年后，假冒"老干妈"陆续登场，多达五六十种，造假地遍及贵州、湖南、四川、陕西、甘肃等地，老干妈一度被逼到生死存亡的关头。陶华碧及公司人员开始了漫长的打假之路，其中与湖南华越食品公司的注册商标侵权事件最为轰动。2003 年，国家商标局最终裁定："老干妈"首先由贵阳"老干妈"公司使用于其生产的风味食品，核准注册贵阳老干妈公司的"老干妈"商标，驳回华越公司注册"老干妈"商标的申请。撤销华越食品公司注册的"刘湘球老干妈及图"商标。老干妈公司近年来每年都要安排两三千万元的专项资金用来"打假"。目前，该公司全部注册商标达 114 个，包括"老于妈""妈干老"等商标，这都是为了防止一些公司打擦边球，对老干妈品牌有所影响。

老干妈不仅在国内遍地开花，它还用舌尖征服了世界人民。一瓶 280 克的老干妈辣酱，中国 1 号店网站卖 7.9 元人民币，美国亚马逊卖 3.9 美元（24 元人民币）。老干妈在国外被译作"LaoGanMa"，还登上了奢侈品折扣网站 Gilt，并被誉为全球顶级的辣酱。

老干妈公司创办以来，全部依靠现金流运转，不积压货品。而陶华碧不贷款、不融资的底气，很大程度上来源于公司数十亿元的现金流。从艰辛起家时几十元的零散采购，到如今超过千万元的采购额，老干妈坚持现款现货的原则，就连收购农民的辣椒也不例外。陶华碧曾说，"我从不欠别人一分钱，别人也不能欠我一分钱"。因此，老干妈的公司账目也格外简单。

虽然没有文化，但陶华碧明白这样一个道理：帮一个人，感动一群人；关心一群人，肯定能感动整个集体。老干妈的员工一律包吃包住。对内管理上，陶华碧有自己的独门“绝招”，对员工进行感情投资。比如，员工结婚她必亲自当证婚人；所有从老干妈离职的人，如果在外受委屈了，都可重新回来上班。果然，这种亲情化的“感情投资”，使陶华碧和老干妈公司的凝聚力一直只增不减。在员工的心目中，陶华碧就像妈妈一样可亲、可爱、可敬。在公司里没有人叫她董事长，全都叫她老干妈。

在老干妈公司的发展历程中，从贵州省领导的关心到贵阳市南明区领导亲自与公司人员奔赴打假第一线，贵州省各级政府给予了大力的支持。在自身的努力和政府的支持下，老干妈公司已经成为继“贵州茅台”“黄果树”“贵州神奇”之后，贵州省又一个品牌。据统计，作为农业产业化国家重点龙头企业，公司在贵州省 7 个县建立了 28 万亩的无公害辣椒基地，形成了一条从田间延伸到全球市场的产业链。

资料来源：根据网络资料整理改编

感悟与体会

陶华碧在老干妈公司成长过程中主要做了哪些关键的事情？

____

____

____

____

____

____

____

知识与理论学习

主题 1 你了解企业成长的规律吗？

1.1 什么是企业生命周期？

企业生命周期是指企业诞生、成长、壮大、衰退甚至死亡的过程。企业生命周期具有阶段性的特征，不同的学者从不同的维度对企业生命周期的阶段进行了划分，形成了不同的企业生命周期模型。

丘吉尔和刘易斯从企业规模和管理因素两个维度描述了企业各个发展阶段的特征，提出了一个五阶段成长模型，即企业生命周期包括创立阶段、生存阶段、发展阶段、起飞阶段和成熟阶段。

葛雷纳以销售收入和雇员人数为指标，根据它们在组织规模和年龄两方面的不同表现组合成一个五阶段成长模型：创立阶段、指导阶段、分权阶段、协调阶段和合作阶段。该模型突出了创立者或经营者在企业成长过程中的决策方式和管理机制构建的变化过程，认为企业的每个成长阶段都由前期的演进和后期的变革或危机组成，而这些变革能否顺利进行直接关系到企业的持续成长问题。

伊查克·爱迪思把企业成长过程分为孕育期、婴儿期、学步期、青春期、盛年期、稳定期、贵族期、官僚化前期、官僚期和死亡期共十个阶段，认为企业成长的每个阶段都可以通过灵活性和可控性两个指标来体现：当企业初建或年轻时，充满灵活性，做出变革相对容易，但可控性较差，行为难以预测；当企业进入老化期时，企业对行为的控制力较强，但缺乏灵活性，直到最终走向死亡。

一般来说，企业生命周期循环是以 12 年为周期的。它由 4 个不同阶段的小周期组成，每个小周期为 3 年。如果再往下分，一年 12 个月可分为 4 个微周期，每个微周期为 3 个月。由于不同的企业存在着不同的生命周期，不同的生命周期体现不同的变化特征。尽管它们有共同的规律，但在 4 个不同周期阶段变化各异，各自的发展轨迹也不同。这些不同的变化特征可归纳为如下三种变化。

1. 普通型

周期运行顺序：上升期（3 年）→高峰期（3 年）→平稳期（3 年）→低潮期（3 年）。普通型变化最为常见，60%左右的企业属于这种变化。它的 4 个小周期的运行相对比较稳定，没有大起大落。

2. 起落型

周期运行顺序：上升期（3 年）→高峰期（3 年）→低潮期（3 年）→平稳期（3 年）。这类变化企业的比例约为 20%。它的运行轨迹在周期转换过程中突发剧变，直接从高峰落入低谷。

3. 晦暗型

周期运行顺序：下落期（3 年）→低潮期（3 年）→高峰期（3 年）→平稳期（3 年）。这类变化的企业与上述两类变化相比，运转周期中减少一个上升期，多出一个下落期。这就表明在 12 年 4 个小周期的循环中，这类企业可供发展的机会少了 3 年，而不景气的阶段多出 3 年。这类企业的比例约为 20%。

对于许多企业来说，很难完成一个生命周期的循环。中国的企业尤其如此。有抽样调查显示，与欧美国家相比，中国企业的平均寿命要短得多。中国民营企业的平均寿命仅 3.7 年，中小企业的平均寿命更是只有 2.5 年；而在美国与日本，中小企业的平均寿命分别为 8.2 年、12.5 年。中国大公司的平均寿命是 7～9 年，欧美大企业的平均寿命长达 40 年，日本大企业的平均寿命有 58 年。在中国，最常见的家族兴旺和衰落的过程是：上一辈白手起家，艰苦创业；下一辈老成守业，艰难维持；再下一辈坐吃山空，家道中落。

1.2 初创企业是伴随着创业者的成长而发展的

创业者是企业的创始人，也是企业成长与发展的掌舵人。初创企业能否成长壮大起来，关键是看创业者能否不断提高自身的能力和修养。作为企业的经营管理者，创业者要清楚自己在企业运营过程中需要扮演什么样的角色，并使自身能力与修养要和这些角色的需要相匹配，才能对企业的成长与发展起到促进作用。亨利·明茨伯格研究发现管理者扮演着十种角色。

1. 代表人角色

作为企业的首脑，创业者必然是企业的代表人，需要广交朋友，接待重要的访客、参加某些员工的婚礼等。这些日常事务，对企业的顺利运转非常重要。

2. 领导者角色

领导者角色体现了创业者对企业员工的影响力。创业者需要雇佣和培训职员，对员工进行激励和指导，以某种方式使他们的个人需求与组织目的达到和谐。如果创业者能够成为员工崇拜的偶像，将会极大地提高其领导力。

3. 联络者角色

这指的是创业者同企业以外的无数个人或团体维持关系的重要联络。这样的联络通常是通过参加外部的各种会议，参加各种公共活动和社会事业来实现的。实际上，联络角色是专门用于建立创业者自己的外部信息系统的，有利于为企业成长与发展获取广泛的外部支持。

4. 监督者角色

作为监控者，创业者为了得到信息需要不断审视自己所处的环境。通过询问联系人和下属，通过各种内部事务、外部事情和分析报告等主动收集信息。

5. 传播者角色

创业者必须将自己获得的外部信息传递到企业内部，把内部信息传给更多的人知道。当下属彼此之间缺乏便利联系时，创业者要成为传递信息的纽带。

6. 发言人角色

创业者要把一些信息发送给企业之外的人。比如，对外传递关于本企业的计划、政策和成果信息，使得那些对企业有重大影响的人能够了解企业的经营状况。

7. 企业家角色

企业家角色指的是创业者要充当本组织变革的发起者和设计者。创业者必须努力组织资源去适应周围环境的变化，要善于寻找和发现新的机会。

8. 冲突管理者角色

创业者往往需要花大量时间应对突发事件，非自愿地回应压力，如处理突发的员工之间的纠纷，某个主要客户的破产或某个供应商违背了合同等。

9. 资源分配者

创业者需要对企业内的所有资源进行分配，如进行预算编制和安排下属的工作等。资源分配的合理性关系到企业运行的效率和员工工作的积极性。

10. 谈判者角色

研究显示，创业者需要相当多的时间用于各种重大的、非正式化的谈判，因为由创业者参加谈判能够增加谈判的可靠性并迅速做出决定。谈判是创业者不可推卸的工作职责，而且是工作的主要部分。

上述十种角色形成了一个整体，它们是互相联系、密不可分的。任何一个角色的缺失都可能使得其他角色无法完整实现。创业者在明晰了角色定位后，就可以有针对性地提高自身的能力和修养。实践证明，大凡取得卓越成就的企业家，要么是这十种角色技能突出的通才，要么就是某些角色领域的专家。你自身的修养提高到什么程度，决定了你的企业能够走多远。

创业者修养自我检视

优秀的创业者着迷于产品或体验的质量，常常花费大量的时间在那些看似不重要的细节上。但如果产品体验不好，这些创业者会感到很痛心。

优秀的创业者着迷于雇佣最优秀的人才。能够组建高质量的团队是他们的骄傲。如果聘用错误，他们也会迅速解决。

优秀的创业者用简单清晰的话语介绍公司前景，知道那些复杂的、啰嗦的句子用处不大。他们知道自己成功或失败的原因，对市场有明确的预判。

优秀的创业者在产品早期就能赚到收入。常常在他们获取第一批用户时，收入来源也确定。

优秀的创业者坚韧而且安静，即使企业濒临倒闭，也能快速反击。

优秀的创业者能够保持低廉的成本。即使一切都运转良好，他们也尽量把钱花在最值得的地方。

优秀的创业者开始时只推出一些少数人真正喜欢的东西。成功的创业公司一开始都有一群核心的用户。如果一开始用户规模就很大，也未必一定是好事。

优秀的创业者实现有机的增长，往往回避较大的合作交易，或者是非常大规模的公关。

优秀的创业者清晰地知道每周、每月、每年的增长率等。

优秀的创业者在关注增长和对未来策略性的思考之间实现平衡。集中关注当下的执行，而不是总想着未来几年的策略。

优秀的创业者采取“不惜一切”的态度。比如为了公司，雇佣一些自己并不喜欢的人，只要能对公司成长有利。

优秀的创业者善于权衡利弊。如果每天都有 100 件事情看似要做，那么他们很容易把这个数字压缩到 7，放弃无关紧要的事情。

优秀的创业者都是人品不错的人。他们可能很难相处、无理，但本质上，他们都是好人。不过这条也不一定适用所有人。

优秀的创业者会做该做的事情。他们并不是追求成功表面的荣耀，也不是为享受拥有带来的刺激。他们不为虚荣生活。

最后一条，优秀的创业者行动迅速。

资料来源：根据网络资料整理改编

1.3 初创企业成长过程中的常见问题有哪些？

1. 决策能力问题

创业者往往比较盲目，重视短期利益、获取第一桶金，很难带领企业长久地走下去；决策比较随意，缺乏监督，经常出现朝令夕改的情况；缺乏科学的决策机制和决策方法，决策风险大，试错成本高。

2. 创新问题

创业项目缺乏创意，盲目追求市场热点进行模仿复制；创新资源投入普遍不足；“技术狂热症”，重视技术创新，忽视管理创新、组织创新等其他创新；急功近利，难以形成可持续发展的创新环境。

3. 产品或服务问题

创新能力不足，简单重复和模仿竞争对手的产品或服务，难以形成竞争优势；产品或服务质量管理意识落后，质量管理水平低，未能建立起行之有效的质量管理及保证体系；产品或服务的标准化程度低，甚至没有标准，产品或服务质量可信度低。

4. 品牌问题

缺乏清晰的品牌发展战略规划，很多创业者品牌意识不足，只是停留在表面、肤浅的认识上，片面、盲目地强调品牌营销，忽视品牌管理和品牌保护能力的提升，从而造成企业资源和资金的极大浪费，严重制约了企业品牌建设和发展。

5. 发展战略问题

初创企业往往将注意力集中在短期经营目标，忽视长远经营发展。企业领导者战略管理意识淡薄，战略定位不准确，过分依赖过去的成功经验，创造性和前瞻性不强，重视局部而忽视整体，整合性较差。

6. 人才问题

企业拥有的人才结构及素质，决定了企业的命运。由于初创企业在薪金、福利、发展空间和社会地位等方面难以满足优秀人才的需要，而且初创企业对人才问题不够重视、不尊重人才以致浪费人才，因此人才问题成为阻碍中小企业发展的主要问题。

7. 管理问题

创业企业的管理体制都不是很健全，有的甚至没有一套规范系统的管理制度，大多数企业是被动反应型的。

吴炳新的思考

吴炳新在20世纪90年代短短几年的时间创造了“三株神话”，但又突然间陷入阶段性失败。吴炳新自己总结有15大失误。

1）市场管理体制出现了严重的不适应，集权与分权的关系没有处理好：采取的是“集团军式”的管理模式，高度中央集权；对子公司采取的是“填鸭式”的管理。

2）经营机制未能完全理顺。转轨以前，实行的是中央集权式核算管理，保证了公司的最大利益。但随着公司的急剧发展，子公司内不讲工作效率、不讲经营效益的现象越来越严重，盲目扩张，盲目投入。

3）大企业的“恐龙症”严重，机构臃肿，部门林立，等级森严，层次繁多，程序复杂，官僚主义严重，信息流通不畅，反应迟钝。

4）市场管理的宏观分析、计划、控制职能未能有效发挥，对市场形势估计过分乐观。

5）市场营销策略、营销战术与市场消费需求出现了严重的不适应。对城市市场缺乏开拓，没有培育起新的经济增长点。对投入产出比强调不够，仍旧坚持大规模的投入，造成无效投入和广告费的严重浪费。有些子公司还在随意扩大疗效范围，宣传三株口服液百病皆治，引起消费者很大的反感。

6）分配制度不合理，激励机制不健全。“干的不如坐的，坐的不如躺的，躺的不如睡大觉的”；思想政治工作淡化，员工的思想教育薄弱，现代企业理念缺乏，激励机制畸形发展。

7）决策的民主化、科学化有待于进一步加强。过去，采取的是中央集权制，决策权过分集中，缺少“智囊团”，出现了一些失误。

8）相当一部分干部的骄傲自满和少数干部的腐化堕落，导致1997年许多工作没有落实到位。

9）浪费问题极为严重。由于财务、法纪的监督制约没有及时跟上，浪费现象在许多子公司表现得极为严重。

10）山头主义盛行，自由主义严重：不是从工作需要出发，而是从个人的利益出发。利用职权，打击异己，拉帮结派，培养个人势力。

11）纪律不严明，对干部违纪的处罚较少：现在公司“干部终身制”盛行，能上不能下，在这个地方犯了错误，过几天又到另一个地方去任职了。

12）后续产品不足，新产品未能及时上市。

13）财务管理出现严重失控：部分财务人员的责任性差，没有认真履行“当家人”的职责，有的甚至与经理串通一气，共同“作案”；呆死账很多，而且难以处理；有的子公司的方案存在明显的分配比例不合理和严重的“亏总部，富个人”的现象。

14）组织人事工作与公司的发展严重不适应：人事考评机制不规范，没有制度化的考评程序；干部培训工作没跟上；招聘把关不严，一批素质不高的人混进了公司。

15）法纪制约的监督力度不够：事前防范措施不力，忙于事后控制；法纪人员的专业素质与工作要求之间也存在一定差距；惩处力度不够；信息反馈不及时；干部的约束机制不健全；总部、省指挥部个别领导对法纪工作的干预较多。

资料来源：根据网络资料整理改编

主题 2　初创企业怎样实施战略管理？

2.1　什么是企业经营战略？

所谓企业经营战略就是指企业为适应未来环境的变化，寻求持续稳定的发展，所做的整体谋划和长远打算。新创企业不能只是低头干活，还要抬头看路。企业经营战略就是要为企业寻找一条能够使企业持续发展的道路，解决企业长远发展的问题。创业者在理解企业经营战略时要注意把握好以下三个方面。

1）制定经营战略的目的是使企业能够适应未来环境的变化，寻求持续稳定的发展。

2）经营战略的核心问题是方向的确定和策略的选择。经营战略是方向、目标和策略的组合。只是有方向、目标，而没有有效实现目标的策略，并不能称其为经营战略。

3）企业经营战略是一个系统的层次体系。总体层战略、业务层战略与职能层战略一起构成了企业战略体系。总体层战略又称公司战略，是企业最高层次的战略，是企业整体的战略总纲。它主要强调两个方面的问题：一是确定企业的使命与任务、产品与市场领域；二是在企业不同的战略事业单位之间如何分配资源以及采取何种成长方向等，以实现公司整体的战略意图。业务层战略又称经营单位战略，着眼于企业中某一具体业务单元的市场和竞争状况，企业如何构建持续优势等问题。侧重点在于以下几个方面：贯彻使命、业务发展的机会和威胁分析、业务发展的内在条件分析、业务发展的总体目标和要求等。对于只经营一种业务的小企业，或者不从事多元化经营的大型组织，业务层战略与公司战略是一回事。所涉及的决策问题是在既定的产品与市场领域，在什么样的基础上来开展业务，以取得顾客认可的经营优势。职能层战略是为贯彻、实施和支持公司战略与业务战略而在企业特定的职能管理领域制定的战略，通常包括营销战略、人事战略、财务战略、生产战略、研发战略等方面。职能战略主要回答某职能的相关部门如何卓有成效地开展工作的问题，重点是提高企业资源的利用效率，使企业资源的利用效率最大化。在企业内部，企业战略管理各个层次之间是相互联系、相互配合的。企业每一层次的战略都为下一层次战略提供方向，并构成下一层次的战略环境；每层战略又为上一级战略目标的实现提供保障和支持。公司层战略倾向于总体价值取向，以抽象概念为基础，主要由企业高层管理者制定；业务层战略主要就本业务部门的某一具体业务进行战略规划，主要由业务部门领导层负责；职能层战略主要涉及具体执行和操作问题。

2.2 企业战略管理过程包括哪些步骤？

企业战略管理是确定企业使命、根据企业外部环境和内部经营要素确定企业目标、保证目标的正确落实并使企业使命最终得以实现的一个动态过程。战略管理过程一般包括以下六个步骤。

1. 确定企业当前的宗旨、目标和战略

关于企业的宗旨、目标和战略的陈述，反映了企业对以下方面问题的认识和理解。

1）信条：公司基本的信仰、价值观和商业伦理取向是什么？

2）自我概念：公司的主要竞争优势和核心竞争力是什么？

3）客户：谁是公司的客户？

4）市场：公司在哪里竞争？

5）技术：公司有技术优势吗？

6）对生存、成长和赢利能力的关注：公司是否致力于稳健的成长和财务策略？

7）对公共形象的关注：公司对社会和环境问题有积极的反应吗？

8）对员工的关注：员工是不是公司一项很有价值的资产？

2. 分析外部环境，发现机会和威胁

外部环境分析是战略管理过程的关键环节和要素。本书的第 4 章（创业环境与创业机会）已经详细介绍了外部环境分析的内容和方法，这里不再重述。外部环境分析的重点是把握环境的变化和发展趋势。企业所面临的环境在很大程度上决定了其可能的战略选择。

当完成了对外部环境的分析之后，就需要准确地找出可以利用的机会和必须消除或减轻的威胁。机会是外部环境中有利的趋势，而威胁是不利的趋势。在分析机会与威胁时，需要着重关注的关键因素包括竞争者行为、消费者行为、供应商行为和劳动力供应等。

3. 分析内部经营环境，识别优势和劣势

企业内部环境分析提供了关于组织内特定资源和能力的重要信息。你可以从以下几个方面进行内部环境分析：①分析企业经营的各种营运范畴，主要包括市场营销、生产与作业管理、研发管理、人力资源管理、财务与会计等；②分析企业制度与组织结构，包括产权制度、组织结构、管理制度和领导方式等；③分析企业的文化因素，主要包括企业精神、士气、人际关系和凝聚力等。

进行企业内部环境分析的有效方法是价值链分析。价值链是指企业创造价值的一系列经营活动所组成的链条。波特将企业的价值活动分为两类：基本活动和支援活动。基本活动是涉及产品的物质创造及其销售、转移给买方和售后服务的各种活动，主要有采购、生产、储运、营销、服务等活动，是对创造价值直接做出贡献的活动。支援活动主要有技术开发、人力资源管理、财务等功能或活动，是为创造价值做出间接贡献的活动。价值链分析是建立在企业的经营是为顾客创造价值这种理念的基础上的。价值链分析就

是对上述企业各种经营活动领域与环节进行深入分析，包括对每一项价值活动进行分析，以及对各项价值活动之间的联系进行分析。通过分析，找出企业的优势与劣势，提高为顾客创造价值的能力。

一般来说，优势是组织可用以实现组织目标的积极的内部特征，是组织可作为竞争武器的特殊技能和资源；劣势则是抑制或约束组织目标实现的内部特征。

4. 制定企业经营战略

在企业经营战略的制定过程中，需要考虑外部环境的变化趋势、企业可利用的资源和能力，在此基础上设计能够帮助企业实现战略意图的经营战略。判断企业经营战略成效的标准主要有两点：一是企业战略方向与规划必须以核心竞争力为依托；二是企业核心竞争力必须与行业成功关键要素相匹配。需要注意的是，行业的成功关键要素是在不断变化与发展的，在行业的不同阶段，行业的成功关键要素是不同的，所以企业要不断发展新的核心竞争力，考虑怎样同行业将来的成功要素相匹配。

可供企业选择的战略形式有很多，本章 2.3 小节将介绍初创企业经营战略的具体形式。

5. 实施战略

一旦企业制定了战略，就必须实施战略。只有恰当地实施战略，战略意图、目标和绩效才有可能实现。

6. 评价结果

战略管理过程的最后一步是评价结果，包括战略的效果如何，需要做哪些调整。这涉及控制过程。

2.3 初创企业怎样选择经营战略？

企业的经营战略是由总体层战略、业务层战略与职能层战略一起构成的企业战略体系。这里介绍一下企业如何进行不同层次的战略选择。

1. 总体层战略的选择

（1）成长战略

成长战略或发展战略，是指企业采取积极的态度寻求快速成长与发展的战略形态。具体战略形式有：密集性成长战略、多元化经营战略、联合化经营战略。

密集性成长战略是指充分挖掘企业的现有产品和现有市场的盈利潜力来实现成长的战略。主要包括三种形式。①市场渗透战略。市场渗透战略是一种立足于现有产品，充分开发其市场潜力的企业发展战略。对于初创或成长过程中的企业来讲，市场渗透战略是企业成长最基本的战略。市场渗透战略的核心是努力提高企业在目标市场的市场占有率，其战略重点可以从以下三方面考虑。一是挖掘潜在顾客，以增加使用产品的顾客数量。认真分析现有产品顾客群体的需求特点，寻找需求具有相似性的新的顾客群体，通过有效的营销手段使其转变为现实顾客。把竞争对手的顾客吸引过来，使之购买本企业产品。二是刺激现有顾客的潜在需求，以增加现有顾客对产品的使用量。比如，刺激现有顾客更频繁地消费本企业的产品，增加顾客对产品的使用次数；刺激顾客增加产品单次使用的使用量。三是按照顾客的需求改进产品特性，这样不但可刺激现有顾客增加产品使用量，而且有助于吸引潜在顾客。可以考虑提高产品质量，如增强产品的功能特性；提高其使用的安全性、便利性；改进产品的式样，如化妆品包装瓶子的颜色和形状应不断变换以招徕顾客。②市场开发战略，即努力使现有产品打入新的市场。③产品开发战略，即在现有市场上通过改进原有产品或增加新产品来达到增加销售的目的。

多元化经营战略又称多角化战略、多样化战略，是指企业尽量增大产品大类和品种，跨行业生产经营多种多样的产品或业务，扩大企业的生产经营范围和市场范围，充分发挥企业特长，充分利用企业的各种资源，提高经营效益，保证企业的长期生存与发展。多角化的实质是拓展新的领域，强调培植新的竞争优势和壮大现有领域。多角化经营战略可归纳为以下四种类型。①同心多角化经营战略，也称为集中化多角化经营战略，是指企业利用原有的生产技术条件，制造与原产品用途不同的新产品。该战略的特点是，原产品与新产品的基本用途不同，但它们之间有较强的技术关联性。比如，汽车制造厂生产卡车，同时也生产轿车、拖拉机等。②水平多角化经营战略，也称为横向多角化经营战略，是指企业生产新产品销售给原市场的顾客，以满足他们新的需求。水平多角化经营的特点是，原产品与新产品的基本用途不同，但它们之间有密切的销售关联性。比如，某食品机器公司，原生产食品机器卖给食品加工厂，后生产收割机卖给农民，以后再生产农用化学品仍然卖给农民。③垂直多角化经营战略，也称为纵向多角化经营战略。它又分为前向一体化经营战略和后向一体化经营战略。前向一体化多角经营，是指原料工业向加工工业发展，制造工业向流通领域发展，如钢铁厂设金属家具厂和钢窗厂等。后向一体化多角经营，指加工工业向原料工业或零部件、元器件工业扩展，如钢铁厂投资采矿业等。垂直多角化经营的特点是，原产品与新产品的基本用途不同，但它们之间有密切的产品加工阶段关联性或生产与流通关联性。④整体多角化经营战略，也称混合式多角化经营战略，是指企业向与原产品、技术、市场无关的经营范围扩展。比如，万达集团的主要业务包括商业地产、高级酒店、连锁百货、文化旅游和金融。整体多角化经营需要充足的资金和其他资源，故多为实力雄厚的大公司所采用。从理论上讲，企业实施多角化经营战略，有利于分散风险，提高经营安全性；有利于企业向前景好的新兴行业转移；有利于促进企业原业务的发展。但多角化经营战略也存在着一些弊端：可能使企业面临较高的财务风险；容易出现决策失误；导致企业管理水平下降；等等。因此，企业应该在准确分析外部环境和正确评价内部条件的基础上，谨慎实施多角化经营战略。

联合化经营战略是指两个或两个以上的企业横向联合成立一个经营实体或企业集团的拓展战略。实施该战略有利于实现企业资源的有效组合与合理调配，增加经营资本规模，实现优势互补，增强集合竞争力，加快拓展速度，促进规模化经济的发展。联合化经营战略主要可以分为以下四类。①一体化战略。一体化战略主要包括垂直一体化（生产商同供应商、销售商联合）、前向一体化（生产企业同销售商联合）、后向一体化（生产企业同原料供应商联合）和横向一体化（同行业企业之间的联合）。该战略的优点是通过关联企业的紧密联合，可实现资源共享，降低综合成本；缺点是管理幅度大，不利于资源调配与利益关系的协调。②企业集团战略。企业集团战略是由若干个具有独立法人地位的企业以多种形式组成的经济联合组织。组织结构层次分为集团核心企业（具有母公司性质的集团公司）、紧密层（由集团公司控股的子公司组成）、半紧密层（由集团公司参股企业组成）和松散层（由承认集团章程并保持稳定协作关系的企业组成）。紧密层、半紧密层同集团公司的关系以资本为纽带，而松散层同集团公司的关系以契约为纽带。③企业合并战略。企业合并战略是指参与企业通过所有权与经营权同时有偿转移，实现资产、公共关系、经营活动的统一，共同建立一个新法人资格的联合形式。采取合并战略，能优化资源结构，实现优势互补，扩大经营规模，但同时也容易吸纳不良资产，增加合并风险。④企业兼并战略。企业兼并战略是企业通过现金购买或股票调换等方式获得另一个企业全部资产或控制权的联合形式。该战略的特点是：被兼并企业放弃法人资格并转让产权，但保留原企业名称成为存续企业；兼并企业获得产权，并承担被兼并企业债权、债务的责任和义务；通过兼并可以整合社会资源，扩大生产规模，快速提高企业产量，但也容易分散企业资源，导致管理失控。

（2）稳定型战略

稳定型战略是指企业坚持前期战略对产品和市场领域的选择，以前期战略所达到的目标作为本期希望达到的目标。因而，实行稳定型战略的前提条件是企业过去的战略是成功的。对于大多数企业来说，稳定型增长战略也许是最有效的战略。一般来说，在宏观经济的增长速度较慢、产业技术相对成熟且技术更新速度较慢、消费者的需求变动较为稳定、竞争对手的数目和企业的竞争地位都趋于稳定的情况下，企业可以考虑采用稳定型战略。从企业自身条件来看，如果企业资源不充分，如资金不足、研发力量较差或人力资源有缺陷，企业可以采取以局部市场为目标的稳定性战略，以使企业有限的资源能集中在自己有优势的细分市场，维护竞争地位。

（3）紧缩型战略

紧缩型战略是指企业从目前的战略经营领域和基础水平收缩与撤退，且偏离起点战略较大的一种经营战略。企业实施紧缩型战略只是短期的，其目的是使企业度过困难期后转向其他的战略选择。因此可以说，紧缩型战略是一种以退为进的战略。根据实施紧缩型战略的动机不同，紧缩型战略可分为适应性紧缩战略、失败性紧缩战略和调整性紧缩战略。

适应性紧缩战略是企业为了适应外界环境变化而采取的一种战略。这些外界环境变化包括经济衰退、产业进入衰退期、企业的产品或服务的需求萎缩等。在这些情况下，企业可以采取适应性紧缩战略来渡过危机，以求发展。

失败性紧缩战略是指企业由于经营失误造成企业竞争地位虚弱、经营状况恶化，只有采用紧缩型战略才能最大限度地减少损失，保存企业实力。当企业出现重大的问题，如产品滞销、财务状况恶化、投资已无法收回等时，可考虑采用紧缩战略。

调整性紧缩战略是企业为了谋求更好的发展机会，使有限的资源分配到更有利的经营领域。因此，需要比较企业目前的业务单位和实施紧缩型战略后的资源投入的业务单位，在后者存在较为明显的回报优势的情况下，可以考虑采用调整性紧缩战略，将企业的资源进行战略性转移。

（4）轻资产战略

轻资产战略是知识经济的产物，是指企业只进行少量硬资产投资，专注于产品研发、销售、服务与品牌推广等价值环节，通过输出管理、技术和品牌来获取利润的经营战略。该战略的实质是用设计、营销等少量资金去掌控、操纵“重资产”企业，利用“重资产”企业的资源实现盈利的目的。这种现象被认为是“蛇吞象”式的低投入、高回报的最佳战略。

轻资产战略包括两个方面：一是企业构建时就只选取生产经营全部价值环节中诸如设计、营销、品牌、客户管理等资产相对较少的环节进行投资和运营；二是在企业运营中，将投资较大的“重资产”部分予以剔除，或外包或转让，或收购其他企业的一部分股权，本企业输出品牌，输出管理，利用自己有限的资金，盘活被收购企业的“重资产”。

2. 竞争战略的选择

竞争战略描述的是企业如何在首要或者主要市场中竞争，使企业拥有与众不同的竞争优势。波特教授提出了三种竞争战略：成本领先战略、差异化战略和集中化战略。

（1）成本领先战略

成本领先战略是指企业通过降低自己的生产和经营成本，以低于竞争对手的产品价格，获得较高市场占有率和利润。成本领先战略的成功取决于企业日复一日地有效实施该战略的技能。成本不会自动下降，它是艰苦工作和持之以恒的重视成本工作的结果。根据企业获取成本优势的方法不同，可将成本领先战略概括为如下几种主要类型：简化产品型成本领先战略；改进设计型成本领先战略；材料节约型成本领先战略；人工费用降低型成本领先战略；生产创新及自动化型成本领先战略。成本领先战略实施的外部环境因素有：现有竞争企业之间的价格竞争非常激烈；企业所处产业的产品基本上是标准化或者同质化的；实现产品差异化的途径很少；多数顾客使用产品的方式相同；消费者的转换成本很低；消费者具有较大的降价谈判能力。企业实施成本领先战略，还必须具备如下技能和资源：能够获得持续的资本投入；生产加工工艺技能；认真的劳动监督；设计容易制造的产品；低成本的分销系统等。

（2）差异化战略

差异化战略是指企业通过向顾客提供独特的产品和服务，以获得竞争优势和较高利润的战略。差异化战略的方法多种多样，如产品的差异化、服务差异化和形象差异化等。实施差异化战略的外部环境因素有：顾客对产品的需求和使用要求是多种多样的；企业能够创造出与竞争对手产品之间的差异，并且这种差异被顾客认为是有价值的；采用类似差异化途径的竞争对手很少；技术变革很快，市场上的竞争主要集中在不断地推出新的产品特色。除上述外部条件之外，企业实施差异化战略还必须具备如下内部条件：具有很强的研究开发能力；企业具有以其产品质量或技术领先的声望；企业在这一行业有悠久的历史或借鉴其他企业的技能并自成一体；强大的市场营销能力；研究与开发、产品开发及市场营销等职能部门之间具有很强的协调性；企业具备吸引创造性人才和高技能人员的物质基础。

（3）集中化战略

集中化战略又称专一化战略，是企业通过集中资源形成专业化优势，服务专业市场或立足某一区域市场的战略。这种战略的核心是取得某种对特定顾客有价值的专一性服务，侧重于从企业内部建立竞争优势，要做到人无我有、人有我精、人精我专。专一化战略有两种形式，即在特定目标市场中寻求成本优势和在特定目标市场中寻求差异化优势。无论哪一种形式都需要企业具备以下某些条件：拥有特殊的受欢迎的产品；拥有专有技术；市场之间的隔离性强；不容易被模仿的生产、服务和消费活动链等。

3. 职能层战略的选择

职能层战略又称职能支持战略，是按照总体战略或业务战略对企业内各方面职能活动进行的谋划。职能战略是为企业战略和业务战略服务的，所以必须与企业战略和业务战略相配合。企业的职能战略种类繁多，如营销战略、人力资源战略、财务战略、生产战略、研究与开发战略、品牌战略等。考虑到初创企业的特殊发展阶段，这里重点介绍如何实施标准化战略。

自泰勒倡导“科学管理”以来，标准化成为检验一个国家工业发展水平的重要标志。如今，标准化已经不仅仅局限于工业领域，几乎各行各业都涉及标准化的问题。标准的作用已不只是企业组织生产的依据，更是企业开拓市场的“试金石”。2016 年 9 月 9 日，国家主席习近平在致第 39 届国际标准化组织大会的贺信中提到，“标准是人类文明进步的成果。从中国古代的‘车同轨、书同文’，到现代工业规模化生产，都是标准化的生动实践。伴随着经济全球化的深入发展，标准化在便利经贸往来、支撑产业发展、促进科技进步、规范社会治理中的作用日益凸显。标准已成为世界通用语言。世界需要标准协同发展，标准促进世界互联互通”。中国将积极实施标准化战略，以标准助力创新发展、协调发展、绿色发展、开放发展、共享发展。我们愿同世界各国一道，深化标准合作，加强交流互鉴，共同完善国际标准体系。

实施标准化战略，能够促进企业品牌形象的建立，提高企业的社会声誉；能够有效降低企业的成本；有利于企业之间战略同盟的形成；有利于打破技术贸易壁垒，促进出口。中国民营企业“长不大”“做不强”“做不久”“做不好”很大程度上是由于企业标准化意识淡薄，标准化水平低。可以说，推行“标准化战略”，提升标准化水平，对于企业成长来说，既是“软实力”，也是“硬功夫”，是提升企业品牌竞争力的基础，也是企业可持续发展的基本保证。

企业应遵循以下原则引用或制定标准。①合法性原则，贯彻国家和地方有关的方针、政策、法律、法规，严格执行强制性国家标准、行业标准和地方标准。②安全性原则，保证安全、卫生，充分考虑使用要求，保护消费者利益，保护环境。③先进性原则，有利于企业技术进步，保证和提高产品质量，改善经营管理和增加社会经济效益；有利于合理利用国家资源、能源，推广科学技术成果；有利于产品的通用互换，符合使用要求，技术先进，经济合理。④国际化原则，积极采用国际标准和国外先进标准，有利于对外经济技术合作和对外贸易。

实施标准化战略，并不妨碍企业开展特色经营、差异化经营，因为我国国家或行业的产品标准，多数为推荐性标准，有些国家标准是对同类产品作的一般性规定。企业可以结合本企业产品的实际参照执行或根据本企业产品特点制定企业标准。这些企业标准经标准化行政主管部门审查、备案后，既可作为指导企业生产和经营的依据，也可作为产品质量仲裁的依据。另外，国家鼓励企业制定严于上级标准的企业标准，但并不是说，任何一种产品的技术指标定得越高越好。不同产品都有该产品应具备的科学、合理的指标。

2.4 初创企业战略管理中的关键问题有哪些?

1. 制定经营战略应注意的问题

彼得·德鲁克有个形象的比喻:没有战略的企业就像流浪汉一样无家可归。当一家企业像流浪汉一样,不知道应往哪里走时,企业命运是极其危险的,因为它通常会走到不想去的地方。当然也有些企业在制定战略时走捷径,要么仿效其他企业的经营战略,要么不考虑环境变化,沿用自己企业过去的经营战略。没有战略或者战略失误都会使企业陷入"战略危机",不利于企业的长期发展。那么该怎样去制定经营战略呢?在这里为大家推荐一个制定经营战略的有效工具——波士顿矩阵。

波士顿矩阵又称市场增长率-相对市场份额矩阵、四象限分析法,是由波士顿咨询集团在20世纪70年代初开发出来的。波士顿矩阵根据市场增长率的高低和相对市场份额的大小将企业的业务划分为四种,如图12.1所示。公司若要取得成功,就必须拥有市场增长率和市场份额各不相同的业务组合,并对不同类型的业务采用不同的经营战略,通过业务的优化组合实现企业的现金流量平衡。

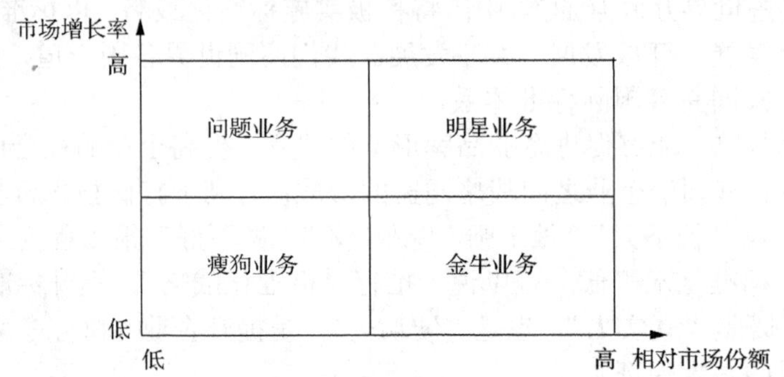

图12.1 波士顿矩阵

(1)明星业务(高市场增长率、高相对市场份额)

明星业务的产品处于快速增长的市场中,并且占有支配地位的市场份额。它是高速成长市场中的领导者,是企业未来发展的希望。由于市场还在高速成长,企业必须继续追加投资,以保持与市场同步增长,并击退竞争对手。所以企业一旦确定某类业务属于明星业务,就要采取成长战略来促进该业务的增长,逐步将明星业务发展成为金牛业务。

(2)问题业务(高市场增长率、低相对市场份额)

问题业务往往是一个公司的新业务,具有较大的风险。这些业务可能利润率很高,但占有的市场份额很小。为了发展问题业务,公司必须进行大量的资金投入。如果问题业务发展得好,它可以向明星业务转化,发展不好则有可能成为瘦狗业务。因此,如何选择问题业务是用波士顿矩阵制定战略的重中之重,也是难点。

（3）金牛业务（低市场增长率、高相对市场份额）

金牛业务是成熟市场中的领导者，是企业现金的来源，但未来的增长前景是有限的。由于金牛业务的市场已经成熟，企业不必大量投资来扩大市场规模，同时作为市场中的领导者，该业务享有规模经济和高边际利润的优势，因而给企业带来大量现金流。企业往往用金牛业务来支持其他三种需要大量现金的业务。金牛业务适合采用稳定战略，目的是保持该业务持续稳定的市场份额。

（4）瘦狗业务（低市场增长率、低相对市场份额）

瘦狗业务不能产生大量的现金，处于微利甚至是亏损的状态，而且瘦狗业务通常要占用很多资源，如资金、管理部门的时间等，多数时候是得不偿失的。因此，对于瘦狗业务往往采用收缩战略，目的在于出售或清算业务，以便把资源转移到更有利的领域。

2. 经营战略的执行应注意的问题

企业在经营战略的执行过程中，要做好以下三项工作。

（1）战略方案的分解

为了使每一个经营单位都明确自己在一定时期内的任务，应将战略方案中规定的总目标进行分解。首先是按单位分解，即把企业目标分解到各车间、各科室，各车间再把目标分解到各个班组，班组还可把目标分解到各个工人。其次是按时间分解，即把长期的总目标分解成短期的目标，使之具体化。目标层层落实后，还要与考核和奖励制度结合起来，以便调动广大职工执行战略的积极性。

（2）行动计划的编制

经营战略只是规定了企业经营的方向、目标和基本措施，它是比较原则的、粗略的。为了使经营战略得以顺利执行，还得编制具体的行动计划。企业可以通过编制行动计划，进一步规定任务的轻重缓急和时机，明确每一战略项目的工作量、起止时间、资源保证和负责人等。

（3）组织机构的调整

战略是由一定的组织机构来执行的，而机构是为实施战略服务的，所以有什么样的战略，就应该有什么样的机构。企业应当根据战略的要求把企业的组织机构调整好。当企业经营由单一生产改为多种生产或跨行业经营时，原来的职能式机构就按产品大类设立若干个分部或事业部，在各个分部下再设立职能机构。当企业采用了开拓国际市场的战略后，就要设立外销科或国际经营部门等，以适应战略的需要。调整机构时应考虑企业的规模和人员的素质。

在完成上述工作过程中，要注意处理好以下关系。①企业所拥有的资源及运用资源的能力与所追求的战略目标的匹配关系，不要盲目地做大做强。②处理好组织结构与经营战略的适应关系，有什么样的战略，就应有什么样的组织结构。③处理好战略实施与人才匮乏的矛盾。企业在实施新战略时必须清醒地认识到，有了正确的战略思路，还要有具有相应能力的管理者及员工才能实现公司的战略意图，否则在执行过程中会偏离方向，不仅无法实现战略目标，反而很可能会给企业造成重大损失。④处理好短期利益与长期利益的矛盾。企业要经受得住市场上不断涌现的“利润增长点”的诱惑。经营战略一旦付诸实施，企业就必须立足长远，必须专注焦点，把资源集中在既定的战略上，培养核心竞争力，开发核心产品。唯有如此，企业才能获得长期利益，真正做大做强。

3. 经营战略的控制应注意的问题

战略控制是实施战略中重要的一环。战略控制过程是指将战略的执行结果与既定的战略目标进行对比，发现偏差，分析原因，采取措施加以克服的整个过程。战略控制的基本环节有以下三个。

（1）战略评价标准

要从战略目标中确定几个评价标准。评价标准可以是定性的，如战略与环境的一致性、战略与资源的配套性等，但最好是定量的，以便于对比。常用的定量评价标准有利润总额或利润增长幅度、销售利润率、资金利润率、市场占有率等。

（2）实际工作成果

实际工作成果就是战略的实际执行结果。为了获得准确的资料，除建立有效的管理信息系统外，还要采用一定的控制方法。常用的方法有两种：一是产出控制，即对产量、销售量、资金等定量数据的测定，用以证明工作成绩；二是行为控制，即直接对个人的行为进行观察，用以提高工作效率。

（3）发现和纠正偏差

将实际工作成果与预定的目标或评价标准进行对比，就会发现偏差，特别是实际成果达不到目标要求的情况。这就要进一步分析造成偏差的原因，究竟是战略本身的问题（如原定的战略目标过高等），还是执行不力、方法不妥、互相脱节等行动方面的问题。然后针对存在的问题，进行战略修订或调整，纠正偏差。

在进行战略控制时应注意以下问题。①要建立全面系统的评价指标体系。不能只是片面强调短期的财务指标，如投资收益率、股本收益率、销售增长率和市场份额等。这种做法有时不仅难以对战略做出公正、客观、准确的评价，反而在客观上“弱化”了战略目标，并极易对企业的战略实施产生误导。企业为了追求这些财务指标，自觉不自觉地将战略目标搁置一边，而采取种种与战略不一致甚至背道而驰的短期行为。《财富》杂志每年对 25 个产业的企业进行评价，采用关键的 8 项评价指标包括：管理质量，创新性，产品或服务质量，长期投资价值，财务状况，对社区和环境义务的履行，吸引、培养和保留人才的能力，对公司资产的使用。可见，企业在确定战略评价指标时，不仅要“长短结合”，决心与耐心相得益彰，而且要“软硬兼施”，数量与质量相互统一。②要选择恰当的评价时机。不少企业习惯于到年末，甚至是只有到发生重大问题时，才考虑进行战略评价，总结出“几大反思”“几大忏悔”等。其实，企业战略出现危机并非一朝一夕的事，往往都有一段“潜伏期”。在“潜伏期”的早期阶段，企业经营者也大都有所察觉，但由于尚未出现严重偏差，不易引起经营者的重视。由于未能及时进行战略评价，找出问题所在并采取相应的纠正措施，当企业外部或内部出现某种“诱因”时，战略危机总爆发就在所难免了。所以，战略评价活动应当持续地进行，而不只是在特定时期的期末或在发生了问题时才进行。③要采用先进科学的评价手段。多数企业的战略评价，要么是“集中式的专家研讨”，要么是“零散的内部报告”，多是“静态”的，即并未将评价活动作为一个动态过程来管理，而是评价报告完成就意味着评价活动结束。企业尚未形成相对稳定的评价机制和“动态”的评价体系。在市场竞争中，通常是拥有最佳信息的一方获胜。在某些情况下，管理者需要掌握当日的新信息。例如，当企业通过收购兼并而进行多元化经营时，便需要频繁地得到各种新的评价信息。及时而笼统的信息较之精确但过时的信息，通常更适合于作为战略的基础。因此，是否采用互联网，决定着企业是采用最新信息还是过时信息进行战略评价。

4. 经营战略的调整应注意的问题

战略调整是战略管理的最后一个环节。当偏差原因属于战略本身时，就要对战略进行调整或修订。由于企业的外部环境经常在变，战略决策人员的水平也有限，不可能对几年后的发展预计得很准确，因此产生了战略不够准确的状况。战略调整可按调整范围的大小分为以下两类。

（1）局部战略调整

这就是按照影响战略的因素对战略进行局部性的小修改，而不涉及方向性的变化。由于这种调整并不影响总体战略，可由执行单位加以调整。

（2）总体战略调整

这是涉及全局的长期战略方向的调整，要慎重处理，掌握足够的论据以后再改变。这种调整应由综合部门提出调整方案交企业领导研究决定。

主题 3　怎样进行企业成长中的危机管理？

3.1　什么是企业危机？

1. 企业危机的概念、特点及引发因素

企业危机是指由危机事件引发的，严重威胁到公众生命和财产安全，造成重大社会影响的事态，这些事态的处理结果直接关系到企业的生存和发展。危机事件是指突然发生的，严重损害企业形象甚至造成人、财、物重大损失的重大事件和工作事故，如不利的社会舆论、公众的指责乃至敌对对抗行为、自然性事故、工作事故等。

企业危机的特点有以下三个。①突发性。危机常常突然发生，是人们无法预料的，容易使准备不足的企业手足无措，造成巨大损失。②两面性。危机事件的危害与契机并存。危机事件的危害性有时不可估量，但如果企业能很好地利用危机，将其转化为企业的契机，不但能度过危机，还有可能促进企业的发展，提高企业品牌形象。③紧急性。危机一旦发生，就有飞速扩展的态势，若不采取有效的制止措施，就容易使整个组织形象彻底遭到破坏。因此，企业应当首先想方设法防止事态的进一步扩展，然后再采取具体而有效的措施修复和提高企业形象。自我保护居首位，修复和补救次之，提高再次之，这是危机处理的基本原则。

危机事件是由危机因素引起的，引发危机的因素包括企业外部环境因素和内部环境因素两个方面。外部环境因素主要包括：①政治、法律因素，如行政命令、法令法规、国际关系和政治事件等；②社会文化因素，如环保卫生、消费者行为和新闻舆论等；

③经济因素，如经济政策、竞争态势、资源供给和经济纠纷等；④自然因素，如自然灾害等。企业的内部环境因素主要包括：①组织管理因素，如员工素质、决策过程、财务结构、公共关系和规章制度等；②技术因素，如产品设计、工艺过程、质量控制和设备状况等。

2. 企业危机的形式

关于危机的分类十分庞杂，出现这种情况的原因主要有：一是诱发危机的原因复杂而多变；二是不同的学者为了便于开展研究，根据不同的标准对危机进行了分类。常见的企业危机的形式有以下几种。

（1）经营危机

经营危机是企业一定时期内经营过程中一系列方针政策实施失误积累的结果。比如，在决策方面，决策所依据的客观情况发生变化导致的失误；在生产方面，产品生产成本增加，产品的质量没有达到要求；在售后服务方面，由于执行不恰当的营销政策，造成产品滞销；在财务方面，现金流入低于现金流出，企业不能偿还到期债务；等等。

（2）制度危机

企业制度是指企业的产权构成、组织方式和管理方式的体系与组合方式。传统的企业制度面临着越来越多的挑战，逐渐演变成制度危机。比如，生产要素流动加快，资源配置的有效时间缩短，资本集聚、流动、转移更加频繁，传统的企业制度已不能适应这一变化的需求。一些柔性企业组织、虚拟企业、利益联盟、灵巧企业组织形式的出现不可避免地给传统的制度化企业组织提出了挑战。

（3）安全危机

企业安全危机主要来自企业生产安全、经营安全、技术安全、资金安全、市场安全等多个方面。

（4）竞争危机

企业竞争危机是指由于竞争对手的行为给企业带来的危机。竞争危机主要表现在知识技术的竞争、人才的竞争、信息占用与处理能力的竞争、企业预测与决策能力的竞争和应付危机能力的竞争等。

（5）企业战略危机

企业战略危机是指由于企业外部环境或者内部条件的改变，企业的战略没有对此作出应变或者应变不当使企业无法实现既定目标的状态。导致企业战略危机产生的原因有很多种，如对新技术、新产品工艺漠视；对市场发展趋势和顾客需求漠视；投资、并购和多元化失误；忽视商业伦理诚信、道德的风险；缺乏对宏观政策和法规的预见；非柔性的管理和组织结果等。

阅读以下企业危机处理实例，有助于大家进一步具体了解企业危机。

1）2016 年 6 月 29 日，宜家家居宣布在美国和加拿大召回 3 600 多万个“夺命抽屉柜”。自 1989 年以来，这些问题抽屉柜已造成 6 名儿童死亡，36 名儿童受伤，宜家因此接到的事故报告也达到 82 份。最终，宜家宣布召回相关产品，主要涉及马尔姆系列抽屉柜及其他款式的儿童或成人抽屉柜。而中国市场不在此次召回范围。宜家在中国被采访时回应称："因为这个产品是符合中国的国家规定的，这个产品如果被固定在墙上是安全的。"宜家仅仅在官网和微博上提醒中国消费者将柜体固定在墙上。在中国消费者的强烈抗议下，宜家在中国宣布允许消费者"有条件退货"，但依然不实行全面召回。但是，半个月后，在消费者的强烈不满之下，加上国家质量监督检验检疫总局与之约谈，宜家最终妥协，决定召回中国 166 万余件抽屉柜。宜家的傲慢和双重标准，以及"打一下动一动"的处理方法，让不少消费者对宜家的好感度大幅下滑。

2）《王者荣耀》这款游戏大火后，经常会有媒体对其进行道德批判，主要集中在青少年沉迷和充值诟病等方面。2017 年 7 月 3 日起，以《人民日报》为首的央媒密集发文谴责"王者荣耀"让青少年沉迷、乱花钱，歪曲历史等问题。央媒的举动很快引发动荡，腾讯控股、手游市场、网游类股票包括恒生指数通通受到不同程度的影响，腾讯股价一天内下跌超一千亿元。而腾讯方面也紧急进行了回应，多方宣传其升级版"未成年人防沉迷系统"，并在游戏版本中立刻更新，采取了一系列的整改措施。在应对公关时间、态度、行动等方面腾讯的表现均让大众逐渐信服。虽然后续多家央媒还继续发文抨击，但影响慢慢变弱。腾讯股价随后回升，并一路高涨。

3）2018 年 1 月 11 日，内蒙古自治区凉城县公安局因广州医生谭秦东一篇标题为《中国神酒"鸿毛药酒"，来自天堂的毒药》的文章，涉嫌损害公司信誉、商品声誉，将其从广州的家中带走，次日谭秦东被刑事拘留。4 月 13 日，成都商报旗下红星新闻首次对此事进行了报道。之后陆续有媒体跟进此事，人民日报、光明网、新京报、团结湖参考、健康时报、侠客岛等多家媒体发表评论，指出："鸿茅药酒跨省抓人的底气何在？"再之后，除此次跨省抓捕是否合适以外，各界媒体针对鸿茅药酒的虚假广告、不良反应、非处方药资质、发家史等发表质疑。鸿茅药酒以秀肌肉的方式应对质疑者，把自己送到媒体的聚光灯之下，结果却照出自己的斑斑劣迹。整个事件随着人们的关注度逐步下降，事件也慢慢偃旗息鼓。12 月初，内蒙古鸿茅药酒股份有限公司因赫然出现在《内蒙古自治区优秀民营企业拟表彰名单》中再次受到媒体质疑，其在之后的正式名单中被除名。

4）2018 年 7 月 26 日，拼多多成功在纳斯达克上市并且首日大涨近 40%。然而从上市第二天开始，网上相继爆出拼多多平台上山寨货、假货的新闻，其中包括 7.5 元奶粉、郑渊洁举报拼多多上售卖盗版皮皮鲁图书和创维声讨拼多多售假等。拼多多在应对事件的记者沟通会中，表述不得体，例如"山寨不等于假货""假货，淘宝京东上也有""假货问题是社会问题，让 3 岁的拼多多承担是不公平的"等语句被媒体抓住痛脚大肆传播，最终留给公众一个推卸责任的印象。12 月份，拼多多在品牌升级、供应链改造方面的创新，一定程度上扭转了舆论印象。在双十二当天，拼多多宣布启动"新品牌计划"，为处于"食物链底端制造业"的"国外知名品牌代工厂"提供扶助，依托中国品牌满足用户高质量产品需求。12 月 26 日，极光大数据发布的《2018 年电商行业研究报告》显示，拼多多已跻身电商第一阵营，用户占比已经达到了 33.2%，仅次于淘宝的 41.8%，成功地超过了天猫、京东和苏宁。

资料来源：根据网络材料整理改编

3.2 你了解危机管理的相关理论吗？

1. 米特罗夫、皮尔逊的五阶段危机管理模型

米特罗夫、皮尔逊针对危机管理，提出了五阶段危机管理模型。

第一阶段，信号侦测期。通过已有的经验知识或理论知识对危机征兆进行系统的识别，确定企业是否存在危机爆发的各种信号。

第二阶段，探测和预防期。为可能实施的危机管理做好准备，采取各种措施，预防危机发生。

第三阶段，损害控制期。当企业危机爆发后，必须通过自己的各种努力，避免或减少给企业或者企业外部利益主体带来的损失和灾难。

第四阶段，恢复期。企业通过危机恢复管理，快速地从危机中复原，实现正常的生产经营活动。

第五阶段，学习期。企业从危机中总结经验和教训，以不断改善和提高企业的危机管理能力，避免危机再次发生。

2. 奥古斯丁六阶段危机管理模型

诺曼·R.奥古斯丁将危机管理过程划分成六个不同的阶段。

第一阶段，危机的避免。企业危机管理者要注意加强和员工的信息沟通，通过共同努力把企业风险减到最小。对于无法避免的风险企业必须有恰当的风险保障机制。

第二阶段，危机管理的准备。如制订行动计划、通信计划、实战演习、关系建立等，以防范危机的突然袭击，并在危机管理的准备工作中特别强调要注意细节问题，才能够做到有备无患。

第三阶段，危机的确认。企业管理者必须根据企业已有的一些信号来判断和论证危机是否已经发生，必要时还要请外部专家帮助诊断。如果确认危机已经发生，企业应该尽快找出危机的源头，为解决危机提供思路。

第四阶段，危机的控制。当企业危机发生时，企业必须迅速做出反应，尽可能地将危机的扩散度和所带来的损失控制到最小的范围内。在这个阶段，企业需要根据不同的情况，确定自己工作的优先次序。当然，首先就要控制危机给企业带来的损失。

第五阶段，危机的解决。在这一阶段危机的解决速度至关重要。因此，企业管理层必须根据危机发生的原因，迅速而又有针对性地采取对抗性措施，促使企业危机妥善而又尽快地解决。

第六阶段，从危机中获利。这个阶段主要是对前五个阶段的工作进行总结，根据危机管理的实际工作情况进行反思，找出对企业有利的成分加以利用。

3. 斯蒂文·芬克的危机传播四阶段模型

斯蒂文·芬克的危机传播四阶段模型，也称为“F 模型”。该理论揭示了企业危机的生命周期，即征兆期、发作期、延续期、痊愈期。

第一阶段，危机征兆期。征兆期是危机处理最容易的阶段，但却是最不为人所知的

阶段。

第二阶段，危机发作期。发作期是四个阶段中时间最短但却是感觉最长的阶段，它对人们心理造成的冲击也是最严重的。

第三阶段，危机延续期。延续期是四个阶段中时间较长的一个阶段。如果危机管理运作恰当，将会极大地缩短这一阶段的时间。

第四阶段，危机痊愈期。痊愈期是从危机的影响中完全解脱出来的阶段，但是仍须保持警惕，因为危机很可能会去而复来。这提示了危机管理的循环往复的过程性。

3.3 怎样进行企业危机管理？

1. 企业危机管理“6C”原则

1）全面化（comprehensive）。危机管理的目标不仅仅是使公司免遭损失，而是能在危机中发展。全面化原则要求企业危机管理目标与业务发展目标相一致；要求企业危机管理能够涵盖所有业务和所有环节中的一切危机，即所有危机都有专门的、对应的岗位来负责；要求危机管理能够识别企业面临的一切危机。

2）价值观的一致性（consistent values）。危机管理根植于企业的价值观与社会责任感，才能得到社会的认可和尊敬。

3）关联化（correlative）。有效的危机管理体系是一个由不同的子系统组成的有机体系，如信息系统、沟通系统、决策系统、指挥系统、后勤保障系统和财物支持系统等。因而，企业危机管理的有效与否，除了取决于危机管理体系本身，在很大程度上还取决于它所包含的各个子系统是否健全和有效运作。任何一个子系统的失灵都有可能导致整个危机管理体系的失效。

4）集权化（centralized）。集权化的实质就是要在企业内部建立起一个职责清晰、权责明确的危机管理机构。清晰的职责划分是确保危机管理体系有效运作的前提。同时，企业应确保危机管理机构具有高度权威性，并尽可能不受外部因素的干扰，以保持其客观性和公正性。但值得注意的是，为了提高危机管理的效率和水平，不同领域的危机应由不同的部门来负责，即危机的分散管理。危机的分散管理有利于各相关部门集中力量将各类危机控制好。但不同的危机管理部门最终都应直接向高层的首席风险官负责，即实现危机的集中管理。

5）互通化（communicating）。有效的信息沟通可以确保所有的工作人员都能充分理解其工作职责与责任，并保证相关信息能够传递给适当的工作人员，从而使危机管理的各个环节正常运行。企业内部信息是否顺畅流通在很大程度上取决于企业信息系统是否完善。因此，企业应加强危机管理的信息化建设。

6）创新化（creative）。危机管理既要充分借鉴成功的经验，也要根据危机的实际情况，尤其要借助新技术、新信息和新思维，进行大胆创新，切不可墨守成规，故步自封。

2. 做好危机前的预防与管理

几乎每次危机的发生都有预兆性。危机管理的重点就在于预防危机。出色的危机预防与管理不仅能够预测可能发生的危机情境，积极采取预防措施，而且能为可能发生的危机做好准备，拟订计划，从而从容地应对危机。危机预防要注意以下几个方面问题。

1）培养和树立正确的危机意识。企业危机意识是指企业对紧急或困难关头的感知及应变能力。预防危机要伴随着企业经营和发展长期坚持不懈。企业的全体员工，从高层管理者到一般员工，都应居安思危，将危机预防作为日常工作的组成部分。在企业生产经营中，要重视与公众沟通，与社会各界保持良好关系；同时，企业内部要沟通顺畅，消除危机隐患。全员的危机意识能提高企业抵御危机的能力，有效地防止危机产生。

2）建立危机预警系统。预防危机必须建立高度灵敏、准确的危机预警系统，随时收集企业内外环境变化所出现的一些征兆信息。一旦出现问题，要立即跟踪调查，加以解决。要及时掌握政策决策信息，研究和调整企业的发展战略与经营方针；要准确了解企业产品和服务在用户心目中的形象，分析和掌握公众对本企业的组织机构、管理水平、人员素质和服务的评价，从而发现公众对企业的态度及变化趋势；要认真研究竞争对手的现状、实力、潜力、策略和发展趋势，经常进行优劣对比，做到知己知彼；要重视收集和分析企业内部的信息，进行自我诊断和评价，找出薄弱环节，采取相应措施。

3）设立危机管理的常设机构，制订危机处理计划。危机管理机构，是顺利处理危机，协调各方面关系的组织保障。危机管理机构的成员应尽可能选择熟知企业和本行业内外部环境，有较高职位的公关、生产、人事、销售等部门的管理人员和专业人士，并保证其畅通的联系渠道。危机管理机构要根据危机发生的可能性，制订出防范和处理危机的计划。危机处理计划包括主导计划和不同管理层次的部门行动计划两部分内容。危机处理计划可以使企业各级管理人员做到心中有数，一旦发生危机，可以根据计划从容决策和行动，掌握主动权，对危机迅速做出反应。

4）进行危机管理的模拟训练。企业应根据危机应变计划进行定期的模拟训练。模拟训练应包括心理训练、危机处理知识培训和危机处理基本功演练等内容。定期模拟训练不仅可以提高危机管理小组的快速反应能力，强化危机管理意识，还可以检测已拟定的危机应变计划是否切实可行，同时让内部人员熟悉发生危机时必须做的事情。

5）建立并维护良好的媒体合作平台。定期与媒体进行沟通，获得媒体的信任与支持。广结善缘、广交朋友，运用公关手段来建设和维系与公众的关系，以获得更多支持者。

3. 做好危机中的应急处理

危机事件往往时间紧，影响面大，处理难度高。因此，危机处理过程中要注意以下事项。

1）沉着镇静。危机发生后，当事人要保持镇静，采取有效的措施隔离危机，不让事态继续蔓延，并迅速找出危机发生的原因。

2）策略得当，即选择适当的危机处理策略。危机处理主要策略包括以下几种。①危机中止策略，即根据危机发展的趋势，审时度势，主动中止承担某种危机损失。②危机隔离策略。当某一危机产生之后，企业应迅速采取措施，切断危机同企业其他经营领域的联系，及时将爆发的危机予以隔离，以防扩散。③危机利用策略，即在综合考虑危机的危害程度之后，造成有利于企业某方面利益的结果。④危机排除策略，即采取措施，消除危机。消除危机的措施按其性质有工程物理法和员工行为法。工程物理法以物质措施排除危机，如投资建新工厂、购置新设备来改变生产经营方向，提高生产效益。员工行为法是通过公司文化、行为规范来提高士气，激发员工创造性。⑤危机分担策略，即将危机承受主体由企业单一承受变为由多个主体共同承受。⑥避强就弱策略。由于危机损害程度强弱有别，在危机一时不能根除的情况下，要选择危机损害小的策略。

3）应变迅速。以最快的速度启动危机应变计划，力求在危机损害扩大之前控制住危机。如果初期反应滞后，就会造成危机蔓延和扩大。

4）着眼长远。在危机处理中，应更多地关注公众和消费者的利益，关注公司的长远利益，而不仅仅是短期利益。应设身处地地、尽量为受到危机影响的公众减少或弥补损失，维护企业良好的公众形象。

5）信息通畅。建立有效的信息传播系统，做好危机发生后的传播沟通工作，争取新闻界的理解与合作。这是妥善处理危机的关键环节，主要应做好以下工作。①掌握宣传报道的主动权，通过召开新闻发布会并使用互联网、电话传真等多种媒介，向社会公众和其他利益相关人及时、具体、准确地告知危机发生的时间、地点、原因和现状，以及公司的应对措施等相关的和可以公开的信息，以避免小道消息满天飞和谣言四起而引起误导与恐慌。②统一信息传播的口径。对技术性、专业性较强的问题，在传播中尽量使用清晰和不产生歧义的语言，以避免出现猜忌和流言。③设立 24 小时开通的危机处理信息中心，随时接受媒体和公众访问。④慎重选择新闻发言人。正式发言人一般可以安排主要负责人担任，如果危机涉及技术问题，就应当由分管技术的负责人来回答。如果涉及法律，企业法律顾问可能就是最好的发言人。新闻发言人应遵循公开、坦诚、负责的原则，以低姿态、富有同情心和亲和力的态度来表达歉意，表明立场，说明公司的应对措施。对不清楚的问题，应主动表示会尽早提供答案。对无法提供的信息，应礼貌地表示无法告之并说明原因。

6）善于利用权威机构在公众心目中的良好形象。为增强公众对企业的信赖感，可邀请政府主管部门、质检部门、公关公司与新闻媒体参与调查和处理危机。1997 年，当百事可乐的软饮料罐中发现了来历不明的注射器时，百事公司迅速邀请五家电视台、公证机构以及政府质检部门参加对公众的演示活动，以证明这些异物只可能是由购买者放进去的。结果，由于措施得当及时，公众的喧闹很快便得到平息。

4. 做好危机的善后总结

危机总结是整个危机管理的最后环节。危机所造成的巨大损失必然会给企业带来教训，所以对危机管理进行认真系统的总结十分必要。危机总结可分为三个步骤。①调查，指对危机发生原因和相关预防处理的全部措施进行系统调查。②评价，指对危机管理工作进行全面的评价。包括对预警系统的组织和工作内容，危机应变计划，危机决策和处理等各方面的评价，要详尽地列出危机管理工作中存在的各种问题。③整改，指对危机管理中存在的各种问题综合归类，分别提出整改措施，并责成有关部门逐项落实。

能力训练与提升

训练 1 制定企业经营战略能力训练

利用你制定的创业计划书，或者你创办企业的信息资料，运用本章所学的企业经营战略的有关知识，制定一份经营战略方案，具体内容如下。

1．企业使命、宗旨陈述。

2．企业经营目标陈述。

3．进行 SWOT 分析。

4．制定企业的经营战略。

训练 2 危机管理能力训练

【阅读资料】

2017 年 8 月 25 日上午，《法制晚报》以一篇《暗访海底捞：老鼠爬进食品柜 火锅漏勺掏下水道》引爆网络。报道中指出，记者通过卧底调查，发现海底捞北京劲松店、太阳宫店存在后厨老鼠乱窜，扫帚、簸箕、抹布一同清洗，洗碗机油垢惊人，用汤勺捞下水道等一系列的卫生问题。报道图文并茂，证据确凿，随即吸引各大媒体及自媒体纷纷加入转载的队伍。一时之间，海底捞被推上了风口浪尖。

当日 14 时多，海底捞官方微博就此事发表公开声明，在声明中主动承认媒体报道属实，并为此致歉。17 时多，海底捞又发布了一则“处理通报”，内容主要涉及七大方面：①两店主动停业整顿、全面彻查；②组织所有门店立即排查；③欢迎顾客与媒体朋友继续监督；④迅速与第三方虫害治理公司一起通过新技术的运用、门店设计等方案进行整改；⑤海外门店同步严查整改；⑥涉事停业的两家门店干部与职工无须恐慌，公司将从管理层面解决问题；⑦各门店依据法律法规进行整改。在这则“通报”中，海底捞还一一罗列了相关责任人，让公众看到了海底捞认真负责的处理态度。

8 月 27 日下午 3 时，海底捞官网发布关于积极落实整改，主动接受社会监督的声明，表示对北京市药品监督管理局的约谈内容全部接受，同时将媒体和社会公众指出的问题与建议全部纳入整改措施。至此，海底捞后厨卫生事件开始出现“神转折”，大部分网友公开站队，表示还会再去吃，因为：挺迅速、诚恳的公关；比那些出现问题逃避责任的企业，不知道好多少倍；这么有担当的企业，如果倒下就可惜了……虽然也不乏一些媒体、网友持批评态度，但整个大的舆论环境都向好的方向发展。

资料来源：根据网络材料整理改编

问题：

1．你认为海底捞的危机公关处理有哪些值得借鉴的地方？

2．如何才能够“化危为机”？

参 考 文 献

彼得·德鲁克，2009．创新与企业家精神（珍藏版）[M]．蔡文燕，译．北京：机械工业出版社．

邓立治，2015．商业计划书：原理与案例分析[M]．北京：机械工业出版社．

共青团中央，中华全国青年联合会，国际劳工组织，2015．大学生 KAB 创业基础（教师用书）（修订版）[M]．2 版．北京：高等教育出版社．

《管理学》编写组，2019．管理学[M]．北京：高等教育出版社．

刘平，2013．大学生创业基础[M]．北京：机械工业出版社．

罗伯特·D.赫里斯，迈克尔·P.彼得斯，迪安·A.谢泼德，2009．创业管理（原书第 7 版）[M]．蔡莉，葛宝山，译．北京：机械工业出版社．

人力资源和社会保障部职业能力建设司，中国就业培训技术指导中心，2007．创办你的企业：创业计划培训册[M]．2 版．北京：中国劳动社会保障出版社．

宋要武，2017．大学生创新创业导论[M]．2 版．北京：高等教育出版社．

孙新波，2010．项目管理[M]．北京：机械工业出版社．

武春友，2008．创业管理[M]．北京：高等教育出版社．

杨锡怀，王江，2010．企业战略管理：理论与案例[M]．3 版．北京：高等教育出版社．

张玉利，2011．创业管理[M]．2 版．北京：机械工业出版社．

张振刚，2012．“挑战杯”中国大学生创业计划竞赛指南[M]．广州：华南理工大学出版社．

LINDSAY N J, CRAIG J B, 2002. A framework for understanding opportunity recognition: entrepreneurs versus private equity financiers[J]. The Journal of Private Equity, 6(1): 13-24.

TIMMONS J A, 1999. New venture creation [M]. 5th ed. Boston: Irwin McGraw-Hill.

SHANE S, VENKATARAMAN S, 2000. The promise of entrepreneurship as a field of research[J]. Cademy of Management Review, 25(1): 217-226.